"十二五"国家重点图书出版规划项目

中国近现代原创型教育家研究丛书

总主编 宋恩荣 李剑萍

教育家张之洞研究

王喜旺 著

山东人民出版社
国家一级出版社 全国百佳图书出版单位

图书在版编目（CIP）数据

教育家张之洞研究/王喜旺著. —济南：山东人民出版社，2016.1

（中国近现代原创型教育家研究丛书/宋恩荣，李剑萍总主编）

ISBN 978-7-209-09375-0

Ⅰ. ①教… Ⅱ. ①王… Ⅲ. ①张之洞（1837—1909）—教育思想—研究 Ⅳ. ①G40-092.52

中国版本图书馆 CIP 数据核字（2015）第 315774 号

教育家张之洞研究

王喜旺 著

主管部门　山东出版传媒股份有限公司

出版发行　山东人民出版社

社　　址　济南市胜利大街 39 号

邮　　编　250001

电　　话　总编室（0531）82098914

　　　　　市场部（0531）82098027

网　　址　http://www.sd-book.com.cn

印　　装　山东临沂新华印刷物流集团印装

经　　销　新华书店

规　　格　16 开（169mm×239mm）

印　　张　22

字　　数　360 千字

版　　次　2016 年 1 月第 1 版

印　　次　2016 年 1 月第 1 次

ISBN 978-7-209-09375-0

定　　价　66.00 元

总　序　原创型教育家的文化自觉与中国现代教育体系之形成

李剑萍　杨　旭

一、教育家研究之研究

创新型教育、创新型人才培养呼唤创新型教育家。教育家研究是教育史研究中既经典又常研常新的课题，而“创新型教育家”研究迄未得到应有的重视。

几乎每一本通史类、综合类教育史或教育思想史著作，都列专门章节研究著名教育家的思想和实践，甚至将教育思想等同于教育家的思想。近一二十年来，近现代教育家的研究实际是沿着四个路向展开的。

一是中国近现代教育家研究走向系列化、精细化。系列化的代表性成果有宋恩荣主编的23卷本《中国近现代教育家系列研究》（辽宁教育出版社1993—1997年版），被教育学界高度肯定。厦门大学潘懋元教授称该研究“规模宏大，成果丰富，意义深远”；华东师范大学孙培青教授称其“在近代教育史研究中是前所未有的，确是一项新创举”；北京师范大学王炳照教授誉其“是国内首次有组织有计划地对中国近代重要教育家进行深入、全面、系统地个案研究的重要成果”[①]。另有,美国 General Books LLC 2010 年出版的 *Chinese Educators*,内收蔡元培、胡适、盛宣怀、马相伯、张伯苓、于右任、马君武、蒋梦麟、陶行知、傅斯年、罗家伦、钱伟长等 79 人的传记,以及中国高等教育学会组编的《共和国老一辈教育家传略》(高等教育出版社 2008 年版)等。所谓精细化,是指除了扩大研究视野之外,还出现从校际、地域等视角研究教育家的倾向,如刘国生主编的《从清华走出的教育家》(内蒙古文化出版社 2012 年版)、俞可著的《海上教育家》(文汇出版社 2010 年版)等。

二是研究外国教育家及其对中国的影响,并与教师培训培养相结合而走向普及化。从早期的中央教科所比较教育研究室编写的《世界著名教育家》(贵州人民出版社 1989 年版),到代表性的赵祥麟主编的《外国教育家评传》(上海教育出版社 1992 年第一版),以及刘传德著的《外国教育家评传精选》(北京师范大学出版社 2006 年第三版)、霍力岩等编著的《影响新中国教育的外国教育家》(天津教育出版社 2009 年版)、汪明帅主编的《常青藤:一本书读懂世界教育家丛书》(中国青年出版社 2011 年版)等,此外还有弗兰克·M. 弗拉纳根著、卢立涛等译的《最伟大的教育家:从苏格拉底到杜威》(华东师范大学出版社 2009 年版)等,都表明了常研常新和普及化的态势。

三是更加清晰地提出了学习教育家智慧、精神的命题,并出现了一些对教育家进行总论性、本体性研究的成果。从早期余立主编的《校长教育家》(同济大学出版社 1988 年版)到后来殷爱荪等主编的《校长与教育家》(福建教育出版社 2004 年版),学习教育家的智慧、精神、风骨尤其突出了两个重点,一是对民国教育家寄予了某种理想化的观念,如智效民著的《民国那些教育家》(四川科学技术出版社 2013 年版)等,二是开始关注当代教育家,如袁振国编著的《这就是教育家:品读洪宗礼》(教育科学出版社 2009 年版)、张彦春等主编的《16 位教育家的智慧档案》(华东师范大学

① 参见潘懋元、孙培青、王炳照、张瑞璠、董宝良、杨东平等教授对《中国近现代教育家系列研究》评审鉴定意见书手稿。

出版社 2006 年版)、张康桥编著的《在教育家的智慧里呼吸》(华东师范大学出版社 2012 年版)等。由此,出现的总论性、本体性研究的代表性著作,有孙孔懿著的《论教育家》(人民教育出版社 2006 年版)等。

四是研究方法趋于多样,试图借鉴其他学科的方法从新的角度挖掘教育家的深层性东西。如从心理史学视角有胡志坚著的《教育家心理史学范式研究》(社会科学文献出版社 2007 年版),从生活史角度有路书红开展的"中外教育家的生活史研究"等。

以上表明,教育家研究这个经典领域保持了常研常新的态势,或者说保持了研究成果数量增加的态势,这主要是由研究者增多、出版业繁荣、成果普及化所推动:一是集众人之力把单个教育家的研究整合成系列成果;二是拓展新的研究领域,把一些未被关注、曾经湮没的教育家发掘出来;三是研究成果普及化,除了专业研究者之外,中小学教师成为重要的受众。当然,从学术史的角度考察,更有价值的还是运用新方法、新范式对于教育家的新认识、深认识,这种努力现在还处于尝试之中,系统性的创新之作还在期盼之中。这些态势,从蕴含着更大信息量的论文数据库中可以得到进一步印证。

近年来,关于"教育家"的研究论文数量呈现快速增长态势。在"中国知网"的"期刊论文"数据库中,以"教育家"在论文题目(篇名)中精确检索(截至 2015 年 6 月 25 日)发现,1990 年至 2000 年仅 589 篇,2001 年至 2010 年达 995 篇,2011 年至 2015 年 6 月已达 806 篇。同样,"硕博士论文"数据库中,以"教育家"为"题名"进行检索(截至 2015 年 6 月 25 日),检索到 41 篇,其中,2001 年至 2010 年仅有 8 篇硕士论文、1 篇博士论文;其余 32 篇都是 2011 年以后的,但其中博士论文也仅有 3 篇,这表明虽然数量增多,但原创性高水平成果仍缺乏,并且,在 41 篇硕博论文中,有 20 篇是针对被冠以"教育家"的某人的研究。

这种快速增长乃至井喷之势,表明教育家研究、至少"教育家"一词成为近时期的教育热点之一。这些研究成果,还反映出教育家研究中存在着"两大主题、两类重点、一种背反"的特点。

其一,研究的两大主题是"教育家办学"和"未来教育家培养"。它的提出既跟领导人的关注和教育实际工作的需求相关,更深层反映了当下的社会诉求和教育思潮。教育、学校愈益成为一种社会性事业，与每个家庭每个人发生着更密切更长久的联系，公众期盼愈益高涨和深切，随着教育成为社会公平公正的投射焦点，改革和发展的呼声更加强烈，进而将教育存在的问题归因为教育行政化，与之相应便呼唤教育家办学，并反思因何缺乏教育家以及如何培养教育家。可以说，这是近年来教育家研究兴起的直接背景和动因。

其二，研究的两类重点，就是关于教育家型校长和教育家型教师的培养，包括教育家型校长和教师的主要特征，教育家型校长和教师与一般校长和教师的区别，教育家型校长和教师的培养途径和方式，教育家的内在核心精神和外部成长环境等。这些研究普遍隐含的价值假设是，教育家型校长和教师是优秀的和高级的，他们具有独特的优秀品质和精神气质，这些品质和气质是可以通过培养而具备的，并且，教育家的生成和作用发挥需要一定的社会保障条件，只要经过适当培养和提供条件保障，就可以养成教育家或促成教育家的涌现。

其三，研究中的一种背反现象是，一方面感叹教育家太少，另一方面又将教育家之名泛化，所有论文中 80% 以上的被冠名"教育家某某研究"。被冠以教育家之名者，又依次集中在艺术教育（音乐、美术、戏剧等）、农业高等教育、医学高等教育、工程高等教育等 4 个领域，分别被称为音乐教育家、戏剧教育家、农业教育家、医学教育家、工程教育家等。文章、论文的作者主要是被尊为教育家的弟子或媒体人，而较少教育理论研究者。这实际反映了这些领域特别是艺术领域的师承关系和流派特点，暗示凡被称为"教育家"者自然是大家，大家的弟子自然是名门正派。由是便引发教育家的标准问题，或者说成为教育家是困难的还是容易的，叶澜等认为教育家只能是少数人的事情，王道俊等则认为大多数教师只要经过努力就可能成为教育家。

从已有研究成果来看，目前教育家研究的不足或者说今后特别值得加强之处在于以下四个方面。

一是教育家的元研究，代表着研究的自觉水平。近年来教育家研究成果的"井喷"之势，为开展元研究即研究的研究提供了基础条件。元研究一方面是对于研究成果的事实描述，包括研究对象的聚类分析（哪些人被作为教育家来研究）、研究人员的构成分析（理论研究者、媒体人、教育家的亲朋弟子等）、研究成果的类型分析（学术性、普及性、纪念性等），以及研究周期、研究成果来源、研究成果发表载体等的分析；另一方面是对于研究问题的实然分析，诸如研究成果涉及的教育家成长经历、思想基础、精神气质、教育教学理念、治校治学方法等，以及这些研究问题及其研究方法的消长变化。在此基础上，可以判断教育家研究的现有状态和发展趋向。

二是教育家的分类研究，代表着研究的细致程度。如果认为教育家是“在教育思想、理论或实践上有创见、有贡献、有影响的杰出人物”[①]，那么目前研究成果中被冠以教育家者，似乎大多并未达到这一标准，而更多地与研究者的情感色彩、经验因素、利益考量、比附想象相联系。有的研究者坚持教育家是极少数人的事情，成为教育家是很不容易的，无疑具有理性和规范的意义，可以防止教育家的泛化、泛滥乃至欺世盗名；有的研究者主张成为教育家并不很难，只要具有成为教育家的理想就可能达到，这在呼唤教育家的时代，可以激发教师、校长提升愿景以及形成造就教育家的氛围，而从现实来看，也确实正在涌现出一批具有教育家水平的优秀教师和校长。正因为此，教育家趋于分类分层，教育家的标准也趋于多元，分类研究不同的教育家及其标准，可能比坚持教育家的唯一标准去争论什么人是教育家或成为教育家的难易，更为迫切和更有价值。

三是教育家的“行为·目的·情境”权变关系研究，代表着研究的深入程度。目前大多成果还集中在“教育家特质”研究阶段，即试图找出教育家独特而卓越的品质素质，或者说教育家优异于一般教师和校长之处，研究往往采取描述和归纳的方法，对于教育家的特质进行罗列或者归类。这种研究成果可能存在两个问题，一是罗列的各种特质简则以偏概全，多则繁冗寡要，且难以进行实证归因；二是这些特质之间往往是相互矛盾的，包容谦和与霸气决断、理性内敛与感性外露等相矛盾的特质，可能鲜明地存在于不同教育家身上。于是，教育家研究的深化方向，便指向教育家在特定的约束条件、组织情境中，为了实现教育教学目的而采取的卓越行为，

① 顾明远主编:《教育大辞典》(增订合编本)上册，上海教育出版社1998年版，第755页。

以及这种行为与目的、情境之间建立起的权变关系范式。所有教育家的永恒目的或职责就是育人，但不同时期、不同组织，所要解决的重点问题不同，或是更新教育教学理念、创新体制机制、改革课程教学、促进教师专业发展，或是解决办学条件、办学体制等，这些问题又是相互交织、相互影响的，同时教育家面临的组织情境、所能运用的组织资源也不相同。正是在这些多因素变量中，教育家才凸显出高超的智慧、卓越的策略和鲜活的人格特征，这才是教育家之所以成为教育家之处，也是教育家研究值得深入之处。

四是教育家的本体研究，代表着研究的质量水平。教育家研究要从数量繁荣走向学术深入，实现的基本策略是从两方面“返本开新”。一方面是回归教育家这个本，此乃根本之根本，无论古今中外、高层草根、主流另类，必须首先是教育家，从这个意义讲，研究教育家也是“去水分”、披沙拣金的过程，也是甄选出真正教育家的过程。另一方面是回归教育家思想和实践这个本，无论采用何种新方法、新视角、新范式，既要视野宏阔，跳出教育看教育家，发现教育家与社会的广泛联系和深层关系，又要避免泛化，丧失教育的自身立场；既要深入发掘教育家，又要避免过度解释，回到教育家史料的本身，无论文献的还是田野的。

二、教育家的类型与原创型教育家

教育家的类型可以按照不同标准进行划分。从其生活年代、活动时间来看，可以分为古代教育家、近代教育家、现代教育家、当代教育家等。这种划分的意义，一是任何教育家都带有时代烙印，也是时代教育精神的凝缩和代表，认识了一个时代的教育家便可高效地认识那个教育家所处时代的教育精神，在丰富教育历史认识中提升自己的教育智慧；二是某个时代的教育家就是要解决所处时代的教育问题，这些问题往往是那个时代特有的、必须解决又为那个时代教育家所解决了的，后代教育家可以在传承中超越，在扬弃中创新。后代教育家与前代教育家的思想关系，可以是继承性的、超越性的、批判性的甚或断裂性的。断裂性关系，即一个国家在社会和教育进程中出现明显断裂，后时代与前时代是非延续、非继承乃至否定性的，譬如殖民地国家模仿宗主国建立的教育体系与本土原生教育体系之间，后代教育家与前代教育家在学缘、思想和行动上是相对独立的。而其他几种关系，无论继承性的还是超越性的、批判性的，都具有广义上的继承性。狭义的继承性关系是一种延续性、顺向性、量变为主的继承，超越性关系是一种断续性、虽顺向但以质变为主的继承，批判性关系则是一种非顺向性（逆向或歧向性的）、针对前代教育家问题的继承。正是这种广义的继承性，为教育家的时代类型划分赋予了深刻而现实的意义，从教育家的代际起承转合、消长嬗替之中，可以寻绎出不同代际教育家的创新性之所在，可以说教育家智慧的形成，苦功夫是对自己教育实践的哲学思考，捷径则是向前代教育家的学习。

从教育家的活动和影响范围来看，可以分为地方性的、全国性的和世界性的教育家。教育家的实践活动范围与其影响范围，既有一致性也有区别，前者相对清晰和稳定，后者则有模糊性和变动性。教育家在一个时段只可能在一个相对固定的范围、场域开展实践活动，实践活动范围的大小取决于：一是场域自身的大小，既指场域的地理、物理空间也指场域的文化、思想空间。由于现代场域的联结性和虚拟延伸性，一般来讲，城市的教育家比乡村的教育家实践活动和影响范围都相对更大。二是场域变换的频度。同样条件下，教育家保持适度的场域变换频度，影响范围也相对更大。三是场域的典型性和辐射力。教育家同样是在乡村，具有文化样本意义的乡村影响力就更大，同样是在城市，省会、首都、中心城市乃至世界性、全球性城市，其影响就远超一般城市。教育家的实践活动范围通常就包含了其影响范围，但教育家的影响力、影响范围还取决于一些内在与外部、必然与偶然因素。从外部条件看，是教育家的作用发挥和思想传播机制。在传统社会和传统教育中，教育家的影响力主要依靠著书立说、讲学立派、官方认可立名（包括自己和弟子入仕、学说成为官方意志、著作列为科举教材等）等学术性、教育性、政治性机制，相互为用、共同作用来实现；进入现代，这些作用机制又注入了新的形式，著书立说的学术性机制与现代媒体、课题立项、各类评审评奖和人才队伍建设相结合，授徒讲学、开宗立派的教育性机制与现代学校教育体系、研究生培养、学术团体相结合，官方认可的政治性机制在精神激励之外又增加了巨额的经济支持，也就是说教育家的作用机制在现代呈现传媒化、学科化、资本化（主要指知识资本）的特点，教育家的影响范围大大扩张。“世界性教育家”的概念确切讲是20世纪以来的事情，也因此为古代教育家的现代“复兴”提供了时代条件。从内在因素看，则是教育家所指向问题的重要性和普遍性。这些问题，一是人及教育的基本问题、永恒问题。只要还有人及教育存在，此类问题就会被反复探讨，它们一般是哲学层面的宇宙观、本体论、知识论、价值论、方法论、思维及其与教育的关系问题等。古代的大教育家行不过一地一国，而能具有现代性、世界性意义和影响，就在于他们关切的教育问题是基本性和永恒性的。二是转型时代的重大教育思想和制度问题。当此时代，旧有的思想体系已经难以解释教育的新命题，旧有的制度框架已经无法容纳教育的新要求，教育乃至整个社会从思想、理论到体制、制度都面临重整再构，这些问题往往需要做出社会性、政治性和制度性、政策性安排，解决此类问题的教育家也通常带有政治家色彩，如建议“罢黜百家、独尊儒术”和建立太学的董仲舒，系统论述“中体西用论”和规划现代学制的张之洞等。三是契合教育发展的趋向性问题，诸如非正规性学习、女性女权教育、环境教育、跨文化理解教育（和谐教育、国际理解教育、民族和解教育、宗教与文明理解教育）等。此类问题历史上曾隐含地存在却并不紧迫，而在当代和未来呈现高涨态势，前瞻性关注过此类问题的教育家便成为思想的源头。也就是说，越是关切和解答上述三类问题的教育家，其教育思想和实践可能愈加高明，愈益可能成为创新性和全国性乃至世界性的教育家。

从教育家的创造程度来看，可以分为继承型教育家和创新型教育家，创新型教育家又可以分为消化吸收再创造型、原创型教育家等。原创型教育家一般产生于历史大周期的巅峰时代或转型时代。历史大周期是长时段的，短则几百年长则上千年，或如中国历史上的汉、唐经过数百年涵养深蓄而达于历史周期的巅峰，此时所要回答和解决的是巍巍盛世的教育问题；或如春秋战国、魏晋南北朝、两宋、明清之际、近代以来，正处一大历史周期与另一周期的交汇转折之际，此时所要回答和解决的是叔季之世、新旧过渡、重整复兴的教育问题。也正因此，原创型教育家的产生具有历史集中性，有的时期大家辈出、群星璀璨，[1]其余时期又相对平稳平淡。

---

① 参见姜国钧：《中国教育周期论》，北京大学出版社2005年版。

原创型教育家善于以广博而深邃的文化视野，敏锐而深刻地洞察教育问题。巅峰或转型时代所蕴含的重大教育问题，为原创型教育家的诞生准备了先天的原创性要素，正因为这些问题是划时代的、前所未有的，又必然是弥漫性的、隐而不显的，能够最先、最敏感、最清晰、最深刻地认识到这些问题，即把隐含的问题予以“问题化”并在此基础上聚焦化、系统化，不仅需要天赋和机遇，更需要广博而深邃的文化视野。原创型教育家通常还具有丰富的实践积累，他们在教育实践中感受、认识和抽绎教育问题，总结、修正和检验自己的教育思想和理论，形成和发挥自己的教育影响。原创型教育家在教育实践中面临着传承与创新的先天困境，扮演着旧教育的改造者、新教育的创造者、新旧教育的锻铸者等多重角色，一方面必不同于既往的教育主流，否则不可能成为教育创新者、原创者，另一方面代表着教育发展的主流方向，不可能专事批判、破坏而不顾建设，这就需要高度的实践智慧。从这个角度讲，原创型教育家乃侧身于新旧教育体系之间，从古代的孔子、孟子、朱熹、王守仁到近代的康有为、蔡元培、黄炎培、梁漱溟、陶行知等，大都曾身在教育旧体系之内，思想却指向之外的教育新体系。

原创型教育家是教育家的最高级类型或形式，其“原创性”主要体现在四个方面：原创性的时代，一般产生于长历史时段的巅峰时代或转型时代；原创性的问题，敏锐而深刻地发现并概念化时代的重大教育问题，这些问题是前所未有且无法回避的，对于这些问题的解答、解决就构成了教育历史发展的一个个必然环节；原创性的思想和实践成果，开创学理、学派或创立学校、学制，“立言”丰赡卓越、自成体系，“立功”构想深远、规模宏大；原创性的影响，不仅影响当代一时，并具永久性乃至世界性价值，值得反复研究和解读以汲取智慧。总之，原创型教育家就是那些生于原创性时代，提出原创性问题，创立原创性思想和实践成果，并具有原创性影响的教育家。

三、中国现代教育体系的解释框架和形成问题

对于中国现代教育的发生发展，我们提出“一体化说”作为一种新的解释框架。[①] 所谓“一体化”，一指纵向一体化，即从 1862 年中国人自己创

---

① 参见李剑萍：《中国现代教育问题史论》（修订本），人民出版社 2011 年版。

办的第一所现代学校京师同文馆诞生,1904 年中国第一个现代学制“壬寅·癸卯学制”颁行以迄于今,中国现代教育是一个持续的整体过程,作为现代教育的根本形态和趋向并未终结,并将在今后较长时期继续发展。二指横向一体化,即中国幅员辽阔、人口和民族众多、经济社会发展极不平衡,各地各民族现代教育发生发展的起点、进程、速度、路径也有差异,但总体趋向相同。此点意义极为重大,就是说中国现代教育的形成与发展过程,也是中国作为现代国家重整与复兴的过程。三指外向一体化,即中国现代教育是学习、引进、吸收先发国家教育思想、制度、理论和方法等的过程,就是增进教育国际交流与合作的过程,就是挽世界现代教育于中国、推中国教育于现代世界、中国教育与世界教育一体化、中国教育复兴并为世界教育做出崭新贡献的过程。四指内向一体化,即以现代学校制度为代表的现代教育制度逐步系统化和普遍化,以书院、私塾为代表的传统教育体系逐步学校化和消融化,以教会学校为代表的外国教育体系逐步中国化和世俗化,共同建构中国现代教育体系的过程。

中国现代教育的发生发展作为一个持续的整体过程,大致可以分为两大时期、四个阶段,即以 1949 年新中国成立界分为两大时期,此前是中国现代教育体系的形成时期,此后是中国现代教育的探索和发展时期,每一时期又各分为两个阶段,共计四个阶段。从 1862 年京师同文馆设立至 1927 年南京国民政府成立前是早期现代化阶段;从 1927 年南京国民政府成立至 1949 年新中国成立前是多元互动阶段,包括以党国化、制度化为特征的国民政府的教育建设与教育统治,以革命化、大众化为特征的中国共产党领导的革命根据地教育,以教育救国、杜威教育思想中国化为特征的民主主义教育家们的教育改革与教育试验,还包括教会学校的中国化和世俗化,私塾教育的学校化和消融化。从 1949 年新中国成立到 1984 年是转折与探索阶段,在新的社会制度基础上和毛泽东思想指引下,曲折地探索了什么是社会主义教育以及如何建设社会主义教育两大问题;1985 年中共中央印发《关于教育体制改革的决定》和 1986 年颁布实施《中华人民共和国义务教育法》以来是新型现代化阶段,开始在改革开放和全球化的环境中,建设和发展中国特色的现代化教育体系。

中国现代教育是在三个层面依次启动,多层互动,整体联动的。一是学校层面，包括现代学校的产生，学校类型的丰富，以及学校课程、教学和师生观念、角色、活动的现代趋向等；二是教育制度层面，包括现代学制的建立，现代教育行政体制和教育管理制度的形成与调适等；三是教育思想层面，包括先觉者和领导者的教育思想、教育家的教育思想与理论、社会公众的教育观念、官方教育思想即教育方针及其政策化等。从世界范围来看，各国现代教育的发生发展大致可以分为五种模式，第一种是以西欧国家为代表的先发内生型教育现代化模式，第二种是以美国、日本为代表的学习先发国家而自我创新的教育现代化模式，第三种是以印度等亚非拉殖民地国家为代表的主要移植原宗主国体制的教育现代化模式，第四种是以部分中东国家为代表的在政教合一体制基础上发展起来的教育现代化模式，第五种就是以中国为代表的在本土基础上学习外国而走自己特色道路的教育现代化模式。可见，不同国家的教育现代化不能简单分为先发内生型、后发外源型两类，而是有着不同模式，每一大模式又可细分为不同的小模式，它们在全球化浪潮中相互联系更加密切，相互影响更加广泛，使得世界教育一体化不是单一化而是多元化、丰富化。也正是从这个意义上讲，一方面，中国现代教育是中国教育与世界教育一体化的过程；另一方面，中国现代教育又是世界教育一体化中独具代表性的一极，具有独特价值，中国现代教育应彰显光大此种价值，这是中国现代教育的全球价值和使命。

以上的“一体化说”解释框架，可以概括为“一体多向、二期四段、三层第五模式”。在中国现代教育发生发展的第一时期即体系形成时期，中国现代教育面临的重大问题或称中国现代教育的形成问题主要是：

其一，培养什么样的人即教育目的、教育方针问题。这是中国现代教育形成的核心性问题，其他问题是由此衍生和为此服务的。它在起初，既不像欧洲那样经历过一个宗教改革和文艺复兴的人本主义启蒙过程，也不是中国传统社会和传统教育自我发展、自我生发的结果，而是由于传统教育所培养的传统型人才无法应对严峻的外患内忧的紧迫需求而倒逼产生的，是外铄性和社会性的。也因此，这个问题经历了由培育精英化“人才”向养成现代性“国民”再到培养合格的“人”的转变，经历了由偏重政治化的“社会人”到全面发展的“知识人”再到综合中国人、现代人、世界人的“文化人”的认识发展。

其二，建立和发展学校教育即教育制度、教育体制问题。这是中国现代教育形成的结构性问题，是实现教育目的、教育方针的制度设计和制度选择。它在经历了起初的创设新式学校、建立现代学制和现代教育行政体制两步之后，便遇到三个更深层次问题：一是现代学校的内涵性建设。只有具备了现代课程教学和师生行为观念才是真正的现代学校，因此在中小学校要进行现代性的课程改革和教学实验，在大学要引入大学精神和科学研究。二是教育普及，确切地说是普及学校教育。学校教育的制度化优势也兼具高成本压力，在人多地广、一穷二白的当时中国如何普及教育，始终是必须直面的两难问题，面临采取单一的制度化教育还是融通制度化与非制度化教育的选择。三是对于旧教育、传统教育的认识和态度。传统教育既是现代教育的对立面，又是现代教育的参照系，甚至在现代教育中传统教育不会根除，只会通过传统教育的现代化转换成为现代教育的必然构成。

其三，教育与社会的关系即教育与社会改造、社会建设问题。这是中国现代教育形成的功能性问题。中国现代教育是在社会转型之际应需而生、应运而生的。正因为传统社会及其教育已经不能应对早期现代化的需要，所以必须在其之外引进和建设一套现代教育体系，而现代教育的发生发展又是以传统社会的改造、现代社会的建设作为基础和目的之一的。这就决定了中国现代教育形成时期在与社会的关系上呈现三个特征：一是偏重社会本位的教育，即在人与社会的关系方面更加关注后者，通过人的社会化来造就“新民”以改造旧的社会、缔造新的社会，注重人的社会工具价值，相对忽视人的自身意义和人的个性化；二是教育社会化，教育改造旧的社会、缔造新的社会的前提和途径，就是教育必须与社会实际、社会实践相联系，这一时期出现了形形色色的“教育救国论”者和教育试验运动，甚至在教育社会化中出现了轰轰烈烈的教育运动化、教育政治化，教育成为社会运动和政治活动的工具；三是社会教育化，社会改造论、社会建设论的教育家们提出的社会方案，几乎无一不是教育化的，即在教育社会化的同时社会教育化，按照教育的模式、体系去组织和构建新的社会体制，把教育社会化与社会教育化作为理想的教育和社会状态。

其四，教育与文化的关系特别是教育与中西古今文化的关系问题。这是中国现代教育形成的深层性问题。教育与文化密不可分，是文化的一部分，教育传承创新文化并受到文化的规定制约。中西古今文化的关系及其与教育之间的关系，可以归结为外来文化本土化、传统文化现代化、中华文化世界化三大命题。虽有所谓传统文化本位主义者和全盘西化论者，实际上都是基于自己的立场，对中西古今文化的关系命题进行着自己的思考和解答。对于外来文化和外国教育理论，通常采取实用主义态度加以选取、改造和利用，即所谓"洋为中用"；对于中国传统文化和传统教育理念，也往往站在现实主义立场予以延续、变换和使用，即所谓"古为今用"，两者共同构成了教育与文化关系的民族化、现代化趋向，此点从 20 世纪 30 年代以后表现得尤为明显。

其五，教育哲学特别是知识价值论、认识论与教育的关系问题。这是中国现代教育形成的基点性问题。什么知识是有价值的或是最有价值的，如何认识有价值的知识或如何认识这些知识是最有效率的，便构成教育中教什么、学什么和怎样教、怎样学的问题，亦即课程和教学问题。在中国哲学传统中，本体论多与修养论相合一，即本体论道德化，宇宙观多倾向朴素唯物主义或带有人格化特点的唯心主义。而且，在实用理性的传统惯性和社会问题导向的现实需求作用下，现代教育家们的哲学思考是较少以本体论和宇宙观作为出发点的，而多是直接从知识价值论、认识论层面切入，并在课程教学哲学上呈现两个鲜明的倾向：一是在课程上，重视社会性、实用性、生活化、大众化的知识，二是在教学上，强调理论联系实际，与社会实践相结合，为生产生活服务。这一方面改变了中国传统教育教学与现代社会、现代生活相脱离的问题，另一方面也使得社会本位和工具主义进一步强化，这也是杜威实用主义教育理论之所以能在中国流行的深层原因。

四、原创型教育家的代际分期与中国现代教育体系的形成问题

在中国现代教育体系的形成时期，堪称原创型教育家者主要有张之洞、康有为、蔡元培、黄炎培、晏阳初、梁漱溟、陶行知、陈鹤琴等。就其原创性教育贡献和教育影响来看，张之洞、康有为属于以维新运动和新政改革为背景的晚清一代，蔡元培、黄炎培属于以辛亥革命和新文化运动为背景的民初一代，其余四人属于以国内革命和全面抗战为背景的民国中后期一

代。以上八人历时半个多世纪,大约算是三代教育家。

由于中国的早期现代化是一种急剧突变式的"压缩"了的现代化,八位教育家也可以算是两代半人。蔡元培、黄炎培作为第二代,其创新性教育影响发轫于清末,从辛亥革命后到20世纪20年代后期持续约20年;第三代则在20年代前期崭露头角,20年代后期开始形成较大影响,三四十年代成为主角。第二代的两人,与第三代的主要重叠期在20年代中后期,进入30年代他们虽然依然活跃并发挥重要影响,但已经主要是社会政治活动家的身份了。第三代的四人,生年奇迹般地顺差一岁,除了陶行知突发脑出血中年而逝,其余三人又都出奇地长寿,他们作为原创型教育家的光耀之时是在20世纪三四十年代,后来的人生道路、境遇虽然不同,但在当时都是民主主义教育家的杰出代表。从文化的代际传承来看,第一代的张之洞、康有为与第二代的蔡元培、黄炎培之间的关联性更多,即使康有为几近周游世界,蔡元培多年游学欧洲,也都属于传统文化的最后一代人,传统文化是他们青年所习、终生浸润、晚年所归,是他们教育改革的对象,也是他们的思想资源和文化比较的坐标系。第三代虽在童年时期受过一些传统文化的教育,但少年以后的思想和价值观形成时期,主要接受的是现代学校教育,除梁漱溟是自学成才之外,其他三人都在美国取得硕士、博士学位,受到过规范的现代思维训练和西方思想影响。由此,三代教育家的问题指向虽然都是中国的,但第一代、第二代教育家除了蔡元培,多带有中体西用、以中释西的立场,第三代教育家除了梁漱溟,多是西方教育理论,确切地说是杜威现代教育理论中国化的产物。

第一代教育家张之洞(1837—1909)和康有为(1858—1927)是亦旧亦新、从传统走向现代的一代,他们共同的历史使命是建立现代学校系统,终结传统教育制度,以及从制度安排上回应中西文化的关系和传统儒学的命运。

张之洞是洋务教育的殿军后劲、清末教育改革的总设计师、中体西用论的集大成者,三重角色既是他教育思想和实践的分期,也反映了19世纪末到20世纪前10年中国教育由传统走向现代中的巨变。他在前期,主要延续或者说复兴了早期洋务派曾国藩、左宗棠、李鸿章、沈葆桢等人的教育事业,在甲午战争失败后更加深重的民族危机中,以更大的毅力和担当兴办洋务学堂、改革旧式书院、设立新式书院，特别是在国际国内的新形势和早期改良派的新思想影响下，开始由侧重军事应对转向全面改革，洋务学堂的办学重点也由军事技术领域拓展至社会政治学科，与之相应，培养目标由“新技术人才”拓展至“新国民”，办学视野由专业教育拓展至普通教育、由精英教育拓展至普及教育。这是清末全面教育改革的基础和前奏。进入20世纪，经历了八国联军战争和庚子赔款的剧痛，中国不得不在全面危机中开始史称“清末新政”的全面改革，包括其中的教育也在此前学校数量增加、类型增多的基础上，进行整体谋划、顶层设计，北方的袁世凯和南方的张之洞历史性地充当起设计师的角色。由于袁世凯更加侧重军政方面，张之洞调任中央后主抓教育，成为全面教育改革的总设计师，从“立新”和“破旧”两方面构建起中国现代教育的四大制度基础——颁行第一个现代学制“壬寅·癸卯学制”，建立与之相应的以学部为代表的现代教育行政体制，颁布“中体西用”思想指导的新旧参互的教育宗旨，停废科举考试直至最终废除科举制度。同时，张之洞作为政治化的儒家学者和道统承继者，一方面采取通经致用、经世致用的务实主义态度，另一方面坚守道统红线和文化底线。他1898年撰写的《劝学篇》，奠定了其作为“中体西用”论集大成者的地位。所谓“西用”即利用、吸收西方先进的科学技术乃至管理体制，所谓“中体”即保持、维护中国的君主体制和儒家道统。他晚年认为即使君主立宪亦未尝不可，但儒家道统不能失守，既反对康有为托古改制式的今文经学曲解，更感叹进入20世纪在立宪与革命思潮的博弈中民主共和观念的大行其道，进而横扫孔孟之道及其精神象征孔子。其实，中国人对于孔孟儒学多采取功利主义态度，学校已兴，科举既废，制度化儒学和道统的解构已经不可避免，所以作为兴学校、废科举设计者的张之洞在晚年陷入吊诡、反思和哀叹，认为自己实际成为传统文化掘墓人，有“我虽未杀伯仁、伯仁因我而死”的自责和懊悔，正因此才有倡办存古学堂的最后一搏。当然随着他的去世、清朝的终结，存古学堂很快也就烟消云散了。但他所留下的文化命题并没有结束，他解决问题的方式是传统的，但所要解决问题的意义是现代的。如果说张之洞作为教育家完成了建立现代学校系统、终结传统教育制度的使命，而从制度安排上如何安置传统儒学呢？他只是认识到这个命题，没有也不可能解答这个命题。

康有为是维新运动的领袖、著名的改革家和思想家,虽比张之洞晚生、晚逝约20年,但其教育思想和实践的辉煌期都集中在19世纪末20世纪初,与张之洞具有交集和重叠,从这个意义上讲两人属于思想上的同代人、同一代教育家。康有为与张之洞在19世纪最后几年的教育变革大潮当中,总体目标是一致的,就是都想兴学校、变科举,大办各级各类学校并使之体系化制度化,变八股取士为策论取士直至逐步停废科举制度,并且这些改革都必须在中央的强力领导下进行,无非康有为依赖光绪帝,张之洞乃实际掌权者慈禧太后的“手擢之人”。二人的区别就在于,张之洞是体制内的政治型教育家,康有为是体制外的思想型教育家。康有为虽以“帝王师”自命,拼命想挤进体制内却不得,即使“百日维新”期间曾短暂地进入过也未能成为核心和主流。体制外的改革家注定只是改革启蒙家和改革思想家,这也正是其意义所在。康有为的人格特点和知识结构,决定了其思想更具突破性、新锐性和挑战性、解构性,他希望构建一套新的思想和制度体系去取代原有体系,而张之洞偏重于从原有体制体系去补苴、生发出一套新的东西。这是两种不同的原创类型,或可分别名之“替代型创新”和“生发型创新”。当然,它们的共同指向是创新、是质变,前者是骤变,后者是渐变,二者即使在同一教育家身上,在一定条件下也可以转换,生发积累到一定程度就是替代。比较而言,康有为的思想更具有爆发力、震撼力,也易走向旁门左道,不见容于当道;张之洞的思想更具建设性,也更中庸、更易被接受、更具可操作性,当然思想的启蒙意义便相对逊色。“百日维新”期间,康有为虽可提出“废八股、变科举”的建议,但具体实施方案必须赖于张之洞,张之洞作为体制内、政治型、生发型创新的教育家,有学有术,有思想有担当,最善于四两拨千斤,用技术性设计解决体制性问题而不囿于技术官僚。康有为的教育原创性在于维新、孔教、大同三个方面或者说层面。维新教育是康有为作为清末改革家和维新运动“头儿”的贡献,其核心在于兴学校、废八股、变科举。但康有为与同侪的不同之处,是把维新教育作为维新变法的重要内容和途径,是想通过教育变革、维新教育来培养一批维新变法即搞资本主义一套的政治精英,这是他跟张之洞等洋务教育家的根本区别,也是他作为原创型教育家对同时代其他要求变科举、兴学校的教育家的超越。孔教教育是康有为作为文化学人的原创性建构。在19世纪中叶以降的中西古今文化之争中,无论何种解答方案,要想有效就必须指向中国文化问题的解决,又必须把中国文化置于世界文化的总格局中进行思考,这就容易在中西文化比较中走向中国文化本位、西方文化形式,与其说是“中体西用”毋宁说是“中本西形”。康有为正是从宗教政治学层面来思考和设计中国传统文化的时代命运、中国文化的时代使命,他把“保教”与“保国”“保种”相联系,即由政府组织建立孔教并确立孔教为国教,从教义到仪式仪轨予以体系化、制度化、普及化。康有为从早年编撰《孔子改制考》直到晚年组织孔教会、创办《不忍》杂志,一以贯之,终身不懈。大同教育是康有为作为思想家的原创性贡献,对康氏的大同理想冠以“大同空想社会主义”可能更是政治家者流的现实解读和比附衍义。康有为的大同观实际是他所诠释的中国古代大同观与其流亡国外反思西方工业资本主义之弊,以及与其“天游”思想(以佛学思想为主融合了庄子一派道家思想)杂糅的产物。解读康有为的大同观,必须将《大同书》与其晚年最后一部主要著作《诸天讲》结合起来理解。他晚年所创造的《诸天讲》、天游园、天游老人等“天游”系列,实为其少年以来究研佛学思想的特质化个性化发展。至于为人所乐道的大同社会教育模式,不仅是看似严密的空想,也实非康有为措意之所在。他所关注者更在于宇宙之人(人居无限广漠之宇宙,人至为渺小,人生至为短暂)的形而上问题,这实开启蔡元培、梁漱溟同类思考的先声。

蔡元培(1868—1940)和黄炎培(1878—1965)属于第二代、民国初年一代的教育家,教育贡献集中于民国元年(1912年)到20世纪20年代中期之前。蔡元培比黄炎培年长10岁,在南洋公学经济特科班与黄炎培还有师生之谊,在世时的政治地位、社会声望也远高于黄炎培,但两人的早期经历颇为相似。蔡元培是清朝翰林,黄炎培是举人,都在青壮年时期主动脱离清朝的政治体制和学术体系,游历游学国外,蔡元培甚至以访问学者身份在德国大学学习研究多年。可两人囿于自身的知识结构,对于外国思想理论文化的汲取和介绍充其量是“高级常识”级的,专深程度无法与后来的胡适等人相比。两人都极其聪明敏锐,默察世界大势,善假于势,知清廷无可救药,在清末的上海以办学为反清之掩护和张本,投身辛亥革命,分别是当时最有影响的教育派别——浙江籍教育派和江苏籍教育会派的代表，并以教育社团兼行社会政治活动，实开后来晏阳初、梁漱溟等人以教育改造社会之先河。1927年以后，蔡元培对蒋介石经历了由支持“清党”走向反对独裁的转变，黄炎培也一度被国民党通缉，后由中华职教社而组党，成为第三方势力中的重要一派。两人都成为民主斗士、社会政治活动家，黄炎培在新中国成立后曾任政务院副总理。比较而言，蔡元培的教育贡献更大，影响和意义也更深远。

蔡元培对于中国现代教育的贡献主要有三：一是1912年他作为民国首任教育总长，提出“五育并举”的教育方针，在发展了清末“中体西用”教育宗旨合理成分的基础上，更增加了美感教育和世界观教育，并以世界观教育为实体的、根本的、本质性之教育目的，“以美育代宗教”，美感教育是联系隶属于政治的德智体育和超轶乎政治的世界观教育之津梁。这不仅直指中国人、中国教育过分注重实用理性之病，更是迄今对于中国现代教育培养什么样人的最深刻思考。二是1917年就任北京大学校长后，他提出大学以“研究高深学问”为宗旨，学、术应当分途而治，第一次明确了中国现代大学的科学研究职能，而且大学所研究之科学具有高深、纯粹的特点，这便为中国的大学注入了灵魂，通俗地讲就是“大学像大学”了。由是，大学必须采取“思想自由，兼容并包”的办学方针，相应进行内部管理体制改革，学科专业结构调整，师资队伍优化，学校文化建设。北京大学为之焕然一新，成为中国大学、学术和思想界之“灯塔”，进而由此成为新文化运动的发源地和“五四”运动的策源地，极大地改变了中国的思想文化面貌、社会政治生态以及历史走向。溯源推始，固是由于北大所处地位及当时国内外社会环境、思想潮流所致，亦不可忽视蔡元培顺势而发之伟力。三是他秉持“教育独立”思想，并在1927年前后进行了大学院制和大学区制试验，这些试验虽因制度缺陷、人事纷争、利益博弈等仅一年多便被废止了，但教育应独立于教会、政治之外，并从经费、政策上予以保证的思想成为一大潮流。归根结底，这是要求尊重教育规律、保持教育静气，是对教育过度社会化、政治化和运动化的反动。蔡元培的超凡之处在于，一方面他作为国民党元老是广泛而深入的社会政治参与者，尤以北京大学为基地从思想文化层面推动了中国的深层变革，另一方面他又始终有意无意地采取了既非入场又非离场的“即场”态度，研究人、教育、大学的本质，可谓“教育家之教育家”、原创型教育家之首。

黄炎培对于中国现代教育的贡献主要在两个方面:一是在清末发起成立江苏教育会,并使其成为全国最有影响的教育社团,兼具政治团体性质和政党雏形,不仅在江苏的辛亥革命中发挥了很大作用,而且在20世纪20年代前期的文教界和东南政坛影响巨大。正如他自称:“这是教育性的江苏中心组织,经过几年,成为政治性的江苏中心组织……在辛亥革命洪潮中,成为江苏有力的发动机构。”①二是组织成立中华职教社。他由民国初年倡导职业教育的前身——“实用教育”开始,到1917年组织成立中华职教社,其后创办职业学校、编印报刊、举办年会等,影响不断扩大,1926年又在江苏昆山徐公桥设立乡村改进试验区。中华职教社成为被共产党争取的党派团体。黄炎培的两大教育事业——江苏教育会和中华职教社,都由教育团体走向政治团体,他自己也从教育家成为社会政治活动家,从清末在上海川沙办学,创办浦东中学,到新中国成立后任政务院副总理。他一生的教育路向,主要是指向社会改造的,通过教育来改造社会进而造福人,而教育改造社会的路径就是社团化、试验区化和社会化、政治化,即教育家们要组织起来、行动起来。在这一点上黄炎培不同于蔡元培,而更接近于晏阳初、梁漱溟,黄、晏、梁三人应该说是“教育救国”论的代表和实践家。

晏阳初(1890—1990)、梁漱溟(1893—1988)、陶行知(1891—1946)、陈鹤琴(1892—1982)属于第三代、民国中期一代的教育家。他们比蔡元培小20多岁、比黄炎培小10多岁,作为原创型教育家的集中作为在20世纪30年代及其前后。

晏阳初、梁漱溟可称乡村建设运动的双子星。晏阳初从事平民教育运动持续时间之长、影响之大,实无出其右者,包括梁漱溟。他在美国留学期间,于第一次世界大战中被教会派到法国从事华工识字教育,从此开始平民教育生涯;1920年回国后,由平民识字运动而平民教育运动、乡村改造运动;1949年后又在国外从事世界平民教育活动,具有世界性影响。梁漱溟所主持的乡村建设运动,则集中在20世纪20年代后期30年代前半期。

---

① 黄炎培:《八十年来——黄炎培自述》,文汇出版社2000年版,第75页。

所谓乡村改造、乡村建设运动,实质都是“五四”运动前后开始的平民教育运动由城市向农村的延展,由教育运动向社会运动的拓展。随着北伐战争前后社会动员向着农村的深入,以及随后开展的“中国社会性质问题论战”,特别是到20世纪30年代中前期,论战重点转向中国农村社会性质,农村、农民、农业问题的严重性和迫切性引起广泛关切,国共两党以及民主主义者们对于“三农”问题探索了不同的利用和解决方案。“据统计,当时600多个教育和学术团体及大中专院校在全国建立了1000多个乡村建设试验区。”①更深层原因,也是对于当时城市化浪潮中城市大量虹吸农村资源的反思与反动。民主主义教育家晏阳初、梁漱溟分别以河北定县、山东邹平为基地开展县域试验,影响一时,是以教育运动救治“三农”问题、“教育救国”思想实践于农村或称“教育救农”运动的杰出代表,是当时的新农村建设运动中最重要一派。二人思想的共同之处在于:一是都以中国社会的重整和复兴为目的、为己任,认为近代以来在西方列强的军事打击和经济冲击下,加之中国传统社会的自然老化,传统的中国社会走向破碎和衰败,只有进行社会重整和复兴中国才有希望。二是都认为中国社会重整和复兴的难点、重点和希望在农村。农村面积和人口占中国的大多数,中国的经济社会发展水平还是农业国,在工业化、城市化浪潮中,本来就困顿的农村更陷于破产的境地,这不仅在于经济的凋敝,更在于基层组织的衰落、伦理文化的解体、人心的陷溺。中国的重整复兴包括并且必须依靠中国文化的更新复兴,而中国文化之根在农村,中国未来的新文化不可能由某种外来新文化替代,中国问题的解决要走“农村包围城市”的道路。这也是当时国共两党和民主主义派别的共同认识,只是具体路径、实施方案和效力效果有所区别。三是中国“三农”问题需要综合性的总解决方案,即所谓的乡村改造、乡村建设。中国“三农”问题是愚、弱、贫、私等并存,既有自然经济破产、民间借贷重压、疾病肆虐、游民流民问题,又有宗族社会解体、伦理道德沦丧、文化教育水平低下等问题。四是这些问题总解决的切入点、突破点就是文化教育,包括识字和扫盲教育、卫生知识普及和卫生清

① 郑大华:《民国乡村建设运动之“公共卫生”研究》,载《天津社会科学》2007年第3期。并参见郑大华:《民国乡村建设运动》,社会科学文献出版社2000年版。

扫运动、科普和农业技术推广、经济互助组织，以及基层选举和政权建设、移风易俗运动、乡规民约订定、道德重整运动等，一般不出这些方面，亦即梁漱溟等人所谓的“教养卫”一体化。当时各派对于“三农”问题的解决方案基本都是综合性的，只是切入点、重点、路径和立场、目的有所区别。从切入点来看，有政治的、经济的、文化教育的之分，分别对应的是革命救国、实业救国和教育救国。晏阳初、梁漱溟等教育家，不同于卢作孚等实业家和国共两党，他们所能做的、所擅长做的就是教育。五是乡村改造建设的根本力量和关键问题在于农民的自觉自动，缺乏农民自觉自动的改造建设，就只剩一批“看热闹者”和“包办者”。平教会、乡建派等干部只是组织者、辅导者、帮助者，尽职而不越位，指导而不包揽，由此，乡村改造建设的关键在于发动农民，发动农民的利器在于教育农民。以上，就是当时晏阳初、梁漱溟的思维逻辑。在这种逻辑下，他们及其所领导的乡村改造、乡村建设必然走向社会化、运动化乃至政治化、政党化，既与当时国民党推行的新县治运动相因应，也如 1940 年 10 月 20 日中共中央宣传部所发的《关于向全国教育界各小派别小团体推广统一战线工作的指示》中所说：“教育界各小派别中，以陶行知所领导的生活教育社，黄炎培、江问渔所领导的中华职业教育社，晏阳初、陈筑山所领导的平民教育促进会，梁漱溟所领导的乡村建设派等最有历史和地位。”[①]可见，他们的出发点和目的，都是社会的而不仅仅是教育的。

值得注意的是，晏阳初、梁漱溟对于自己的事业和理念都有着宗教家般的执着。作为基督徒的晏阳初是入世式的，他读的是教会学校，去欧洲从事华工教育是受教会派遣，回国后从事平民识字教育也是从基督教青年会起步的；作为新儒家的梁漱溟深研佛学而自称不是佛教徒，内热外冷，满腔热忱中装着坚毅的冷静。或许由于这种宗教性背景，二人都从文化层面去发现、发掘、解答、解决乡村改造和建设问题，他们既是行动的又是思考的，既是社会的又是文化的，相对于同侪更加坚定和深刻深沉。他们身上有一种信仰的力量，这种信仰来自于他们对于中国社会的文化认识、文化解读和文化图景建构。也正因为这种带有先验性、想象性的文化范式，使

① 中央档案馆编：《中共中央文件选集》第十二册，中共中央党校出版社 1991 年版，第 536 页。

得他们的乡村改造和建设理路带有主观性，成败毁誉参半。

晏阳初认为乡村建设的根本在于开发“脑矿”，发挥“民力”，发扬“国族精神”，以实现“民族再造”——“它的发生完全由于民族自觉与文化自觉的心理所推迫而出”①。“它对于民族的衰老，要培养它的新生命；对于民族的堕落，要振拔它的新人格；对于民族的涣散，要促成它的新团结新组织”②。“当今日全世界新旧文化过渡的时期，我中华四万万众多的人民，承五千余年文化丰富的历史，正当努力发挥新光彩，以贡献于全世界”③。由此，我们将其平民教育原则概括为“三四四四”，即采取学校式、社会式、家庭式三种教育方式，实施“四大教育”以治“四病”，以文艺教育治愚，以生计教育治穷，以卫生教育治弱，以公民教育治私，培养兼具知识力、生产力、健康力、团结力“四力”的“新民”。梁漱溟作为文化学者、文化大家，对于中华文化的思索更为深邃，也更带有先验性。他认为中国社会的特征是“伦理本位，职业分立，没有阶级分化”，“士人即代表理性以维持社会者”④，中国乡村衰败的原因在于组织涣散，而乡村组织“必须以中国的老道理为根本精神”，“发挥伦理关系，发挥义务观念”⑤，即西方社会是以法律精神或曰契约关系、选举程序组织起来的，而中国社会是基于伦理的，变契约关系为伦理关系，变权利观念为义务观念。“乡村建设，就是要先从乡村组织做起，从乡村开端倪，渐渐地扩大开展成为一个大的新的社会制度，这便叫做‘乡村建设’。”⑥而乡村组织要从两方面入手，一是“乡约”的补充改造，二是成立乡农学校。乡约类似于乡村自治宪法，乡农学校是乡

① 晏阳初：《十年来的中国乡村建设》（1937 年），见宋恩荣总主编：《晏阳初全集》第二卷，天津教育出版社 2013 年版，第 79 页。

② 晏阳初：《农村运动的使命及其实施的方法与步骤》（1934 年 10 月 10 日），见宋恩荣总主编：《晏阳初全集》第一卷，天津教育出版社 2013 年版，第 225 页。

③ 晏阳初：《平民教育的宗旨目的和最后的使命》（1927 年），见宋恩荣总主编：《晏阳初全集》第一卷，天津教育出版社 2013 年版，第 105 页。

④ 梁漱溟：《乡村建设理论》（1937 年 3 月），见中国文化书院学术委员会编：《梁漱溟全集》第二卷，山东人民出版社 2005 年版，第 167、170、185 页。

⑤ 梁漱溟：《乡村建设大意》（1936 年 1 月），见中国文化书院学术委员会编：《梁漱溟全集》第一卷，山东人民出版社 2005 年版，第 665 页。

⑥ 梁漱溟：《乡村建设大意》（1936 年 1 月），见中国文化书院学术委员会编：《梁漱溟全集》第一卷，山东人民出版社 2005 年版，第 720 页。

约的整体表现，是“推动设计机关”，并将此新的机关“嵌入”现行的基层体制当中。[①] 乡约以“向上学好”为目标，教养卫一体化，以教育为龙头。乡农学校由学众、学长、学董、教员等组成，主要负责两项工作，一是“酌设成人部、妇女部、儿童部等，施以其生活必须之教育”，二是“相机倡导本村所需要之各项社会改良运动（如反缠足、早婚等），兴办本村所需要之各项社会建设事业（如合作社等）”[②]。从这些意义来讲，无论喝过洋墨水、与美国联系密切的基督徒晏阳初，还是自学成才的本土学者梁漱溟，都是在世界一体化大潮中、在中西文化范式比较中的中华文化本位论者、中华文化复兴论者。这是信仰的作用和力量。至于中西文化的原貌是否果真如此，则见仁见智。社会基层的契约关系果真不蕴含伦理关系吗？伦理关系不也是一种契约吗？

陶行知、陈鹤琴与晏阳初、梁漱溟同属第三代教育家，却类型不同。

陶行知是当时民盟的中央常委，是当时民族民主运动和社会政治活动的积极投身者，但比较而言他更偏为职业型的教育家。这主要体现在两个“一以贯之”的方面。第一个“一以贯之”，是他从事平民教育、乡村教育、普及教育、国难教育、全面教育到民主教育，与时俱进，不断从社会大变局、大格局来思考教育问题、提出教育的“新名词”，也曾希冀教育救国、通过教育改造社会，但他在教育与社会之间楔入了一个变量——“新人”，即通过培养千千万万新人来缔造一个新社会。晏阳初、梁漱溟在教育与社会之间也有一个变量——“新民”。“新人”与“新民”，一字之差，立意迥异。而且陶行知关注的重点在于中间变量的“人”，晏阳初、梁漱溟关注的重点在于教育所缔造的新乡村和新社会，所谓新民只是新社会的组成分子，培育新民只是构建新社会的一个过程、步骤乃或工具而已。无论“平民”教育还是乡村改造、乡村建设，都只是一套基层社会组织建构理论，是社会学的、政治学的，是着眼社会重构再造、社会本位的，他们都没有提出一套相对完整的创新性的育人理论体系。这不仅是社会活动型教育家晏、梁的不

---

① 梁漱溟：《乡村建设理论》（1937 年 3 月），见中国文化书院学术委员会编：《梁漱溟全集》第二卷，山东人民出版社 2005 年版，第 320—366 页。

② 梁漱溟：《乡村建设大意》（1936 年 1 月），见中国文化书院学术委员会编：《梁漱溟全集》第一卷，山东人民出版社 2005 年版，第 672 页。

足,更是中国教育早期现代化时期乃至整个中国现代教育时期教育家的群体性缺陷。在近代原创型教育家中,真正自觉而一贯地思考育人问题者,前有蔡元培,后有陶行知和陈鹤琴。这本身就是一个值得思考的命题——教育本是育人的事业,教育家本是育人的大师,而原创型教育家们因何较少立足于研究育人呢?第二个“一以贯之”就是他的生活教育论。陶行知曾说:“我们是发动了四个教育运动,即乡村教育、普及教育、国难教育、战时教育。这四个运动只是一个运动的四个阶段。这一个运动便是生活教育运动。”[①]所谓“生活教育是生活所原有,生活所自营,生活所必需的教育。教育的根本意义是生活之变化。生活无时不变,即生活无时不含有教育的意义。因此,我们可以说:‘生活即教育。’到处是生活,即到处是教育;整个的社会是生活的场所,亦即教育之场所。因此,我们又可以说:‘社会即学校’”[②]。他又说,“教学做合一”,“教和学都以做为中心”,“做是在劳力上劳心”,生活教育必以生活工具为出发点。生活教育特质是生活的、行动的、大众的、前进的、世界的、有历史联系的;培养的人的特征是康健的体魄、农人的身手、科学的头脑、艺术的兴趣、改造社会的精神。[③] 陶行知是他的老师、美国著名教育家杜威的现代教育理论在中国的重要引进者、传播者和修正者、发展者,一方面他批评杜威所倡导的“教育即生活”“学校即社会”只是在学校里模仿社会生活、是虚拟的生活,并未真正将教育与生活融为一体,把杜威的名言“翻半个筋斗”,另一方面他的生活教育论又是杜威现代教育理论中国化修正的产物,它既是指向中国教育问题的、总结和应用于中国教育实践的、中国化形式的,又与当时世界上方兴未艾的杜威现代教育理论相接轨。那些只看到陶行知对杜威理论的批评、强调生活教育论与杜威教育理论的区别者,我宁愿相信他们是出于非学术的深意,而没有领会杜威及其实用主义教育学在中国广泛传播的内因正在于其与中华文化、中国知识分子

---

① 陶行知:《告生活教育社同志书》(1939 年 3 月 25 日),见董宝良主编:《陶行知教育论著选》,人民教育出版社 1991 年版,第 520 页。

② 陶行知:《生活教育》(1934 年 2 月 16 日),见董宝良主编:《陶行知教育论著选》,人民教育出版社 1991 年版,第 390 页。

③ 参见陶行知:《生活教育之特质》(1936 年 3 月 16 日),见董宝良主编:《陶行知教育论著选》,人民教育出版社 1991 年版,第 462—464 页。

精神、中国教育传统、中国现代教育问题的内在契合。[1] 陶行知的生活教育论是理论的又是行动的、是中国化的又是世界性的、是通俗的又是现代的，标志着中国现代教育理论的形成。此前的教育家可以称为教育实践家或教育思想家，但无一堪称教育理论家者。

陈鹤琴是中国近代教育家中的最后大师，也是最为专业化的教育家。长寿的他虽亦参与政治，但与实际参与最重要的第三党——民盟创建工作、曾任民盟秘书长和机关报《光明报》创办人的梁漱溟不同，也与曾任民盟中央常委、积极投身民族民主运动的陶行知不同，他曾任民盟中央常委，主要是荣誉性的，其实际最高官方职务就是新中国成立后长期担任南京师范学院院长，无论 1949 年前后，包括 20 世纪 50 年代批判陶行知进而批判他的"活教育"的时候，他都是被当作教育家，尤其是幼儿教育家看待的。陈鹤琴作为教育家的主要贡献，在于幼儿教育、家庭教育以及幼儿心理发展和测量研究三个方面。幼儿教育是最主要、最基本也是原创性的，家庭教育是幼儿教育在家园联系方面的必然延伸，幼儿心理发展和心理测量是幼儿教育的科学基础，是当时科学教育运动的成果之一。发轫于新文化运动时期的科学教育运动包括科学的教育化和教育的科学化两方面，前一方面主要是由任鸿隽等科学家和中国科学社等科学团体来倡导和实施的，后一方面则主要由教育家来承担。教育的科学化又包括教育教学试验运动、学业成绩和智力测量运动、儿童心理发展和测量研究等三方面，儿童心理发展和测量研究又是前两方面乃至整个教育科学化运动的基础，中国的儿童发展心理学进而教育心理学乃至心理学研究主要是沿着这条路径发展起来的。只是由于现代学科的分化，中国近代最有成就的心理学家艾伟等人，主要精力还是集中于心理学领域的研究，教育实验或教育试验不过是其心理学理论的实证来源和验证场，他们并没有把儿童发展和教育改造作为自己的主要目的。而陈鹤琴心理学功力深厚，既是心理学家又是教育学家并以幼稚园的教育实践统合二者，终成为以幼儿教育家知名的原创型教育家，构建起中国特色的幼儿教育理论体系。他相对于大多的心理学家是积极致力于教育行动的，相对于前辈教育家又是经过了科学思维训练和具

---

① 参见李剑萍、杨旭：《中国现代教育史》，人民教育出版社 2011 年版，第 208—213 页。

有深厚心理学功力的，更重要的是，相对于通常的科学型的心理学家或教育试验者，他又有着自己所秉持的哲学和价值观，即杜威现代教育理论中国化及其在中国幼儿教育实践化的产物——“活教育”。“活教育”是相对“死教育”而言的，它的“一切设施、一切活动以儿童做中心的主体，学校里一切活动差不多都是儿童的活动；教育的目的在培养做人的态度，养成优良的习惯，发现内在的兴趣，获得求知的方法，训练人生的基本技能；一切教学，集中在‘做’，做中学，做中教，做中求进步；分组学习，共同研讨；以爱以德来感化儿童；儿童自订法则来管理自己；课程是根据儿童的心理和社会的需要来编订的，教材也是根据儿童的心理和社会的需要来选定的，所以课程是有伸缩性，教材是有活动性而可随时更改的；儿童天真烂漫，活泼可爱，工作时很静很忙，游戏时很起劲很高兴；师生共同生活，教学相长；学校是社会的中心，师生集中力量，改造环境，服务社会”①。陈鹤琴自称：“我们要利用大自然、大社会做我们的活教材。我们要在做中教，做中学，做中求进步，我们要有活教师、活儿童，以集中力量改进环境，创造活社会，建设新国家。”②他后来把活教育的目的总结为“做人、做中国人、做世界人”。具体来讲就是，“第一是健全的身体；第二是要有创造的能力；第三是服务的精神；第四是要有合作的态度；第五是要有世界的眼光”③。可见，陈鹤琴教育哲学的主旨是指向幼儿个体发展的，即教育的最基础和最深层，这一点与陶行知相同且有过之，超越了晏阳初、梁漱溟二人而上承蔡元培。如果说，蔡元培的人学及其教育目的观是以康德哲学为底色的，那么陶行知和陈鹤琴则是以杜威现代教育理论及其中国化为基础的，陈鹤琴在此之外又增加了一个科学主义的心理学的支撑。而且，陈鹤琴选择幼儿这一社会化程度最低且与社会改造最为间接的教育领域，专以深耕幼儿教育领域为骛，以此卓然成家，究竟是专业使然、兴趣所在抑或智慧的选择？

---

① 陈鹤琴：《活教育与死教育》（1941年），见陈秀云、陈一飞编：《陈鹤琴全集》第五卷，江苏教育出版社2008年版，第21—22页。

② 陈鹤琴：《〈活教育〉发刊词》（1941年1月），见陈秀云、陈一飞编：《陈鹤琴全集》第五卷，江苏教育出版社2008年版，第1页。

③ 陈鹤琴：《活教育目的论》（1948年），见陈秀云、陈一飞编：《陈鹤琴全集》第五卷，江苏教育出版社2008年版，第64页。

从这个意义上来讲，陈鹤琴无疑是中国近现代原创型教育家中最为纯粹、最为专业者。

由上可见，如果说张之洞、康有为是政治家办教育，蔡元培、黄炎培是教育家办政治，晏阳初、梁漱溟则是社会活动家办教育，通过办教育改造社会，那么，陶行知、陈鹤琴则是教育家办教育，二人都以教育家为职志，是职业型的教育家。当然，比较而言，陈鹤琴更纯粹一些，陶行知介于陈鹤琴与晏阳初、梁漱溟之间。由此亦可知，中国教育早期现代化的主要命题以及所赋予教育家的主要使命，在于制度建设方面，如兴学校、立学制、废科举等，这便为张之洞、康有为等政治型教育家提供了空间，也只有这种类型的教育家才能开辟新教育之路。也就是说，中国现代教育的生成路径不是依赖职业型的教育家及其事业的积累，只有政治型的教育家构建了现代教育的基本制度架构之后，才为相对专门的、职业型的教育家的孕育和发展提供了平台。晏阳初、梁漱溟在社会政治层级上，难望张之洞和康有为、蔡元培和黄炎培之项背，也始终没有进入政治主流，他们顺应时代潮流，眼睛向下、向乡下、向下层平民，探索教育与政治、社会、救国相结合的新领域、新突破、新路向——平民教育和乡村建设，开辟了现代教育的新空间，找到了自己的新定位，成为当时的政治型教育家和理论型教育家之外的社会活动型教育家。但二人都没有受过教育学、心理学的专业训练，其教育理论主要是社会层面或文化层面的，或曰社会学、文化学在教育领域的延伸和应用，基本未能进入教学层面，甚至严格来讲，二人是教育家、教育思想家但非教育学家、教育理论家，这无疑限制了其作为教育家的专深、纯粹、专业化程度。中国近现代原创型教育家中真正能够进入教育理论思维层面者，前有蔡元培开启端绪，及至陶行知、陈鹤琴乃臻形成。

总而论之，中国近现代原创型教育家的根本使命在于构建中国特色现代教育体系。这个体系不是中国传统教育体系自我现代化的产物，在较长时期是由于外部刺激、学习西方而建立起来的，甚至起初相当时期还将中国传统教育体系当作一无是处的批判、改造和取代对象。但实际上，在中国这样一个地广人多、历史悠久、文化积淀深厚的国家，现代教育的发生发展必然包含着现代教育中国化与传统教育现代化两个方面，两个方面既不可或缺，又是相互扭结交织在一起的，一显一隐，前者显而得到重视，后者隐而易被忽视。无论现代教育的中国化,还是传统教育的现代化,其变革的广度、深度和复杂度,从历史和世界范围来看都是前所未有的,都是原创性的。由此,更加凸显原创型教育家的重要和艰辛。

三代教育家的贡献因时代而有侧重。张之洞、康有为作为第一代的主要使命是发展现代学校、构建现代教育制度。第二代、第三代出现分化。黄炎培、晏阳初、梁漱溟是一系,主要贡献在于推动学校教育走向平民、走向乡村、走向社会。这有助于救治现代教育体系的过分制度化之弊,为封闭的、体制化的现代教育制度打开了一个新的领域,开辟了更广阔的天地,不仅把现代教育制度与当时的工农运动、社会运动相结合,而且与中国的教育传统和理念相吻合,可谓中国传统教育与现代教育在思想与实践上的化合,探索了传统教育现代化和现代教育中国化相融合的命题,只是囿于自身的经历、知识结构和学养,提出相应思想却理论基础薄弱,有思想体系而无理论体系。蔡元培、陶行知、陈鹤琴又是一系,他们无不参与当时几乎所有的教育运动,更重要的是他们开始构建起富有中国特色的教育理论体系。从这个意义来讲,他们三人是近现代原创型教育家中的三座高峰,是最伟大的教育家,是中国特色又具世界水平。

五、教育家的文化自觉与教育家成长

其一,教育家尤其是原创型教育家的高明之处或者说本质特征就在于其文化自觉,这是他们区别于一般教育家、优秀教育工作者的"金标准"。

所谓文化,虽然言人人殊、人云亦云,却也有不言而喻的共同指向,即指像空气那样无处无时不包裹着我们的一种须臾难离而不自知的氛围,或者说是"场",就是每个人在"场"中的生活状态以及与"场"的互动、交融、同构。这其中最深层的是精神生活,精神生活中最核心的又是价值观和思维方式。文化自觉是文化自信、文化自强的理性基础和指南。缺乏文化自觉的文化自信可能陷于文化自恋、文化自闭、自我文化膨胀;缺乏文化自觉的文化自强可能走向文化输出、文化侵略、文化沙文主义、文化殖民主义。所谓文化自觉,费孝通曾简捷了当地说就是要有自知之明和知人之明,最终达到"各美其美、美人之美、美美与共、天下大同"之境。当然,他更多地是从民族学、社会学的中华民族多元一体观出发的。而从教育和教育家的角度来看，教、学、觉是同源字①，皆从“爻”得音得字。“爻”是教、学的音源，也是它们的义源，就是使人明白、觉悟之意。如果说“教”是使人明白、觉人觉他，“学”就是自己明白、自觉觉己，自觉与觉人是一体交融的，是一而二、二而一的。自觉是觉人的前提，否则就是以其昏昏，使人昭昭；觉人是自觉的施用延伸，并在看到他人的觉悟中体验成功、感受愉悦，进而体悟和深化自觉，在觉人中提升自觉。当然，被觉者的真觉、正觉，终究还是其自觉，觉人若不是为了使人自觉，则不是真正的觉人，被觉者也不可能真觉，那只能是一种不自觉的思想暗示、思想占领和思想剥夺。

相当多的教师一生都处于工作和人生的“滑行”状态，一生都处于集体无意识状态，一生都被外在所控制而不自知、不觉悟，有人偶有所觉悟却深陷其中、难以自拔、颇感痛苦。为什么相当多的教师没有自觉觉悟过呢？除了教师自身的天赋、水平因素之外，就是因为教师乃主流阶层、主流价值观的代言人，他们的第一职责是传授、传递、传播而不是转变、改变、创造、创新，某种意义上甚至不希望、不需要、不应该自觉。只有社会转型和教育转折时代，原有的“教育范式”已经难以包含、解释、规范先前和当下的教育，于是必须发生一场“教育范式的革命”，才可能有不世出的大教育家、原创型教育家自觉觉人而领袖群伦。这或许正是所谓承平时代、太平盛世反而原创型教育家少见的原因。教师就是自觉觉人者，教育家就是最能自觉觉人者，通俗地讲就是“最明白的人”，就是文化的智者达人。中国教师的理想境界是教育者与思想者的统一，觉人与自觉的统一，个人与家国的统一，一生自觉、一生觉人。正如孔子所谓“学而不厌，诲人不倦”，“吾十有五而志于学，三十而立，四十而不惑，五十而知天命，六十而耳顺，七十从心所欲不逾矩”②。教育家的理想人格状态是，既能“举世誉之而不加劝，举世非之而不加沮，定乎内外之分，辩乎荣辱之境”③，用时又有“虽千万人吾往矣”的肝胆和执着。

---

① 参见李剑萍：《汉语“教”“育”源义考略》，未刊稿；王力：《同源字典》，中华书局2014年版。

② 《论语·为政》。

③ 《庄子·逍遥游》。

其二，教育家文化自觉的核心或者说重点是价值观自觉、人性和国民性自觉以及思维方式自觉。

所谓价值观自觉，就是对一系列价值命题和价值关系的理性认知和情感秉持，从逻辑上可分为认知、判断、选择和秉持等环节或层面，在实际中却是高度混合的。真正的价值观自觉是建立在认知、判断等理性基础上的情感秉持，价值选择则介于知与情之间，两者兼而有之，或者说是由知向情的过渡，既以认知为前提又是情感的发动。价值观自觉的理想模式，应是理性认知基础上的情感秉持，两者不可偏颇偏废。一般教师与优秀教师、教育家的高下立见之处在于，前者仅仅是基于情感的选择和秉持，缺乏价值观的认知、判断等理性活动，就直接在人云亦云、集体无意识中选择、秉持了某种价值观，缺乏理性的反思、澄清，这充其量是囿于情感意志的价值观盲从；后者具有在理性认知基础上的价值观秉持并能与时俱进，这才是终究的价值观自觉。这种终究秉持的价值观就是理念乃至理想信念，缺乏情感和意志难以形成理想信念。“师者，传道授业解惑也。”“传道”是第一位的，教师既要善于“授业”“解惑”，更须以“传道”为责任和使命。所谓“道”，主要不是指道德而是指“道统”。要真正理解韩愈的《师说》，必须与他的《原道》并读。《原道》是《师说》的原旨，《师说》是《原道》的推衍。韩愈作为宋明理学的先声，是“道统说”的主要发明者和首倡者。他编导了一个由尧、舜、禹、汤传至周文王、周武王再传至孔孟的统绪，孟子死后道统不传。孟子不能救之于未亡之前，他欲全之于已坏之后，就是要实现道统的复兴，以道统的继承者和挽救者自命，这里面包含了一种强烈的文化价值观秉持，并由此成为中国教育、中国教师的一个重要传统和理想。今天来看，所谓“道统”其实就是一种文化传统、文化使命。原创型教育家异于常人之处，在于无不以民族文化生命之继起复兴、发扬光大为使命，人生为一大事来、为一大事去。

所谓人性和国民性自觉，就是对于人类天性和国民文化共性的深刻自省。虽然理解两者都不可能脱离时空场域，但相对而言，理解后者时历史的理性更为突出，或者可以说，人性是国民性的基础和底色，国民性是人性在一定社会条件中的表现和具体化。理想的人性和国民性自觉状态，是在跨文化比较中对自我文化的自信性自省，以及对于异质文化的尊重性理解。人性论是教育哲学的基本问题之一,是教育活动展开的先验假设,也是中国传统教育和教育传统中最为古老恒久的话题,从孔墨孟荀等先秦诸子,以迄历代名儒大家多有论述,并以"人之初,性本善""墨悲丝染""近朱者赤,近墨者黑"等格言警句的形式普及化,成为中国教师和大众普遍尊奉的信条。一般来讲,先验道德本善论通常是与弘扬个性的个体本位教育观相联系的,先验道德本恶论或者无善无恶论、有善有恶论常是与强调教育的个体改造作用等社会本位教育观相联系的。由于中国的教育传统以及近世以降的社会现实,中国教育的主流文化是社会本位的,在人性论上也暗含着对本性之恶的改造。这种人性改造理论必然跟国民性的改造和建构具有天然联系。中国古代只讲人性而无国民性的概念,国民性是用"人心""民风"等相近词语来表示的。直到 19 世纪晚期,随着现代国家观念、现代民族国家概念的兴起,倡言保国保族保种保教,才开始从国民性方面反思中国落后的原因以及国民劣根性。教育的重要目的就是改造国民性、培养新国民,国民性问题取代人性问题成为中国教育的先验基础,或者说话语系统从讨论人性论问题转向了国民性问题。对于国民性最为自觉者当推鲁迅先生,其冷峻的认识、深入的剖析和犀利的表达,使人心惊、汗颜乃至不忍卒读,仿佛就在说我们每一个人,就在说我们自己。中国近现代原创型教育家无一不从人性和国民性的角度深刻认识中国人和中国教育的问题,无非有的立足于国民性以改造旧国民、造就新国民,进而造就一个新社会新国家,有的则从积极的人性论角度出发,尊重人的个性,培养健全人格,促进人的自由和谐发展,进而缔造民主自由的新中国。

所谓思维方式自觉,就是对于思考、认知、表达之方法类型的觉醒,可称"思维的思维""元思维",包括对于人类思维方式共性、民族思维方式特性、个体思维方式个性的自觉,这里主要指对于民族思维方式特性的自觉。民族思维方式是一个民族的历史传统和社会环境所造就的文化中极深层、稳定、复杂的部分,价值观和人性、国民性影响着思维方式,思维方式又表达和体现着价值观和人性、国民性。钱学森作为战略科学家也是创建思维科学部类的首倡者,不少人都熟悉他多次说过的话:"中国还没有一所大学能够按照培养科学技术发明创造人才的模式去办学,都是人云亦云、一般化的,没有自己独特的创新东西,受封建思想的影响,一直是这个样子。"[①]这就是通常所称的"钱学森之问",我们更愿意称其为"钱学森之答"。钱学森以其智慧不可能不知道答案,其实他也给出了答案——这就是"受封建思想影响"。这种精辟的归因,便由制度性的显性因素深入到思想思维性的隐性因素,由制度环境的外部因素深入到文化基因的内部因素,由专制政治的单因素说拓展到多因素相互作用的系统论。所谓"封建思想"即指中国传统的专制主义思想,不仅指专制主义的社会政治观和历史观,也指专制主义的知识价值论和思维方式。知识价值论与思维方式是紧密联系的,认为什么样的知识最有价值,决定了用什么样的方式去认识和表达知识。中国传统的实用理性的知识价值论,也决定了以"语录思维"为特性的思维方式。"语录思维"崇尚思维霸权,定于一尊,不必质疑;本体论不发达,经验主义盛行,急用现学、立竿见影;形式逻辑不发达,重视结论,忽视论证;尊奉实用理性,重视结果,轻视过程,是社会政治中"成者王侯败者寇"在思维领域的表现。中国传统思维方式重经验、重直觉、重顿悟、重整体、重实用的特征,不仅与基于实证、分析、演绎的现代科学思维方式不同,更在专制主义和实用理性的作用下,未能彰显其利于创新思维的一面。钱学森认为创新型人才有两大思维特征,一是高度逻辑性,一是大跨度联想,而最好的训练学科分别是数学和艺术。就个体而言,思维发展和思维方式的形成具有关键期,一旦错过关键期,用功多而见效少,事倍功半。原创型教育家对于民族整体的思维方式和特性有所自觉,高明的教师对于自己和学生的思维方式有所自觉,促其优长,补其短板,整体提升,和谐发展。

其三,原创型教育家多生于文化灿烂时代,具有广阔文化视野。

原创型教育家多产生于文化灿烂的时代,尤其是文化的碰撞、融合、转型时代,诸如先秦、宋明以及19世纪末叶以来。最富强、鼎盛、承平的时代,可能是教育事业高度发达之时,却未必是教育家特别是原创型教育家群体涌现之际,因为此时,文化转型的使命已经完成,新教育开始定型,教育事业进入一种"滑行"和量增状态。原创型教育家必具广阔的文化视

---

① 涂元季等整理:《钱学森的最后一次系统谈话——谈科技创新人才的培养问题》,载《人民日报》2009年11月5日。

野，并沿着三个向度展开：一是纵向的即历史的文化视野，从历史演进中体察“数千年未有之变局”；二是横向的即空间的文化视野，从异质、异域文化的比较中生成文化自觉；三是综合的即“教育·社会·人”的系统视野，对于教育与社会进步、国家前途、人类命运以及与“新人”的关系进行综合性文化思考。19世纪末叶以后的教育家们正值这样的时代。从纵向来看，不仅文化积淀的丰厚度超过任何前代，先秦、汉唐、宋明都无法比拟，更为关键的是文化传承不再是沿袭延续的，而是呈现前所未有的历史大断裂乃至自我质疑、自我否定，所带来的文化焦虑感、迷茫感、痛苦感也是前所未有的。也就是说，文化自信所遭受的冲击前所未有，文化自强所面临的使命前所未有，文化自觉所面临的压迫也前所未有。从横向来看，文化碰撞交流的广度、深度和复杂性、剧烈性是空前的。它是在地理大发现、全球一体化的大背景大格局中展开的，第一次把中国置于世界体系、全球视野来思考，第一次把中国置于衰落者、落后者、蒙昧者、学习者，而西方国家乃至近邻日本才是强大者、先进者、文明者、被学习者的境地。夷夏大防的文化中心体系与万国来朝的朝贡体系一同崩溃，文化交流融合实际是在列强的武力、经济和文化侵略与中国的民族主义抗拒中进行的，这必然要求文化自觉者要有大视野、大胸襟、大智慧。从综合性来看，教育与政治、经济、军事等各个社会领域发生着前所未有的紧密联系、交互影响，教育系统自身的复杂性、精密性前所未有，教育对于人的影响的广泛性、深刻性前所未有。这是一个以新文化运动为中心的新的文化“轴心时代”，胡适等人将之称为“中国的文艺复兴运动”是有道理的，如果以更大时段视野来看，其对于中国乃至世界历史的影响，意义可能不逊于欧洲的文艺复兴运动。社会文化的巨变，必然催生新形态的教育予以回应，这里便成为中国现代教育、现代文化、现代历史的起点，也是中国近现代原创型教育家涌起的原点。

与以上相联系，中国的现代教育体系是在文化碰撞中学习西方而建立起来的，必然面临两大问题，一是此种体系在中国的适切性问题，二是中国原有的传统教育体系的转换问题。前者可称为现代教育的中国化，后者可称为传统教育的现代化，两者相辅相成，也是每位原创型教育家无法回避的命题，或者说，只有思考、回答出这两大问题的解决之道者，才是真正的原创型教育家。他们相对于传统的教育家，必须置身世界一体化背景来思考中国问题，无论他们对于世界的认识还多么有限。其中，蔡元培、陶行知、晏阳初、陈鹤琴多年游学留学国外，康有为、黄炎培多年多次游历海外，张之洞、梁漱溟虽然没有出过国，但他们都从中西古今、传统与现代、中国与世界的关系角度来思考中国文化。张之洞提出著名的“中体西用论”，梁漱溟从诸种文明比较中阐释中华文化的特点和前途。蔡元培更说：“教育家最重要的责任，就在创造文化，而创造新文化，往往发端于几种文化接触的时代。”① “东西文明要媒合”，“媒合的方法，必先要领得西洋科学的精神，然后用他来整理中国的旧学说，才能发生一种新义”②；“一战”前“以西方文化输入东方”为特征，“一战”后“以东方文化传布西方”为趋势。③

其四，原创型教育家思考的核心问题是培养什么样的人，培养文化自觉的现代中国人是教育家的最大文化自觉。

培养什么样的人是教育的根本性、原点性问题，教育的其他问题都是由此衍生并为此服务的。教育的本质是育人，育人的专门性是教育赖以存在的基础，如果失去了育人功能，专门的教育、学校就没有了存在的价值，当然，也就不会再有专门的教师和教育家。而且，现代教育从诞生起就不是一般意义上的育人，而是与人本主义启蒙运动相结合的，现代教育的育人就是启蒙人、解放人，就是培养文化自觉的人；同时，现代教育又是工业化的产物，是为了适应现代大机器生产的需要，像批量化生产产品那样生产学生，学校制度、班级授课制、集体教学等又从一个方面禁锢着、剥夺着人的文化自觉。由此，现代教育的育人功能，天然上存在着启蒙主义传统与其工具理性、功利主义传统之间的矛盾。如果说传统教育的育人功能天然上存在着自然主义传统与政治、思想、宗教控制传统之间的矛盾，那么现代教育诞生以来，这种矛盾发生了转向。在中国，这种情况与西方不尽相同且更为复杂。中国现代教育的发生，既不像欧洲那样经历过一个宗教改

---

① 蔡元培：《在檀香山华侨招待太平洋教育会议各国代表宴会上演说词》（1921 年 8 月 18 日），见高平叔编：《蔡元培教育论著选》，人民教育出版社 1991 年版，第 350 页。

② 蔡元培：《杜威六十岁生日晚餐会演说词》（1919 年 10 月 20 日），见高平叔编：《蔡元培教育论著选》，人民教育出版社 1991 年版，第 240 页。

③ 参见蔡元培：《东西文化结合》（1921 年 6 月 14 日），见高平叔编：《蔡元培教育论著选》，人民教育出版社 1991 年版，第 335 页。

革和文艺复兴的人本主义启蒙过程，也不是中国传统社会和传统教育自我发展、自我生成的结果，而是由于传统教育所培养的传统型人才无法应对外患内忧的严峻紧迫形势而倒逼产生。一方面，传统教育中的自然主义追求与政治、思想控制之间的矛盾依然存在，甚至在新的背景下政治、思想控制更趋严密，另一方面，现代教育中的启蒙主义发育不完全、大工业需求也不充分，主要是在反帝反侵略的军事现代化需求中成长起来的，并且与战时集权主义相伴的政治集权主义始终存在，可谓传统与现代相交织，脚步和大腿已经跨入现代，而上肢尤其大脑还常常停留在传统。

这个总背景必然影响着中国现代教育培养什么样人的问题，使得培养文化自觉的人更为重要，更为复杂，也更为幽隐难识，非大教育家、原创型教育家难以探赜索隐、学究天人、卓力以成。19世纪末叶以降，对于这个问题的认识逐渐深化，经历了由培育精英化“人才”向养成现代性“国民”再到培养合格的“人”的转变，经历了由偏重政治化的“社会人”到全面发展的“知识人”再到综合中国人、现代人、世界人的“文化”的认识发展。由此，更凸显了蔡元培、陶行知等人本主义教育家的洞识和远见。中国现代教育在培养什么样人的问题上，一直或显或隐地存在着两个普遍性问题，一是严重的社会本位倾向导致的教育“目中无人”，只记得教育如何适应和服务于社会政治经济的需要，反而忘记了教育如何满足和促进人的发展，忘记了教育是做什么的，忘记了教育在根本上是育人的活动；二是“泛道德主义”倾向导致的教育“以德杀人”，把主流价值观作为道德的唯一标准，把主流道德作为衡量一切的绝对尺度，仿佛占据了这个道德制高点就可睥睨六合、雄视一切，一方面，只要符合了这种道德规范其余都是细枝末节，另一方面，又容易把所有问题归因为道德问题。

其五，原创型教育家是立足于解决中国教育问题并用中国形式、中国话语系统来表达的。

中国教育现代化问题必然和必须是立足中国的，原创型教育家就是为了解决中国教育现代化问题应运而生，或者说，正因为他们立足于并分别从不同方面解决了中国教育现代化的一系列重大问题才成为原创型教育家。他们不单纯是传统教育的延续者、西方教育的速递员，他们不是“吃教育者”，而是把解决中国教育现代化问题作为自己的使命。中国教育现代化问题，包括现代教育（西方教育）中国化和传统教育现代化两方面。严格来讲这种二分法是不准确的，源于西方的现代教育和带着强大历史惯性的传统教育，在现代中国的时空中化合，彼中有我、我中有彼、难分彼我、化成新我，在此意义上讲，现代中国化与中国现代化是交织在一起的。原创型教育家深刻认识和正视中国教育问题，既认识到中国传统教育已经不适应、不适合于现代世界，又认识到传统教育以其强大的教育 DNA 作用于每个中国人，源于西方的现代教育无法在中国照搬照套，必须建立中国特色的现代教育体系；原创型教育家也深刻认识和正视中国现代教育体系是中国的、也是世界的，是世界教育体系的重要组成和独具特色的一支，并应为人类教育做出特别且更大的贡献，必须具有现代意识和世界眼光，必须推旧中国于新世界、揽新世界于旧中国。原创型教育家立足解决的中国现代教育问题具有重大和深邃的特点，一是教育自身的重大体系性问题，二是教育与社会、政治、经济发展的重大互动性问题，三是培养什么样的人和怎样培养人的重大根本性问题。

原创型教育家是用中国形式来表达中国教育问题的。使用中国形式和中国话语系统来表达中国教育问题，是中国现代教育、现代教育家走向成熟的重要标志，也是原创型教育家与一般教育家、教师相区别的重要思维标志和文化标志。一个教育家只有真正形成具有自己特色的、中国式的表达方式和话语系统，才达到了文化自觉、成为原创型教育家。张之洞、康有为、蔡元培、黄炎培、梁漱溟这些从传统文化中走来者自不用说，就是晏阳初、陶行知、陈鹤琴这些留学美国多年、受过美国式现代学术训练者，其教育话语系统也无不是中国式的，用惯常的话来讲就是“民族的”“大众的”。原创型教育家都有丰厚的文化思想积淀，其原创性不是割断历史、割裂世界联系而独生的，他们善于从广阔的文化视野、中西古今比较中汲取文化资源，对于传统资源的继承发扬是创造性的，而非墨守成说、食古不化，对于外国资源的汲取吸收是中国化的，而非照搬移植、食洋不化，在与传统文化、异质文化的多重互动中，重构、创造了一种明显高于原来的思想文化。正如朱熹所构建的哲理化儒学及其教育思想体系，就超越了孔孟为代表的先秦古典儒学、董仲舒为代表的天人感应式儒学，在对佛学的批判中隐借了禅宗思想及其言说方式，把儒学推入一个全新阶段；近现代的康有为利用今文经学来表达维新教育思想，附会议会、选举、宪政等时代命题；陶行知则把美国杜威的教育信条以所谓“翻半个筋斗”的方式中国化、大众化乃至乡村化。

其六，原创型教育家具有共同的文化成长规律。

原创型教育家都是学思互进、知行合一的典范，终其一生都行走在学习、思考、行动、著述的路上，只有进行时，没有完成时。他们具有共同的文化成长规律。

一是学有本源，取法乎上。张之洞、康有为、蔡元培都是清朝进士出身，黄炎培明于世道、用意事功，也是举人出身，梁漱溟自学成才而成为新儒家的代表、不世出的思想家，晏阳初、陶行知、陈鹤琴在少年及文化养成的“关键期”深受传统教育和传统文化的熏陶，后留学美国多年并获得名校硕士或博士学位。他们不仅天资超伦、终身学而不厌，更因为有条件或自己抓住机遇、创造条件，经历了中国传统学术或西方现代学术的规范训练、系统涵养，避免了仅凭天资、自矜小智走向急用先学、学必由径、局促一隅的野狐禅之路，而能植养深厚、洞窥门径、登堂入室，也就是说，他们稔熟传统或现代学术的来龙去脉和体系结构，知道什么是高水准的，遵循规范并能推陈出新。仅以张、康而论，糅合汉宋之学的张之洞与作为今文经学最后大师的康有为，虽然学派不同，各有秉持，但学问格调之高都非同凡响，这从张之洞所著《书目答问》《劝学篇》和康有为所著《新学伪经考》《孔子改制考》等书中可见一斑，它们不仅在晚清时期是高水准的，就是置于“近三百年学术史”中乃至放大至宋元以降的学术史中也必有一席之地，是思想的高水准，也是学术文化的高水准。他们之所以能够达到这种高水准，是因为他们知道什么是高水准，并系统掌握了学术文化的高水准，进而努力看齐高水准，努力创造一种新的高水准。

二是神接中西，思究天人。这些原创型教育家都从中西关系、天人关系的时空坐标中，来思考中国现代教育的构建问题、现代中国人的培养问题。他们都具有当时所能达到的世界眼光，穿梭于中西文化两大体系之间。多年游学、留学欧美的蔡元培、晏阳初、陶行知、陈鹤琴自不必说，康有为流亡海外十余年，几乎周游世界，黄炎培多次到美日和东南亚考察。张之洞虽然没有出过国，但他在国门打开不久，凭借自己的悟性、地位和信息渠道，尽可能多地了解外国尤其是日本，原创性地提出了"中体西用论"。梁漱溟虽然没有出过国，却终生从世界不同文明的比较中来思考中华文化的前途和人类的命运问题。同时，他们将人置于宇宙中来思考人之为人等本体问题。康有为从《大同书》到《诸天讲》构建起一个"天民"系列，蔡元培以美育代宗教、把美育作为人由现象世界通向实体世界（本体世界）的津梁，晏阳初以宗教家的精神做教育事业，梁漱溟出入新儒家与佛家之间，以出世之精神做入世之事业，以入世之事业求出世之境界。

三是力行一生，思想一生，学习一生，著述一生，总结一生，进步一生。原创型教育家都是伟大的力行者、实践家，他们都有清晰的问题指向、强烈的行动意识和以天下教育为己任的担当情怀，从来没想做空头的教育著述家、理论家、思想家，教育行动和实践是教育思想的动力源、应用场和检验所。原创型教育家又都是伟大的思想者、思想家，他们不是人云亦云的，而是在中西比较融汇之中、在智慧力行的教育实践之中、在苦思开悟的融会贯通之中，提出原创性教育设想或思想。思想是行动的先导和指南，思想走多远行动就走多远，思想是教育家想过的路，实践是思想家走过的路。原创型教育家无不兼具实践家和思想家之质，无论实践还是思想都有"聪明人下苦功夫、硬功夫乃至死功夫、笨功夫"的特点，既智慧圆融，又艰苦力行。想得开、做得成是评价原创型教育家的金标准，正如张之洞在废除科举制中的策略谋略，他们做的是前无古人、终结古人的开辟性事业，是要从旧体制中打出一番新天地，任何自我的惰怠、思想的羁绊、环境的阻力都可能功亏一篑，非大勇气、大担当不敢为；同时为了避免赤膊上阵而惨遭排箭，又非大智慧、大谋略不足为。原创型教育家都是学习型、博通型教育家，活到老、学到老，改造到老、进步到老，学思结合、知行合一，学思和真知的成果一是力行的事业事功，一是勤于笔耕的等身著述，立功与立言同是思想表达和传播的载体，也是自我总结和进步的标志。

其七，一个时代是否涌现出原创型教育家群体，一方面与如何产生教育家有关，即与教育家的成长机制和作用发挥机制，尤指教育家脱颖而出的时代环境和土壤有关；另一方面与如何成为教育家有关，尤指教师、一般教育家成为原创型教育家的个人条件和际遇。

原创型教育家集中出现于什么时代？有无一般规律性可寻？从中国

的大历史时段来看，原创型教育家是为了解答原创型教育问题而生，一般产生于社会转型时期。最多、最集中的出现期有两次，一次是出现了先秦的诸子百家，延续至西汉的董仲舒；另一次是出现了宋代的理学、心学教育家张载、周敦颐、程颐、程颢、朱熹和陆九渊等。这两个时代，都是中国历史的最大转型期，先秦是由上古进入中古的前夕，宋代是由中古进入近古之门槛。当然，每一大的历史时段之内还有小的分期，也会出现一些转折时期。明代就是由近古进入近世的前夜，出现了以王阳明为代表的一批心学教育家，一方面发展了宋代以来的哲理化儒学，一方面又揭橥人的主体性和能动性，反映了专制重压下市民社会的兴起和重商言利的社会风气。明季清初、汉满鼎革又是一次社会转折，涌现出顾炎武、黄宗羲、王夫之等一批大思想家、教育家。他们都是百科全书式的大学者，对于中国传统思想、学术具有总结性质，同时又半只脚开始跨出传统、跨入近代。相对于王阳明的揭橥主体性之外，他们还祭起质疑君权专制的启蒙主义大旗，开启实学思潮的近代理性主义之路，奠定乾嘉学派的现代学术范式。可见，原创型教育家群体的涌现与所谓“盛世”并不一定吻合。从大的历史时段来看，巍巍汉唐并没有集中出现震古烁今的原创型教育家，从小的历史阶段来看，“文景之治”“贞观之治”“开元盛世”“仁宣之治”“康乾盛世”等时期也都没有出现多少原创型教育家，相反，他们大都产生于所谓治世、盛世的前夕，即历史的转型时期。由此，进一步考察可知：进入治世、盛世之后，教育事业虽然相对高度发达，但由于新的教育体制已经确立、成型，教育发展所需解决的“范式转换”问题已经解决，原创型教育家无论思想还是实践的启蒙任务已经完成，其作用和地位就不再凸显了；而且，在中国的威权体制下，教育事业的发展往往更多依靠领导人的意志意愿、社会动员、政策倾斜、资源支撑等，教育家个体的智慧型力量便显得微不足道了。而所谓治世、盛世也正是君权高涨的时代，良好的历史机遇、外部环境、资源禀赋加上幸运地遇到了“明君”，这位明君雄才大略、开明而乾纲独断，此时又怎么可能需要和诞生原创型教育家呢？而从大的历史时段来看，近代以降是中国历史上的第三次大转型时期，从小的历史时段来看，19 世纪末 20 世纪前期又是这次大转型的开始期，是新的治世、盛世的前夕，于此时期集中涌现出一批原创型教育家恰合规律。

教育家不同于教育名家,更不是教育名人或教育闻人。教育家的创造性与其影响力不一定总是成正比的,一个末流教育家可能煊赫一时,甚至非教育家可能被冠以教育家的称号,相反,一位具有非凡教育思想创造力、创新性的教育家,可能相当时期隐而不显或者只在一定区域、特定圈子有所影响。王夫之作为中国古代总结性、综合型、百科全书式的大学者、大思想家和教育家,生前学术思想影响力只限于同侪师友、船山学派内部和湖湘一隅,著述均未刊行,直至近200年后世道丕变,湘人曾国藩等挖掘显扬,王夫之的影响才横空而出。就近现代原创型教育家群体而论,张之洞、康有为是以政治家而兼教育家,以政治家为主业而兼办教育;蔡元培和黄炎培是以教育家为体、以政治家为用,以教育事业作为社会政治活动之张本;晏阳初、梁漱溟是教育家而兼社会活动家,或者说是以社会活动家的方式来办教育事业,把教育事业、教育活动作为社会活动;陶行知、陈鹤琴则主要是教育家,虽间有社会活动,而以教育家作为自己的专业和职业。这三代四类教育家,论社会历史名气、论生前身后之名是依次递减的,论教育家的专门程度却是依次递增的,这实反映了中国现代教育的形成过程,由外部关系走向内部关系,教育逐步走向专门化,教育家也逐步走向专业化。《孙子兵法》云:“古之所谓善战者,胜于易胜者也。故善战者之胜也,无智名,无勇功。”育人是沉潜的、个性化的事业,成名成家是轰轰烈烈的名头,在当下尤需运作炒作,从这个角度讲,教育名家越多,可能越是教育家的异化。

(李剑萍系天津市教育科学研究院副院长、教授、博士生导师,杨旭系天津市教育科学研究院副研究员。)

目　录

总　序　原创型教育家的文化自觉与中国现代教育体系之形成　001

引　言　001

第一章　对教育传统的接受与承续　003

第一节　早年的儒风濡染　003
第二节　走上教育事功之路的前奏　005
第三节　对教育传统的坚守与确证　010
第四节　拓展权力空间中的权变与持守　021

第二章　传统教育的改造与西方教育实验的初步探索　032

第一节　松解教育传统的开端　032
第二节　对洋务教育价值的深切体认　041
第三节　推行洋务教育的肇始　044
第四节　改造传统教育的努力　047

第三章 西式教育的拓展与深化 051
第一节 创办自强学堂 052
第二节 《吁请修备储才折》中的教育蓝图 053
第三节 新式学堂的密集创设 055
第四节 首次派遣留学生 058
第五节 返任湖广之后的大举兴革 059

第四章 对传统教育的大力改造 072
第一节 创办两湖书院 072
第二节 改革书院的多层面尝试 075
第三节 推动书院改制的不懈努力 081
第四节 变革科举的新篇章 088

第五章 融汇中西的文化图式与教育蓝本的建构 092
第一节 《劝学篇》诞生的历史根基 092
第二节 "中体西用"的文化图式 103
第三节 《劝学篇》中绘制的教育蓝图 110
第四节 《劝学篇》的反响及其根由 120

第六章 "新政"时期教育改革的引领者 123
第一节 在审慎的博弈中推出教育纲领 123
第二节 《江楚会奏变法三折》中的教育思想 130
第三节 以湖北实验为基础的新学制厘定 137
第四节 西式学堂创办的系统化 145
第五节 促动教育行政机构走向近代化的努力 154
第六节 在中、日博弈中为留学政策奠基 160
第七节 对废除科举的推动 164

第七章 坚守传统中的鼎力兴革 172

第一节 创设存古学堂的文化忧思 172
第二节 入参军机之后繁复多歧的教育兴革 184
第三节 身后余响 195

第八章 张之洞教育思想与实践的影响与流变 197

第一节 张之洞对中国近代教育发展的贡献 198
第二节 张之洞对中国近代教育发展的反向助推 232
第三节 张之洞教育思想与实践的流变轨迹 238

第九章 张之洞教育智慧的当代价值 249

第一节 面对西方教育的姿态与策略 249
第二节 面对传统教育的应然选择 255
第三节 中庸的教育智慧考索 263
第四节 政治家型教育家的成长机制寻绎 276

附 录 张之洞生平大事年表 287

参考文献 296

后 记 305

引　言

在近代，随着西方人用坚船利炮打开中国的大门，中国便不可避免地“卷入”了“全球化”的浪潮之中。在这一“卷入”的过程中，时代给中国人提出的中心问题是：“灾难深重的中华民族，如何才能获得自由解放，摆脱帝国主义的压迫、欺凌和奴役？”[①]围绕这一中心问题，在政治、经济、文化、军事、教育等领域，产生了若干需要解决的重大子问题。就教育领域而言，如何学习西方教育、如何面对自身的教育传统、如何处理中西教育的关系等问题，就成为摆在当时的众多仁人志士面前的重要课题。面对这些课题，诸多前贤在理论与实践上都进行过艰苦而曲折的理论探索与实践尝试，为我们留下了至为宝贵的财富。在教育全球化的挑战空前严峻的今天，回溯历史的长河，梳理、反思那些前辈贤哲为我们遗留的资源，是我们不得不从事的一项严肃的工作。晚清重臣张之洞，在“二千年未有之大变局”中，不仅以“洋务殿军”与“新政主角”的身份影响了中国

① 冯契：《中国近代哲学的革命进程》，华东师范大学出版社 1997 年版，第 4 页。

教育近代化的实践进程，而且以其高标独举的“中体西用”的教育思想影响了中国近现代的教育思想变迁。在这一意义上讲，张之洞无疑是中国近现代教育史上的第一座高峰。因此，笔者在此欲以这一贤哲作为个案，对其充满曲折艰难的教育实践历程与颇多隐曲幽深的教育思想演变轨迹进行钩沉、梳理、思辨，以期能够为当今的教育理论建设与实践变革提供若干有价值的思想资源。

第一章　对教育传统的接受与承续

第一节　早年的儒风濡染

1837年9月2日(道光十七年八月三日),时任贵州省兴义府知府的张锳在其官舍中迎来了他的第三个儿子,这个孩子就是中国近代史上的风云人物张之洞。张之洞虽然降生于贵州,但贵州只是他的父亲做官的地方,而非他的籍贯。如果追溯张之洞的祖籍,可以从家谱中确证的是明朝时的山西省。明朝的永乐年间,政府为了充实京畿以及湖广、陕西、四川等地的人口,敕令山西的人口大量迁出,致使当时出现了一次蔚为壮观的移民大潮。张之洞的先祖张本,便是那茫茫的迁徙人流中的一员。张本从山西迁至京畿的郭县(今北京通县一带),将其作为生息之地。经过两代人锲而不舍的努力,张本的孙子张端终于得以出任直隶繁昌县荻港巡检。虽然巡检不过是一个微末小吏,但毕竟这是张氏族人踏入仕途的开始。后来,张端举家迁居天津府南皮县（今属河北省）东门的印子头。张氏家族从此结束了徙居生涯，长期定居于此。张端的儿子张淮，在明朝正德年间高中进士，后官至河南按察使，“以文章忠义有声于时”[①]。张淮之后，张家历代均有为官者。传至张之洞的祖父廷琛，得以贡生资格出任四库馆誊录，后被选为福建漳浦东场盐大使，又补授古田县知县。1788 年（乾隆五十三年），因闽浙总督伍拉那等官员案涉贪污、纵盗，督抚藩臬等十余要员均下狱，牵连颇广。张廷琛不仅能够洁身免祸，还多方“调护拯救”，因之甚获时人赞誉。

张之洞的父亲张锳，字又甫，号春潭，生于 1793 年（乾隆五十八年）。张锳虽幼年丧父，生活窘困，但依然矢志向学。经过锲而不舍的寒窗苦读，张锳终于在 1813 年（嘉庆十八年）中举。中举后，张锳将家迁至南皮县城南的双妙村（也称双庙村），这里便成为张之洞的故里。此后，张锳虽竭尽全力，但屡赴会试不第，只能通过大挑[②]的途径补任贵州安化知县，又调贵筑知县，后迁任古州同知，继又擢升为遵义府、安顺府知府，最后转任兴义府知府[③]。张锳一生娶了三个夫人。原配刘夫人，布政司经历刘廷武之女。继娶蒋夫人，四川嘉定知府蒋策之女。再娶朱夫人，即张之洞生母。1840 年（道光二十年），朱夫人病逝。张之洞由张锳的侧室魏氏抚养。魏氏无子，待之洞如同己出。在魏氏如春阳般的呵护、教诲中，幼年张之洞的心智渐开，到了该发蒙的时候。

张锳一生只取得了一个举人的功名，所以，他对下一辈获得更高的功名始终念念于怀。面对子侄辈时，经常挂在他口头的一句话是：“汝当力学，树功名。”[④]贵州为偏远之地，士人可读之书甚少。为了给子侄辈获取功名创造条件，张锳“竭俸金购书十橱，置诸子学舍，令于日课之外，听以己意纵观之”[⑤]。除此之外，张锳还千方百计地为子侄辈聘请当地最好的老师。在张之洞四岁时，张锳即聘请学养深厚的附生何养源为张之洞的启

---

① 吴剑杰编著：《张之洞年谱长编》上卷，上海交通大学出版社 2009 年版，第 1 页。

② 清乾隆以后定制，对三科以上会试不中的举人，由国家挑选其中一等的以知县用，二等的以教职用。挑选标准重在形貌与应对。

③ 所辖在今贵州安龙一带。

④ 朱琦：《张锳墓志铭》，见殷树森董修，汪宝树纂修：《南皮县志》卷十四，光绪十四年（1828 年）刊本，页 22。

⑤ 吴剑杰编著：《张之洞年谱长编》上卷，上海交通大学出版社 2009 年版，第 8 页。

蒙老师。后来,拔贡曾搢之,附贡张蔚斋,附生贵西垣,举人黄升三、王可贞、张肖岩、赵斗山,进士敖慕韩,都先后成为张之洞的业师。在严父的督促与众多学养深厚的老师的训导、点拨中,童年的张之洞心智上一天天成熟起来,读书"非获解不辍,篝灯思索,每至夜分,倦则伏案而睡,既醒复思,必得解乃已"[①],学业因此大进。张之洞八岁即已读完四书五经,十岁就能作文赋诗,十四岁以后,又先后师从韩超、丁诵孙、重云逵、袁燮堂、洪次庚、吕文节、刘僊石、朱伯韩等,研习经学、小学、古文学、史学、经济之学等[②]。另外,他还曾向其父的挚友胡林翼(1812—1861)问学。胡林翼、韩超都激赏少年张之洞的才气,而张之洞一生治学、事功均以"经世致用"为基本取向,也主要是受胡、韩二人影响所致。

张锳不仅为子侄辈的学业日进费尽心力,在品德陶冶上,也用力颇多。他经常向孩子们讲述自己一生的艰辛经历,告诫他们要清白做人、能够吃苦、树立远大志向。如他曾说:"予家世清白吏。及予少长,家益贫,自刻苦读书,厄于冻馁者数矣。"他还说:"汝辈当力学问,树功名,慎勿为田舍翁所为,予之所深恶也。"[③]这些谆谆教诲在子侄辈的品德形成上,必定会起到或深或浅的积极作用。张之洞后来为官一贯清廉、做事不惧艰难困苦、胸怀"经营八表之志"[④],当与其父的这些教诲密切相关。

第二节　走上教育事功之路的前奏

通过科举之途而入仕,是千余年间中国士子实现人生梦想的必由之

① 胡钧:《张文襄公年谱》,台湾文海出版社1967年版,第5页。

② 吴剑杰编著:《张之洞年谱长编》上卷,上海交通大学出版社2009年版,第11页。

③ 张之漁等编:《张锳行状》,中国社科院近代史所藏本,页15。

④ 张之洞是一个雄心万丈、气势豪迈的人物。对于此点,史籍中虽载之不多,但是,从其初任山西巡抚时给朝廷的奏折中,我们便可清晰地看到这一点:"身为疆吏,固犹是瞻恋九重之心,职限方隅,不敢忘经营八表之略。"[苑书义、孙华峰、李秉新主编:《张之洞全集》第一册,河北人民出版社1998年版,第83页。]他的奏折中说的"八表",指八方之极,也是天下的别称。显然,张之洞在这里想要表达的意思是,他自己虽然不过身为山西巡抚,却是志在为安定天下出力的。由此可以看出,他是一个志向高远的人物。

路，历来被视作“正途”。作为世宦之后的张之洞当然更不会例外。如果说在科举之路上有什么特别之处的话，那便是他的科举之路较之其先辈及同时代的绝大多数学子更为畅达。

1849 年，张之洞由兴义府启程回直隶南皮参加童生考试[①]。他取道湘湖，虽然倍极艰辛，但是，一个少年能够从贵州的山区出来，经阅名山大川、饱览名胜，对他以后出任封疆大吏，“经营八表”，还是有陶冶之功的。第二年，在童生考试中，张之洞顺利地取得生员的资格，入县学深造。1852 年（咸丰二年），张之洞参加顺天府乡试，考取了举人中的第一名。由秀才考中举人，而且是解元，这在其腾达之路上是十分重要的一个台阶。有的考生历经几十年的奋斗都难以踏上这一台阶，何况顺天府乡试登榜的难度要比各省乡试大得多[②]。张之洞高中解元的喜讯传到兴义府衙，张锳自然是心花怒放。张之洞的业师胡林翼在获知爱徒的喜讯之后，也是兴奋至极，迅即致书张锳。其中有“得令郎领解之书，与南溪[③]开口而笑者累日”[④]一语，足见胡林翼、韩超对爱徒崭露头角所表露的欣慰之情是何等深挚。

张之洞秋闱中举后，没有立即返回，而是寓居在京师的外祖父蒋家，直到第二年春天。1853 年春，太平军攻克南京，改称天京，京师震动。同年 5 月，太平军挥师北伐。至 8 月，兵锋直指直隶。张之洞在风声鹤唳中匆忙离开北京，从通州乘船，顺流而下。当时，大雨滂沱，经旬不止。张之洞坐在一叶小舟上，眼见秋水茫茫中，即将成熟的庄稼时隐时现，耳闻几只归雁在烟雨迷蒙中哀鸣，念及太平军正危及京师，顿感前途茫然，于是，在孤舟中写下了后被选入其诗集中的第一首诗：

绮绣周原变水乡，误看秫稻作菰蒋。
泽鸿休怨无安所，且限南来丑虏狂。[⑤]

---

① 清代的科举制度规定，考举人、秀才必须在原籍参加考试。

② 因为参加顺天府乡试的不仅有直隶全省的应考生员，还有各省督抚咨推的优等应考生员的前来应试。顺天府乡试的第一名必须取直隶籍考生，张之洞原籍是直隶，正好符合条件。

③ 指张之洞的另外一位业师韩超，字南溪。

④ 吴剑杰编著：《张之洞年谱长编》上卷，上海交通大学出版社 2009 年版，第 11 页。

⑤ 苑书义、孙华峰、李秉新主编：《张之洞全集》第十二册，河北人民出版社 1998 年版，第 10444 页。

从这首诗中我们可以看到,这个16岁的宦门之后,还没有学会为直隶的广大灾民而忧心,让他念念不忘的是,自己的大好前程可能会被太平军进攻京师所阻断。其中的忧愤交加、切齿咒骂之态,洋溢而出。

让他意想不到的是,更为现实的危险接踵而至。1854年春,张之洞回到任职兴义府的父亲身边。这个时候的张锳,根本无暇顾及抚慰旅途劳顿的儿子,因为他正率领全城守军奋力抵御兵临城下的各支农民军的进击。张之洞刚刚回到家中,便加入到守城的人群中,浴血奋战。战事持续三昼夜,最危急的时候,张锳曾下令把柴草堆积在城楼上,并且告诉家人,一旦城破,立刻举家自焚。幸运的是,在战事处于胶着状态之际,张锳"阴缒死士下城绕敌后"①,内外夹攻,终于击败农民军,使兴义府城得以保全。

1854年冬天,张之洞娶贵州都匀知府石煦之女为妻。新婚之后,张之洞一边帮助父亲处理军务,一边温习功课,准备在科举之路上再做冲天一飞。备考期间,张之洞的老师韩超恰巧提兵过境,师徒虽相聚日短,但张之洞又得以亲炙韩超的教诲。其后,张之洞不再管门外之事,一味埋头苦读。1855年秋天,张之洞辞别父亲,偕夫人取道川、陕,赴京就试。1856年,张之洞参加礼部试,被录取为觉罗官学教习②。其后,他便一边从事觉罗官学的教学工作,一边等待委任实职。不幸的是,当年秋天,张之洞接到了父亲病故的噩耗。

家人告知张之洞其父是因病而亡,其实张锳是在艰难的戎马生涯中累死的。1855年9月,贵阳府贵定、龙里等县的杨通贵及苗民起义,先后在贵定、龙里、大塘大败清军,杀死清军无数。安义镇守备张席珍、武监生安荣光、参将安如嵩、千总赵鲲维、千总赵朝谟、千总李助国、千总何有顺、提标外委马加珍等均被击毙。面对贵州官府的无能,咸丰皇帝急下严旨,大加申斥。在皇帝的威压下,贵州巡抚紧急调动各地的能员,率军向贵定集结。张锳也受命率兵向贵定进发。待各路兵马集结完毕后,与义军展开决战,很快就攻陷了被农民军占领的贵定。其后,张锳还鼓起余勇,率部连克

① 吴剑杰编著:《张之洞年谱长编》上卷,上海交通大学出版社2009年版,第17页。

② 觉罗,是清太祖努尔哈赤之父显祖叔伯兄弟和各支子孙的称谓。觉罗官学,是专为觉罗子弟设立的学校。觉罗官学教习,由礼部从京省举、贡、生员中选录,于会试正科之后举行考试。被选录者依次补用,三年期满后可补放知县,故不失为仕途终南捷径。

平伐、栗木等处的农民军军营。自1855年10月末至1856年6月，贵定、龙里一带的农民军大部被张锳等所率部众击溃。义军首领杨通贵、宋三妹等，相继战死。在这一镇压贵州农民起义的战争中，张锳三年中披寒暑、蹈瘴疠，可谓鞠躬尽瘁。如其在兴义府城被围之时，“不交睫者十日夜”，就曾因劳累而晕倒。后来，张锳因感到力不能支而几次乞解甲病休，但朝廷没有允准。张锳只能强打精神，拖着业已不能支撑的身体征战。至1856年经龙里、贵定之役后，贵州巡抚还想调他去黔东镇远、铜仁两府镇压那里的农民军。因张锳实在力不能支，没有接受这一调令。不过，拒接调令后仅仅20余日，张锳于1856年8月25日心衰力竭而亡了。

张之洞在得知噩耗后，迅即返回贵州，着手操办其父的丧事。1857年（咸丰七年），张之洞将张锳的灵柩移至祖籍的双妙村，与张锳的刘、蒋、朱三位夫人合葬一处。在安葬了父亲后，张之洞谨遵传统礼教，在籍守制。1859年，守制期满，张之洞准备赴京参加会试，可是，在那一年，恰逢张之洞的族兄张之万（1811—1897）为同考官，张之洞只能循例回避，故未能参加会试。1860年，又是因为同样的原因，还是没有参加会试。就在这一年，英法联军攻占北京，咸丰皇帝如丧家之犬般逃离紫禁城，避居热河。国运衰微之势日显。怀着对国家运势与自身命运灰心、失望的心情，张之洞在当年秋天进入山东巡抚文煜的幕府，借以打发难耐的时光。让他没有想到的是，1861年8月，晚清历史上的一个重大事变突然发生了。咸丰皇帝奕詝（1831—1861）死于热河避暑山庄，尚不满5岁的载淳（1856—1875）继位。载淳的母亲那拉氏（1835—1908）秘密串通恭亲王奕䜣（1833—1898），发动政变，处死了载垣（1816—1861）、肃顺（1816—1861）等参赞政务的大臣，“垂帘听政”，牢牢地将最高统治权把持在自己手中。这位被称为慈禧太后的最高统治者后来成为张之洞仕途上当之无愧的伯乐。

1862年3月，张之洞进京参加会试。三场试毕，考卷被分投各房，由房官分阅，再推荐到主考那里决定取舍。很快就到了发榜之日，张之洞早早起床去看榜，结果竟然是榜上无名，这让他大失所望。后来，张之洞才得知，自己的考卷曾被置于内阁中书范鹤生的案上。范鹤生阅毕，对张之洞的答卷极其赏识，遂力荐于主考郑小山处，但未能获得郑氏的认可。范鹤生怜才心切，为之“愤悒泣下”“竟夕永叹”。虽然会试没有金榜题名，但张之洞还是被挑取为誊录①第三名。少怀大志的张之洞当然不屑于仅仅做些舞文弄墨之事，于是，转而离京赴豫，进入左副都御史、内阁学士毛昶煦（？—1882）的幕府，襄助毛氏督办团练。不久，他的族兄张之万由礼部侍郎外放河南，任河南巡抚。这位族兄没有忘记自己对族弟的两次牵累，于是，请张之洞进入自己的幕府。在张之万的幕府，张之洞常常代其族兄草拟奏章。奏章上呈，经常获得朝廷的赞誉。如《请厘定折漕疏》，便是张之洞代拟的佳构。两宫皇太后读后，下的朱批是："直陈漕弊，不避嫌怨，饬部施行。"②这可以说是张之洞治国理政才能的初步显现。在文煜、毛昶煦、张之万幕府的历练，虽然时间不长，但使张之洞增长了在宦海生涯中必备的经验与识见，对其后来在政治舞台上长袖善舞，起到了一定的奠基作用。

1863年3月，张之洞再次赴京参加会试。机缘巧合，张之洞的考卷又被送到考官范鹤生的案头，范氏依然鼎力举荐，张之洞终于得以榜列第141名。4月复试，张之洞把文章做得花团锦簇，得以榜列一等第一名。最后一关是殿试。在殿试当天，顶戴庄严的参赞政务的亲王亲临监场，四个御史亲临场内监考，护军统领亲率护军穿梭般巡查，还有负责受卷、弥封、收掌、印卷的16名官员与负责填榜的12名内阁中书各司其职，给殿试增添了许多庄严肃穆之气。殿试的形式为书写策论，其主题为常规的求才、纳言。对此，张之洞早已胸有成竹，两千余言一挥而就。求才、纳言，本是士人习见的话题，张之洞自然能够对之旁征博引，挥洒自如。不过，张之洞不甘心写一篇平庸的策论，因此，在常规的思路上笔走龙蛇之后，他把笔锋一转，开始直陈时弊："今日人才之乏，资格太拘，科目太隘致之也。……今天下大患在于贫，吏贫则黩，民贫则为盗。军贫则无以战，而其原自不俭始。"甚至是当朝的皇帝，也受到他的批评："陛下慎重名器之深心，而臣窃以为过计。"至此，他还意犹未尽，在发出批评的声音之后，还进一步提出了自己的政治主张，"任人者治，任法者乱……夫杀一贼不如使少增一贼

① 按清制，誊录为书吏之职，其职责是，用朱笔誊写乡试、会试的试卷，再呈考官评阅，以防舞弊。另外，在方略馆等处任缮写者，亦名誊录。

② 吴剑杰编著：《张之洞年谱长编》上卷，上海交通大学出版社2009年版，第25页。

之为功多也;求一良将不如选一良吏之为力易也,二者固宜深思而蚤计也"[①]。这样一份"不袭故套,指陈时政,直言无隐"的殿试对策,自然在读卷官中引起了争议。多数人都认为应该把他放在三甲之末,唯独大学士宝鋆十分赏识,力排众议,将张之洞置于二甲第一名。殿试3天后,试卷被呈给两宫皇太后。慈禧太后将张之洞拔置一甲第三,张之洞遂得以高中"探花"。这是慈禧太后赏识、任用张之洞的开始。4月28日,从新科进士中选拔庶吉士的朝考在保和殿举行。因为张之洞是一甲第三名,已经取得翰林资格,一点都不紧张,因此,他在选拔考试中的发挥相当出色,得列一等第二名。5月8日,张之洞被授予翰林院编修之职。1865年6月,张之洞的结发妻子石氏病逝,这让张之洞心中的伤痛久久难以平复。1866年4月,张之洞参加翰林大考,竟然发生了卷面脱字的失误。卷面脱字,是科举考试中的大忌。因此,张之洞只能屈居二等第三十二名。尽管考试结果难如人意,他还是被选出,出任浙江乡试的副主考。至此,张之洞开始踏入其漫长而充满艰辛的宦海升沉、成就大业之路。

第三节　对教育传统的坚守与确证

一、全力践履育才与选才之道

浙江乡试副主考,是张之洞在仕途上的第一个实职。因此,张之洞是以如履如临的姿态对待的。一经委任,稍事准备后,即与正主考张光禄匆忙赶赴杭州,主持浙江乡试。在任上,张之洞恪尽职守,"勤于搜遗,乡试卷全阅,小试卷十阅其七,得人甚多"[②]。可谓尽心竭力选拔英才。这一年的浙江秋闱,录取了不少英才。他们中有后来历任陕甘、两广总督的陶模

① 苑书义、孙华峰、李秉新主编:《张之洞全集》第十二册,河北人民出版社1998年版,第10045—10046页。

② 苑书义、孙华峰、李秉新主编:《张之洞全集》第十二册,河北人民出版社1998年版,第10613页。

(1835—1902),外交家袁昶(1846—1900)、许景澄(1845—1900),还有著名学者孙诒让(1848—1908)等。因此,浙江士人才会不约而同地说:"今年张香涛以名士来浙主试,可谓乡邦之幸。"[①]这应该说是对一个主持乡试考官的最高褒奖了。

乡试副主考之职交卸后,1867年8月,张之洞被委任为湖北学政[②]。这一年,张之洞刚届而立之年,便任此要职,自然是雄心万丈。就连被誉为人间天堂的杭州都没有过多停留,只是匆忙看了几个景点,就急急忙忙打点行装,溯江而上,到武昌上任了。按照官场惯例,官员到任后,要向皇帝上呈到任奏疏,张之洞当然也不可能免俗。在上任伊始,他便向当时的最高统治者呈上了自己的奏疏。在奏疏中,张之洞这样直抒自己的施政主张:"学政一官,不仅在衡校一日之短长,而在培养平日之根柢;不仅以提倡文字为事,而当以砥砺名节为先。"由此可见,张之洞给自己的职责定位是,重要的不是完成国家规定的考量学生学业的任务,而是以考核为手段,锤炼学生的学术根底与砥砺学生的品行。对于这一点,张之洞在敬告诸生的文告中说得更为明白:"剔弊何足云难,为国家培养人才,方名称职;衡文只是一节,愿诸生步趋贤圣,不仅登科。"[③]在这里,他明确指出,作为一个称职的学政,其职责不仅是考量学生的文章,驱使其入仕,而且要把教育人才,使之成为圣贤坯子,放在更重要的地位。这是真正学有所本且具备育才情怀的官员才可能有的追求。

怀着量才与育才并重的雄心,张之洞先后两次风尘仆仆地按试德安、汉阳、黄州、襄阳、郧阳、安陆、荆州、宜昌、荆门等地,主持湖北乡试。其间,"以端品行、务实学两义反复训勉"诸生。这充分说明,张之洞是一个知行合一、尽职尽责的学政。为了最大限度地为国家培养、选拔人才,张之洞除了按照朝廷规制尽自己作为学政的职责外,还推动了一系列兴革举措。如其为了不拘一格选拔人才,"札行各属,发题观风,听生童量能自占,各尽

① 李慈铭:《越缦堂日记》第八册,台湾文海出版社1978年版,第11页。

② 学政,全称为"提督学政"。清廷设此职,派往各省掌生员之考课黜陟,称为案临。任职者,从进士出身的侍郎、京堂、翰林、科道等官中简派,三年一任。任学政期间,不问本人官阶大小,均与督、抚平行。

③ 吴剑杰编著:《张之洞年谱长编》上卷,上海交通大学出版社2009年版,第33页。

所长。引用隐僻典实,许自注书名出处。平日具有著作者,可随卷送呈”。他还奏请朝廷,将以往一刀切的“经文”考试改为“经解”,由考生自己上报平日研习的经书,然后有针对性地进行考察。当然,其中影响最大、影响最为深远者,还是经心书院的创办。

经心书院的创办,缘于张之洞对作育人才的关注。1869年,张之洞在视察江汉书院后,深感该书院规模太小,不足以为湖北培养更多的人才。于是,张之洞就约见时任湖广总督兼署湖北巡抚的李鸿章,提议在武昌别建精舍。对于此事,李鸿章深表赞同。虽然当时的湖北在经济上并不宽裕,还是在武昌火星堂文昌宫(今湖北实验小学后面)拨款修建了一所书院。该书院初名文昌书院,后改名为经心书院。张之洞将之“别学舍为经义、治事,选各府尤异者得数十人,俾读书其中”①。书院第一任山长为刘恭冕②。课程有经解、史论、诗赋、杂著等。书院开办之初,吸收了许多人才入院深造。据说,当时的“札调咨送入院而不得住院者尚有二百数十人”③,可见育才数量之众。对于书院中的优质高才者,张之洞青睐有加。当贺人驹、陈作辅、傅廷浩、范昌棣4名高才生病故时,张之洞曾作诗《四生哀》,表达其哭悼之情。自此,不难看到其为国育才、惜才的情怀。

正因为张之洞在湖北学政任上为国事呕心沥血,颇多实绩,故颇得时人的好评。如曾国藩就曾这样赞许:“往时祁文端、张海门视学吾乡,最得士心,近张香涛在湖北亦惬众望。”④1870年2月,在发妻辞世五年后,张之洞娶湖北按察使唐树义之女为妻⑤。1870年11月,湖北学政任满,张之洞在交卸学篆后,携唐夫人返京。当时作有《送妹亚芬之黔》一诗,其中写道:“人言为官乐,那知为官苦,我年三十四,白发已可数。”⑥可见其在学政任上的劳苦。不过,为官一任,能够得到“得士心”与“惬众望”这样的评语,也就不枉其任上的殚精竭虑了。

---

① 胡钧:《张文襄公年谱》,台湾文海出版社1967年版,第32页。

② 清代著名经学家《论语正义》作者刘宝楠之次子,曾经在曾国藩建立的江南书局任主持人之一,于1866年续成其父著作并刊印。

③ 苑书义、孙华峰、李秉新主编:《张之洞全集》第二册,河北人民出版社1998年版,第789页。

④ 吴剑杰编著:《张之洞年谱长编》上卷,上海交通大学出版社2009年版,第35页。

⑤ 两年后,唐夫人病卒,留下一子仁颋。

⑥ 吴剑杰编著:《张之洞年谱长编》上卷,上海交通大学出版社2009年版,第38页。

张之洞返回京城的时候，正处于晚清政局相对稳定的所谓“同治中兴”，国家深层的迷乱、溃败正被表面的安宁、繁华掩盖着。在这一似乎“一阳来复”的气象中，张之洞卸下了繁忙的政务，在京城度过了两年“清流雅望”的自在而安然的生活。他与潘祖荫（1830—1890）、吴大澂（1835—1902）、王懿荣（？—1900）、陈宝琛（1852—？）、王闿运（1833—1916）等名流俊彦经常聚集在一起，或在酒酣耳热之际纵论古今、唱和诗文，或在兴之所至时踏青、登高。其间，张之洞的书生意气得到了酣畅淋漓的挥洒，也为其后来跻身清流党奠定了人脉基础。

二、整顿积弊与教育思辨的并进

1873 年 7 月，张之洞出任四川乡试副考官，偕同正考官钟宝华取道豫、陕，入川履任。乡试结束后，9 月，张之洞被任命为四川学政。四川幅员辽阔，多崇山峻岭，交通不便。对此，张之洞心知肚明。因此，在还未上任时，他便预感“此差殊非乐境”。不过，张之洞并没有因此而退缩，而是一如既往，按照朝廷的规制，每年到各个州府巡视、督察。虽然陆路“大率荒山绝壁，盘路一线，险不可言”，水路“处处皆滩，惊心动魄，绝无从容怡旷之地”[①]，张之洞依然奔波于巴山蜀水之间，不假稍歇。与艰难困苦的交通、生活条件相比，四川科场的积弊更是让这位学政大人心力交瘁。当时的四川科场，可谓糜烂、混乱之极。什么“枪替”（请同考人或其他人代做考卷）、“联号”（买通编号人员，涂改编号）、“通关节”（与考官或与考试负责者一同作弊）等舞弊情形，花样繁多。更为出格的是，竟有“拉搕”这样的事情发生。所谓“拉搕”，就是当考官出入辕门的时候，暴徒合伙把考官擒获，然后向官府索要重金。官府付给重金，考官才能被赎出。考官们为了保证自己的安全，常常雇用许多保卫人员。这样，双方经常发生武斗，以致时有人员伤亡。

面对积弊成风的情况，张之洞从整顿规章入手，制定了惩鬻贩、禁讹诈、禁拉搕、拿包揽、责廪保、禁滋事、杜规避、防乡试顶替等八项办法[②]，并

① 苑书义、孙华峰、李秉新主编：《张之洞全集》第十二册，河北人民出版社 1998 年版，第 10123 页。
② 苑书义、孙华峰、李秉新主编：《张之洞全集》第一册，河北人民出版社 1998 年版，第 4—8 页。

严令执行。对于受贿作弊的提调等相关考官，一律给予惩处。还通缉著名"枪手"十余人，严惩参与"拉搕"的暴徒。为了防止武童寻衅滋事，"即令教习结保，各自稽察。无数习具结者，不得与试"[1]。对于一贯哄闹考场，官不敢治的武生兰映太等设法擒拿，并经与督抚会商后，定为永远监禁。通过这些严厉而有针对性的整饬，终于使四川科场的风气为之大变。对此，张之洞曾说："四川督学署积尘盈屋，我次第扫除过半耳。"

当然，运用雷霆手段，荡涤污泥浊水，只是张之洞在督学四川时的一个面相，除此之外，他更多的是以"储养人才以备国家缓急之需，而救当世空疏之习"为宗旨，用和风细雨的方式，培养、选拔优秀人才。据赵尔巽说，张之洞在学政任上，"平日衡文不主一格，凡有一艺之长，无不甄录，而尤注重于经史根柢之学，故所至考求文献，礼访名宿，惟恐不及，每值士人晋谒，辄优假颜色，殷殷焉以读书稽古相敦勉，并为指示途径，俾有遵循"[2]。对于确实有才华的士子，张之洞则特别加以栽培。如张之洞就曾把绵竹籍学生杨锐（1857—1898）[3]、仁寿籍学生毛席丰、华阳籍学生范溶等高才生"召之从行读书，亲与讲论，使研经学"[4]。因此，四川一地的学风为之大变。张之洞去世后，四川总督赵尔巽曾上章盛赞张之洞任四川学政时的实绩："先是川省僻处西贩，人文未盛，士林之所驰骛，率不出帖括章句之图。自同治初年该大学士（即张之洞——引者注）典试西来，始拔取绩学能文之士……以为之倡，士风始为一变。"[5]这一评价应当说是甚为公允的。

为了给四川作育更多的贤才，张之洞在学政任上，还在办学一业上颇费心力。成都原来设有锦江书院，但规模很小，难以广纳英才而育之。对此，张之洞忧心不已。他多次面见当时的四川总督吴棠，仔细商酌书院创办事宜。在吴棠的鼎力支持下，倾力创办尊经书院。1875 年春天，终于建成尊经书院。尊经书院建成后，张之洞参照诂经精舍、学海堂的学规，提出

---

① 吴剑杰编著：《张之洞年谱长编》上卷，上海交通大学出版社 2009 年版，第 44 页。

② 苑书义、孙华峰、李秉新主编：《张之洞全集》第十二册，河北人民出版社 1998 年版，第 10653 页。

③ 张之洞称杨锐"才英迈而品清洁，不染蜀人习气。颖悟好学，文章雅赡"，为"蜀士一时之秀"（《张文襄公全集》）。20 年后，杨锐以"戊戌六君子"之一而身陷囹圄，之洞为之多方奔走，营救未果，深为痛心。

④ 吴剑杰编著：《张之洞年谱长编》上卷，上海交通大学出版社 2009 年版，第 49 页。

⑤ 苑书义、孙华峰、李秉新主编：《张之洞全集》第十二册，河北人民出版社 1998 年版，第 10652 页。

“建置书院之本义与学术教条之大端”共18条，作为尊经书院办学的指导思想。然后“择郡县高材百人肄业其中，延聘名儒，分科讲授”①。考虑到成都地处边地，购书不易，张之洞捐出自己的薪俸，购置四部书籍四千卷，专门建造尊经阁收藏，供书院士子阅读。在处理政务的余暇，还“莅院为诸生解说”②。为尊经书院，张之洞可谓倾尽心血。正是因为如此，张之洞在离任后，还对该书院充满眷眷之情。1876年1月8日，张之洞在返回京城的路上，致书给其继任者、友人谭宗浚。在信中，他这样写道：“身虽去蜀，独一尊经书院眷眷不忘。此事建议造端，经营规划，鄙人与焉（根柢浅薄而欲有所建立，诚知其妄）。今日略有规模，未臻坚定，章程学规具在精鉴（章程有稿存案，书院记即学规）。斟酌损益，端赖神力。他年院内生徒各读数百卷书，蜀中又通经学古者能得数百人，执事之赐也。”③可见，张之洞虽然离任学政一职，但是，对于尊经书院，还满怀眷恋之情、期望之心。如果不是对作育人才情有独钟者，何能臻此？

创办书院对培育人才固然重要，但其影响面毕竟是有限的。对于最大限度培育人才来说，撰写、刊布书籍，可能是更重要的工作。对此，张之洞更是呕心沥血。在四川学政任内，他撰写了《辅轩语》与《书目答问》两部书籍，广泛刊刻、流布，在为后学指点迷津上起到了其他方式不可替代的作用。下面，我们就通过考察这两部书的具体内容，一窥张之洞当时的教育思想。

《辅轩语》一书中的辅轩，本意为轻车，引申意为帝王的使臣。张之洞写这本书的用意是，自己作为天子的使臣，鉴于学政之职责所在，应该开示学者为学之道、仕进之路。所以，张之洞对该书的定位是：“深者为高材生劝勉，浅者为学僮告戒，要皆审切时势，分析条理，明白易行，不为大言空论。”④

该书第一部分为“语行第一”，意在为后学阐明，如何砥砺品行，做一

① 胡钧：《张文襄公年谱》，台湾文海出版社1967年版，第38页。

② 胡钧：《张文襄公年谱》，台湾文海出版社1967年版，第39页。

③ 苑书义、孙华峰、李秉新主编：《张之洞全集》第十二册，河北人民出版社1998年版，第10129—10130页。

④ 苑书义、孙华峰、李秉新主编：《张之洞全集》第十二册，河北人民出版社1998年版，第9771页。

个合格的知识分子。在该篇的开端，张之洞就指出，这部分内容是“择其切于今日世风、本省士习者言之”。可见，张之洞是针对当时中国的士人风习，尤其是四川的士人风习，提出自己的见解，决非放言空论。纵览这部分内容，我们可以看到，张之洞对两个方面有着特别的关切。其一，不要一味盲目追求功利。对此，张之洞这样说：“戒孳孳为利。此天下之通病。然须立志戒之。先除此病，然后可言品学、经济。”[①]其二，以经世致用为旨归。对此，张之洞这样申述：“国家养士，岂仅望其能作文字乎？通晓经术，明于大义，博考史传，周悉利病，此为根柢。尤宜讨论本朝掌故，明悉当时事势，方为切实经济。”事实上，这二者是密切相关的。作为知识分子，从应世的角度来说，决不能仅仅以记诵、作文为能事，而是要把经世致用作为自己的根本人生追求，但是，这一根本追求要想不偏离正确的方向或走入致命的误区，就必须去除一味追求功利的观念。否则，追求经世致用者很难有一种超越情怀。至于其余的修身要目，如“德行谨厚”“人品高峻”“立志远大”“砥砺气节”“习尚俭朴”等，都是中国士大夫传统的修身规范，张之洞在此强调它们，是对传统道德的自觉延续。另外，如出门广求明师、力戒以参与诉讼为乐、戒吸食鸦片等，都是针对四川士人眼界狭窄、喜参与诉讼、多吸食鸦片等不良习气而提出的忠告。

该书第二部分为“语学第二”，意在为后学指明治学的门径。抛开士子治学的技术细节不论，这部分主要论述的是以下三方面的通则：

第一，读书以明理、致用为宗旨。对此，他这样论述：“书，犹谷也。……近人往往以读书明理判为两事，通经致用视为迂谈。浅者为科举，博洽者著述取名耳，于己无与也，与世无与也，亦犹之获而弗食，食而弗肥也。随时读书，随时穷理，心地清明，人品自然正直，从此贯通古今，推求人事。果能平日讲求，无论才识长短，筮仕登朝，大小必有实用。”[②]在这一段话中，张之洞强调的是，读书的首要目的在于明理，因为明理之后，智慧、美德才能生发。而智慧、美德的获得，自然可以使生命主体应对种种实践

① 苑书义、孙华峰、李秉新主编：《张之洞全集》第十二册，河北人民出版社1998年版，第9776页。

② 苑书义、孙华峰、李秉新主编：《张之洞全集》第十二册，河北人民出版社1998年版，第9797—9798页。

中的情形,取得实效。就此而言,应该把明理、致用作为读书的两个基本目标。从这里出发,张之洞极力反对士子做不能明理和致用的“书蠹”。这一点,从他在“语学”部分的最后一段总结便可看到:“若读书者既不明理,又复无用,则亦不劳读书矣。使者谆谆劝诸生读书,意在使全蜀士林美质悉造成材,上者效用于国家,其次亦不失为端人雅士,非欲驱引人才尽作书蠹也。”①

第二,研求学问不能有门户之见。张之洞认为,近代以来的学人,有两种不正确的治学取向:“好读书者宗汉学,讲治心者宗宋学。”其根源在于,他们“逐末忘源”,将学问的根本忘记了。事实上,“圣人之道读书治心,宜无偏废,理取相资”。如何能够实现二者都不偏废呢?最为紧要的是:“学以躬行实践为主,汉宋两门皆期于有品有用。”②可见,张之洞站在致用的立场上,主张打破门户之见,使汉学与宋学相辅相成。这无疑是难能可贵的见道之解。

第三,治学要博约结合。对此,他提倡“读书宜博,先博后约”③。

以上所述,都是读书、治学的大根大本。张之洞能够抓住它们,对后学谆谆语之,足见其是一个智慧与仁心兼具的师者。

该书第三部分为“语文第三”,意在为士子指点写文章的路径。由于其论题狭窄,且教育意涵甚少,这里就不再展开了。

从《輶轩语》的概略考察中,我们可以看到,此时的张之洞,是一个儒家教育传统的忠实继承者和维护者。无论是其对士人以读书明理、经世致用为根本旨归的极力提倡,还是其对志向高峻、谦虚谨让、俭朴醇厚等传统儒家德目的信守,抑或打通汉宋、博约结合等暗合儒家极高明而道中庸之旨的治学主张,都是其明证。

《书目答问》④一书,素来被视为版本目录学的著作。但是,如果深入探究其内里,我们就会发现,其中的教育意蕴是深沉的。张之洞在该书

① 苑书义、孙华峰、李秉新主编:《张之洞全集》第十二册,河北人民出版社 1998 年版,第 9798 页。
② 苑书义、孙华峰、李秉新主编:《张之洞全集》第十二册,河北人民出版社 1998 年版,第 9794 页。
③ 苑书义、孙华峰、李秉新主编:《张之洞全集》第十二册,河北人民出版社 1998 年版,第 9790 页。
④ 苑书义、孙华峰、李秉新主编:《张之洞全集》第十二册,河北人民出版社 1998 年版,第 9823—9988 页。

《例略》开头就写道:“此编为告语童生而设,非是著述。”并说,对于该书,“可作公牍观,不可作著述观”。这些话,初看似乎有自嘲的意味,其实并非如此。张之洞是在用这些话告诉我们,该书是他作为学政为教诲童生而撰写的作品。学官教诲童生之作,不正是作者站在教育者立场上的言说吗?因此,站在教育的立场上来解读这部书,是具有天然合理性的。1876年,张之洞在写给当时的朋友、后来的内兄王懿荣的信中这样写道:“其去取分类及偶加记注,颇有深意,非仅开一书单也。”在笔者看来,这里所谓的“深意”正是深层的教育意蕴。那么,这部书中的教育意蕴是通过什么体现出来的呢?主要是通过对前人书目体例的改造、取舍来实现的。对此,张之洞曾说:“兹乃随后记录,欲使初学者便于翻检,非若藏书家编次目录,故不尽用前人书目体例。”在这里,张之洞特别强调自己的书目编写对象是“初学者”,而不是“藏书家”,因此,可以对传统的四库编排系统进行改造和取舍。正是在这些改造和取舍中,透露出张之洞作为教育家的苦心。①

我们先来看经部。对于经部,张之洞确立的收录标准是:“学有家法、实事求是者。”②在传统的《四库提要》中,将经部分为十大类,其顺序安排是,先五经,后四书,再附“小学”。在《书目答问》中,张之洞却将它拆解,重新进行分类。他将经部分为三大类,除“小学”类目保持不变外,凡是清王朝历代最高统治者颁定的官方教本,将之统称“正经正注”,列为一类;凡是清代汉学家或汉、宋兼采的著者重新诠释古典的经解及其校本,则统

① 《辅轩语》《书目答问》二书,不仅对当时的四川学子产生了广泛的影响,就是对后世的其他地区的学子,都产生了深刻影响。如钱穆曾自称:“余学无师承,亦未受过大学教育,但自知钻研,恒以曾、张二公为师耳。”(转引自坚如:《张文襄公治学方法述评》,《新东方》1940年11月第2卷第1期。)梁启超也公开承认,他年轻时“得张南皮之《辅轩语》《书目答问》,归而读之,始知天地间有所谓学问”。(梁启超:《饮冰室合集》文集1,中华书局1989年版,第55页。)之所以会出现这一状况,因为《书目答问》在清末初版后的几十年间,“翻印重雕不下数十次,承学之士,视为津筏,几至家置一编”。(注:范希曾《书目答问补正·序》,中华书局1981年版。)后来,曾帮助张之洞编撰此书的缪荃孙不无自豪地说:“此书通行后,何啻得千百万导师于家塾,而保全旧学不致湮没于尘埃,流失于外域。旧学绝续之交,岂非绝大关系之事哉!”(缪荃孙:《艺风堂文续集》卷五,第9页。)此说虽含自诩,倒也在一定程度上真实地反映了《书目答问》对振兴传统学术的重要作用。这是我们应当注意的。

② 苑书义、孙华峰、李秉新主编:《张之洞全集》第十二册,河北人民出版社1998年版,第9824页。

称“列朝经注经说经本考证”,又列为一大类。通过这一调整,宋儒理学系统的“四书学”当中,除了朱熹的几本小书外,几乎全部被作为空泛不实的样板,驱逐出《书目答问》。可见,张之洞对宋学,尤其是其中的理学,是持排斥态度的。这一点,从另外一个明显的例子更可以清楚地看到。邵懿辰(1810—1861)名为经学家,但骨子里却服膺李光地、方苞的理学,对乾嘉汉学相当排斥。对于这样一个推崇理学的人物的著作,《书目答问》通篇不着一字,就连书后所附《国朝著述诸家姓名略》也忽略了邵氏。以邵氏在当时的声望,其被遗忘,无论如何都是不应当的,但他确实又被遗忘了。这只能说,张之洞是故意把他遗忘了。通过这样的别有深意之举,他意在表明自己对理学的排斥之态。

下面我们再来看子部。《四库提要》首列“儒家类”,所收大半是宋、元、明三代道学家的“语录”,而到了《书目答问》那里,却把它降为第二类,而新增“周秦诸子”一类放在首位。这显而易见是想要降低理学的地位。如果看其所分的三个子目,意旨就更明显了。在其子目中,居首的是从两汉到明清的“议论经济之属”,“理学之属专书”则居于第二层次。在第二层次这部分,选取的仅仅是周、程、张、朱、陆、王等代表人物的十几种书,其他“语录”则一概扫荡尽净。另外的“儒家类考订之属”部分,却以其“为读一切经史子集之羽翼”为由,详加开列。其中所列,大半是清朝学人的考据性著作。由此看来,在子部书中,张之洞尽可能突出于经世致用有益的书籍的地位,对玄虚、空疏的程朱理学,则尽量降低其地位。

至于集部,有两点是特别值得注意的。其一,根本没有宋元以来小说、戏曲的踪迹;其二,对于“国朝人”的别集,其选择标准竟是“举其说理纪事、考证经史者”,而诗文呢,只有“最著数家”入选。由此可见,对于张之洞来说,文学类作品不论雅俗,基本上都是“无用者、空疏者、偏僻者、淆杂者”。只有为数极少的对于士人经世致用有裨益者,才能够入得了他的法眼。

最后需要在此特别指出的是,在《书目答问》的经、史、子、集四类图书中,清人著作占了相当大的比重。在该书结束时,甚至专门开列了一份《国朝著述诸家姓名略》。那么,张之洞为什么会对“国朝著述诸家”如此推崇?其中“深意”何在呢?我们从其在《姓名略》小序里的这段话可以一窥端倪:“由小学入经学者,其经学可信;由经学入史学者,其史学可信;由经学入理学者,其理学可信;以经学、史学兼词章者,其词章有用;以经学、史学兼经济者,其经济成就大。”[①]仔细揣摩这段话,我们可以得出这样的结论:在张之洞看来,经学是一切学术与事业的核心。而清朝的学术大家,尤其是乾嘉诸老,都是以经学为中心展开其学术活动的。因此,不论他们是“由小学入经学”,还是由经学入史学、理学、经济,都走的是学问之正道。就此而言,张之洞“通经致用”的思想取向,几乎是昭然若揭了。

总之,从张之洞《书目答问》的体例调整及书目排列的蛛丝马迹中,我们不难看到,张之洞力图以儒家教育传统中主流的“通经致用”思想为圭臬,引导初学者进入读书、治学的正途。

当然,由于时代局势所迫,张之洞在《书目答问》中并非对中国教育传统一味坚守,而是表现出吐故纳新的一面。如在子部“兵家”子目的最后,列出上海制造局新译的“西洋兵书五种”;在子部“天文算法”子目中,除了收录西方传教士著译的若干天文历算书籍以外,还收录了《几何原本》《数学启蒙》《代数术》等数学方面的著作;在史部“地理”子目中,就开列了当时最新译出的《海塘辑要》《地理备考》《海道图说》等书;在《别录》这一专门为童生开列读物的部分,特别指出:“上海新刻《三才略》最佳,不惟童蒙,凡学人皆不可不一览。”《三才略》是由湖南湘乡人蒋德钧所编的西学入门书,内容涉及天文学、世界地理与世界历史等常识,也属于西学的范围。可见,从这时开始,张之洞就已经开始把西学作为理想的教育内容的组成部分了。这里虽未见其“中体西用”教育思想萌芽的印记,但毕竟意味着张之洞已经开始认识到西学的价值。虽然我们不能确知其认识是自觉性质的,还是属于顺应潮流的自发性认识,但我们可以确认一点,张之洞在此时便已经开始接纳西学了。

1876 年 12 月,张之洞四川学政任满,于次年返回京城,任文渊阁校理,结束了其十载学官生涯。

---

① 苑书义、孙华峰、李秉新主编:《张之洞全集》第十二册,河北人民出版社 1998 年版,第 9976 页。

第四节 拓展权力空间中的权变与持守

在晚清的同、光两朝的政治舞台上,活跃着一个颇得人望的“清流党”。他们或评议时政,或弹劾奸邪,或力争国权,一呼而众应,声动朝野,形成一股不容忽视的政治势力。如果以中法战争为分界线,“清流党”可以分为前后两辈。前辈以军机大臣李鸿藻为魁首,张之洞、张佩纶、陈宝琛、黄体芳、宝廷、邓承修等为辅翼;后辈以户部尚书翁同龢为首领,盛昱、王仁堪以及稍后的志锐、文廷式、黄绍箕、张謇等为骨干,一直延续到清末。前辈多为北方人,被称之为“北派”;后辈多为南方人,被誉为“南派”。这两派因为畛域、意气等原因,常常相互攻讦,但也在不少方面存有共识。如在抵御外侮、保卫国权、改革弊政等方面。在反对“洋务”方面,更是惊人的一致。他们均“以不谈洋务为高,见有讲求西学者,则斥之曰名教罪人,士林败类”[①]。对于洋务派的对外妥协政策,更是极尽抨击之能事,使得“一时尊王攘夷之论,靡漫全国”[②]。

人们可能会奇怪,张之洞是一个很善于权变的人,这样的人为什么会在洋务运动正如日中天之时加入具有保守倾向的清流党,并成为其中的健将呢?这是由其所受家教、性格、人际等多方面的原因决定的。

首先,张之洞出身于世宦之家,祖上素有为官清廉的声名。受家风熏陶,其父在张之洞幼年就经常这样教诲他:“贫,吾家风,汝等当力学。”[③]在先辈这样的为官之风的濡染下,张之洞一贯清廉自守。如在四川学政任上,“于例得参费银二万两辞而不受”[④],离任时竟然连买一身像样的衣服的钱都没有。回到京城,生活极其困窘,以致“生日萧然无办,夫人典一衣

① 郑观应:《盛世危言·西学》,见夏东元编:《郑观应集》,上海人民出版社1982年版,第40页。

② 裘毓麐:《清代轶闻》,中华书局1932年版,第40页。

③ 胡钧:《张文襄公年谱》,台湾文海出版社1967年版,第26页。

④ 胡钧:《张文襄公年谱》,台湾文海出版社1967年版,第36页。

为置酒”[1]。可见其真正是做到了两袖清风。正因为如此，他才和清流党的其他人能够同气相求，成为一体。

其次，张之洞是一个有着远大抱负的人，他希望通过自己的仗义执言，涤荡浊流，匡扶天下。这一点，从以下节选的言志诗中可以看得一清二楚：

当代功名同气盛，蹉跎莫待鬓如丝。[2]

皓皓不受浊流滓，怀沙惜誓将毋同，
我本海滨士，独衔幽愤希高踪，
坐对天池一长啸，枯桑槭槭生天风，
王伦不斩秦竟帝，吾舍二子将安从。[3]

白日有覆盆，刳肝诉九阍，
虎豹当关卧，不能遏我言。[4]

从这些诗作中，我们不难看到一个匡扶天下心切、满怀浩气、孤高自许的有为青年的形象。一个具有这样品格的人，必定敢于，也愿意加入清流党。

再次，人脉基础决定了张之洞能够较为便利地进入清流党的圈子。早在任四川学政之前，张之洞就与清流中人潘祖荫、李慈铭、陈宝琛、王懿荣等是相当亲密的友人。待四川学政任满返回京城后，张之洞又结识了北派清流的骨干成员张佩纶，且相互引为同调。这样，张之洞自然非常方便地进入了北派清流，一步步成为其中坚。据说，当时的京城士人“呼李鸿藻为青牛（清流同音——作者注）头，张佩纶、张之洞为青牛角，用以触人；陈宝琛为青牛尾，宝廷为青牛鞭，王懿荣为青牛肚，其余牛皮、牛毛甚多”[5]。足见张之洞在清流党中的地位是相当重要的。

---

① 苑书义、孙华峰、李秉新主编：《张之洞全集》第十二册，河北人民出版社 1998 年版，第 10503 页。
② 苑书义、孙华峰、李秉新主编：《张之洞全集》第十二册，河北人民出版社 1998 年版，第 10455 页。
③ 苑书义、孙华峰、李秉新主编：《张之洞全集》第十二册，河北人民出版社 1998 年版，第 10455 页。
④ 苑书义、孙华峰、李秉新主编：《张之洞全集》第十二册，河北人民出版社 1998 年版，第 10454 页。
⑤ 刘禺生：《世载堂杂忆》，中华书局 1960 年版，第 90 页。

1877年至1881年,张之洞在京师,先后任教习庶吉士、国子监司业、左春坊中允、司经局洗马、翰林院侍读、左春坊左庶子、翰林院侍讲学士等官职。虽然转任职位不少,但都是无实权实责的官职。因此,四年黄金岁月,基本上都用在"不避嫌怨,不计祸福,竟以直言进"①上面了。

这几年间,在几件事关国体、国运的大事上,张之洞都发出了自己独特的声音。

一、在"继统"之争中

1875年1月,19岁的同治皇帝载淳因天花不治而去世。因为载淳没有儿子,自然没有无可争议的自然继位人。于是,由慈禧太后做主,让醇亲王奕譞的儿子载湉继位。慈禧之所以这样做,是有她的私意的。因为按照清朝律例,同治皇帝死后,如果没有儿子,应该从爱新觉罗家族载字辈的下一辈,即溥字辈中选择贤能者为嗣。可是,如果这样一来,慈禧的身份便成了太皇太后。而按照清朝的祖制,太皇太后是不能垂帘听政的。为了继续执掌权柄,慈禧只能匆忙拉出与载淳同辈的载湉即位,用以维持自己"母后"的地位。对于慈禧的这一做法,朝野上下议论纷纷。为了平抑不利于自己的舆论,慈禧只能特别下旨声称:"俟嗣皇帝生有皇子,即承继大行皇帝为嗣。"其意思是说,等到载湉生了儿子,只能作为载淳的儿子去继承帝位,不能作为载湉的儿子去继承帝位。载湉的继位,只不过是一个过渡罢了。

慈禧太后的懿旨颁发,慑于其权柄,当时没有人出来表示反对。只有侍读学士广安上了一个奏折,在那个奏折中,广安引用了这样一个典故:宋朝初年,宋太祖遵其母杜太后之命,把帝位传给了其弟宋太宗;按照道理来说,宋太宗之后也必须遵照其母之命,将帝位再传给其侄儿,即宋太祖之子。因为这都是杜太后一手安排的。可是最后的结果是什么呢?宰相赵普怂恿宋太宗将帝位传给了自己的儿子。这显然违背了杜太后的遗训。讲完这个典故,广安接着规劝慈禧太后:为了避免我朝在以后也出现赵普那样的人物,以致让今日您的安排落空,不如在同治皇帝尸骨未寒的时候,

---

① 苑书义、孙华峰、李秉新主编:《张之洞全集》第一册,河北人民出版社1998年版,第21页。

把王公大臣、六部九卿召集起来，集体会议，通过明立铁券的方式郑重申明，决不许后人学赵普，擅言更改继统问题。那样，皇位的正宗承继的决定，就不会发生什么变故了。

这样一个奏疏，其中没有一点反对慈禧的意思，只不过是想让慈禧的意愿不致因为人事变更而落空。但是，这一奏疏却受到两宫太后的严旨申饬。在这之后，由于光绪皇帝只有 4 岁，慈禧太后依然垂帘听政。岁月就这么如平静的水流一样过去了。谁都没有料到，在时隔 4 年之后，继统问题又被一个小官以“死谏”的方式提出来，在朝廷掀起了轩然大波。这个小官就是吏部稽勋司的主事吴可读。

1879 年 3 月底，同治皇帝的葬礼在直隶的遵化县举行，两宫太后和皇帝率领百官浩浩荡荡奔赴遵化的清东陵，吴可读也是参加葬礼的官员之一。葬礼结束，参加葬礼的人员很快返回了京城，可是，唯独不见吴可读归来。同僚与家人以为他是随兴游览去了，但出人意料的是，不久传来的却是吴可读自杀的消息。吴可读在自杀之前，留下一封遗书与一个密封的木匣。在遗书中，吴可读特别说明，密封的木匣中留有一份密折，是其写给两宫太后的，请吏部代奏两宫太后。经过一番周折后，奏折终于转到慈禧太后的手中。

慈禧太后展读密折，才知道吴可读是以死相谏。折中的意思与几年前广安的奏折如出一辙，不外乎是规劝慈禧太后：对于继统问题，应该立一明文，昭告天下。否则，大统之归，很可能日久生变。用他的话来说就是：“仰乞我两宫皇太后，再行明白降一谕旨，将来大统仍归承继大行皇帝嗣子。嗣皇帝虽百斯男，中外及左右臣工均不得以异言进。正名定分，予绝纷纭。如此则犹是本朝祖宗来，子以传子之家法，而我大行皇帝未有子而有子，即我两宫皇太后未有孙而有孙。异日绳绳揖揖相引于万代者，皆我两宫皇太后所自出而不可移易也。”①

虽然这个密折是一个让慈禧恼火的奏折，但是，臣下以死相谏的奏折，她又不能不答复。无奈之下，慈禧召集军机大臣们，经过再三商讨，最后下发了一道四平八稳的懿旨：

---

① ［清］朱寿朋编：《光绪朝东华录》，中华书局 1958 年版，总第 725 页。

吏部奏主事吴可读服毒自尽，遗有密折，代为呈递。折内所称请明降懿旨，预定将来大统之归等语。前于同治十三年十二月初五日降旨："嗣后皇帝生有皇子，即承继大行皇帝为嗣。"此次吴可读所奏，前降旨时即是此意。著王大臣大学士六部九卿翰詹科道，将吴可读原折会同妥议具奏。[①]

懿旨一发，顿时舆论鼎沸。一般的朝臣不过是随便在下面发发议论，而清流党则不然。他们认为，该事关涉宗社大计，懿旨又明确要求朝臣"会同妥议"，因此，他们聚在一起，反复商讨如何应对继统问题的辩论。

这时的张之洞，已经成为国子监司业，具备了独立上疏的资格。他在充分审度时势之后，与宝廷联合上疏，提出自己对继统问题的一系列看法。如果仔细体察张之洞在上疏中的倾向就会发现，他是以揣摩、迎合慈禧太后为指向的。如他在奏疏中写道，立载湉为嗣的举动"出于两宫皇太后之意，合乎天下臣民之心"，同时也"本乎圣意，合乎家法"。[②] 这就把慈禧立嗣的举动充分合理化了。至于吴可读担心将来会出现继统的变数问题，张之洞认为根本就是杞人之忧。对此，他这样申说："该主事所虑赵普、黄之辈，诚难保其必无。然忠佞不齐，数年前曾有请颁铁券之广安矣，大小臣工岂遂绝无激发，明宗系大统而昵私亲者？……今醇亲王天性最厚，忠直恪恭，该主事既知其贤，万一果如所虑，他日有人妄进异言，醇亲王受累朝之厚恩，必能出一言以救正。"[③]在这里，张之洞突出强调的是，今日之清廷与宋、明时截然不同。其一，臣工都是忠良，没有赵普、黄之这样的人出现。其二，皇帝的父亲醇亲王忠厚耿直，绝不会做赵太宗、明景帝那样的事。这一辩解，既讨好了当朝皇帝的父亲与朝臣，又驳斥了吴可读意见的荒谬，可谓一石二鸟。

在这一重大问题辩论的关键时刻，张之洞极力为慈禧立嗣之举的正当性辩护，同时拚力驳斥死谏的臣子言论之荒谬。这自然讨得了慈禧的欢

① 〔清〕朱寿朋编：《光绪朝东华录》，中华书局1958年版，总第727页。
② 苑书义、孙华峰、李秉新主编：《张之洞全集》第一册，河北人民出版社1998年版，第9页。
③ 苑书义、孙华峰、李秉新主编：《张之洞全集》第一册，河北人民出版社1998年版，第10页。

心，为进一步博得慈禧的“恩宠眷顾”奠定了基础。

在继统问题上，张之洞并没有表现出其直言抗谏的清流本色，相反倒是表露了其工于心计、善于谋略的一面。作为官场新进者，要想占据高位，施展自己的抱负，这可能是必要的策略。不过，在平反东乡冤狱，改订《里瓦吉亚条约》及《中俄改订条约》（以下简称“中俄条约”）等问题上，张之洞就把自己的秉公持论、为民请命、犯颜直谏的“清流”本色展现无余了。

二、清流本色的凸显

四川东乡冤案的发生，缘于政府的横征暴敛。咸丰中期以后，四川省的军饷极其短缺。无奈之下，四川官府设法压榨老百姓。除了收取原有的地丁银外，还征收津贴，后来还有捐输、杂税等等，名目繁多。摊派之多，“大率每地丁一两合之津捐杂派，大县完多，将近十两，中县完少亦须五六两”①。老百姓被压得喘不过气来。而其中的东乡一县，更是严酷得无以复加。官府规定，老百姓交税，必须先交杂税，待杂税交齐后，才能交正税。“杂税不完，串票不可得，无串票官得治以抗粮之罪。”②另外，在正税和杂税之外，每人还要再收五百文，以为官府“肥己”之用。③

在这样的苛征重压下，老百姓实在难以承受，屡屡提出强烈的减税要求，可是，官府罔顾百姓的呼声。1875 年，东乡发生聚众“闹粮”事件，要求减征。东乡县令孙定扬丧心病狂，任意捏造事实，向绥定府谎报：民众武装包围县衙，图谋造反。同时，孙定扬还请求派兵弹压。绥定知府易荫芝不敢轻易用兵，只是指派太平县知县祝士棻前往解劝，并明示一定核减税额，聚集的民众才散去。孙定扬对易荫芝的举动极其不满，于是，上章弹劾易荫芝“坐视民变而不发兵”。四川总督吴棠得报，急派总兵谢思友率兵前去围剿。谢思友去后才知道叛逆之事不实，匆忙率兵返回。孙定扬还不死心，向署理四川总督文格请兵镇压。文格“批饬各营痛加剿洗”，提督李有恒奉命派兵至东乡，“将一村一寨不分善恶男妇老幼而尽杀之”④，屠杀民

---

① 苑书义、孙华峰、李秉新主编：《张之洞全集》第一册，河北人民出版社 1998 年版，第 14 页。
② 苑书义、孙华峰、李秉新主编：《张之洞全集》第一册，河北人民出版社 1998 年版，第 14 页。
③ 苑书义、孙华峰、李秉新主编：《张之洞全集》第一册，河北人民出版社 1998 年版，第 14 页。
④ 苑书义、孙华峰、李秉新主编：《张之洞全集》第一册，河北人民出版社 1998 年版，第 20 页。

众竟达400余人，以致酿成东乡杀人大案。①

惨案发生，舆论哗然。御史吴镇、李廷萧，中书萧宗瑀等连连上章弹劾。在舆论的高压态势下，清廷对此案作了处理。其结果是，民众首领袁廷蛟等人被杀；孙定扬、李有恒等刽子手只是作出了革职处理；四川总督文格（吴棠病故——作者注）不过是“交部议处”。

1879年春天，北方数省灾情严重，清廷明发诏书求臣下直谏。借此机会，张佩纶连上几道奏折，强烈要求重审东乡杀人大案。可是，他的奏折几乎没有起到什么作用。时隔一年之后，清廷才委派钦差恩承、童华前往东乡复查事情原委。令人失望的是，结果并无更动，只是重复前面的判决意见而已。

张之洞在四川学政任上的时候，就对东乡一案有一定的了解，早已对之耿耿于怀，这时看到复查的结果竟然是维持原判，不由得义愤填膺。1879年6月11日，张之洞一天之内连上《重案定拟未协折》《陈明重案初起办理各员情形片》和《附陈蜀民困苦情形》三折，为民请命，请惩元凶。在奏折中，张之洞首先点明东乡惨案的大背景：“自同治八年以后，局中有巨万之征收，无一纸之清账，乡民愤激清算，遂发兵以剿之。且举无数无辜之老弱妇孺而屠戮之，此不得不为四川百姓痛哭流涕而诉之于天地父母者也。”紧接着，他一针见血地指出了东乡惨案的根源：“此案之查办由于滥杀，滥杀由于诬叛请剿，诬叛请剿由于聚众闹粮，聚众闹粮由于违例敛。”通过这一层层推论，他最后得出结论，孙定扬的“横征暴敛”与“残民以逞”，才是酿成这个轰动全国的大血案的根本原因。因此，张之洞最后下了这样的断语：“不诛孙定扬，不惟无以谢东乡千百之冤魂，无以服袁廷蛟，并无以服李有恒。”②另外，他还请求最高统治者惩处对东乡一案负有重大责任的署理四川总督文格和“复奏不实”的钦差恩承、童华。

在张之洞的促动下，清廷令刑部重新审理此案。在经过对案情的慎重调查、核实后，1879年7月23日，朝廷终于明发上谕，改变了原来的判决。在上谕中，清廷重新认定，“闹粮仇斗，并非叛逆，众寨民并非叛党”；鉴于

① 〔清〕朱寿朋编：《光绪朝东华录》，中华书局1958年版，总第490页。

② 苑书义、孙华峰、李秉新主编：《张之洞全集》第一册，河北人民出版社1998年版，第16页。

孙定扬、李有恒滥杀民众,由革职罪改判为“斩监候,秋后处决”;当时的署理总督文格“交部议处”;曾经受命复审案情的恩承、童华受到严旨申饬。其他涉案的数十名文武官员,都酌情重新定罪。[①]

经过这一次近乎是单枪匹马的政坛搏杀,张之洞声动朝野,高高树立了其为民请命、直言敢谏的清流健将的形象。

如果说东乡一案的重新审理、定罪是张之洞在对内事务上提升了其清流形象的话,那么,改订“中俄条约”则是其在外争国权上确立清流形象的开始。

沙俄对中国西北边疆的领土可谓觊觎已久。1871 年,新疆发生回民聚众哗变,中亚浩罕王阿古柏(? —1877)看到有机可乘,趁乱占据了乌鲁木齐、吐鲁番等地。沙俄也看到了新疆的这一乱象,在设法拉拢、安抚阿古柏之后,出兵占领了伊犁九城(惠远、惠宁、绥定、广仁、熙春、宁远、拱宸、瞻德、塔勒奇)地区,并且声称:“只以新疆回乱未靖,代为收复,权宜派兵驻守。俟关内外肃清,乌鲁木齐、玛纳斯各城克复后,当即交还。”[②]后来,清廷派左宗棠为钦差大臣督办新疆军务,于 1877 年平息了回民起义,并剿灭了阿古柏。在这一“内外肃清”之际,沙俄却自食其言,依然拒不归还伊犁九城。第二年,清廷派崇厚(1826—1893)出使沙俄,就归还伊犁九城问题与之交涉。崇厚既无外交常识与手腕,又不具备为国家争取权益的胆魄,因此,在沙俄的威逼下,于 1879 年 10 月,在克里米亚半岛的里瓦几亚与沙俄代理外交大臣格尔斯签订了《里瓦吉亚条约》。该条约共 18 条,除第一条规定“将伊犁交还中国”和第十八条规定了换约的若干程序之外,其余都是损害中国权益的条款。如中国向沙俄赔付 500 万卢布,割让伊犁附近领土给沙俄,天山南北路须让俄国免税通商,沙俄商人可从嘉峪关前往西安、汉中等地通商等。条约签订后,崇厚打电报给总理衙门告知一切,总理衙门速向两宫太后转陈实情。出人意料的是,就在两宫太后打算召集臣下商定对策、电复崇厚之时,崇厚竟然不等复电到达,就擅自留下参赞邵友濂,独自启程回国。

---

① 〔清〕朱寿朋编:《光绪朝东华录》,中华书局 1958 年版,总第 768—769 页。
② 丁树楠等纂:《新疆图志》卷五十四,东方学会校订铅印本 1923 年版,第 48 页。

这一消息传开，顿时舆论大哗。不久，崇厚返回国内。听到风声对自己极其不利，不敢回京城复命，悄悄躲在天津观望事态的发展。很快，两宫太后就下发了一道上谕，以“奉命出使，不候谕旨，擅自启程回京”为由，将崇厚革职。同时让大臣们对崇厚代表中国所签条约“妥议具奏”。看了条约所列十八款，清流党人群情激昂，纷纷上章弹劾崇厚，提出处置崇厚的条陈。在清流党人中，张之洞是最为愤激、上章力度最大者。在1879年到1880年的一年多时间中，他为“中俄条约”问题连续上章20余。在奏章中，张之洞指出，该条约严重损害中国的经济、政治、军事等方面的权益，“不可许者十”。“崇厚允之，可谓至谬至愚”。针对时人“人人知其不可，所以不敢公言改议者，诚恐一经变约或招衅端”的恐俄心态，张之洞满怀痛切地指出，“必改此议，不能无事”，但是，“不改此议，不可为国”！对于如何改订条约，张之洞也提出了自己的见解：其一，“计决”。立即诛杀崇厚，因为“治使臣之罪即可杜俄人之口”。其二，“气盛”。把条约当中的不公平之处全面布告中外，“明谕边臣整备以侍”，以鼓舞民众对俄作战的士气。其三，“理长”。暂缓收回伊犁九城，因为“索伊犁而尽拂其请则曲在我，置伊犁而仍肆责言则曲在俄”。其四，“谋定”。在新疆、吉林、天津三路修武备、设堤防，准备与沙俄作战。

在清流党的连连上奏促动下，清廷不得不把崇厚羁押在刑部，等待罪责议定后查处。同时，另外委派曾纪泽（1839—1890）出使沙俄，重新议定边界条约。

曾纪泽出使沙俄前后，张之洞又连续上章，或对清廷宽宥崇厚的态度痛加指摘，坚持对其从严治罪①；或重申“今欲得全和局，仍惟有急修战备一法”②；或分析中俄边界问题“形迹则界务重，隐患则商务重”，批评曾纪泽在与沙俄的谈判中只关注边界问题，不关注商务问题的偏向。③ 对“中俄条约”的改订起到了一定的推动作用。

1881年2月，曾纪泽代表清王朝与沙俄签订了《中俄伊犁条约》。这

---

① 苑书义、孙华峰、李秉新主编：《张之洞全集》第一册，河北人民出版社1998年版，第47页。

② 苑书义、孙华峰、李秉新主编：《张之洞全集》第一册，河北人民出版社1998年版，第49页。

③ 苑书义、孙华峰、李秉新主编：《张之洞全集》第一册，河北人民出版社1998年版，第54页。

虽然依然是一个不平等条约，但与《里瓦吉亚条约》相比较，还是为中国挽回了一些权益。

在东乡大案的平反、“中俄条约”的改订上，张之洞的清流健将形象已经定格在历史的标杆上，但是，使其更为清晰、感人的，还应该说是在“庚辰午门案”中所显示出来的耿耿劲节。

该案的起因是这样的：1880年中秋节前夕，慈禧派遣太监为亲故分赐过节的礼品。在8月12日，她亲自准备了8盒食物，派太监李三顺带领两名小苏拉，赏赐她的胞妹。按照清廷大内禁例，太监是不能走正门的。但是，身为慈禧身边的太监，骄纵成性，居然不守规制，径直要从午门出去。把守午门的护军玉林严守宫禁，坚决不许太监通过。于是，双方发生争执，进而升级到肢体冲突。在护军玉林与太监的相互推搡中，准备送出的食盒被打翻。事件发生后，李三顺不思反省，反倒恶人先告状，通过首领太监刘玉祥，在慈禧面前狠狠告了守门护军一状。慈禧听信太监一面之词，在盛怒之下，“著总管内务府大臣，会同刑部，提集护军玉林，严行审讯”。

从常情常理来看，这件事情的主要责任不在护军，但是，慈禧已经发出明令，不论是内务府官员，还是刑部大员，都不敢违抗其旨意。最后，只能在草草审讯后，定为将玉林发往吉林充军，护军统领等官员或充军、或圈禁。可是，就是这样一个已经很不公平的判决，慈禧都以为是太轻了，“饬更审拟”，非要将玉林办成死罪才罢休。后来，刑部以宫禁护卫责任重大、不能自乱章法为由据理力争，慈禧方才发布上谕：“玉林、祥福著革去护军，销除本身旗档，发往黑龙江充苦差，遇赦不赦，忠和著革去护军，改为圈禁五年，均著照拟枷号加责。护军统领岳林著再交部严加议处。”[①]这样处理，的确是非常不公平的。护军忠于职守，却被重责，太监不守规制，却不加一罪，如何能够让臣民信服。所以，上谕一发，群情激愤。清流党人更是愤愤不平。针对此事，张之洞与陈宝琛二人分头草疏，然后同时上呈。

在奏折中，张之洞一开笔便抬出了祖宗成法，围绕“伏维阉臣恣横，为祸最烈，我朝列圣驭之者亦最严”反复申说，给慈禧以一定的压力。紧接着，他又直指宦官违法导致宫禁松弛的危害：“万一此后太监等竟有私自

① 徐一士：《一士谈荟》，书目文献出版社1983年版，第410页。

出入，动托上命，甚至关系政务，亦复信口媒孽，允其流弊所至，岂不可为寒心哉？”对慈禧来说，这应当是起到了振聋发聩的作用，加上陈宝琛从旁协助，终于使慈禧猛省。于是，慈禧再次下发上谕，改判为：玉林杖一百，流二千里；祥福杖一百；忠和杖一百，圈禁两年，加责三十板；岳林免交部议。太监李三顺，著交慎刑司责打三十板，首领太监刘玉祥，罚去月银六个月。[①]

这一被称为“枢臣莫能解，刑部不敢讯”[②]的事件，在张之洞等人的力谏下，竟然使慈禧回心转意，取得了让朝臣和民众能够接受的结果。因此，张之洞的举动被誉为“诤言回天”之举。这就更使张之洞的风节、胆量、才识为世人所瞩目。

四年清流生涯，张之洞或精于算计、筹策，巧妙地迎合最高统治者，或为民请命、犯颜直谏，让最高统治者对其胸襟、胆略、才识赞赏有加。阴谋与阳谋互补为用，终于在最高统治者那里留下了能干的忠臣的绝佳印象。这一印象很快就给张之洞带来了一连串好运。1881年，张之洞先是被授予内阁学士兼礼部侍郎，一跃成为二品大员。后来，又被任命为山西巡抚，成为手握重权的封疆大吏。这成为其寻找中国传统教育问题的症结、推行教育改革具有里程碑意义的开端。就此而言，对于张之洞来说，四年清流生涯中虽然没有在教育思想与实践上有明显的建树，却是其教育生涯书写中必不可少的浓重一笔。

---

① 徐一士：《一士谈荟》，书目文献出版社1983年版，第410页。

② 苑书义、孙华峰、李秉新主编：《张之洞全集》第十二册，河北人民出版社1998年版，第10612页。

第二章　传统教育的改造与西方教育实验的初步探索

第一节　松解教育传统的开端

出任山西巡抚是张之洞二十余年封疆大吏生涯的开端，在这期间，他实现了其价值观、思维方式、行为方式等的巨大转变，从一个保守的清流变为洋务官僚。中国的教育传统在其思想、实践中，都开始了具有革命意义的松动。

一、力除积弊

1881 年 12 月 8 日，张之洞在赴任山西巡抚之前，到慈禧太后处"陛辞请训"。慈禧明示："时事艰难，如有所见，随时陈奏，并留心访求人才。"[①]张之洞怀揣着"经营八表"的冲天大志，

① 吴剑杰编著：《张之洞年谱长编》上卷，上海交通大学出版社 2009 年版，第 68 页。

未及等到在京城与亲友欢度春节，便匆忙告别亲朋，路经保定、娘子关，赴山西上任。12 月 24 日，张之洞及其护从抵达太原，接印视事。接印之时，呈现在张之洞面前的山西，正处于让张之洞丝毫不敢乐观的境地。在开关通商以前，山西的工业基础尚可。但是，在与外国通商之后，大批洋货涌入，对其纺织、冶炼、煤炭等行业都构成了巨大的冲击，工业发展委顿。1877 年到 1878 年，山西赤地千里，竟然出现了“草根树皮剥掘殆尽，愚民易子而食”的惨状，农业发展的元气大伤。吏治腐败，贿赂公行，更是让人侧目。“堂堂晋阳一派阴惨败落气象，有如鬼国。”①面对这一境况，张之洞不但没有被吓倒，反而激起了其激浊扬清、为民造福的意气。因此，张之洞上任伊始，即给慈禧太后呈上《到山西任谢恩折》，表白自己励精图治的决心与雄心：

> 当以课吏安民之道，先为深根固底之图，垦荒积谷以厚生，节用练兵以讲武，至于盐铁理财之政，边屯固圉之谋，苟为势所便而时所宜，岂敢辞其劳而避其怨，惟有虔禀懿训，奉宣皇仁，期无负公正之特褒，一扫因循之锢习。身为疆吏，固犹是瞻念九重之心；职限方隅，不敢忘经营八表之略。庶殚驽钝，少答鸿慈。②

从这一《谢恩折》中，我们可以看到，张之洞在接掌山西巡抚一职开始，便力图在整顿吏治、发展农业、增强军力、清理财政等根本、切要的方面入手，促使山西的发展有大的改观。虽然山西当地的守旧势力多方掣肘，使张之洞感觉“事事皆牵连相因，欲整顿一事，不能不百废具举，劳顿殊甚”，京城内的宿敌到处散播流言蜚语，指斥张之洞在《谢恩折》中擅言“不敢忘经营八表之略”，是明目张胆的欺主擅权之举，张之洞还是顶住了重重压力，推动了一系列兴革的举措，在山西政治史上留下了若干可圈可点之处。

经过多方访察，张之洞发现，“晋省可办事体甚多，惟习染太坏。病痛

① 苑书义、孙华峰、李秉新主编：《张之洞全集》第十二册，河北人民出版社 1998 年版，第 10139 页。

② 苑书义、孙华峰、李秉新主编：《张之洞全集》第一册，河北人民出版社 1998 年版，第 83 页。

括之以懒散二字。……处此时势，不能不帅以清明强毅四字。先令整饬严肃，再议其他”①。于是，张之洞把整肃吏治作为其推行治省方略上迈出的第一步。为此，张之洞在接篆不久，即发布文告，告知所属各道、府、县，即日起考察属官之优劣。其后，张之洞及其心腹经过曲折而细致的明察暗访，对一批劣迹斑斑的官吏给予严惩。如“贪纵害民，书检不修”的萨拉齐同知定福，“私加厘金，剥商扰民”的候补直隶知州李春熙，“习染最恶，征收弊混”的补用知县洪贞颐，贪欠公款七万余两的总兵罗承勋、参将王同文等。即使是最高统治者宠信的疆臣曾国荃的亲信，时任山西藩司的葆亨和时任冀宁道的王定安，张之洞也在查实其侵吞救灾款项之罪后，奏请朝廷，将二人罢免。在打击歪风邪气的同时，张之洞还在扶植正气上不遗余力。如对堪称“循良之吏”的太原府候补知府马丕瑶、候补直隶知州方龙光、朔州知州姚官澄、阳曲知县锡良、万泉知县朱光绶、太原知县薛元剑等官员，则予以大力褒奖。其褒奖的原因，有“痛除差钱”“力筹荒政”，还有“清丈招垦”“抒减民力”，或是“官道爱民”“力从赈济”②等。这对山西官场起到了扶正祛邪的作用。

为了给山西的吏治打下更为坚实的基础，张之洞还力推“养廉课吏”之制。因为在他看来，“驭胥吏之道与诗士大夫异，少恤其私然后可使不大溃吾法”。与其等其贪赃枉法之后再行惩处，“不若明予体恤，严定限制”。③ 为此，张之洞“首将原议臣衙门公费一万九千五百五十两，共支卓饭银六千四百两暨此外一应查库门包等陋规全行裁禁，旋将通省公费，就光绪六年原定数目，体察情形，分别裁汰”。同时，严禁“馈送上司水礼之风”④。山西的文武乡试，向来由阳曲县承办，“所需食用各物皆省城行户及附省州县民间支应”，“行户借口支差，从中渔利，科场之年，百物腾踊，不止三倍”。有鉴于此，张之洞下令，从1882年起，乡试“另筹公款，将民间各项支应一律永远除免。”按照山西旧制，官员每年可以奏销的饭银约为地丁银的二千分之一，张之洞规定，在此基础上，“从优倍给，定为千分

---

① 苑书义、孙华峰、李秉新主编:《张之洞全集》第十二册，河北人民出版社1998年版，第10139页。
② 苑书义、孙华峰、李秉新主编:《张之洞全集》第一册，河北人民出版社1998年版，第98—99页。
③ 苑书义、孙华峰、李秉新主编:《张之洞全集》第一册，河北人民出版社1998年版，第197页。
④ 苑书义、孙华峰、李秉新主编:《张之洞全集》第一册，河北人民出版社1998年版，第109页。

之一，每年需善后销银一万两，解饭银十两”。这样办理，“部吏有纸笔办公之资，无从借口，其于销案准驳，当可洗心敛手”①。这对于从制度上杜绝官员损公肥己、营私舞弊，起到了积极作用。

除了整肃吏治，在清理财政上，张之洞也大刀阔斧地兴革。山西省的国库从1849年至1882年的33年间竟然从未清理过。大的收支账目，如咸丰年间的军需报销、用于善后的各种款项，账面数目相差四百余万两。如此一笔糊涂账，却没有人深究。另外，山西本省每年的收支更是入不敷出，也无人管理。整个财政状况就如同一团乱麻，让人倍感忧虑。为此，张之洞首先从清查国库入手。他下令，由藩、臬两司为首，调来马丕瑶、李秉衡、俞廉三等几个府州官员，组成“山西清源局”，由其专门负责清查库款。“清源局”将查库工作分为军需、善后、交代、摊捐、借动五个门类，分别组织专职人员一一清查。经过“清源局”同仁艰苦而繁杂的劳作，到1883年底，清查库款的任务基本完成。其结果是，省藩库原存银2184731两，新存银155235726两，支出银158210673两。如果将库存现银全部支出，用于抵销已经垫支的各类款项，则库存银两不但没有赢余，反而会倒欠790216两；如果暂缓用库中现银抵销已经垫支的各类款项，则库中实存现银728987两。② 积压30余年的糊涂账终于被张之洞理清了。这对理清山西财政的“家底”，兴办各种事业，无疑具有奠基作用。

在清理库款的同时，张之洞还采取了若干有效的财政举措。如派专人清勘全省田亩，制作土地册和征收钱粮的鱼鳞图册。由此查出州县瞒报的土地199236亩③，革除了田主“耕无粮之地，纳无地之粮，胥吏中饱”的弊政，在一定程度上为山西农民减轻了一些负担。另外，在裁减、清理摊捐方面，张之洞也着力甚多。山西百姓，受摊捐之害颇重。据统计，山西百姓承受的摊捐之数有10余项。④ 许多摊派，从乾隆年间开始，一直沿袭到光绪年间，摊捐科目虽已废止，可是捐银却照收不误。许多摊捐早就应该废止

---

① 苑书义、孙华峰、李秉新主编：《张之洞全集》第一册，河北人民出版社1998年版，第197—198页。

② 苑书义、孙华峰、李秉新主编：《张之洞全集》第一册，河北人民出版社1998年版，第206—207页。

③ 苑书义、孙华峰、李秉新主编：《张之洞全集》第一册，河北人民出版社1998年版，第103页。

④ 有铁运价脚捐、潞绸盘费捐、农桑绢盘费捐、纸张运费捐、京饷津贴差捐、科考棚场捐、兵部科食捐、秋审繁费捐、臬府县监繁捐、土盐公用税捐、交待繁费捐等。

了,可是仍然推行。如国家一直在山西征收潞绸、纸张等实物贡赋,相沿数百年。到光绪年间,潞绸、纸张生产多已停止,而运费捐却照常征收。为了革除这一弊政,张之洞下令逐年清查各类摊捐项目,调查何种物品该运,何种物品应该免运。拖欠下来的,他请求免追;北京可以买到的,他请求以实征改为折色;应摊的税捐,他请求在厘金正税上开支,免除摊捐。经过这一治理,大大减除了老百姓的摊捐压迫之苦。

自从有清一代打开国门后,中国就一直未能杜绝鸦片的流入。1858年11月,《中英通商章程善后条约》第五款规定:"洋药准其进口,议定每百斤纳税银三十两。"这就使得鸦片贸易合法化了。从此以后,鸦片之害更加肆无忌惮地流毒全国,山西便是受害严重地区之一。其嗜吸鸦片者,"四乡十人而六,城市十人而九,吏役兵三种几乎十人而十矣"。因此,张之洞才说:"晋患不在灾而在烟。"①为了杜绝鸦片的毒害,张之洞三番五次下令禁止种植罂粟,"傥敢故违,责成乡保社首据实禀官,概令拔毁,照例惩办,决不姑息,如乡社徇隐不报,书差得钱包庇,绅富讼棍抗违煽惑者,从重治罪,地方官私收亩税及查禁不力者严参不贷"②。考虑到禁种罂粟之后乡民的生计问题,张之洞特别晓谕各属,各地官员应该因地制宜,"教之种桑、种棉、种麻、种兰、种蒨、种菜子、种花生,以敌其利"。对于吸食鸦片成瘾者,张之洞"仿李鸿章天津之设戒烟局,延医购药,以冀广起沉疴"。对于官员中"有嗜好废事"者,"分别撤任停委,勒限戒断,许令自新"。对于士兵中的吸毒者,"勒限戒断,不悛者汰黜"。在校学生,则由"学臣随时董戒,冀以渐摩观感,徐收移风易俗之功"③。严明而切实的禁烟举措终于取得实效,各地种植罂粟的田亩锐减,有的地区还实现了"一律净绝"。许多"瘾君子"纷纷赶赴"省城戒烟局就医购药,络绎不绝"。

二、改革教育与办理洋务

作为一省巡抚,固然要在吏治、财政、禁毒等要务上倾尽心力破旧立

① 苑书义、孙华峰、李秉新主编:《张之洞全集》第十二册,河北人民出版社1998年版,第10139页。
② 苑书义、孙华峰、李秉新主编:《张之洞全集》第一册,河北人民出版社1998年版,第107页。
③ 苑书义、孙华峰、李秉新主编:《张之洞全集》第一册,河北人民出版社1998年版,第108页。

新，但是，在教育事业这一一省长远发展基础的兴革上，也必须有所建树。否则，为山西“培植元气”一说，恐怕就是名不副实的。对此，张之洞心知肚明。张之洞在初到山西任上写给友人的信中就曾反复感叹，“晋省事可办者颇多，惟同志无人”“方今人才总是不敷用”“此时惟苦人才不足”①。因此，在张之洞的治理山西的规划中，教育是其中一个重要组成部分。这一点，从其奏折中便可看到。履任山西时间不长，张之洞便上呈《整饬治理折》，向最高统治者上奏自己的“治晋之道”。其中，张之洞针对山西“士气衰微而废其学”的状况，提出了“培学校”“重士以善俗”②的设想。为了落实这一设想，在1882年到1884年间，张之洞专门拟定《咨学院筹商学校事宜》③，除了要求“除行两司、四道、清源局转饬各属一体遵照分别筹议举办”外，还要求学政“酌核施行”。该公文包括“减社钱以广义学”“筹经费以修书院”“去棚费以汰积弊”“免差徭以尊学校”“重岁贡以劝来学”“戒鸦片以作士气”“严教官以端表率”“裁陋规以恤寒素”“清学田以复旧章”“整武校以资练习”等十条。从这一公文中，我们可以看到，张之洞力图通过行政手段对山西的传统教育进行全面的改革与提升。虽然由于张之洞任职山西时间不长，很多举措没有来得及落实，但是，在推动山西教育兴革上，还是留下了值得圈点之笔。令德堂书院的创办便是值得书写的一笔。

张之洞到任时，山西省城太原便设有晋阳书院。时任学政的王学庄甄选高才生50人于其中，一心研习古学。张之洞到任后，考虑到书院太过狭小，难以广育人才，就与王学庄会商，准备在太原府衙西边的明代晋藩宝贤堂旧址，另外重建一所书院。书院建制拟仿照阮元的诂经精舍、学海堂的成例，名为令德堂书院。不料，后来王学庄丁忧去职，张之洞只能与新任学政吕凤歧再次悉心筹划。后来，终于在桥头街将令德堂书院开办起来。

---

① 苑书义、孙华峰、李秉新主编：《张之洞全集》第十二册，河北人民出版社1998年版，第10139—10140、10142页。

② 苑书义、孙华峰、李秉新主编：《张之洞全集》第一册，河北人民出版社1998年版，第101—102页。

③ 苑书义、孙华峰、李秉新主编：《张之洞全集》第四册，河北人民出版社1998年版，第2401—2404页。

初创时期的“令德堂”，由洪洞县人王轩[1]为主讲，闻喜县人京卿杨深秀[2]、乡宁县人杨笃[3]为襄校。王轩精通传统的朴学与地理学，杨深秀精通今文经学，杨笃则精通算学、史学、地理学。因此，在令德堂书院中，其讲学、研究活动不囿于一家之学，而是汉学与宋学并重、中学与西学兼有。令德堂书院“五日一会，讲者翕然”，足见其学术氛围之浓厚。“文章轨辙不为俗学所囿”，更是直承中国传统书院自由讲学、研究的优良传统。在这样一个百家争鸣、中外交融、自由研究的环境中，许多学子成长起来，成为山西的“通省人才”。

另外，在裁革摊捐中，张之洞将科场经费、岁科考棚费、各府州岁考时所筹办的费用，都予以裁减。这对山西学校教育的发展，起到了节流的作用。

1882 年 5 月，张之洞在给挚友张佩纶的一封信中这样说：“鄙人僻在一隅，大事都不闻知，海防新论交议未及，大约止沿海及本省耳。如蒙朝命洋务，亦许与闻，下采刍荛则当抒其管蠡，不致后时发议，徒为不切题之文章也。”[4]从这段话中，我们可以看到，与正统的清流非常不同的是，张之洞决非将“中法”与“西法”看作对立的两件事，对洋务、西学嗤之以鼻，而是对洋务表现出一定程度的关心，并希望参与对洋务问题的探讨。正当张之洞此种想法的时候，在省衙的往来文档中，他看到了英国传教士李提摩太给前任山西巡抚曾国荃的条陈。其中，开矿、筑路、兴学等“西化”方案让张之洞很感兴趣，于是，他便命人召见李提摩太，与其畅谈。

李提摩太(1845—1919)是英国浸礼会教士，同治九年(1870 年)始到中国，先后在山东、东北等地传教。不过，他并不只是以布道为自己的职责。“争取中国士大夫中有势力的集团，启开皇帝和政治家们的思想，是李提摩太的格言和指导原则。”[5]1877 年，李提摩太以赈灾之名来到山西，多方考察山西社会各方面情况。在山西期间，他曾多次会见巡抚曾国荃，

---

① 号霞举，字顾斋，同治壬戌科进士。

② 字漪村，光绪丁丑进士，后来的“戊戌六君子”之一。

③ 字秋涠，同治甲子举人。

④ 苑书义、孙华峰、李秉新主编：《张之洞全集》第十二册，河北人民出版社 1998 年版，第 10142 页。

⑤ 李提摩太：《广学会五十周年纪念特刊》，广学会出版社 1937 年版，第 12 页。

为其提出开矿产、兴实业、办学堂等颇具西化色彩的治晋建议。曾国荃对李提摩太多怀疑惧之心,故其建议也被置之一旁。正当李提摩太对山西的当政者满怀失望之时,张之洞接任巡抚一职,还主动召见,这让李提摩太喜不自禁。在二人会见的过程中,李提摩太向张之洞详细阐述了自己的治晋设想,还向张之洞讲解、演示了西方最新的“别西墨炼钢法”。这些想法申说与西方科技的直观呈现,对于仅仅接触过中国传统典籍的张之洞来说,真有茅塞顿开之感。于是,在 1883 年 5 月,张之洞在山西设立洋务局,大张旗鼓地兴办洋务。

需要在此说明的是,张之洞转向兴办洋务,李提摩太的影响固然是一个重要的诱因,但其一贯的思想根基,也起了非常重要的作用。这就是其“师夷长技”的思想。对此,他早就有过这样的论述:

> 近年西人著有《防海新论》一书,经上海道译出刊报通行,于外洋战争,防外海、防内河种种得失利钝,辩论至详,……拟请先购数十部发交东三省,一面令沿海各督抚向上海多购,分发诸将领。细心讲求,触类引申,必有实效。①

正是以西学“可供我策遣”“必有实效”的思想为基础,再加上巡抚任上励精图治的雄心,尤其是李提摩太“西化”设想的刺激,张之洞才迈出了向洋务派转变的第一步。

洋务局设立后,张之洞通令属下:“延访习知西事通达体用诸人,举凡天文、算学、水法、地舆、格物、制器、公法、条约、语言、文字、兵械、船炮、矿学、电气诸端。但有涉于洋务,一律广募。或则众美兼备,或则一艺名家,果肯闻风而来,无不量才委用”②。对于已经购买的“各种洋务之书”,须考虑“研求试办,详立课程”。对于“所有新出关涉洋务各书”,则“随时向津沪购买”③。这些招聘洋务人才、开办西学课程、求购洋务新书的举动,充

① 苑书义、孙华峰、李秉新主编:《张之洞全集》第一册,河北人民出版社 1998 年版,第 51 页。
② 苑书义、孙华峰、李秉新主编:《张之洞全集》第四册,河北人民出版社 1998 年版,第 2399 页。
③ 苑书义、孙华峰、李秉新主编:《张之洞全集》第四册,河北人民出版社 1998 年版,第 2400 页。

分反映了张之洞已经从一个甘于守旧的清流进入勇于开新的洋务派的行列。

除了上述举措外，张之洞还令洋务局“试造新式机器，不得吝惜工料”；委派专人远赴浙江招募机匠，在上海“购买外洋新式织机农器数种前来，以为嚆矢”①。

山西的冶铁业历史悠久，但是，在开埠之后，受西方进口铁产品的冲击，日渐走向衰落。张之洞为重振山西冶铁业的雄风，曾多次上书朝廷，提出了“请变通成例。改由天津出海，以轻成本”的要求。1883年，张佩纶奉旨巡视山西时，张之洞还与其认真讨论“购洋铁非计，宜于晋省炼铁成条。供洋局之用”②等治晋长策。1884年初，张之洞即开始筹备兴办冶铁业。不料，张之洞不久即离任，相关事宜遂不得不中辍。

发展交通业是“洋务”必不可少的一部分。对于山地遍布的山西来说，更是具有重要意义。因此，张之洞特别注重改善山西的交通状况。在其山西巡抚任内，倾力打通了两条交通动脉。在宋代以前，山西南部的潞安、泽州二府有旧路通往晋北，可是，宋代以后，逐渐被榛莽覆盖。在了解到这一状况后，张之洞令属下组织人力，顺着古道的痕迹，一点点除去榛莽，拓宽路面，终于使旧路得以疏通。此外，在张之洞督办下，还修通了起于山西榆次什贴镇，终于直隶获鹿县土门口，长达380余里的公路。这一道路沿途“巉岩峻坂溃岸长滩遍地皆是，连属不绝，无处无险，无村无工”③，施工难度甚大。在张之洞的严加督促下，还是克服重重困难，于1884年4月得以竣工。

编练新军是办理“洋务”、图谋自强不可或缺的重要内容，因此，在1883年初，张之洞即奏请从直隶等地招募马队进行训练，但没有获得允准。时隔不久，他再次呈上奏折，言明“晋省绿营疲弊，为各直省之最”的情形，提出了“择防勇之精壮者挑补，仿直隶章程为练军”④的设想。在其附上的《密陈北军应练片》中，他反复申说，之所以“锐意欲办山西练军”，

---

① 苑书义、孙华峰、李秉新主编：《张之洞全集》第四册，河北人民出版社1998年版，第2400页。
② 胡钧：《张文襄公年谱》，台湾文海出版社1967年版，第64页。
③ 苑书义、孙华峰、李秉新主编：《张之洞全集》第四册，河北人民出版社1998年版，第2299页。
④ 苑书义、孙华峰、李秉新主编：《张之洞全集》第一册，河北人民出版社1998年版，第145页。

"并不独为山西一省计也。果使此军练成劲旅,不惟可以挑补晋省练军,沿边万余里,随处皆可用之"。后来,朝廷批准了其练军计划,并将记名总兵李先义、补用副将吴元恺等调到山西,负责新军训练。这是张之洞编练新军的开始。

张之洞在山西办理洋务,大有全面铺开、速奏实效之势。遗憾的是,洋务局刚刚设立不到一年,张之洞就离任了,这使得其发展洋务的计划很多都只是停留在纸上蓝图中。尽管如此,对于张之洞而言,出任山西巡抚毕竟是其从政生涯中一个至关重要的转折点,因为这是其正式举办洋务事业的开端。

第二节　对洋务教育价值的深切体认

1884 年 3 月 17 日,朝廷给尚在山西任上勤劳王事的张之洞发来一道上谕,让其"著来京陛见"。5 月 2 日,张之洞交卸了山西巡抚的篆务,匆匆启程赴京。由于在山西操劳过度,此时的张之洞虽然还没有到"知天命"之年,但体质却甚为虚弱。行至直隶的获鹿县,卧病在床,不能前行。休养数日后,才又上路。5 月 17 日,终于抵达京城。二日后,慈禧太后召见,令张之洞署理两广总督。张之洞以体弱多病为由力辞,但未获准。无奈,张之洞只能在 6 月 8 日启程赴粤。7 月 8 日抵达广州,12 日开始接篆视事。

张之洞到任时,中法之间的战争正在海陆两方面展开。如果说离开京城赴任山西巡抚时,张之洞的心中充满着一展襟抱、匡时济世的澎湃激情的话,那么,此次身处广州,遥望万顷波涛,心中却是沉甸甸的,如同身荷万钧。对于中法之间的争端,张之洞一贯是鲜明的主战派。但是,对于开战的结果,他却一点都不敢乐观。因为他深知,要想打赢此战,绝非易事。从战争两方的力量来权衡,"法强华弱,初战不能不败"。从国内朝局来看,虽然慈禧太后有主战倾向,但主和派的势力也不可小觑。一旦他们在后方掣肘,自己在前线便很难伸展手脚。所以,张之洞下车伊始,便马不停蹄地巡视内河外海的炮台、陆军设置于各地的营垒,与兵部尚书彭玉麟、前任总督张树声等苦心筹划、布置种种进攻、防御举措。为了使战争有充足的财政后援，张之洞还先后为广东海防借银共二百万两。

1884年7月，法国舰队进攻福建马尾和台湾基隆。张之洞速令游击方恭率领五营军勇，从汕头出发，直驰福州增援。因很快得悉马江惨败的消息，方恭所部才停止增援。后来，张之洞又派出潮军两营前往接应，于9月抵达福建。对于台湾战事，在开战伊始，张之洞便会同彭玉麟、张树声、倪文蔚等电奏朝廷，请其速定战守之计。接着，又呈上《接济台湾军火饷项片》，在征得朝廷同意后，向台湾拨送洋枪1400支，先后资助台湾饷银共40万两。就是云南的抗击法军事件，张之洞也为之筹集军饷、派遣士兵等，给予了有力的援助。

至于两广地区的中法战争，张之洞更是起了关键作用。张之洞深知，决定战争胜败的最重要因素是人。尤其是军队的统帅，更对战争的胜败起着至关重要的作用。因此，张之洞在经过深思熟虑后，力排众议，起用了勋名卓著的老将冯子材。在张之洞的力荐下，朝廷任命冯子材为帮办广西军务，负责指挥广西前线的抗法战争。与此同时，张之洞还为冯子材所率部属配备了大量军械，筹拨了充足的军饷，从而使开赴前线的冯子材部饷械充足，战斗力充沛。1885年初，法军进攻谅山，谅山清军不战而退，法军乘机进攻中越边境的重镇——镇南关，形势万分危急。此时，张之洞当机立断，将镇南关前线军事指挥权全权授予冯子材。冯子材果然不负所望，在镇南关前线的战争中，他不仅指挥得当，还身先士卒，奋勇杀敌，终于使法军全线崩溃，取得了鸦片战争以来中国对外战争中的第一次胜利。这一镇南关大捷在当时的国内、国际都产生了很大影响，大大鼓舞了中国的士气、民心。但令人遗憾与痛心的是，镇南关大捷后，朝中以李鸿章为首的主和派却与法国签订了具有丧权辱国性质的《中法新约》，使中国不败而败。对此，张之洞深恶痛绝，但却无能为力，只能仰天长叹："庸臣误国，一至于此。"

在筹办防务和抗击法国的军事实践中，张之洞深切地感受到，当时的中国与西方国家相比，在军事技术上处于极其落后的状态。因此，他在1885年5月25日上呈的《筹议海防要策折》中痛切地指出：

自强之本，以操权在我为先，以取用不穷为贵。夫欲善其事必先利其器……器械不利，与空手同；不能及远，与短兵同，史之良规也。自法人启衅以来，历考各处战事，非将帅之不力，兵勇之不多，亦非中国之力不能制胜外洋，其不免受制于敌者，实因水师之无人，枪炮之不具。①

以这一认识为基础，张之洞提出了“宜急筹者三也”。这三条筹策是哪些呢？他的回答是，“储人材”“制器械”“开地利”（采煤铁——作者注）。在张之洞看来，这三个筹策“相济为用，有人材而后器械精，有煤铁而后器械足，有煤铁、器械，而后人材得以尽其用”。三者相比较，他的认识是：“当时急务首曰储人材。”可见，他是把人才培育作为“自强之道”中的首要内容来看待的。为什么张之洞会这样定位人才培育的地位呢？因为他在战争实践中切实感到：“有船而无驾驶之人，有炮而无测放之人，有鱼雷水雷而无修造演习之人，有炮台而不谙筑造攻守之法，有枪炮队而不知训练修理之方，则有船械与无船械等，故战人较战具为尤急。”②这说明，张之洞已经认识到，战争不仅是武器的较量，更是人才的较量。

总之，上述事实充分说明，正是对中法战争的深度参与，深刻地触动了张之洞的思想转变，使其与曾国藩、左宗棠、李鸿章等洋务先辈在对洋务教育重要性的认识上取得了一致的主张。当然，除了这一诱因外，其他的思想刺激也不容忽视。对于这一点，辜鸿铭在1910年写就的《张文襄幕府纪闻》中有切中肯綮的说明。他是这样说的：

当时济济清流，犹似汉之贾长沙，董江都一流人物，尚知六经大旨，以维持名教为己任。是以文襄为京曹时，精神学术无非注意于此。即初出膺封疆重任，其所措施亦犹是欲行此志也。洎甲申马江一败，天下大局一变，而文襄之宗旨亦一变。其意以为非效西法图富强无以保中国，无以保中国即无以保名教。显然，文襄之效西法，非慕欧化也；文襄之图富强，志不在富强也。盖欲借富强以保中国，保中国即所

① 苑书义、孙华峰、李秉新主编：《张之洞全集》第一册，河北人民出版社1998年版，第306页。
② 苑书义、孙华峰、李秉新主编：《张之洞全集》第一册，河北人民出版社1998年版，第307页。

以保名教。①

辜鸿铭在此想要说的是，与张之洞同为清流党人的张佩纶等在马江之战中惨败，结果是身败名裂。这样残酷的事实警示他，如果不想步他们的后尘，唯一的出路只能是改变自己的保守取向，走洋务之路。这应该说也是有说服力的。

第三节　推行洋务教育的肇始

张之洞在对洋务教育的重要性有了自觉而深切的认识后，便特别重视增广有关西方教育的知识、见闻。不久，他就注意到，“泰西各国莫不各有水师陆师学堂”，中国应该订立“延聘外洋教习，设立水陆师学堂”的计划并推行之。广东水陆师学堂和附设的洋务五学，就是以这一思想为指针而建立起来的。

1885 年 10 月 11 日，张之洞给清廷上呈《筹议大治水师事宜折》。在该折中，他在“练将”一条里面提出：“中华水陆学堂，津沪闽本有规模，粤省现始创议，奏请拨款开办。”但未获准。1887 年 8 月 3 日，张之洞再上《创办水陆师学堂折》。在这份奏折中，他明确提出：

> 古今人才皆出于学，学之为事，讲习与历练兼之。近日海防要策，首重水师兵轮，次则陆军火器。外洋诸国于水陆两军皆立专学。天文、海道、轮算、驾驶、炮械、营垒，工作制造，分类讲求。童而习之，毕生不徙其业，是以称雄海上。……特是时势不同，船炮机算诸端，至今日而巧者益巧，烈者愈烈，若欲应时制变，固非设学不可。……广东南洋首冲，边海兼筹，应储水陆师器使之材，较他省为尤急。②

① 冯天瑜标点：《辜鸿铭文集》，岳麓书社 1985 年版，第 7—8 页。

② 苑书义、孙华峰、李秉新主编：《张之洞全集》第一册，河北人民出版社 1998 年版，第 574 页。

可见,“应时制变”而育成“器使之材”,正是张之洞创设水陆师学堂的基本宗旨。这一次,终于获得朝廷的允准。于是,在 1887 年 8 月,广东水陆师学堂正式开办起来。

该学堂设在黄埔长洲,建有楼房 7 栋、平房 9 栋,共 186 间房舍与讲室。整个学堂分为水师诵堂、水师操堂、陆军诵堂、陆师操场、陆师马步炮操场等五个教学区。学堂外面附设机器厂、管轮机器厂、铸造厂、打铁厂等实习场地。水师还专门配有练习船一艘。

学堂开办之初,水师、陆师各设学额 70 名。学生的来源分为三大类:一是“内学生”,即从“博学馆旧生”①中挑选 30 名;二是“营学生”,即遴选曾在军营历练、胆气素优的武弁 20 名为营学生;三是“外学生”,即挑选业已读书史、能文章,年龄在 16 岁到 30 岁的文生 20 名。在张之洞看来,这样的学生类型搭配,可以发挥互补作用。因为“内学生”“外学生”的文化水平较高,而缺乏实践经验;“营学生”有实践经验,但文化水平不高。二者在一起学习,正可互相取长补短。

至于专业和课程设置,学堂内也有详明的规定。水师学习英语,分管轮、驾驶两个专业。管轮专业学习机轮理法、制造使用之法;驾驶专业学习天文、海道、驾驶、攻战之法。陆师学习德语,分马步、枪炮、营造三个专业。

水师、陆师的修业年限都是三年。三年期满,水师学成者须先在沿海口岸实习一年,然后再进行考察。被选为优等者,可赴外国学堂或兵船学习;表现一般者则水师留用。陆师学生,优秀者被选送出国,分赴各国陆军学堂学习;一般者派往军营任职或充任技术人员。

对于学堂的管理者与师资的选任,张之洞非常重视。经过审慎甄选后,他选择了吴仲翔任总办学堂事务一职。吴仲翔曾任福建船政学堂的提调 10 余年,对制造、驾船专业人才培养事宜非常熟悉。选择其为学堂的全盘管理者,是非常适当的。另外,学堂还招聘了中外教习 19 人。其中,洋教习 5 人。如德国人陆师语文测算兼操练正洋教习欧披次和副教习、水陆

---

① 早在 1877 年,两广总督刘坤一倡议筹建西学馆,捐银 15 万两,奏明生息为储养洋务人才之用。1880 年继任总督张树声在省城东南 10 里的黄埔长洲地方,就前款息银建造实学馆,分派教习,考选学生,学习数学、英文等。但学生定额较少,也未涉及有关军事等科目。张之洞抵粤后,将实学馆改名为博学馆。

鱼雷教员休穆尔,英国人驾驶洋教习李家孜和管轮洋教习爱德门,都是经验丰富的教师。

作为一个有着战略眼光的教育家,张之洞不仅对直接关乎国运的军事教育特别重视,对于其他方面的教育,也给予了足够的重视。这一点,从其在上呈《办理水陆师学堂情形折》的同时,还附上《增设洋务五学片》可以得到确证。在这一附片中,张之洞如此奏请朝廷:在广东水陆师学堂内添设矿学、化学、电学、植物学、公法学等 5 所西艺学堂,各招生 30 名,总计招生数为 150 名。拟托出使英国大臣刘瑞芬分别延请赫尔伯特教授公法学,葛路模、骆丙生、巴庚生分别教授植物学、化学和矿学。后经朝廷允准,于 1889 年 11 月 10 日,水陆师学堂正式增设矿学、化学、电学、植物学、公法学等五所西艺学堂。这五所学堂被称为"洋务五学"。

考之于当时的时势,我们可以说,这五所学堂,是张之洞适应时代需要而催生的学堂。张之洞在任职两广总督期间,大力发展制枪造炮的军事工业,力主兴办开矿、冶炼、纺织等工矿业,需要设置矿学、化学、电学等专科学堂,以培养开矿、冶炼、发电、制造等专门人才。两广是中国重要的粮食生产基地之一,发展农桑事业无疑是其根本。就此而言,研究作物、土壤、耕作等的人才是必须的。因此,植物学堂之设,尤为必要。至于公法学堂,对于培养与列强交涉、争权的人才,更是具有特殊意义。正是因为如此,张之洞才会说,"洋务五学"对于两广乃至整个中国而言,"皆可资自强而裨交涉"。张之洞的这一认识和做法,反映了其对西学价值的认识又达到了一个新的境界。与其在山西开设洋务局时将西学定位于军事和对外交涉的狭窄层面不同,在此时,他已经从军事、外交层面扩展开来,由军事、西方语言,延伸到法律、科学技术层面。否则,张之洞就不可能说:"近来万国辐凑,风气日开,其溺于西人之说,喜新攻异者固当深戒,然其确有实用者,亦不能不旁收博采,以济时需。"[①]所谓"旁收博采,以济时需",不正是适应时代需要,将西学一网打尽为我所用之意吗?

后来,张之洞在调任湖广总督时,曾有过把"洋务五学"迁往湖北的设想,但由于方方面面条件的限制,其设想没有能够实现。不过,"洋务五学"

① 苑书义、孙华峰、李秉新主编:《张之洞全集》第一册,河北人民出版社 1998 年版,第 732 页。

毕竟为张之洞后来在两湖地区创办众多洋务学堂贮备了必不可少的经验。

特别值得注意的是，在这一时期，张之洞"中体西用"的教育思想已经萌芽。这主要表现在：对于广东水陆师学堂的学生，张之洞为他们特别规定，除本门科必修课程之外，"每日清晨先读四书五经数刻，以端其本。每逢洋教习歇课之日（引者注：即星期六下午及星期日），即令讲习书史，试以策论，俾其通知中国史事兵事，以适于用"①。后来，又把礼拜日改为例行休假，传统的经史之学改在夜间讲授。从这一规定来看，虽然在时间配置上，西方课程的修习是绝对占主导地位的，中国传统经典的修习不过是见缝插针地进行。但是，张之洞却将四书五经的学习定位在"端其本"上。表面看起来，这二者之间似乎存在悖论。其实不然。张之洞之所以费尽心力创办广东水陆师学堂，其用意在于培养服务于自强需要的现代科技专门人才。在极其有限的修业年限里，只能让学堂中的学子把绝大多数时间用来学习西方课程，留出相当有限的时间来学习传统经典。事实上，作为从小就在私塾、家学中饱受四书五经熏陶的学子来说，也确实没有必要再耗费更多的宝贵时间在传统经典的修习上。所以，在学时分配上用时短，并不妨碍将传统经典的修习定位在根蒂的地位上。这种把中国传统经典的修习置于根蒂的地位，把西方军事技术的修习置于附属地位的取向，骨子里蕴含的就是"中学为体，西学为用"之意。只不过这里没有使用后来思想成熟之时的那样一个经典表述，也没有展开为一系列系统的思想命题罢了。

第四节　改造传统教育的努力

为实现国家求富求强的目标，中法战争之后，张之洞在对西方教育学习与模仿的基础上，推出了一系列创造性举措，让世人对其刮目相看。不过，在教育兴革上，张之洞并非一味倡导西方教育的推行，而是在承接创办经心书院、尊经书院和令德堂书院的余绪，对于传统教育的改造，也倾注了

① 苑书义、孙华峰、李秉新主编：《张之洞全集》第一册，河北人民出版社1998年版，第575页。

大量心力。1887年6月,在张之洞的筹划、督责下,广雅书院得以创办。7月,张之洞拨专款,增修学海堂的斋舍,并为之增广学额、加强教学和考课。1888年3月,张之洞集中精力整顿端溪书院,为之改订课程,把时文和经史古文之学都列入课程。1889年2月,在张之洞的督促下,建成北江书院。1889年3月,还为粤秀书院、越华书院改订章程。其中,张之洞用力最多、后来影响最大的,还是广雅书院。下面,就以广雅书院为中心,考察张之洞在改造传统教育上的趋向。

首先我们来看一下广雅书院创办的缘起。广州省城原有粤秀、越华、应元三间书院,以课时文为旨归;学海堂、菊坡精舍虽然在传授经史之学上声望颇著,但斋舍狭小;总督署从肇庆移驻广州之后,原有的端溪书院,由于地处偏僻之地,斋房过少。从总体上来说,六家书院都"不足容两广英才",因此,张之洞才决定创办广雅书院。书院地址选在广州城西北五里三元里的源头乡(现城西荔湾区西村彩虹桥附近),占地面积约124亩,建有斋舍200间,另设有讲堂和冠冕楼(图书馆——作者注),并建有纪念宋儒周敦颐的"濂溪祠"和纪念历代名贤中有功两广文教事业的"岭学祠"[①]。由此可以看到,张之洞是为了最大限度地在两广作育人才,才创办广雅书院的。那么,张之洞作育人才的理想目标是什么呢?下面来仔细审察。

1887年8月5日,张之洞上呈《创建广雅书院折》,向朝廷申明,其创建广雅书院"大意总以博约兼资、文行并美为要归。……欲其不分门户,不染积习,上者效用国家,次者仪型乡里,以仰副天子作育人才之至意"[②]。其意为,广雅书院要造就的是内有博约兼综、文质兼美之资,外能为国效力、移风易俗的人才。对于这一点,1889年9月16日,张之洞在《请颁广雅书院扁额折》中说得更为明确。他是这样说的:"臣设立书院大举,窃欲鼓舞士类,维持世风。上者阐明圣道,砥厉名节,博古通今,明习时务,期于体用兼备,储为国家桢干之才。次者亦能圭璧饬躬,恂恂乡党,不染浮嚣近利习气,足以淑身化俗。士习既善,民风因之。"[③]其中,"博古通今,明习时

① 苑书义、孙华峰、李秉新主编:《张之洞全集》第四册,河北人民出版社1998年版,第2416页。
② 苑书义、孙华峰、李秉新主编:《张之洞全集》第一册,河北人民出版社1998年版,第586页。
③ 苑书义、孙华峰、李秉新主编:《张之洞全集》第一册,河北人民出版社1998年版,第695页。

务”，与“博约兼资”之意暗合。“阐明圣道，砥厉名节”，正与“文行并美”如出一辙。“储为国家桢干之才”与“足以淑身化俗”，正是对“上者效用国家，次者仪型乡里”的再次诠释。从前面的论述可以看到，张之洞创办广雅书院所欲造就的人才，不过就是传统的“君子”“通人”。

与特定的育人目标相匹配，广雅书院确定了相应的课程。课程初定为经学、史学、理学、经济四门，同时兼习词章之学。对于这些课程，张之洞专门撰文，用以阐明其课程设置之大要。他是这样写的：“院内课程，经学以能通大义为主，不取琐屑；史学以贯通古今为主，不取空论；性理之学以践履笃实为主，不取矫伪；经济之学以知今切用为主，不取泛滥；词章之学以翔实尔雅为主，不取浮靡。”①后来，考虑到讲授经世济民之学的名师难得一人，且“贯通古今”的史学可以把“知今切用”的经济之学包含在里面，故把经济学与史学合并。词章之学则专门设置文学一门来讲授，于是，广雅书院的课程便“定为经学、史学、理学、文学四门，分设四馆，经济学附于史学馆内”②。

在教学上，特别讲求“教人之法，理应崇实黜华”，以经世切用为取向。因为学生共有200人，无法大班上课，故只能分班讲授。考试则分官课、师课两种，每月两次。1888年书院初立时规定，肄业无期限，只有乡试中式者才肄业。1895年后改制，定为九年大成，三年为小成，通过甄选而定去留。如果有学业不进步者，则予以除名。

课程设置、教学诸环节的推行无疑需要一定的组织机构推动其运作，为此，书院设有层次分明的组织机构。初设院长一人，后来因为院长事务太过繁重，又设分校四人，以襄助院长。首任院长梁鼎芬（1859—1919），广东番禺人，曾任翰林院编修。因中法战争时上章弹劾时任北洋大臣的李鸿章，被清廷治以妄劾罪，降五级使用。于是，梁鼎芬愤而辞官。先是任端溪书院院长，后被张之洞聘为广雅书院院长。继任院长朱一新（1846—1894），著有《无邪堂答问》。曾官至陕西道监察御史，因为弹劾李莲英而被慈禧太后降职，遂辞官。后被张之洞聘为广雅书院院长。张之洞能够不计个人利害，选

① 苑书义、孙华峰、李秉新主编：《张之洞全集》第一册，河北人民出版社1998年版，第586页。

② 苑书义、孙华峰、李秉新主编：《张之洞全集》第四册，河北人民出版社1998年版，第2601页。

拔被朝廷贬斥、有争议的人物充任院长,显示了其“激励风节,扶持正风”的清流余韵。分校四人分别由黄涛(番禺生员)、林国赓(番禺举人)、马贞榆(顺德生员)和黄绍昌(香山举人)担任,分别负责经学、史学、理学、文学的教学事务。分校以外设有监院两员,分管东斋、西斋,执行训导任务。

从广雅书院各方面情形的描述中,可以看到,与同一时期张之洞创立广东水陆师学堂相比,张之洞在教育上所作的是截然不同的另外一种努力,即改造传统教育的尝试。这一点,可以从两方面展开分析。其一,广雅书院是对传统教育的延续。在书院的教育宗旨确定上,以传统的“君子”“通人”为目标;课程设置上,还是以传统的经学、史学、理学、文学、经济之学为基本骨架;教学上的“崇实而黜华”,考课的大成与小成之分,组织机构的设置,也都是传统书院的翻版。这些都说明,广雅书院是对传统教育血脉的自觉保存、延续。其二,广雅书院是对传统教育的适时改造。在教育宗旨上,特别说明须“明习时务”,这一对洞明时局、适应时势的素质的强调,是对传统教育目标藩篱的突破。在课程设置上,突破了传统的经、史、子、集的分科定式,将经济之学凸显出来,是对教育宗旨中的“明习时务”部分的有意楔接。这些都说明,张之洞不仅是对传统教育的自觉延续,还有应时而动的积极改造。有的人也许会奇怪,张之洞为什么会在积极创办洋务教育机构的同时,致力于对传统教育的改造呢?这与张之洞对两类教育机构的功能定位不同有着直接关系。在张之洞心目中,西学教育机构只能是对于求富求强起到积极作用,对于培养治国大才、挽救衰颓的世风来说,传统教育有着其不可替代的作用。也就是说,在张之洞看来,西方教育只能培养使国家变得富强的工匠式人才,中国传统教育却能培养治国安邦、教化万民的经纶大才。二者应该是互补为用的。明白了这一点,才可能理解,为什么张之洞会在为广东水陆师学堂呕心沥血的同时,不仅对广雅书院的择地建校、筹措经费、监督建造等方面投入巨大精力,还在日理万机的政务之暇,经常到书院“考业稽疑,时加训勉”。离开两广任上后,虽身在武汉,张之洞还经常寄去考卷考核书院学生,抽空披览学生的考卷,并对此深感欣慰:“相隔数千里,恍若对面讨论,诚可乐耳。”①

① 苑书义、孙华峰、李秉新主编:《张之洞全集》第十二册,河北人民出版社1998年版,第10345页。

第三章　西式教育的拓展与深化

1889年8月8日，朝廷发布上谕，令张之洞调补湖广总督。11月14日，张之洞交卸两广总督篆，27日乘船启程，经香港、上海，于12月17日抵达湖北省城武昌，次日即接篆视事。

清廷调张之洞任湖广总督，原本是为了让其主持修建卢汉铁路。但是，由于沙俄进犯东北，李鸿章以抗敌需要为由，请求先在东北修建铁路。慈禧太后无奈之下，只能让卢汉铁路的修筑计划暂时搁置。不过，张之洞虽然不能实施其建设卢汉铁路的宏大计划，其他办理洋务的活动却依然可以大规模展开。在甲午战争前的四年间，在张之洞的筹划、推动下，两湖地区兴建了诸多大的工矿企业。晚清最大最先进的军火企业湖北枪炮厂，当时亚洲第一个大型钢铁联合企业湖北炼铁厂，湖北纺织官局下属的包括织布、纺纱、缫丝、制麻业务的工厂，都相继建成并投产。这使得两湖地区成为当时的中国办理洋务的中心区域之一。这不仅提升了张之洞作为一名政治家从事改革的自信，更为其教育改革的推行奠定了开放、敢为天下先的文化氛围。两湖地区教育兴革的大幕，就是在这样的文化氛围中徐徐拉开的。

第一节　创办自强学堂

1891年6月19日，适应当时经济实力不凡的茶商的要求，张之洞下发《札江河关道饬设方言商务学堂》的公文，要求江河关道落实方言商务学堂创立事宜。对于方言商务学堂，张之洞设定的办学宗旨为："专习各国语言文字及讲求商务如何浚利源、塞漏厄，畅销土货，阜民利用之术。"在方言商务学堂落成后不久，张之洞又奏请在武昌铁政局附近专设算学学堂一所，并将方言、商务两学附列其中。对此，他的基本设想是："各学生愿兼习三学者听，如愿兼习化学、矿学等事，亦可就铁政局观摩考求。"①这些学堂的设置，与广东水陆师学堂一样，都是发展专门化西学教育的尝试。它们的创设，为自强学堂的创立积累了经验。

1893年11月29日，张之洞向朝廷上呈《设立自强学堂片》，提出将方言商务学堂改设自强学堂的奏请，得到批准。于是，在湖北铁政局旁边，购置地块，办起了自强学堂。

在谈到自强学堂的办学宗旨时，张之洞曾经这样发过一番宏论：

> 治术以培植人才为本，经济以通达时务为先。……湖北地处上游，南北冲要，汉口、宜昌均为通商口岸，洋务日繁，动关大局。造就人才，似不可缓。亟应及时创设学堂，先选两湖人士肄业其中，讲求时务，融贯中西，研精器数，以期教育成材，上备国家任使。②

在这段话中，张之洞强调，虽然自强学堂源自方言商务学堂，但是，与方言商务学堂相比，它的定位已经有了显著的不同。它不再是为了让学生学习西洋文字和商务知识，为振兴两湖地区的茶叶贸易服务了，而是从整

① 苑书义、孙华峰、李秉新主编：《张之洞全集》第四册，河北人民出版社1998年版，第2889页。
② 苑书义、孙华峰、李秉新主编：《张之洞全集》第二册，河北人民出版社1998年版，第898页。

个中国办理洋务的大局和湖北的战略地位来考虑，为两湖地区乃至中国培养贯通中西学术、明悉时势的治国大才。

与特定的办学宗旨相适应，张之洞指出，在课程设置上，自强学堂“分方言、格致、算学、商务四门。……方言习泰西语言文字，为驭外之要领；格致兼通化学、重学（即力学、机械学）、电学、光学等事，为众学之门；算学乃制造之根源；商务关富强之大计”[①]。由此可见，自强学堂所设课程全部是西学课程。与任职两广总督时所办的广东水陆师学堂与“洋务五学”相比，其课程设置的范围进一步扩大，对于课程分设的意义体认更为深刻、全面了。

至于教学，张之洞规定，“每门学生先以 20 人为率，湖北湖南两省人士方准与考”，“每门延教习 1 人，分斋教授，令其由浅入深，循序渐进，不尚空谈，务求实用”[②]。在堂修满 5 年方可毕业。5 年修业期限中，4 年在堂学习，1 年出国游历。

第二节　《吁请修备储才折》中的教育蓝图

1894 年 11 月，两江总督刘坤一被调往北方，负责主持对日战争的军务。于是，张之洞被调往南京，开始署理两江总督。第一次暂署两江，正值甲午战起之际，张之洞“自筹防迄于善后，其间无一日休息。始至之日，未受篆即奏陈军事，筹购军械，及奉旨仍回本任，于两江吏治民生，力谋整饬裨补”[③]。对于这一点，他在给友人的信函中也曾这样说：“乙未（光绪二十一年）除夕三鼓，犹在幕府治事，丙申（光绪二十二年）元旦，亦在署竟日。”[④]由此可见，在两江总督任上，张之洞一贯是非常勤勉的。正是这一总督任上异乎寻常的勤勉，使得其在不到两年的暂署两江任上，做出了许

① 苑书义、孙华峰、李秉新主编：《张之洞全集》第二册，河北人民出版社 1998 年版，第 898 页。

② 苑书义、孙华峰、李秉新主编：《张之洞全集》第二册，河北人民出版社 1998 年版，第 898 页。

③ 许同莘编：《张文襄公年谱》，上海商务印书馆 1947 年版，第 86 页。

④ 许同莘编：《张文襄公年谱》，上海商务印书馆 1947 年版，第 88 页。

多不同寻常的教育兴革之业绩。

甲午战争以中国的失败而告终，中国政府迫于无奈，签订了让无数中国人感到屈辱的《马关条约》。这一条约对素来以“经营八表”为己任的张之洞来说，刺激尤甚。因此，当此条约签订之后，张之洞怀着极其沉痛的心情说：“凡我普天臣庶，遭此非常变局，忧愤同心，正可变通陈法，以图久大，不泥古而薄今，力变从前积弊，其兴勃焉，又何难雪此大耻。”①可见，甲午战争后，张之洞之所以力主“变通陈法”，这一奇耻大辱是一个巨大的刺激。那么，如何“变通陈法”呢？张之洞在1895年7月19日上呈的《吁请修备储才折》中便有系统的设想。这一奏折成为其后来开展各项洋务事业的总蓝图，自然也是其推进教育兴革的指南。

在这份奏折中，张之洞筹划了九条“中国安身立命之端”，即亟练陆军、亟治海军、亟造铁路、分设枪炮厂、广开学堂、速讲商务、讲求工政、多派游历人员、预备巡幸之所。从中可以看到，关涉教育的基本主张有二：一是“广开”新式学堂，二是“多派”留学生。下面，通过这一奏折中涉及教育的主要思想主张与实践设想，来透视一下张之洞这一时期的教育思想与实践的发展趋向。

在“宜广开学堂”这一设想中，张之洞开宗明义即写道：“人皆知外洋各国之强由于兵，而不知外洋之强由于学。夫立国由于人才，人才出于立学，此古今中外不易之理。不蓄而求，岂可幸至？惟敌国愈强，则人才愈不易言。泰西诸大国之用人，皆取之专门学校，故无所用非所习之弊。”②在这里，我们可以看到，张之洞是站在立国与立学的关系的高度，对教育的重要作用给予定位的。一句“古今中外不易之理”，将张之洞对教育作用的坚定信念表露无遗。

既然教育的作用是如此的重要，那么，如何才能把教育的重要作用充分发挥出来呢？张之洞的想法是：“应请各省悉设学堂，自各国语言文字以及种植、制造、商务、水陆师、开矿、修路、律例各项专门名家之学。”③这

---

① 孔广德编：《普天忠愤集》，1895年石印，第2页。

② 苑书义、孙华峰、李秉新主编：《张之洞全集》第二册，河北人民出版社1998年版，第996页。

③ 苑书义、孙华峰、李秉新主编：《张之洞全集》第二册，河北人民出版社1998年版，第996页。

意味着,张之洞主张,要充分扩大眼界,从狭窄的军事教育、语言教育,向工业教育、农业教育、商业教育、法律教育等更广泛的专业教育领域延伸。另外,与在中国广泛设置各类西式学堂并行,还需要大量派人出去留学,因为"以出洋学习功夫为最实,益处为最广"①。对于派人出去留学,张之洞特别指出,有两条道路可供选择。一是各类学堂的学生,"三年小成,乃择其才识较胜者,遣令出洋肄业,如陆师则肄业于德,水师则肄业于英,其他工艺各徒皆就最精之国从而取法"②。二是"选募初通洋语洋文者,即令分赴各国学之"③。这说明,张之洞把出国留学作为应急之计与长远战略举措的因素都考虑在内了,可谓思虑周全之策。

除了国内开办学堂与派人出国留学之外,张之洞还主张派官员出国考察,即"多派游历人员"。对于此举的重要意义,张之洞曾说:"不知外洋各国之所长,遂不知外洋各国之可患。拘执者狃于成见,昏庸者乐于因循,以致国事阽危,几难补救。延误至此,实可痛心。今欲破此沈迷,惟有多派文武员弁出洋游历一策。"④张之洞在这里想说的是,只有派文武官员出国考察,才能了解、学习西方文化中的优长之处,以之挽救国家的危亡。

通过对《吁请修备储才折》中所反映的教育思想的考察,可以明白,受甲午战争的巨大刺激,张之洞已经开始把教育的关注重心从中西并重转向偏重西学教育。这一点,从下面的教育实践中,可以清楚地看到。

第三节 新式学堂的密集创设

张之洞第一次暂署两江总督,虽然为时仅仅一年零四个月,但是,他却在沪宁一带创办了一系列新式学堂,并开始推动留学教育。在其创办的一系列新式学堂中,储才学堂是最为显著者。

---

① 苑书义、孙华峰、李秉新主编:《张之洞全集》第二册,河北人民出版社1998年版,第992页。
② 苑书义、孙华峰、李秉新主编:《张之洞全集》第二册,河北人民出版社1998年版,第996页。
③ 苑书义、孙华峰、李秉新主编:《张之洞全集》第二册,河北人民出版社1998年版,第996页。
④ 苑书义、孙华峰、李秉新主编:《张之洞全集》第二册,河北人民出版社1998年版,第999页。

1896年2月1日，在即将卸去两江总督之前，张之洞向朝廷上呈《创设储才学堂折》，很快便得到批准，储才学堂因之得以创立。

对于创办储才学堂的宗旨，张之洞的定位是，为了给国家"规划富强之本源"。为什么这样说呢？因为在张之洞看来，"国势之强由于人，人材之成出于学。方今时局孔亟，事事需材，若不广为培养，材自何来"[1]？遗憾的是，中国教育界的现状却是："晚近来，惟士有学，若农若工若商无专门之学，遂无专门之材，不如西洋各国之事事设学，处处设学。"[2]因此，就需要创办培养专门人才的学堂，为国家的富强服务。

储才学堂的专业分为交涉、农政、工艺、商务四大门类。在这四大门类的专业中，分别设置若干课程。如交涉之学下设课程为律例、赋税、舆图和翻书；农政之学下设课程为种植、水利、畜牧、农器；工艺之学下设课程为化学、汽机、矿务、工程；商务之学下设课程为各国好尚、中国土货、钱币轻重、各国货物衰旺。如果从现代学科分类的眼光来看，这些专业、课程设置的方式可能有这样那样的瑕疵，但是，如果抛开其分类合理与否这一问题，粗略地来看，这些专业大类与课程涉及的都是涉外、农业、工业、商业等与国家富强关系密切的事业。就此而言，这一学堂是农学、工学、商学、法学、语言等专门学堂的集成。其综合性、完备性是张之洞以往创办的任何学堂都不具备的。

为了使开办的学堂真正具有西式学堂的原汁原味，张之洞决定，储才学堂的师资均聘请外教："大约法律、农政之教习，宜求诸法德两国；工艺、商务之教习，宜求诸英国。"在上呈《创设储才学堂折》6天后，张之洞专门发电报给当时的驻俄大使许景澄，告诉许氏："奏设储才学堂，分律法、农政、工艺、商务四纲，求各访一教习，似律农宜德法、工商宜英德，然不拘。又奏拓同文馆，须德法教习各一。月薪以二百金为度，稍溢亦可。"[3]从这一电文中，我们不难看到储才学堂实际的选用教师取向及教师的薪酬状况。

储才学堂的学生分为高等学生和初等学生两种。高等学生招收"文

---

① 苑书义、孙华峰、李秉新主编：《张之洞全集》第二册，河北人民出版社1998年版，第1081页。

② 苑书义、孙华峰、李秉新主编：《张之洞全集》第二册，河北人民出版社1998年版，第1081页。

③ 苑书义、孙华峰、李秉新主编：《张之洞全集》第七册，河北人民出版社1998年版，第5802页。

义清通，能读华书兼通西文者”，交涉、农政、工艺、商务每个专业各招收30名学生，共计招收120名学生。初等学生以学习外国语言文字为主，分别学习“英、法、德三国文字”，“学生各四十名，共一百二十名”。为什么这样安排呢？因为“西师以西书相教授，学生不通西文，即无从受西师之教，无从读西国之书，若必待已翻之书始能披览，必得中国之师始能转授，则知闻少而见效迟，且不免有差误隔膜，而不能尽得其精意，故不得不以语言文字为初基”①。

在甲午战争结束后，张之洞痛感中国陆军军官素质低下的现实，于是，在1896年2月2日，张之洞向朝廷呈上《创设陆军学堂及铁路学堂折》，提出创办陆军学堂与铁路学堂的设想。在得到批准后，陆军学堂得以在南京仪凤门内和会街创建。

对于创办陆军学堂的宗旨，张之洞的设想是，借鉴德国经验，造就国家需要的将才。对此，张之洞是这样说的：“整军御侮，将材为先。德国陆军所以甲于泰西者，固由其全国上下无一不兵之人，而其要尤在将领营哨各官无一不由学堂出身，故得人称盛。今欲仿照德制训练劲旅，非广设学堂，实力训练，不足以造就将材。”②

陆军学堂的专业设置分为马队、步队、炮队、工程队、台炮五大类。各专业学制基本以3年为期，前2年学习专业知识，后1年专门学习炮法，同时学习德国语言文字。

陆军学堂教学分两大板块，内场课业学习行阵、地利测量、绘图、算术、营垒、桥路等学科知识，外场课业为操练马步、炮等各种阵法。

陆军学堂聘请德国精通军事者为教习，招收13岁到20岁之间、文理通顺、能知大义的学生入学，学额为150名。修业期满合格者，按同文馆章程择优褒奖，学业、品行俱佳者直接分派军营任用。

在创办陆军学堂的同时，张之洞正在筹划建设卢汉铁路，铁路建设人才是其急需。因此，张之洞在奏请设置铁路学堂的奏折中说：“中国方经

---

① 苑书义、孙华峰、李秉新主编：《张之洞全集》第二册，河北人民出版社1998年版，第1082页。

② 苑书义、孙华峰、李秉新主编：《张之洞全集》第二册，河北人民出版社1998年版，第1089页。

营铁路而人材缺乏,势必多用洋人,费且不赀,是非亟备人材不可。”[①]另外,张之洞考虑到“铁路一项学有专门,与陆军尤相关系”,还提出把铁路学堂设在陆军学堂里的奏请。这些奏请都一并得到批准,于是,铁路学堂就附设在陆军学堂内,开办起来。

江南陆军学堂第一届学生于1899年毕业。1902年,张之洞第二次署理两江总督时,还曾到该校考核其毕业生,选择优秀者到湖北防营练习。[②]该校毕业生大部分都被分派到两江各地任职,也有不少人后来成为湖北新军的骨干。该校于1909年2月停办。

除了创办以上学堂外,张之洞还于1895年奏请恢复江南水师学堂原额。[③] 江南水师学堂创立于1890年,分为驾驶、管轮两个专业,学生共120人,后被裁减到40人。由于张之洞的努力,该学堂又恢复了原来的规模。

第四节　首次派遣留学生

在国内开办西式学堂,固然对国家求富求强具有重要的支撑作用,但是,其作用毕竟是有限的,这就需要留学教育弥补其不足。因此,张之洞在1896年2月17日上呈《选派学生出洋肄业折》,奏请选派学生出国留学。通过这一奏折,可以看到张之洞当时的留学教育思想。

对于为什么派遣留学生出国受教,张之洞的想法是:“中国力图自强,舍培植人材,更无下手处。”可是,仅仅在中国办西式教育,“观摩既鲜,收效过迟”[④]。所以,很有必要仿照曾国藩派幼童赴美留学与福建船政学堂派学生赴英法留学的成例,派遣学生赴外国留学。

留学教育一事,选拔留学生是第一要务。所以,在回答了为何选拔留学生后,张之洞就说,应该“选派已通西文之学生出洋肄业”。为什么要选

① 苑书义、孙华峰、李秉新主编:《张之洞全集》第二册,河北人民出版社1998年版,第1090页。
② 胡钧:《张文襄公年谱》,台湾文海出版社1967年版,第21页。
③ 许同莘编:《张文襄公年谱》,上海商务印书馆1947年版,第97页。
④ 苑书义、孙华峰、李秉新主编:《张之洞全集》第二册,河北人民出版社1998年版,第1140页。

这样的学生呢？张之洞认为：“所以必选已通西文者，一取根基已立，则指授不难，成功较速；二取初学粗通，可径入中学，经费可省。”[1]

对于选拔人数，张之洞是这样筹划的：“不得已拟选四十人先往肄业，三年以后陆续添往，傥能筹有长款，则源源而往，以常川在洋六十人为度。”[2]也就是说，先选拨四十名出国，在三年后再陆续派出，最好以常在外留学者六十人为佳。

至于留学生的修业年限与学习科目，张之洞认为，“大约中学三年，大学三年，共六年为期满”。所学科目，可在“史册、地志、富国、交涉、格致、农事、商务、武备、工作”等九门中，“视其才性高下，按照西学程式，酌量兼习数门”[3]。

在留学生学成归国后的任用上，张之洞的设计是，“除拔擢任用外”，其余都作为国内新式学堂的教习。

从上述内容中，可以看到，虽然是第一次筹划留学生派遣，但张之洞在其设想中，把方方面面的细节都考虑到了。

虽然张之洞在提出创办储才学堂、陆军学堂、铁路学堂等西式学堂与派遣留学生方面的筹划后就离任两江总督了，但是，这些计划在总督刘坤一任上，都得到了不折不扣的推行。张之洞返回湖广总督任上后，就以两湖为实验基地，继续推行自己开办新式学堂和派遣留学生的教育改革设想。

第五节　返任湖广之后的大举兴革

1896 年 3 月 11 日，张之洞卸去两江总督之职，返任湖广总督。从此时起，一直到 1901 年清末“新政”前，是张之洞任湖广总督的中期。这一时

---

① 苑书义、孙华峰、李秉新主编：《张之洞全集》第二册，河北人民出版社 1998 年版，第 1140 页。
② 苑书义、孙华峰、李秉新主编：《张之洞全集》第二册，河北人民出版社 1998 年版，第 1141 页。
③ 苑书义、孙华峰、李秉新主编：《张之洞全集》第二册，河北人民出版社 1998 年版，第 1141 页。

期,在西式教育的推进上,张之洞不仅对已经创设的自强学堂进行了改造,还创办了湖北武备学堂、农务学堂和工艺学堂,推动留学教育进入新的阶段。下面,就把这一思想转变与实践推进的历程一一予以呈现。

一、自强学堂的改革

从1896年到1898年的两年多时间中,张之洞通过颁布文件、上呈奏折等一系列举措,力推自强学堂的改革。这一系列举措主要包括:1896年8月6日,下发《札道员蔡锡勇等改定自强学堂章程》;1897年4月9日,下令公布《招考自强学堂学生示(并章程)》;1898年5月5日,上呈《自强学堂改课五国方言折》,获得批准。总的来说,这一改革的主要办法是:把算学科移到两湖书院,停止开设格致和商务两科,一律改课方言。这就使得自强学堂由原来的综合性西式专门学堂变为单科性的专门学校了。这一改革取向,与张之洞一贯的改革取向似乎有些相悖。为什么当时张之洞会作出这样有背离常理的改革呢?这里面有着张之洞的深思熟虑。概而言之,其主要有以下三点:

一是张之洞对新的自强学堂的办学宗旨有着不同于流俗的定位。对此,张之洞曾说,改制后的自强学堂,"在于培植志士,察邻国之政,通殊方之学,以期共济时艰,并非欲诸生徒供翻译之用"①。意思是说,他之所以将自强学堂改办为专门的语言学堂,目的并非仅仅为了培养翻译人才,而是为了培养既精通外国语言,又通晓西方学术、西方制度的人才。为什么张之洞会把精通外国语言与通晓西学两个因素联系起来呢?因为在他看来,"自强之道,贵乎周知情伪,取人所长。若非精晓洋文,即不能自读西书,必无从会通博采"②。如果说这句话还说得不够清晰的话,下面这句话就说得更透彻了:"新理新学非贯通洋文者无从得其底蕴,必士大夫多半谙晓洋文,而后各种政学有所措手,储译材于此,储通材亦于此。"③可见,张之洞在这里想要说明的是,只有通晓外国语言文字,才能深入西方学术

---

① 苑书义、孙华峰、李秉新主编:《张之洞全集》第五册,河北人民出版社1998年版,第3290页。
② 苑书义、孙华峰、李秉新主编:《张之洞全集》第五册,河北人民出版社1998年版,第3289页。
③ 苑书义、孙华峰、李秉新主编:《张之洞全集》第二册,河北人民出版社1998年版,第1298页。

的堂奥，对之融会贯通，从而真正实现为我所用的目标。因此，改革自强学堂，其目的不是为了培养翻译人才，而是为了培养精通西学的通才。这说明，张之洞对新的自强学堂的办学宗旨之定位，绝不是培养专才，而是通才。而当时的中国所缺乏的，正是对西学能够全面、深入把握的通才。就此而言，这一对自强学堂的改革，可谓切中肯綮，且由来有自。

二是张之洞对原来自强学堂办学弊病的深入洞察。张之洞通过深入考察后发现，自强学堂开办以来，虽然以讲求洋务为追求，但是，其成效却是不尽如人意的："命题考试所课者，仅已成之材；所读者，仅已译之书，于今日新理新学日出不穷之西书，尚无从探讨其菁华，考究其利病，以为救时之要策。"①特别是格致、商务这两个专业，"经月课诸生，不免多空谈而少实际"②。因此，这就需要做两件事情：一是重新调整自强学堂的办学定位，使之对吸收"日出不穷之西书"的菁华和筹谋"救时之要策"真正发挥作用。二是对专业结构进行调整，去除格致、商务两个专业。

三是张之洞对算学专业的特殊性的认识。在张之洞看来，算学专业的学习，在中国古籍及已经译出的西书中就有大量可资学习的资源，"可不假道西文"③。因此，算学完全可以放在书院中学习。

除了上述兴革举措外，张之洞还把原来设在铁政局内的化学学堂并入自强学堂。同时，张之洞还在自强学堂内附设译书处，由其负责选译商务、铁路、种植、畜牧等"利用厚生之书，以及西国治国养民之术，由贫而富，由弱而强之陈述"④。

自强学堂的专业设置，从 1896 年 8 月开始，分为英文、法文、俄文、德文四门。其中，张之洞对俄文特别重视。为什么会有这样的取向呢？因为在张之洞看来，俄文专业只有京师同文馆一处开设，人才"殊属珍罕"。另外，"中俄近邻，需用尤殷"⑤。到了 1897 年春，张之洞开始大力提倡留日，于是，自强学堂又增设了日文专业。自此，自强学堂就成为英文、法文、俄

① 苑书义、孙华峰、李秉新主编：《张之洞全集》第二册，河北人民出版社 1998 年版，第 1298 页。
② 苑书义、孙华峰、李秉新主编：《张之洞全集》第五册，河北人民出版社 1998 年版，第 3290 页。
③ 苑书义、孙华峰、李秉新主编：《张之洞全集》第五册，河北人民出版社 1998 年版，第 3289 页。
④ 苑书义、孙华峰、李秉新主编：《张之洞全集》第五册，河北人民出版社 1998 年版，第 3291 页。
⑤ 苑书义、孙华峰、李秉新主编：《张之洞全集》第五册，河北人民出版社 1998 年版，第 3289 页。

文、德文、日文并存的专业格局了。

自强学堂的课程,在1898年10月以前,以方言及算术为主要功课,渐及地志、格致、理化等课程。其后增加了汉文课程。从1899年到1902年间,自强学堂开设的课程有方言、历史、地理、数学、理科、汉文、体操与兵操等8门课程。[①] 在每周41小时25分钟的课程中,以方言为最重,每周16小时。汉文及数学次之,每周分别为9.5小时及5小时。[②]

自强学堂的教习,有汉教习10人、洋教习8人。汉教习中,3人教西学,他们分别是:杨本适教授德文及算学,郑毓英教授英文及算学,许寿仁教授法文及算学;7人教汉文,同时负责巡视课堂及斋舍。洋教习中,俄籍教习3人(波立沙、萨哈哪甫斯祁、喀凌呵教俄文),德籍教习1人(贝伦司多尔教德文),日籍教习3人(柳原又熊教日文,1903年改赴三江师范任教,吉山荣三郎、根岸福弥教普通学兼体兵操),英籍教习1人(骆丙生教矿化学)。

自强学堂在最初改制时计划每门学生学额为30人,四门共约120名。但是,在1897年4月,实际招新生仅20余人,加上旧生,共60余人。每门平均仅10余人。1898年12月,张之洞认为,“惟近来详加考察,收录时未免过宽,以致其中不学无志者滥竽不少”[③]。于是,定为日文学生择取20名,英文、法文、俄文、德文学生各择取15名。直到1903年,实际在校人数不超过七八十人。

自强学堂的管理系统,由总办、提调、总稽察、收支、驻堂、管堂与杂务差遣等组成。最初的总办是蔡锡勇[④],提调是钱恂[⑤],总稽察是姚锡光[⑥]。1897年,蔡锡勇因积劳成疾病故,由张斯栒[⑦]接任总办一职。后来废除总

---

① 蔡振生:《张之洞教育思想研究》,辽宁教育出版社1994年版,第92页。

② 苏云峰:《张之洞与湖北教育改革》,台北近代史所1976年版,第95页。

③ 苑书义、孙华峰、李秉新主编:《张之洞全集》第四册,河北人民出版社1998年版,第3026页。

④ 蔡锡勇是张之洞最得力的洋务助手之一,在广东曾办理水陆学堂、鱼雷局、海图馆、银元局等,在湖北办理炼铁厂、枪炮厂、银元局、布纱丝局和自强学堂。

⑤ 钱恂曾两度充任欧洲各国出使大臣随员参赞,游历俄国、德国、英国、法国、奥地利、意大利、瑞士、埃及、土耳其诸国,洞悉国际形势,对西学研究有素。

⑥ 姚锡光对时务颇有研究,曾协助蔡锡勇办自强武备学堂。

⑦ 张斯栒于光绪中为驻英使馆二等翻译兼随员,曾在刘瑞芬和薛福成幕府工作,后又出任出洋生监督。

办一职，由提调钱恂负责。1898 年 9 月，因钱恂带学生赴日留学，由汪凤藻代理提调一职。1899 年，汪凤藻辞职后，张之洞将总稽察程颂万[①]提升为提调。

二、湖北武备学堂的创办

甲午战争后，张之洞更加深切地认识到能够使用西洋军械的武装力量对于国家强大的重要意义，因此，他在刚刚从两江总督任上返回湖广总督任上，就开始大规模编练新军。1896 年 3 月，张之洞以奏请调回两湖的护军营为基础，选募新兵，组建护军前营、后营及工程队一哨。参照发达国家的训练办法，对新兵进行训练。在训练新军的过程中，张之洞深切地认识到："练兵必兼练将。而练将又全赖学堂。"[②]于是，张之洞在大力编练新军的同时，积极筹办湖北武备学堂。

1896 年 8 月，张之洞令道员王秉恩等筹办武备学堂。于是，王秉恩等着手在湖北省城内黄土坡购地，作为建造学堂之用。在学堂建成之前，暂时以保安门内大街公馆为学生宿舍，以铁政局作为教学场所。1896 年 11 月，湖北武备学堂正式开学。

对于创办湖北武备学堂的宗旨，张之洞曾经这样说："西国军制，兵则期满遣归，各理旧业；将则戎行永隶，学有专长。故武备事宜尤以设立学堂教育将材为首务。"[③]可见，张之洞是以培养将才来定位武备学堂的办学目标的。为什么培养将才必须通过学堂呢？那是因为，"近时外洋各国，于兵事讲求日精，器械既殊，营垒亦异，地图阵法、军装医药，无一不穷极精微，筹备周密。以故军谋战具，均须因时制宜各究专门，断难株守成法"[④]。其意思是，现在的西方军事活动，在方方面面都有精深的学问。正是因为这样，才导致了西方的军事活动达到了精密而完备的程度。就此意义上

---

① 程颂万为湖北补用通判，热心新教育，曾于 1898 年响应张之洞《劝学篇》号召，自筹经费创办湖北中西通艺学堂，得到张之洞的嘉许。他的《十发庵丛书类稿》，保存了光绪二十五年（1899 年）自强学堂全部教职员、学生的课程和各科试题的历史资料。

② 苑书义、孙华峰、李秉新主编：《张之洞全集》第五册，河北人民出版社 1998 年版，第 3292 页。

③ 苑书义、孙华峰、李秉新主编：《张之洞全集》第五册，河北人民出版社 1998 年版，第 3292 页。

④ 苑书义、孙华峰、李秉新主编：《张之洞全集》第四册，河北人民出版社 1998 年版，第 2864 页。

讲，任何一国从事军事活动的人，只有根据特定的国情、形势，对军事技术进行专门而深入的研究，才有可能在军事活动中牢牢把握主动权，成为真正的将才。而对军事技术进行研究的学养，非通过学堂，是难以获得的。

武备学堂要培养将才，这是一个相当模糊的概念，究竟此将才的具体标准是什么呢？张之洞也对之作出了回答：

> 查外洋学习武备之区，有大小深浅之分，均以教练将材最大学堂名阿喀特米者尤为总汇之所，非此学堂出身不得任提督，用意至为精密，别有武弁学堂则专以教弁而不以教将，其郑重将材如此。……大率外洋武备学堂分为三等，小学堂教弁目，中学堂教武官，大学堂教统领，学术浅深难易以此为差。今中华为救时计，虽不能遽设大学堂，而教武官之学堂则不可缓。①

从这里我们可以看到，张之洞对西方不同层次军事教育的目标是相当了解的。他以西方经验为参照，给当时的湖北武备学堂的定位是培养中级武官。

因为武备学堂初创时延请的教习都来自德国，所以，其课程设置也是仿照德国的军事课程体系。从大的板块来说，课程分为讲堂课与操场课两大类。其中，讲堂课包括军械学、算学、测量绘图学、各国战史、枪炮机簧理法、枪炮诸件用法、子弹引信药力理法、子弹引信备件用法、枪炮马队营阵攻守、营垒桥道制造、山川险易攻守进退等；操场课包括操枪、操炮、操马、营垒工程、行军、布雷、演试测量、演习体操等。可见，这是一个军事理论的授受与军事技能的训练并重的课程系统。除了军事方面的课程，在假期和晚间，还让汉人教习日课四书史略。② 在这里，也不难看到“中体西用”影子的闪现。

武备学堂创立之初，中方与德方商定的教学方法是先把上述课程的专门西文教本译成华文，再进行师生授受。但是，由于德国教习的倨傲，一直没有编出华文教本。无奈之下，张之洞不得不于1899年特别致电驻美、

① 苑书义、孙华峰、李秉新主编：《张之洞全集》第二册，河北人民出版社1998年版，第1226—1227页。

② 苑书义、孙华峰、李秉新主编：《张之洞全集》第二册，河北人民出版社1998年版，第1228页。

英、德三国的钦差大臣,请他们代购“陆师水师大学堂章程及所有读本”。后来,只有驻美钦差大臣伍廷芳寄来了美国军营官书27种。不过,伍氏寄来的书中,多属军营章程及操练方法,理论性书籍甚少。对于造就将才来说,依然难敷其用。[①]

武备学堂成立之初,张之洞曾请驻德钦差大臣许景澄高薪延聘德国军官2人充任教习。但是,许景澄在与德国人洽谈时,德国人却以带兵作为充任教习的前提条件,这让张之洞甚为疑惧。张之洞认为:“惟兵事万不能归其专主”“止能充学堂教习,不能带兵”“惟有派道员总办学堂教习,一切公事教习须与总办和衷商议”[②]。经过多次交涉后,德方终于让步,于1896年秋派来都司(少校)法勒根汉与千总(中尉)根次任教习。1896年12月,张之洞拟从两江借调自强军中的德国人斯忒老、泰白福和赛德尔3人任教习,但是,由于法勒根汉的挑剔,仅接受斯忒老1人。为了制衡德籍教官,张之洞聘请日本人大原为教习,并拟增聘日本2名大尉为教习。不料,张之洞在宴请东西方教习时,大原竟然因争坐次的微末小事拂袖而去,张之洞遂打消了增聘日本教习的想法。外国教习的倨傲、跋扈使张之洞甚为苦恼,因此,1900年5月,张之洞奏请调来徐建寅[③],让其主持湖北营务处教吏馆,同时兼任武备学堂总教习,希望借徐氏的声望来慑服外国教习。遗憾的是,徐氏到任仅仅一年,就在仿制无烟火药的实验中失事殉职了。除了以上教习外,张之洞还选派在天津、广东等地西式学堂毕业且有相当教习经验者12人担任领班。

武备学堂的学生最初定额为120人,不限省籍,凡是文理通顺、身体强健的文武举贡生、文监生、文武候补候选员弁、各省书院肄业诸生以及官绅世家子弟,都可报名。1898年,张之洞在《札正途出身各员充武备、自强学堂教习》一令中,“令提调将学生切实考核,量加删减”,武备学堂学生只保留学额60名。1899年开始,出台了学生必须是湖北生员,学生年龄须在

① 苑书义、孙华峰、李秉新主编:《张之洞全集》第十册,河北人民出版社1998年版,第7788页。

② 苑书义、孙华峰、李秉新主编:《张之洞全集》第八册,河北人民出版社1998年版,第6696页。

③ 徐建寅是清末著名科学家徐寿之子,精于格致、化学、制造等学,初在江南制造局与李善兰、华蘅芳及传教士傅兰雅等翻译西方自然科学书籍,后供职天津制造局、山东机器局,曾任驻德领事馆参赞,赴英法各国考察,返国后任金陵机器制造局会办、福建船政局提调。

18 岁以下的规定。[1]

学生毕业后的出路有三条:一是派到军营任职。如 1900 年 11 月,张之洞根据学生艾忠琦等 9 人的祈请,将他们派入护军营效力。令其随营练习,由该营统带督带,随时考核,禀候量材录用。[2] 二是充任各书院的军事教习。1899 年,两湖、经心、江汉三书院均开设兵操课,“派武备学堂优等诸生为领班,以资教导”[3]。三是送至日本留学。1898 年冬,派送 20 人留日;1899 年 10 月,又选派 19 人赴日见习。

武备学堂的管理由总办、提调与总稽察掌控。最早的总办是蔡锡勇,提调是钱恂与联豫。1897 年,蔡锡勇病故。1898 年,钱恂因与德国教习发生冲突,被迫离校。后来,总办一职由布政使李岷琛兼任。总稽察负责训育工作。最初不设稽察员,可是,1898 年武备学堂、自强学堂学生群体滋事事件发生后,湖北候补知县唐监金和试用同知双寿便被委任为教习,监督学生言行。1901 年,又增设稽察委员,由前广东知县李钟珏与前山东知县蒋楷担任。1902 年,李钟珏升任提调,蒋楷升任总稽察。

武备学堂成立后,张之洞明令湖北各防营营哨官弁轮流到武备学堂听讲受训。可是,施行后不久,张之洞认识到,这种做法有一曝十寒、收效甚微之弊。因此,1901 年,张之洞在大都司街绿营公所旧址设立防营将弁学堂,专门用于训练中下级在职军官。

三、农务学堂和工艺学堂的创立

对于农学之于富国利民的重要性,早在张之洞任职两广总督和两江总督时,便已有一定程度的认识。否则,张之洞就不会在任职两广时在“洋务五学”中设立农学,也不会在任职两江时于储才学堂中设立农学一门。不过,在任职湖广的中期之前,张之洞对农学之重要的认识还是肤浅、片面的。到了 1896 年至 1897 年,湖北很多地方发生水灾、旱灾,使经济陷入困境。受此影响,张之洞开始重新审视湖北乃至中国的农业状况,从而获得

---

① 苑书义、孙华峰、李秉新主编:《张之洞全集》第五册,河北人民出版社 1998 年版,第 3862 页。
② 苑书义、孙华峰、李秉新主编:《张之洞全集》第六册,河北人民出版社 1998 年版,第 4066 页。
③ 苑书义、孙华峰、李秉新主编:《张之洞全集》第五册,河北人民出版社 1998 年版,第 3747 页。

了对农业、农学之价值更为全面、深刻的认识。对此,他曾经这样说:

窃惟富国之道,不外农工商之事,而农务尤为中国之根本。……且湖北连年水旱,岁收歉薄,谷价踊贵,民生艰苦异常,尤须于训农、通商、惠工各政急速讲求,以冀稍资补救。……惟中国农民,向多朴拙,其于地学、化学、制器利用,素未通晓,士大夫又多不措意于此。工商各业,不过就其所已知已能,各谋生理,罕能同心考求,以规远大。是非官为提倡,断不能开发民智,日起有功。①

在这里,张之洞想要说的是,就中国而言,农业是富国的根本。就湖北而言,连年水旱灾害导致的民生艰难,需要劝农兴业,以度时艰。而农业的兴盛,需要的是农民民智的开发。可是,现实的状况却是,农民只是用传统的耕作方式来务农,根本不知道利用西方农学的成果来提升生产能力,知识阶层也没有人注意教化农民,使之朝这个方向努力。这就使得湖北、中国的富强变为一句空话。因此,亟须在中国建立专门的农业学堂,以“开发民智”。1897 年 10 月,借聘请两位美国农学专家来湖北调查农作物与土壤之机,张之洞请两位专家帮着筹办农务学堂。1898 年 4 月,在两位美国专家的协助下,农务学堂终于在湖北省城借保安门内公所得以开办。同时选择合适的官府田地,租用一定数量的民间田屋,作为种植五谷、林木及畜牧的场地。

对于农务学堂的办学宗旨,张之洞在《招考农务工艺学生示》中曾经这样说:

照得富国之本,耕农与工艺并重。近来泰西各国,农务最为兴盛,由于格致理化之学日益精深,知地力之无尽藏,于辨土宜、察物性、广种植、厚培壅诸事讲求不遗余力。美国尤以农致富,且制器造物,翻陈出新,务求利用,亦皆学有专门,精心考究,用能行销广远,阜裕民生。……因农学不讲,坐使天然美利,壅阏不彰,此农学不讲故

① 苑书义、孙华峰、李秉新主编:《张之洞全集》第二册,河北人民出版社 1998 年版,第 1285 页。

也。……生齿较繁，兼之连年水旱，岁收歉薄，民生困苦。本部堂蒿目时艰，凡有当务之学，莫不亟图倡导，劝农惠工，以为养民根本。[①]

张之洞在这里想要表达的意思是，由于西方各国农学的发达，导致了其农耕技术的快速发展。美国尤其是依靠农学富民强国的代表。而中国呢，由于不讲求农学、应用农学，所以，使得丰富的农业资源没有能够充分利用起来。再具体到湖北来说，由于人口众多及连年灾害，民生困苦不堪，特别需要利用农学。因此，开办农务学堂的目的就是要引导人们学习、研究农学，从而使农学成为“养民根本”。

学堂创立之初，聘请了两名美国教习，一是布里尔（一译白露耳），系康奈尔大学农学士，另一名是吉尔莫也是农学士[②]。设置专业为农学、林学、畜牧三个，开设化学、农机、植物与土壤等课程。

学堂招收学生的取向是：“招集绅商士人有志讲求农学者入堂学习，研求种植畜牧之学。”[③]这意味着张之洞确定的招生对象是绅富人家的子弟，而将一般农家子弟排斥在外。另外，学堂还出台了学生必须每月缴纳伙食杂用银元 4 枚的规定。由于招生范围狭窄，学生还须承担每月 4 枚银元的费用，报名的学生很少，仅仅招得约 20 名学生。1898 年 11 月，由于原来设立的蚕桑局经营不善，被责令停办，其中的种植事务并入农务学堂。于是，农务学堂暂分农、桑两个专业。1899 年，又招生 50 名，但人数依然不足。为鼓励学生报考，将伙食费改为公费。课程设置变为方言、算学、种植、畜牧、蚕务、电化等。

农务学堂最初由一位姓张的道员任总办，由总办推荐的监督作为具体事务的管理者。但是，他们既不懂业务，又缺乏办学的热忱，使农务学堂的办学毫无生机可言。因此，到 1900 年，张之洞任命罗振玉（1866—1941）为监督[④]，

---

① 苑书义、孙华峰、李秉新主编：《张之洞全集》第四册，河北人民出版社 1998 年版，第 3089 页。

② 据苏云峰《张之洞与湖北教育改革》一书第 128—130 页说，除白露耳外，另一美国教习名字不详，而且两位美国教习于光绪二十五年（1899 年）秋辞职。

③ 苑书义、孙华峰、李秉新主编：《张之洞全集》第二册，河北人民出版社 1998 年版，第 1285 页。

④ 罗振玉，浙江上虞人，本长于国学，因甲午战败的刺激，1896 年在上海与人合作办农学社，研究中外农学及教育，次年又创办农学报。张之洞先以 5000 元代罗振玉还清出版农业丛书的债务，促其来鄂担任湖北农务局总理兼农务学堂监督，直至 1902 年农务学堂的改组。

同时聘请日本人美代清彦、吉田、峰村喜藏和中西留应等4人为教习。罗振玉到任后，特别注重管理层与外国教习的沟通，还把上海东文学社的王国维、樊炳清聘为译授，拟让学生不依赖译员而直接听讲。另外，罗振玉还向张之洞提出了划拨公地为试验地的建议，张之洞欣然采纳，迅即设立了蚕桑试验室，进行“蚕业实修”方面的试验。

张之洞创立湖北工艺学堂的端倪，在两广总督任上创办“洋务五学”时已经显露出来。1895年，张之洞在汉阳铁厂中附设矿学堂、化学堂各一所，更是工艺学堂创办的先导。不过，这种工厂附设的学堂，目的在于培养熟练的技工，是为操控从国外购进的诸种设备服务的，其层次较低。甲午战争后，张之洞痛感工业、国防的发展需要更高层次的工业技术人才，于是，1898年春，着手创立湖北工艺学堂。1898年4月，工艺学堂开始招生。原本计划招收“绅商士人有志讲求商学者入堂学习，并派中国通晓化学制造之士人帮同教导艺徒，讲求制造各事宜”[①]，但是，由于受整个社会鄙视工业人才风气的影响，报名人数甚少。到1899年1月再次招生时，不得不降低原来的设想，以训练技工为基本定位，期望学生在肄业之时，“根基既立，中人以上者随时加工讲求，或可创制新奇，即中人以下，亦不致流为无业游民”[②]。

工艺学堂延聘日本教习二人，一人为理学士，教授理化学；一人为工学士，教授机器学。

学生招收年龄在12岁到16岁之间，读过四书，能认2000字者。学额以60名为限，分别学习汽机、车床、翻沙、打铁、打铜、木作、漆器、竹器、洋蜡、玻璃等各种工艺。学生每天工作4小时，“读格致、化学、算绘诸书4小时，晚间仍须读中国书”。学习以3年为限，最初两年专学一种工艺，第三年兼学各种工艺。[③]

到了1902年，张之洞把农务学堂和工艺学堂统一纳入新教育体系之中，进行了重大改制。从此，农务学堂与工艺学堂才超越了孤立、不连贯的

① 苑书义、孙华峰、李秉新主编：《张之洞全集》第二册，河北人民出版社1998年版，第1285页。
② 苑书义、孙华峰、李秉新主编：《张之洞全集》第五册，河北人民出版社1998年版，第3726页。
③ 苑书义、孙华峰、李秉新主编：《张之洞全集》第五册，河北人民出版社1998年版，第3726页。

办学模式,成为近代农业教育、实业教育的先导。

四、派遣留学生的新选择

张之洞推行派遣留学生,在暂时署理两江总督时即已经开其端。不过,当时派遣留学生的去向是英、德、法等国,没有把目光投向日本。到了1898年,张之洞的思想发生了很大的转变。他认为:"游学之国西洋不如东洋,一路近省费可多遣,一去华近易考察,一东文近于中文易通晓,一西书甚繁,凡西学不切要者,东人已删节而酌改之。中东情势风俗相近易效行,事半功倍无过于此。"在这里,我们可以看到,张之洞之所以主张留学日本,是从费用小、来往便利、语言障碍少、经验容易借鉴等方面来考虑的。同时,张之洞还认为,等到留学日本见到速效后,"求精求备,再赴西洋"①。也就是说,先通过留学日本取得富国强兵的效果之后,可以再去西洋留学,学习更精深、完备的西方学术。可见,张之洞并不是排斥去西方国家留学,只是出于迅速求富求强的目的,才提出了留学日本的权宜之计。张之洞的这一主张在进呈清廷之后,对清廷的留学政策起到了导向作用。1898年8月2日,军机处传谕总署:"现在讲求新学,风气大开,惟百闻不如一见,自以派人出洋为要。至游学之国,西洋不如东洋,诚以路近费省、文字相近,易于通晓。且一切西书均经日本择要翻译,刊有定本,何患不事半功倍。或由日本再赴西洋游学,以期考证精确,益臻美备。"②这一传谕的内容,不几乎就是张之洞前述主张的翻版吗?就此而言,清廷留学教育政策的改变,很明显是受了张之洞的影响。

国家最高决策层有了这样的指令,这自然使张之洞的留学新主张最大限度地"合法化"了。于是,张之洞便着手组织学生赴日本留学。对此,张之洞曾经这样回顾:"先请诸总署拟派学生赴日游学,肄习陆军、制造、实业诸事。总署只许数人,乃设为一策,约南北洋合请,言每省已派二十人,总署亦无如何,自此始有中国官费生学陆军之事。"③在这里,张之洞给我

① 苑书义、孙华峰、李秉新主编:《张之洞全集》第十二册,河北人民出版社1998年版,第9738页。
② 故宫博物院文献馆编印:《清光绪朝中日交涉史料》卷五十二,故宫博物院文献馆1932年版,第2页。
③ 苑书义、孙华峰、李秉新主编:《张之洞全集》第十二册,河北人民出版社1998年版,第10624页。

们描述了推动两湖学生留学日本一事的曲折、艰难。但不管有何种困苦、周折，派遣两湖学生留日之事总算是促成了。那么，张之洞派遣湖北学生留日，其基本状况如何呢？

张之洞派遣两湖学生留日，其实早在1897年就有这样的动议。当时，日本使馆附参谋大佐神尾光臣到湖北访问张之洞，因故未晤。其在与江汉关道等商谈中，提出中国派员赴日学习军事，以此作为“两国重新联交之始”。对这一倡议，张之洞很感兴趣，曾经于1897年12月2日致电神尾，邀请其再度来鄂商议此事。日方遂派参谋部员陆军少佐宇都宫太郎与张之洞商谈。对此，1897年12月30日，张之洞曾电奏清廷，如实报告，日本人“言今日武备最要，嘱派人到彼，入武备及各种学堂”[①]。可是，由于日方诚意不足，给留日学生提供的条件不尽如人意，直到1898年年底，张之洞才正式派出湖北学生赴日留学。[②]

至于派遣的人数，1898年10月，张之洞提出：“拟派武备学生五十名，各门学生十名，又拟派弁目五十名入教导团，十月启行。”[③]可到了最后，只派出20名，且只是湖北的学生。不知何故，竟然“全不派”湖南学生。[④]

派往日本的湖北留学生，最初考虑让他们学习陆军、制造、实业等专业，但是，由于经费欠缺，后来派遣的留日学生都是学习陆军的。

留学生源，由总署统一规定：“所派学生必须年少颖悟，有志向上，谙习东文或英文，庶易受教而资造就，由各省在学堂内挑选，酌定人数，派妥员带往。”[⑤]可见，其选拔对象基本上是东文馆的学生。

留日学生的管理，最初定为由驻日本钦差大臣负责，不另外委派专员。直到1899年6月，才派遣专员夏偕复赴日，充任游学生的监督。同时，各省督抚常常有自派监督者。张之洞就曾先后派遣张斯栒、钱恂当过湖北留日学生的监督。

---

① 苑书义、孙华峰、李秉新主编：《张之洞全集》第七册，河北人民出版社1998年版，第5803页。
② 苑书义、孙华峰、李秉新主编：《张之洞全集》第七册，河北人民出版社1998年版，第5906页。
③ 苑书义、孙华峰、李秉新主编：《张之洞全集》第七册，河北人民出版社1998年版，第5906页。
④ 苑书义、孙华峰、李秉新主编：《张之洞全集》第七册，河北人民出版社1998年版，第5908页。
⑤ 苑书义、孙华峰、李秉新主编：《张之洞全集》第七册，河北人民出版社1998年版，第5906页。

第四章　对传统教育的大力改造

在湖广总督与暂署两江总督任上，张之洞不仅大力推动西方教育的引进，还对传统教育进行了大刀阔斧的改革，使两湖、两江地区的传统教育逐渐呈现出现代化特征。

第一节　创办两湖书院

张之洞在湖北学政任上，曾创办经心书院。后来，虽然辗转任职各地，但经心书院就像自己曾经哺育过的孩子一样，一直让张之洞牵挂着。因此，在其出任湖广总督后不久，即前往经心书院视察，结果却让他大失所望。经心书院因为地处都司湖畔，地势低洼，1887 年和 1889 年湖北两次发生大的水灾，经心书院都被淹没。这直接导致了书院多处墙宇倾颓，诸生无法在院就学。书院师生只能迁往其他地方暂避，还没有返回。经过一番周折，方找到经心书院的师生。在张之洞与经心书院师生的座谈中，书院师生都强烈要求重修书院。张之洞慨然应允。于是，重修经心书院的消息很快就流传开来。江夏县绅陈庆溥等听闻这一消息，向官府表达了愿意把都司湖的产业捐出，用以修建书院的意愿。张之洞闻之，予以特别嘉许。1890 年夏，官府与民间人士共同议定重修经心书院。于是，渐次开始了重整地基、添造斋舍、购置书籍、延访名师等事宜。湖南人士听到湖北有重建书院之举，不少人也提出了附入肄业的要求。于是，在张之洞的支持、督促下，环都司湖建设斋舍 200 间，另外建有 40 间，备商籍诸生肄业，最后将之定名为两湖书院。①

对于两湖书院的办学宗旨，张之洞曾说："书院之设所以作养贤才，贵得明体达用之士，以备国家任使。"如何才能算是可以"备国家任使"之才呢？张之洞认为，如果能够做到，"出为名臣，处为名儒"，就算是达到要求了。② 也许张之洞没有意识到，其实做名臣和做名儒的要求之间是存在一定程度的紧张的。其余姑且不论，就非常现实的一点来说，要做名臣，就必须在科举之路上获得一定层次的功名，以作进身之阶。而要获取功名，就必须钻研时文。这与潜心研习儒家经典，以成就名儒的道路是相背离的。所以，两湖书院尽管不提倡时文的研习，但并不排斥书院的学生参加科举考试。1893 年湖北乡试，两湖书院肄业生两百余人中，就有 23 人中举，约占全部肄业生的 11% 。这虽只是一届学生的情形，但已足见其基本取向。

两湖书院的课程分经学、史学、理学、文学、算学和经济六门。书院规定，"诸生愿执何业，各随才性所近，能者兼听"③。这就把课程修习的自主权交给了学生。为了考察课程修习的效果，每月有两次官课，在朔、望两日举行，限五日内交卷。根据课卷成绩的高下，都有不同等次的奖赏。

两湖书院成立之初，不设山长，仅设提调一员、监院二员，负责管理工作。教学事务则由各分教担任。在分教中，集中了一批中学、西学兼通的俊杰。据张继熙说，当时两湖书院的老师"多是一时之选。前后任经学者，为易顺鼎、杨裕芬、钱桂森；任史学者，为杨锐、汪康年、梁鼎芬、姚晋圻；

① 苑书义、孙华峰、李秉新主编：《张之洞全集》第二册，河北人民出版社 1998 年版，第 788—789 页。
② 苑书义、孙华峰、李秉新主编：《张之洞全集》第三册，河北人民出版社 1998 年版，第 2685 页。
③ 苑书义、孙华峰、李秉新主编：《张之洞全集》第四册，河北人民出版社 1998 年版，第 2755 页。

任理学者，为邓绎、周树模、关棠；任文学者，为陈三立、屠寄、周锡恩、周树模、杨承禧。……人才彬彬，极称盛焉”①。对于这些教师，当代学者苏云峰曾如此评价：

> 他们不仅旧学各有专门，于西学亦有素养，且多维新思想。如易顺鼎曾问业于王闿运，而与曾国荃、曾纪泽、郭嵩焘等人亦有来往，有《究谈时政》。杨锐为张氏在四川尊经书院的高足，对时务尤其热心，后为戊戌变法而牺牲。陈三立此时已有维新变法之志，后助其父亲陈宝箴推行湖南新政。汪康年则于光绪二十一年（1895年）返浙江后就创办求实书院，提倡西学不遗余力，旋与梁启超创办时务报，倡言维新。周锡恩虽为翰林，提倡时务亦不后人，自京请假回籍后，曾在黄州经古书院以时务课士。②

苏云峰在这里特别强调的是，这些人不但精通中国传统的经史之学，于西学也有相当的造诣，加之政治上有进步倾向，无愧为优秀教师的“一时之选”。

两湖书院共有学额240名，其中，湖南、湖北学额各100名，另外40名则由商籍中选出。湖南籍、湖北籍学生先由学政选取、咨送，然后再分府选调。至于商籍学生，则由商人保送。③ 学生修业年限为5年，合格者择优咨送录用，不合格者令其归家。

总之，与经心、尊经、令德堂等书院相比，两湖书院的中西合璧的特色是较为明显的。从其课程中增加算学、经济学，教师选聘注重选取中学与西学兼通的教师，即可见其一斑。其向西式学堂发展的端倪，已经可以窥见。

---

① 张继熙：《张文襄公治鄂记》，湖北通志馆1947年版，第82页。

② 苏云峰：《张之洞与湖北教育改革》，台北近代史研究所1976年版，第54页。

③ 苑书义、孙华峰、李秉新主编：《张之洞全集》第四册，河北人民出版社1998年版，第2757页。

第二节 改革书院的多层面尝试

中日甲午战争给中华民族带来了空前的耻辱,同时也促成了全民的觉醒。对于这场战争胜败的根由,朝野上下许多人都痛加反省。在反省之后,他们得到的结论是,“日人与西人通商,仿行西法皆后于我,其维新之政,为日几何,而今日成效已大有可观”。为何中日之间会有如此巨大的差异呢?原因在于日本重视通过学校培养有用之才。对此,时任翰林院编修的江标说:“余尝至日本,见其人民聪秀,而性强悍,乡曲豪举游侠之雄,遍于八洲三岛。其明治以前,杀朝臣,攻使馆,劫师船,纵横辇毂,飙忽万状。……然自迭遭挫辱以来,瞿然于闭关销港之非,而一意开通,大修学制,为东亚雄国。”①即使是僻居一隅的湖南湘乡的士绅,也有同样的想法:“人无废学,地无弃材,既富且强,良在于此。即日本数小岛耳,通国学校乃多至三万一千余所,力行西法,遂启维新,有实学即有真才,故能勃然以兴,屡耀其武。而中国反蹈常习故,务虚文而不求实学谔谔,未尝讲明事理,往往受制于洋人,然则我欲兴国而强兵,足民而丰财,非劝学以育才,岂有幸哉?”②

由此可见,不论是在朝的有识之士,还是在野的士绅,在总结日本强大的原因和中国惨败的教训时,都得出了一个一致的结论:日本的强大就是因为通过兴学培养了大量的社会实用人才,而这种社会实用人才是中国传统书院培养不出来的。可是,中国要想在当时整个国家积贫积弱的情况下,广泛兴建学校,显然是不现实的。最便捷的方式是对数量极大、分布范围相当广泛的书院进行改革,从而达到培养实用人才的目的。其实,早在甲午之战前,识断明睿之士即已有此设想:“贫于财之非贫,而贫于才之谓贫……蒙尝议变考试矣,然而四五百年之崇尚,我朝二百四五十年所损益,

① 唐才常:《唐才常集》,中华书局 1980 年版,第 159—160 页。
② 舒新城编:《中国近代教育史资料》上册,人民教育出版社 1961 年版,第 17 页。

一旦欲移易其耳目，拔去其根株，举学校之制荡涤而摧陷之，必有哗于列者，必有议其后者。今有说焉，无变更之嫌，又不损大官一钱而可为朝廷育异等之茂才，莫如厘整书院。”[①]甲午战争后，这样的声音越来越响亮。

1896年7月，山西巡抚胡聘之等上《请变通书院章程折》。在这一奏折中，他提出：

> 查近日书院之弊，或空谈讲学，或溺志词章，既皆无裨实用，其下者专摹帖括，注意膏奖，志趣卑陋，安望有所成就？宜将原设之额，大加裁汰，每月诗文等课，酌量并减，然后综核经费，更定章程，延硕学通儒为之教授，研究经义，以穷其理，博综史事，以观其变。由是参考时务，兼习算学，凡天文、地舆、农务、兵事，与夫一切有用之学，统归格致之中，分门探讨，务臻其奥。[②]

可见，胡聘之的设想是，针对传统的书院的积弊，应该从课程设置、教师聘任、学额、经费等方面进行大刀阔斧的改革。到了9月，又有翰林院侍讲学士秦绶章上奏《整顿各省书院预储人才折》。在这一奏折中，秦绶章写道：“欲补学校之所不逮而切实可行者，莫如整顿书院之一法。”[③]针对如何整顿书院，他并提出了定课程、重师道和核经费等举措。在定课程方面，突出强调增加西学的内容：“改延谙习西学者为之教习……致知格物，实事求是，领异标新……出使之才、翻译之才、制造之才、法律之才、武备之才，舍书院其焉储之！”[④]

由此可见，在书院中增加西学方面的内容已经渐成时人的共识。这种改革书院的设想既不动摇传统儒学的地位，又能通过增加西学来适应当时的社会需求，因而很快就获得了普遍支持：“各省书院向皆帖括、诗赋之课，间亦有课经史者。去年奉旨饬直省各书院增添时务……使之知帖括、

---

① 陈谷嘉、邓洪波主编：《中国书院史资料》下册，浙江教育出版社1998年版，第1962页。

② 舒新城编：《中国近代教育史资料》上册，人民教育出版社1961年版，第70页。

③ 沈云龙主编：《近代中国史料丛刊正编》第七七一册，台湾文海出版社1966年版，第379页。

④ 陈谷嘉、邓洪波主编：《中国书院史资料》下册，浙江教育出版社1998年版，第1962页。

考据之外,尚有时务也,各省已纷纷改设矣。"[①]就连以保守著称的岳麓书院最后一任山长王先谦也指出:"方今时事多艰,培才尤急,将欲讲求实用,不能专制艺试帖以为造就之资。……兹拟定经、史、掌故、算、译各学,列为五门。"[②]可见其支持者是多么的广泛。

值得注意的是,当时的书院改造,并非传统书院办学的改弦易辙,而是以书院为本、学堂为末的原则作指导的,还处在渐进改革的阶段。对于这一点,时人曾有这样的申述:"此外水师武备船炮器械,及工技制造等类,尽可另立学堂,交资互益。以儒学书院会众理以契其纲维,而以各项学堂操众事以效其职业,必贯通有所宰属,然后本末不嫌于倒置,体用不至于乖违。"[③]

这些众多要员的倡议与最高决策层的允准与提议,对于张之洞立定改革书院的决心,拓展改造书院的思路,无疑起到了积极作用。受它们的影响,1896 年 11 月,在张之洞的主持下,颁布了《两湖书院各分教规程》和《两湖书院学规课程》,开始着手对两湖书院的改革。1897 年春,张之洞又公布《新定两湖书院学规课程》共 28 条。1898 年 5 月 5 日,张之洞上呈《两湖、经心书院改照学堂办法片》,提出了"酌照学堂办法,严立学规,改定课程"的奏请。1899 年 2 月 20 日,张之洞还发布了《札两湖、经心、江汉三书院改定课程》的饬令。上述一系列兴革举措历经两年多时间,使得以省城两湖和经心、江汉三大书院为中心,湖北全省的各级书院相继得到改造。下面,就以两湖书院作为焦点,考察这一时期书院改造的特征。

第一,办学宗旨的质变。张之洞在 1898 年 5 月 5 日上奏的《两湖经心书院改照学堂办法片》中曾经这样阐述欲改革的书院之办学宗旨:

> 酌照学堂办法,严立学规,改定课程,一洗帖括词章之习,惟以造真才济时用为要归。……大旨皆以中学为体、西学为用,既免迂陋无用之讥,亦杜离经叛道之弊。……总期体用兼备,令守道之儒为识时

① 陈谷嘉、邓洪波主编:《中国书院史资料》下册,浙江教育出版社 1998 年版,第 2017 页。
② 陈谷嘉、邓洪波主编:《中国书院史资料》下册,浙江教育出版社 1998 年版,第 2015 页。
③ 舒新城编:《中国近代教育史资料》上册,人民教育出版社 1961 年版,第 70 页。

之俊。[①]

在这一段话中，张之洞反复强调的是，书院要培养的是能够“济时用”的“真才”。如何才算是“济时用”的“真才”呢？就是吸收“中学”的大要作为“守道”的根本，同时，又能够学习“西学”的精髓适应时势的变化。与两湖书院创办时所设定的“书院之设所以作养贤才，贵得明体达用之士，以备国家任使”的宗旨相比，我们可以清晰地看到：改制前的书院的宗旨具有明显的“通经致用”的色彩，基本上是对传统的书院办学宗旨的继承；改制后的书院的办学宗旨具有明显的“中体西用”的色彩，是对传统书院办学宗旨的巨大突破。

第二，课程的结构性变化。1897 年，张之洞把课程从原来的“经学、史学、理学、文学”改为“经学、史学、地图、算学四门”。为什么如此设计呢？那是因为，张之洞认为，这些课程“皆致用必需之学，缺一不可”[②]。经史为传统的“致用”之学，张之洞对其给予重视，是一点都不奇怪的。地图、算学也被张之洞列为与经史同等重要的“致用必需之学”，是需要仔细推究的。

地图即地舆之学，其之所以引起张之洞的高度重视，与晚清的中国边疆危机日益深重，边疆问题受到许多学者的关注有关。据统计，自清入关到清帝逊位，研究西北边疆史地的文章达 300 余种，作者达 200 多人，而其中 80% 的著作产生于道光以后。[③] 特别是 19 世纪 60 年代以后，研究外国的地理、风俗等著作逐渐增多，“一时风会所趋，士大夫人人乐谈”，地舆之学成为一时的“显学”。[④] 加之张之洞先后参与伊犁的收复和中法战争的指挥，对地舆之学的重要有着切身体会。因此，其在书院中强调要开设地图学，就成为自然的选择。

至于算学，张之洞在早期著作《书目答问》中便列举了许多算学书目，这应该是其对算学的重要性有所体会的表现。不过，在早期，张之洞基本

---

① 苑书义、孙华峰、李秉新主编：《张之洞全集》第二册，河北人民出版社 1998 年版，第 1299 页。

② 张之洞：《新定两湖书院学规课程》，载《湘学新报》第七册，光绪二十三年（1897 年）六月二十一日，第 16 页。

③ 王记录：《清代西北边疆史地研究论述》，见《兰州学刊》1989 年第 6 期，第 69 页。

④ 梁启超：《中国近三百年学术史》，山西古籍出版社 2003 年版，第 307 页。

上把算学局限在中国传统算学范围内。“算学一门,中国书籍较多,可不假道西文”①一语,正是其反映。后来,随着学习西方的深入,晚清的不少有识之士都认识到,要学习西方的各种实学,就必须从学习西方算学入手。洋务派早期的思想家冯桂芬早就提出:“一切西学皆从算学出……今欲采西学,自不可不学算。”②就连桐城派大儒吴汝纶也认识到算学是学习西学的基础,所以,他才大声疾呼:“今方开倡西学,必以算学为开宗明义第一章。”③甲午战争后,在全国各地,不仅新式学堂普遍开设算学课程,而且许多书院也纷纷添设算学课。如广西书院于“经古书院添设算学一门,课以四季,每季由书院监院禀请抚宪命题考试,问以算数、算理、天文、时务四项”④。一些小书院,如湖南常德德山书院,“原以经史、词章、时艺课士。近因屡奉部文改书院旧章……就书院量为扩充”,最后定为“书院改课算学”⑤。长沙宁乡县的玉潭、云山两书院内均开办算学馆。⑥ 受这些主张与实践的影响,张之洞逐渐认识到算学的重要性,提出了“算学最为切实用”⑦与“算学,乃制造之根源”⑧的主张。因此,算学课程被列入两湖书院的重要课程,就变得顺理成章了。

1899 年 2 月,张之洞又将地图改称兵法,将兵法细分为兵法史略学、兵法测绘学、兵法制造学三类。最后又增加格致、体操等课程。其中,体操课在书院的开设,尤其特别。因此,当时的学子在后来的回忆中曾这样说:“1899 年 8 月,两湖书院开设体育课,由前一年派去日本学习柔软体操的武备学堂学生回国任教,监督梁鼎芬号召学生一洗文弱之风,要求成为体格健全的人才……不久书院开设军操(军事训练),号召大家练

---

① 苑书义、孙华峰、李秉新主编:《张之洞全集》第五册,河北人民出版社 1998 年版,第 3290 页。

② 中国史学会主编:《戊戌变法》一,上海人民出版社 2000 年版,第 27 页。

③ 吴汝纶:《吴汝纶尺牍》,黄山书社 1990 年版,第 103 页。

④ 张之洞:《广西书院添设算学季课示谕》,载《知新报》第十五册,光绪二十三年(1897 年)三月二十六日,第 6 页。

⑤ 张之洞:《常德德山书院许奎垣主讲兆魁新定算学生童课章》,载《湘学新报》第四册,光绪二十三年(1898 年)六月七日,第 32 页。

⑥ 张之洞:《长沙府宁乡县开办译算学堂禀》,载《湘报》第九号,光绪二十四年(1898 年)三月十六日,第 18 页。

⑦ 苑书义、孙华峰、李秉新主编:《张之洞全集》第四册,河北人民出版社 1998 年版,第 2888 页。

⑧ 苑书义、孙华峰、李秉新主编:《张之洞全集》第五册,河北人民出版社 1998 年版,第 3290 页。

成‘文武全才’。”[1]这是书院开办以来开天辟地的事情。

总之，通过前述的一系列变革，在两湖书院的课程结构中，中国传统学术的比例下降，西学的比例大大获得提升。

第三，教学组织形式趋于西化。初创时期的两湖书院并无固定的教学组织形式，属于个别化、分散化的教学。“1895年以后，改变过去分散教学的办法，开始实行讲堂教学。”[2]但是，在教学开展过程中，出现了这样的弊端：不少课程往往同时在讲堂内讲授，不免互相干扰，听课学生常常感到顾此失彼。为了弥补这一缺憾，1896年，再次改订两湖书院学规，规定实行分班上课：上课时以教学程度为标准，将学生分成几个班。每天上下午上2次课，每次2小时。当时的全部240名学生，分成8个班，每班30人。设经、史、地、算四科教室，每班每日上课2堂，每堂1小时。这与西方的班级授课制已经非常接近了。这一教学组织形式的变革，使两湖书院的办学更向西式学堂靠近了一步。

在对两湖书院进行改革的同时，张之洞也在经心书院的改革上耗费了不少心力。1898年5月，经心书院的课程改定为“外政、天文、格致、制造四门，诸生于四门皆须兼通，四门分年轮习，无论所习何门，均兼数学”。1899年2月，新定章程，改外政为舆地，合格致、制造为兵法，于是，课程改定为天文、舆地、兵法、算学四门。“改制后，经心书院可说是渐入学堂的形式了。”[3]

总之，甲午战争后，张之洞在全国书院改革的大背景下，对湖北书院进行了大幅度的改革。无论从书院的办学宗旨的突破性变化，还是课程的结构巨变、教学组织形式的西化，都可看到此时书院变革的力度。虽然这只是对书院内部的改革，而非把书院改成学堂，但这些改革为书院的改制准备了必要条件，其功绩不可抹杀。

---

① 陈英才：《两湖书院忆闻》，见全国政协文史和学习委员会：《文史资料选辑》第九十九辑，文史资料出版社1984年版，第91页。

② 陈英才：《两湖书院忆闻》，见全国政协文史和学习委员会：《文史资料选辑》第九十九辑，文史资料出版社1984年版，第91页。

③ 杨湖樵：《经心书院述略》，见全国政协文史和学习委员会：《文史资料选辑》第九十九辑，文史资料出版社1984年版，第101页。

第三节 推动书院改制的不懈努力

早在1896年,刑部左侍郎李端棻就在《请推广学校折》中提出改书院为学堂的设想:“臣查各省及府州县率有书院,岁调生徒入院肄业,聘师讲授,意美法良,惟奉行既久,积习日深,多课帖括,难育异才。今可令每省每县各改其一院,增广功课,变通章程,以为学堂。书院旧有公款,其有不足,始拨官款补之。因旧增广,则事顺而易行,就近分筹,则需少而易集。”①清廷虽没有采纳这一设想,但提出了“或就原有量加课程,或另建书院肄习专门”②的批复,其实是对李端棻的建议表现出模棱两可的态度。

1898年5月,康有为连上《请开学校折》《请饬各省改书院淫祠为学堂折》。在这两个奏折中,康有为指出,中国要富强,必须走兴办新式学校之路。而兴办新式学校的最佳办法就是把书院改成学堂。对此,他这样说:“思兴学致速之法……莫若因省府州县乡邑,公私现有之书院、义学、社学、学塾,皆改为兼习中西之学校,省会之大书院为高等学,府州县之书院为中等学,义学、社学为小学。”③这一建议一经上奏,迅即被光绪皇帝批准。7月10日,光绪皇帝在谕旨中宣告:“即将各省府厅州县现有之大小书院,一律改为兼习中学、西学之学校。至于学校等级,自应以省会之大书院为高等学,郡城之书院为中等学,州县之书院为小学,皆颁给京师大学堂章程,令其仿照办理。其他地方自行捐办之义学、社学等,亦令一律中西兼习,以广造就。”④

书院改制的上谕发布以后,不少地方开始推动书院改制。直隶总督荣禄将天津的集贤书院改为北洋高等学堂,问津、辅任、会文、三取、稽古五书

---

① 陈学恂主编:《中国近代教育文选》,人民教育出版社1983年版,第64页。

② 沈云龙主编:《近代中国史料丛刊正编》第七七一册,台湾文海出版社1966年版,第373页。

③ 康有为:《请饬各省改书院淫祠为学堂折》,见中国史学会主编:《戊戌变法》二,上海人民出版社1957年版,第220页。

④ 《清实录·德宗实录》卷四百二〇,中华书局1987年版,第504页。

院也都按对应的层次改为学堂。[①] 山西巡抚胡聘之将令德书院“改为晋省省会学堂。书院院长改为学堂总教习，再延请精于西学一二人，作为副教习，按照京师大学堂章程，中西并课，以期明体达用，蔚为通才。……添设经济日课四门，曰政治时务，曰农功物产，曰地理兵事，曰天算博艺。”[②]江苏学政瞿鸿玑将南菁书院和江苏其他书院改为学堂。对此，他在给皇帝的奏折中这样写道：“臣查江苏书院在江宁、苏州两省城者，均由督抚臣经理。惟江阴南菁书院系由前学臣黄体芳创设……今既奉旨一律改为学堂，臣当恪遵办理。”[③]

对于这一书院改学堂的风潮，张之洞无疑是甚为积极的鼓动、参与者。1898 年 4 月，张之洞在《劝学篇》中就正式提出了书院改制的设想，“夫学堂未设，养之无素，而求之于仓卒……是非天下广设学堂不可，各省、各道、各府、各州县，皆宜有学。京师、省会为大学堂，道、府为中学堂，州、县为小学堂”，其方法就是“先以书院改为之”[④]。很快，张之洞就把这一设想付诸实践。对于这一大刀阔斧的举动，张之洞在呈报总理衙门的公文中这样做了具体陈述：

> 省城有两湖书院，去年春即改章。又有经心书院，今年春改章，分习经史、地理、天文、外政、格致、制造、绘图、算学诸门，日日须兼讲四书。此系省城两大书院，均略仿学堂章程，……省城又江汉书院，现亦饬令改章，至省外各属，湖北通计十府、一直隶州，现拟先设十一学堂，各就该书院所有经费、斋舍改为学堂。武昌、汉阳、德安三府之府书院，去年秋、今年春均已停课时文，分习算学、时务，现饬全照学堂章程。此外八府州一律改章，……此外通省六十七州县，已饬一律就所有书院改为学堂。[⑤]

---

① 国家档案局明清档案馆编：《戊戌变法档案史料》，中华书局 1958 年版，第 282 页。
② 国家档案局明清档案馆编：《戊戌变法档案史料》，中华书局 1958 年版，第 247 页。
③ 国家档案局明清档案馆编：《戊戌变法档案史料》，中华书局 1958 年版，第 274 页。
④ 苑书义、孙华峰、李秉新主编：《张之洞全集》第十二册，河北人民出版社 1998 年版，第 9739 页。
⑤ 苑书义、孙华峰、李秉新主编：《张之洞全集》第三册，河北人民出版社 1998 年版，第 2131—2132 页。

从这一陈述中，我们不难看到，在张之洞的治下，不论是省城的书院，还是府、州、县的书院，都力图“一律改为学堂”。这一改革力度是相当大的。

为了使书院改制后的学堂在办学上有章可循，张之洞特意制定了《通省学堂公共简要章程》。章程共八条：第一，全须住院；第二，住院肄业者必须二十五岁以下，附课者不拘；第三，人人须习算学，能兼绘图尤善；第四，人人须习体操；第五，各府学堂人人须习东文，有西文教习者，兼习西文，县学堂从缓，俟两年以后，通东文教习渐多，即分发各属，一律兼习；第六，中国经书、中国史事，人人尤必须讲习；第七，但计分数，不考词章；第八，堂内备伙食，每月课略有笔墨奖赏，不给膏火银。为了使书院改学堂事宜切实得到推行，张之洞还指出，对于上述章程，不同的学堂可以根据自己的情况因地制宜地执行：“省城学堂所讲较深，外府较浅，县学又较浅。外府学堂今年内可略具规模，县学堂今年只能令变旧习，先发粗浅算学书、粗浅时务书数种，令其阅看，筹有学堂屋舍，访有教习，方能合学堂章程。”[①]这对推动湖北书院改制的顺利进行，具有积极的指导意义。[②]

在张之洞的尽力推行下，湖北的书院改制取得了一定的成绩：“公立书院讲授科学的多了；各县兴办小学多起来了；书店里出售的科学书籍多了；私人开办私馆授科学的也多了，教授相当于中学程度的科学课程，就读的学生很多。”[③]但是，戊戌变法不过是昙花一现，迅即被慈禧太后扼杀在襁褓之中。戊戌政变后，慈禧太后颁布命令，废除了一系列的变法新政，书院的改制也在废除之列。1898 年 9 月 30 日，慈禧发布了这样的上谕：“书院之设，原以讲求实学，并非专尚训诂辞章，凡天文、舆地、兵法、算学等经世之务，皆儒生分内之事，学堂所学亦不外乎此，是书院之与学堂，名异实同，本不必定须更改。”[④]这一上谕发布后，全国性的书院改学堂戛然而止，湖北的书院改制自然也就停顿了。

---

① 苑书义、孙华峰、李秉新主编：《张之洞全集》第三册，河北人民出版社 1998 年版，第 2132 页。

② 李国钧、王炳照、李才栋主编：《中国书院史》，湖南教育出版社 1994 年版，第 936 页。

③ 陈英才：《两湖书院忆闻》，见全国政协文史和学习委员会：《文史资料选辑》第九十九辑，文史资料出版社 1984 年版，第 93 页。

④ 〔清〕朱寿朋编：《光绪朝东华录》，中华书局 1958 年版，第 4255 页。

张之洞为什么会在湖北全力推行书院改学堂呢？改制上谕的发布固然是其动因，但是，这只不过是其外因，作为内因的思想认识的变化是其倾力推行书院改学堂的根本动因。下面，就来对此作深入分析。

首先，张之洞对书院腐败习气的体认相当深刻。在从政、办学的早期，张之洞曾一度对创建书院十分热衷。但是，在其创办书院的过程中，越来越发现书院的积弊甚多。在创建尊经书院时，张之洞就发出了这样痛切的感慨："今天下之书院，不溺于积习者罕矣。人多则哤，课无定程则逸，师不能用官法则玩，嬉游博簺，结党造言，干与讼事，讪谤主讲，品既败矣，学庸有成乎？"[①]另外，在近代书院的办学传统中，为了保障学生安心学业，通常规定：按照学生考核成绩的不同等级，配给不同的膏火（即津贴）。但是，这带来了一个弊病："中国书院积习，误以为救济寒士之地，往往专为膏火奖赏而来。本意既差，动辄计较锱铢，忿争攻讦，颓废无志，紊乱学规，剿袭冒名，大雅扫地矣。"[②]所以张之洞屡次强调："入院者，为学问也，非为膏火也。"[③]当书院已经由传统的学生进德修业的场所变为学生游玩嬉戏、结党营私、牟取实利的地方的时候，作为书院的积极创办者，是何等的痛心！因此，张之洞希望通过书院的改制革除这些积弊。

其次，张之洞对书院的学究习气相当反感。传统的书院中的士人，往往抱着"君子喻于义，小人喻于利""明其道，不计其功"的陈旧信条不放，对技术层面的知识的学习，不屑一顾。如张之洞在两湖书院开设军事、体操等课程时，"专门发给学生短衣短裤……开始早操时，年纪较大的学生表示反对，认为着短装，有失文人体面，因此书院也不得不停止他们体操"[④]。仅仅为了文人的虚仪，竟全然不知在国难当头之际学习取向上的变通，其陈腐之气，可见一斑。因此，张之洞希望通过书院改学堂，使书院"可无变为学究之患也"[⑤]。

---

① 苑书义、孙华峰、李秉新主编：《张之洞全集》第十二册，河北人民出版社 1998 年版，第 10078 页。

② 苑书义、孙华峰、李秉新主编：《张之洞全集》第十二册，河北人民出版社 1998 年版，第 9741 页。

③ 苑书义、孙华峰、李秉新主编：《张之洞全集》第十二册，河北人民出版社 1998 年版，第 10074 页。

④ 陈英才：《两湖书院忆闻》，见全国政协文史和学习委员会：《文史资料选辑》第九十九辑，文史资料出版社 1984 年版，第 92 页。

⑤ 苑书义、孙华峰、李秉新主编：《张之洞全集》第十二册，河北人民出版社 1998 年版，第 9743 页。

再次，张之洞对学堂的存在优势有着深刻的认识。在早期的办学实践中，张之洞也走的是书院改造和学堂创办并行之路。但是，多年的实践却告诉他：改革书院的做法难以获得广泛认同，创办学堂却能够得到大众的大力支持。这一点，从湖北自强学堂与两湖书院的生存境遇上就可看得很清楚。两湖书院的建成，茶商有捐助之功。因此，书院建成后，专门为茶商留出四十个名额，作为茶商子弟专门的学额。不过，其前提是茶商要持续捐助书院。可是，时间不长，茶商就以书院所学非所用为由，要求停止对两湖书院的捐助。对此，时任试用知县的曾广敷曾禀告张之洞："两湖书院原定商籍课额四十名，本为茶商而设，近来茶事每为孖占[①]所困，缘孖占能通彼国语言文字，货物之优劣，价值之低昂，胥由孖占操纵，茶商诸事隔阂，亦不能不仰给于孖占。"据此，曾广敷提出这样的建议："不若即以所定商额改为通商西学，即延请华人之能西学者以训诲之，俾专习各国语言文字，二三年学成之后，南北茶商皆可自专而孖佔之挟制可除。"[②]受此促动，张之洞开始筹谋设立自强学堂，"分方言、算学、格致、商务四斋"[③]。不过，即使是在自强学堂中，也还是书院模式与学堂模式共存的。对此，陈东原曾说："方言一斋，住堂肄业；其余三斋，按月考课，即采取考课办法，当然还是书院性质。"[④]其中，方言一斋采取学堂模式来筹办，发展相当迅速，而其他三斋则发展相当缓慢。因此，在甲午战争后重订章程时，张之洞规定，在方言斋中"分立英文、法文、德文、俄文四门"，其他三斋则"一律改课方言"[⑤]。不论是茶商的重学堂而轻书院，还是自强学堂中的学堂模式部分发展迅速与书院模式部分发展缓慢，都告诉人们，在当时的社会条件下，书院发展日渐处于劣势，而学堂的发展正处于优势。作为其筹划、推行者，张之洞自然比谁都了解得更为透彻。有鉴于此，他自然会选择将书院改为学堂。

第四，张之洞对兴学资金的严重不足有着清醒的认识。清政府自鸦片

---

① 广东方言，本意为相连成对，此处指茶商之间的中介人。

② 苑书义、孙华峰、李秉新主编：《张之洞全集》第四册，河北人民出版社1998年版，第2814页。

③ 苑书义、孙华峰、李秉新主编：《张之洞全集》第六册，河北人民出版社1998年版，第4897页。

④ 陈东原：《中国教育史》，商务印书馆1936年版，第475页。

⑤ 苑书义、孙华峰、李秉新主编：《张之洞全集》第五册，河北人民出版社1998年版，第3290页。

战争以来的历次对外战争，几乎都是以割地赔款而告终。尤其是马关条约和辛丑条约的巨额赔款，使“中国的可用资源大量枯竭”[①]。这使得摇摇欲坠的清廷的财政显得日益捉襟见肘。尽管财政状况极为恶劣，但是，为挽救国家危亡而兴办学堂，又是必须的。可是，大规模兴办学堂，确实是国家和地方政府财政所难以支持的。如两江总督刘坤一曾在一份奏折中很无奈地提及，在两江地区办理西式学堂，需数十万银两，可是，“当兹费绌用宏，度支告匮，如此巨款，实苦罗掘无从，而地方应办事宜，更何敢言请款”[②]。富庶冠天下的两江地区的兴办学堂经费尚且如此难以筹措，其他地方的经费筹措之艰难，更是不难想见。在这种情况下，明智的选择应该是什么呢？不少有识之士想到了书院改学堂的办法。因为在清代，各府、州、县可谓书院林立，总数达5000所以上。[③] 而这些书院，基本都有较为固定的场所和经费、稳定的师资。如果能够把这些教育资源利用起来，对于西式学堂在短时间内的大规模建立，无疑能够起到巨大的支持作用。所以，张之洞才会说：“天下之学堂以万数，国家安得如此之财力以给之？先以书院改之。”[④]当然，这不仅仅是张之洞一个人的主张，刑部左侍郎李端棻在《请推广学校折》中，就曾经指出利用书院办学堂的好处：“书院旧有公款，其有不足，始拨官款补之。因旧增广，则事顺而易行，就近分筹，则需少而易集。”[⑤]康有为在《请饬各省改书院淫祠为学堂折》也说过：“思兴学致速之法……莫若因省府州县乡邑，公私现有之书院……皆改为兼习中西之学校，省会之大书院为高等学，府州县之书院为中等学，义学、社学为小学。”[⑥]可见，不少有影响力的政要、思想家都有在资金紧张的条件下书院改学堂的设想。张之洞作为其中的一个封疆大吏，有此想法，自然会不遗余力地推动书院的改制。

总之，在众多内外因素的促动下，张之洞选择了大力推动湖北的书院

---

① 〔美〕费正清编：《剑桥中国晚清史》下，中国社会科学出版社1993年版，第84页。

② 〔清〕朱寿朋编：《光绪朝东华录》，中华书局1958年版，第4230页。

③ 邓洪波：《中国书院史》，东方出版中心2004年版，第405页。

④ 苑书义、孙华峰、李秉新主编：《张之洞全集》第十二册，河北人民出版社1998年版，第9739页。

⑤ 陈学恂主编：《中国近代教育文选》，人民教育出版社1983年版，第64页。

⑥ 康有为：《请各省改书院淫祠为学堂折》，见中国史学会主编：《戊戌变法》二，上海人民出版社1957年版，第220页。

改制。虽然书院改制活动因戊戌变法的告终而停止，但是，张之洞依然千方百计推动书院的改革走向深化。对于慈禧废止书院改制的上谕，张之洞作了颇有创造性的解释，以之来为不能改制的书院进一步改革的合理性进行论证。他是这样说的："书院之设，原以讲求实学，非专尚训诂词章，凡天文、舆地、兵法、算学等经世之务，皆儒生分内之事，现在时事艰难，尤应切实讲求，不得谓一切有用之学非书院所当有事也。"①在这里，张之洞借最高统治者之口，把书院应当切实讲求一切实学的合理性做了充分肯定。这实际上是在为西学在书院占据一定或更高的地位张目。由此，若干西方实学或破天荒地进入书院课程体系，或进一步提升了其地位。

军事学在国难深重的当时的重要性，是已经获得了社会的广泛认可的。众多武备学堂、军事学堂的设置，便是其明证。不过，仅靠有限的武备学堂、军事学堂，尚不足以培养数量足够、德才兼备的军事人才。因此，就需要在书院中设置军事课程，来弥补其不足。张之洞深明此理，因此，当书院改制受阻时，他在无奈之下，按照上谕所示，将兵学课程设置为两湖书院的主干课程。其上谕所示为："将省城各大书院，即照天文、地理、兵法、算学，分门讲授。"对于这一指示，张之洞作出的反应是："查两湖书院现课经学、史学、天文、舆地、地图、算学六门，兹除经学、史学，原系书院所当讲求外，查测绘地图，本系兵法中最要之务，该书院所分门类，正与此次懿旨适相符合，应即将地图一门，改称兵法。"②这一课程变动，正把兵学的重要性在课程体系中凸显出来。另外，张之洞为了强化书院学子军事素质的培养，还特别将兵学课程细化："惟兵法之学，体大思精，应于兵法一门中又分为三类：一曰兵法史略学，讲求历代史鉴、兵事方略；一曰兵法测绘学，讲求测量山川海道形势、远近营垒、炮台体式、绘画成图；一曰兵法制造学，讲求制造枪炮船雷、行军电报、行军铁路等事。"③

对于经心书院，张之洞模仿两湖书院章程，重新厘定书院的办学章程："除四书大义、中国内政本系由监督训课讲习外，若天文、算学，本系章程

① 苑书义、孙华峰、李秉新主编：《张之洞全集》第五册，河北人民出版社1998年版，第3747页。
② 苑书义、孙华峰、李秉新主编：《张之洞全集》第五册，河北人民出版社1998年版，第3747页。
③ 苑书义、孙华峰、李秉新主编：《张之洞全集》第五册，河北人民出版社1998年版，第3747页。

所有,其外政即系讲求舆地之学;格致制造,即系讲求兵法之学,此后亦定名为天文、舆地、兵法、算学四门。"[①]至于江汉书院,也与两湖、经心书院一样,开设天文、舆地、兵法、算学四门课程。

这些改革虽说是无奈之举,但毕竟使得书院的课程设置与西式学堂的课程设置已经非常接近了。这就为清末新政时书院改制的再次启动、最后完成奠定了坚实基础。

第四节 变革科举的新篇章

传统的科举制度在败坏世风、束缚人们的思想等方面的弊病,早已为有识之士所深知。到了19世纪末,批判之声不绝于耳,改革倡议也随之而出。从1897年12月16日开始的半年时间中,就有贵州学政严修、浙江巡抚廖寿丰、康有为、梁启超等先继向朝廷上了一系列奏折,请求改革科举制度。[②] 在这样的时代风潮中,1898年7月4日,张之洞会同当时的湖南巡抚陈宝箴,共同呈上《妥议科举新章》,大声呼吁:"救时必自求人才始,求才必自变科举始。"[③]这一奏折提出的科举改革方案主要包括如下两方面的内容:

其一,"先博后约,随场去取"之法。即把乡试和会试都分为三场:第一场考试为"中国史事、本朝政治论五道,此为中学经济"。第二场考试内容为"时务策五道,专问五洲各国之政、专门之艺"。其中的"政",包括各国地理、学校、财赋、兵制、商务、刑律等,"艺"包括格致、制造、声、光、化、电等。"此为西学经济"。第三场考试内容为"四书义两篇、五经义一篇","取其学通而不杂,理纯而不腐者"。前一场考中后才可参加下一场考试,三场考试俱优者,才算考中。学政在平时考校生徒,也要"以例推之"。其

① 苑书义、孙华峰、李秉新主编:《张之洞全集》第五册,河北人民出版社1998年版,第3748页。

② 参见蔡振生:《张之洞教育思想研究》,辽宁教育出版社1994年版,第108—109页。

③ 苑书义、孙华峰、李秉新主编:《张之洞全集》第二册,河北人民出版社1998年版,第1304页。

二,“凡京官考试,诗赋、小楷与时文应一并扫除”。①

在呈上前折的同时,张之洞还独立呈上《酌拟变通武科新章折》,主张把武试分为三场:头场试“枪炮准头,兼合演试装拆运动之法”;二场试“各式体操及马上放枪、步下击刺之技”;三场试“测绘工程、台垒、铁路、地雷、水雷、舆地、战法等学”②。

对于张之洞的奏折,朝廷的上谕称赞其“剀切周详,颇中肯綮”,并命令礼部提出具体的操作细目,通令各省执行。同时,上谕还特别说明,今后一切考试“均以讲求实学实政为主,不得凭楷法之优劣为高下”③。8 月 19 日的上谕,再次明令,嗣后一切考试“诗赋概行停罢,亦不凭楷法取士”④。由此可见,张之洞改革科举的奏折对当时科举制度改革起到了开渠导流的作用。

遗憾的是,改革科举的新法推出不久,由于戊戌政变的发生,所有的新政都被废除。10 月 9 日的上谕明令:“乡试、会试及岁考科考等悉照旧制,仍以四书文、试帖、经文、策问等项分别考试”,并停罢经济特科。改革科举制度的进程因之而受阻。此后的两年多时间里,张之洞再不敢轻言科举变革之事。只有到了 1900 年以后,随着变法风潮再起,张之洞才又在变革科举中发挥其重要作用。

张之洞关于科举制度改革的倡议虽然是短命的,但是,从这一短命的改革方案中,却可以看到张之洞作为政治家所特有的教育智慧。其教育智慧主要表现在以下两方面:

第一,与维新派主张合中有分的智慧。对照前面的张之洞变革科举方案,其最重要特征就是中学与西学兼顾、分场考试。而这一特征,与维新派人士的变革科举的主张如出一辙。以下两条史料,即是明证。

康有为在 1895 年公车上书中就曾提出:

文科童试,即以经古场为正场,自占经解一、专门之学一。二场试

---

① 苑书义、孙华峰、李秉新主编:《张之洞全集》第二册,河北人民出版社 1998 年版,第 1306—1309 页。
② 苑书义、孙华峰、李秉新主编:《张之洞全集》第二册,河北人民出版社 1998 年版,第 1310—1316 页。
③ 〔清〕朱寿朋编:《光绪朝东华录》,中华书局 1958 年版,第 4141 页。
④ 中国史学会主编:《戊戌变法资料丛刊》第二册,神州国光社 1953 年版,第 41—42 页。

四书文一、中外策一、诗一，亦及格即取，不限名额。每场考试，人数不得过三百。增设学政，每道一人，可从容尽力矣。其乡会试，头场四书文一、五经解一、诗一，纵其才力，不限格法，听其引用，但在讲明义理宗尚孔子；二场掌故策五道；三场问外国考五道；及格者中，不限名额。殿试策问，不论楷法，但取直言极谏，条对剀切者入翰林。①

梁启超于1896年写就的《变法通议·论科举》一文中指出：

欲兴学校、养人才以强中国，惟变科举为第一义。上策为远法三代，近采泰西，合科举于学校；自京师以讫为县，以次立大学小学，聚天下之才教而后用之。中策为科举学校未能遂合，莫如用汉唐之法，多设诸科，与帖括一科并行，立明经、明算、明字、明法、使绝域、通礼、技艺、学究、明医、兵法十科。下策则一仍今日取士之法，而略变其取士之具。童子试非取录经古者不得入学，而经古一场，必试以中外政法得失、时务要事、算法格致等艺学。乡会试必三场并重，第一场试四书文、五经文、试帖各一首；第二场试中外史学三首，专问历代五洲治乱存亡之故；第三场试天算、地舆、声望、化电、农矿、商兵等专门，听人自择一门，分题试之各三首。殿试一依汉策贤良故事，专问当世之务，对策者不拘格式，不论楷法。②

拿张之洞与康、梁关于科举改革的主张比较，其间的相似之处是一目了然的。与梁启超的主张，更是非常接近。这说明其有意与维新派的主张取得相当程度的契合。为什么他会作出这样的选择呢？应该是他想借维新派的力量为自己所用。毕竟维新派在当时的天下士人中有一呼百应的气势，而且他们也深为光绪皇帝所垂青。与维新派的思想取得一致，就容易获得皇帝和广大士人的支持。在表层主张的高度契合下面，实际上潜藏着张之洞与维新派主张的内在紧张。这一紧张主要表现在张之洞对"中

① 陈学恂主编：《中国近代教育文选》，人民教育出版社1983年版，第98页。
② 陈学恂主编：《中国近代教育文选》，人民教育出版社1983年版，第139—140页。

体西用”思想的凸显上。张之洞在变革科举的奏折中，一再强调，取士一定要选择“宗法圣贤而见理纯正者”。“今废时文者，恶八股之纤巧、苛烦、浮滥，不能阐发圣贤之义理也，非废四书五经也。”如果在应考士子中，出现“若周秦诸子之谬论、释老二氏之妄谈、异域之方言、报馆之琐语，凡一切离经叛道之言严加屏黜，不准阑入”。如果在士子中出现“虽解西法而支离狂悖、显背圣教者”，“斥不取”。这些言论充分表明，张之洞倡导科举考试中大量增加西学的内容，是以不违背“圣贤义理”、不“离经叛道”为根本性前提的。这与维新派思想中离经叛道的成分就拉开了距离。为什么张之洞会这样做呢？在笔者看来，这是其为了在改革主张上留一手。张之洞作为一个善观政治风向的政坛耆宿，他很明白慈禧太后思想上的保守倾向，也深知慈禧与光绪之间的深层矛盾。为了确保在有非常之变时，他不至于在慈禧太后那里失足，故他要在思想主张上与亲近皇帝的维新派拉开一定的距离。这就做到了一个改革的倡导者在政治上的双保险。后来发生的戊戌政变确实给了张之洞应有的回报：维新派人士或死或逃，而张之洞却岿然不动。这正是对其政治智慧、教育智慧的酬赏。

第二，在传统的延续与变革之间寻求平衡的智慧。在张之洞的科举改革方案中，保留了传统的乡试、会试、岁考、科考的形式框架。在这样的形式框架中，注入了西学的内容。这是非常富有智慧的制度设计。因为在当时的情况下，为了实现国家富强的目标，不得不通过科举考试的改革引导广大士子学习西学，故西学的考察是科举改革中必须迈出的一步。但是，在当时特定的社会状况下，又无法取消科举考试这样一种形式的。如果取消，由旧教育培养出来并受传统科举制度规范的广大知识分子就会失去仕进之路，因而产生巨大的心理失衡。这极易酿成极大的社会动荡。因此，张之洞在经过审慎权衡之后，只能对科举制度“存其大体而斟酌修改之”，在传统的制度框架中适当注入西学的内容。这实际上是一种不得已选择的过渡办法。对于这一点，维新派巨子梁启超说得好：“此数年中借策论科举为引渡，此亦不得已之办法也。”[①]在这一艰难的平衡策略中，不难看出张之洞作为政治家的权变、中庸的智慧。

---

① 中国史学会主编：《戊戌变法资料丛刊》第二册，神州国光社 1953 年版，第 41—42 页。

第五章　融汇中西的文化图式与教育蓝本的建构

从张之洞担任学政伊始，直到其返回湖广总督任上，其思考教育问题与推动教育实践变革有一个基本的取向，那就是：接续传统教育与引入西方教育并行。在这一取向的支配下，其零星的教育改革实践与教育理论思考一点点积聚、酝酿，终于在 1898 年的时候形成了一个具有里程碑意义的理论结晶——《劝学篇》。

第一节　《劝学篇》诞生的历史根基

一、变法自强命题的促动

中日甲午战争后，时人发出了这样的仰天浩叹：“往岁英法犯阙，不过赔千万两，添设通商口岸二三处而已，未闻割地以求成也，今倭一海岛小国，以中国之全力受困东隅，国将何以为国。”[①]可见,被日本打败对当时的中国来说,其创伤既深且剧。这极大地刺激了朝野上下,使变法自强成为全社会的共识。

首先从最高统治者那里来看。光绪皇帝对于变法自强的热忱,在戊戌变法中袒露无遗,无须赘述。就是在“戊戌政变”中囚禁光绪、扑灭“百日维新”之火的慈禧,也不是像人们想象的那样对变法持反对态度。相反,其对变法自强的态度也相当积极。据翁同龢光绪二十一年(1895 年)四月的日记记载:“是日奉懿旨,今宜专讲西学,明白宣示。”这表明,慈禧对西学重要性的认识已经相当明确。当光绪面向慈禧表示“不愿为亡国之主”时,慈禧明确表示,“变法乃素志”,“苟可以致富贵者,儿自为之,吾不内制也”[②]。当然,也许这样的话语会有虚与委蛇的成分。可是,慈禧在“戊戌政变”后不到三个月的时间里,就三次下旨[③],在痛斥维新人士“乘变法之际,隐行其乱法之谋”[④]“窃变法之说,为煽乱之谋”[⑤]的同时,饬令“大小臣工,务当以康有为炯戒,力挟名教,共济时艰,所以一切自强新政,胥关国计民生不特已行者,亟应实力举行,即尚未兴办者,亦当次第推广,于以挽回积习,渐臻上理,朕实有厚望焉”[⑥]。这就实实在在说明,慈禧肯定是赞成变法自强的。其之所以反对维新运动、扑杀维新派人士,实在是因其对君主立宪可能带来的失去最高权力的恐惧。

其次从官员们的思想状况来看。当时的洋务派、改良派力主变法自强的主张,可以说众所周知,无须多言。就是那些著名的反对变法的人士,也纷纷倡言变法。如慈禧的亲信荣禄在 1898 年 1 月就曾上书言事,提出“参酌中外兵制造就人才,每省设武备学堂,兼学重学、化学、格致、舆地诸学”[⑦]等主张。即使是那些司道一级甚至更下层的官员,“绝大多数也是赞

---

① 《光绪朝朱批奏折》第一百二〇辑,中华书局影印本 1996 年版,第 643 页。

② 中国史学会主编:《戊戌变法资料丛刊》第一册,神州国光社 1953 年版,第 464 页。

③ 分别是光绪二十四年八月十四、九月初一、十月初三。

④ 第一历史档案馆编:《光绪宣统两朝上谕档》第二十四册,广西师范大学出版社 1996 年版,第 430—431 页。

⑤ 第一历史档案馆编:《光绪宣统两朝上谕档》第二十四册,广西师范大学出版社 1996 年版,第 461 页。

⑥ 第一历史档案馆编:《光绪宣统两朝上谕档》第二十四册,广西师范大学出版社 1996 年版,第 430—431 页。

⑦ 〔清〕朱寿朋编:《光绪朝东华录》,中华书局 1958 年版,第 4016 页。

成变法的"[1]。

最后从知识分子的思想状况来看。甲午战争后,可以说,知识分子集团是变法自强最积极的鼓吹者。众多维新人士对变法自强的积极鼓吹已经成为常识,这里不必过多引证。这里只是提供两个当代学者的研究成果,确证一下这一观点。海外新儒家之一的著名学者张灏通过其研究,得出一个基本的判断:1895 年以前的士人们对西学还有"一种普遍的漠视","一般士大夫思想上的门仍然紧紧关闭着",但是,"在 1895 年以后开始有了极大的转变"。[2] 著名历史学者朱维铮在对《万国公报》进行研究之后得出这样一个结论:甲午战争以前,该报言论很少超越通商筑路、改革科举的范围,甲午战争以后,就转向"不变法不能救中国"了。[3] 这些都说明,在甲午战争以后,知识分子基本上都转向强烈关注西学,期望通过对西学的学习来变革陈法,挽救国家的危亡。对此,身临其境的何启、胡礼垣说:甲午战前是"千人醉而一人醒,则其醒者亦将哺糟啜醴,宜其醉醒无时也",甲午战争后则是"一战而人皆醒矣,一战而人皆明矣"[4]。这的确是形象的一语中的之言。

总之,在甲午战争后,变法自强成为最高统治者、各级官僚、知识分子共同探讨的核心论题。从这一意义上讲,葛兆光、萧功秦两位学者所下的"中国的近代史应该从甲午战争开始"的论断[5],是有其根据的。

二、自强之路的别样选择的刺激

除了变法自强外,当时的人们还设计了另外两条自强的道路:一是通过德治实现自强,二是以西化的方式实现自强。

---

① 茅海建:《戊戌变法史事考》,生活·读书·新知三联书店 2005 年版,第 280—300 页。

② 张灏:《晚清思想发展试论——几个基本论点的提出与检讨》,见周阳山、杨肃献编《近代中国思想人物论——晚清思想》,台湾联经出版事业公司 1980 年版,第 27 页。

③ 朱维铮:《万国公报文选·导言》,见李天纲编校:《万国公报文选》,生活·读书·新知三联书店 1998 年版,第 24 页。

④ 郑大华点校本:《新政真诠——何启、胡礼垣集》,辽宁人民出版社 1994 年版,第 183 页。

⑤ 葛兆光:《1895 年的中国:思想史上的象征意义》,载《开放时代》2001 年第 1 期;萧功秦:《危机中的变革》,上海三联书店 1999 年版,第 25—26 页。

（一）德治主义者的思路

在甲午战争后，变法自强虽然已经成为全社会的主流话题，但是，激烈的反对变法者依然存在。用当时的管学大臣孙家鼐的话说就是："今日臣士愿意变法者，十有六七，拘执不通者，十之二三。"①

如徐桐，早在同治年间就"念外人麇集京师，和议难恃，宜壹意修攘图富强；因条上简才能、结民心、裕度支、修边备四策"②。刚毅在地方任职时清廉刚正，力主采用中法，修明吏治，治水患，造福民众。戊戌变法时期，每有新政措施颁布，必痛哭于列祖列宗前。孙灏弹劾保国会时说："专变成法，则是列圣所遗之良法美意，俱不足守，辨言乱政，莫此为甚。"③

从这些人的言行来看，他们绝不是反对国家走向富强，只是迂腐地坚持"祖宗之法不可变"而已。为什么这些人会如此执拗地坚持不能变祖宗之成法，其理由是什么呢？曾廉说："中国一切皆非为制度之不良，而但为人心之败坏而已。"④李秉衡说："有治法，无治人，虽得泰西之法而效之，亦徒使其关利营私之计，试观近数十年，凡专办交涉之事，侈言洋务之利者，无不家资千百万，昭昭在人耳目，究之其利在公乎？在私乎？……臣赋性迂拙，洋务非所素习，而默察治乱之权，总以正人心，培国脉为本，補救偏弊可也，因噎废食不可也。"⑤

可见，在这些反对变法的人士看来，国家之所以陷入困境，其根源不在于法制的不良，而是人心的大坏。所以，他们才会认为，让中国走出困境的道路不是变法，而是改变人心。

（二）西化论者的主张

与持德治主义思想者形成鲜明对照的，还有另外一种极端趋新的思想，那就是倡导以西学改造中体者与全盘西化论者。

---

① 萧功秦：《危机中的变革》，上海三联书店1999年版，第31页。

② 《清史稿》（第42册），中华书局1974年版，第12749页。

③ 孙灏：《劾保国会章程》，见《觉迷要录》卷四，台联国风出版社1970年版，页7。

④ 阳信生：《曾廉的生平与思想》，载《中南大学学报》2003年12月第9卷第6期。

⑤ 〔清〕李秉衡撰：《李忠节公奏议》，台湾成文出版社1968年印，第762—763页。

倡导以西学改造中体者，以康有为为代表。康有为基于“布衣改制，事大骇人，故不如与之先王，既不惊人，自可避祸”[①]的考虑，撰写了《新学伪经考》与《孔子改制考》两部著作。在这两部著作中，康有为宣称：清朝学者崇信的儒家经典，如《周礼》《逸礼》《古文尚书》《左传》《毛诗》等，都不是孔子之作，而是刘歆所编的“伪经”；孔子绝不是“述而不作”的“大成至圣先师”，而是“托古改制”的“素王”。这样的学说一经面世，举世震惊。梁启超称之为“思想界之一大飓风”，如“火山大喷发”“大地震”。这两部书之所以会在当时产生那么大的影响，主要有两个原因：一是彻底否定了清代正统派汉学的立足点，对当时学术文化的正统形成了巨大冲击，撼动了人们固守的“恪守祖训”的观念。对于人们重新认识、估价一切传统典籍的价值，广泛吸取西方学术，具有巨大的解放思想的作用。二是《孔子改制考》把西方资产阶级进化论学说和中国传统的今文哲学中的变易观融为一体，加之糅合了《礼运》的小康大同说与公羊三世说，提出了人类社会是循着“据乱世——升平世——太平世”的规律发展，最终达到“政府皆由民造”，实现天下为公的大同世界的思想。对于君权观念深入人心的中国社会来说，这一张扬民权的思想是具有石破天惊意味的。如果概而言之，《新学伪经考》为西方学术进入扫清了道路，《孔子改制考》则成功地将西方的政治思想植入了中国传统政治思想的结构中。二者的协同，将西方的思想自然地改造为中国思想的有机组成部分。这实质上是悄无声息地用西学改造了中体。不管是其思想在当时人的心目中是“貌孔心夷”，还是其在当代学者看来是“貌夷心孔”[②]，都反映了这一点。

比康有为在思想上走得更远的是樊锥。他说：“洗旧习，从公道，则一切繁礼细故、猥尊鄙贵、文武名场、恶例劣范、诠选档册、谬条乱章、大政鸿法、普宪均律、四政学校、风情土俗，一革从前，收索无剩，唯泰西是效，用孔子纪年”[③]。这显然是全盘推倒中国传统，全面向西方学习的全盘西化论。

在当时，康有为、樊锥等人对中国传统激烈否定的学说被视为异端，不

① 康有为：《孔子改制考》，中华书局 1958 年版，第 267 页。

② 茅海建：《戊戌变法史事考》，生活·读书·新知三联书店 2005 年版，第 292 页。

③ 《湘报类纂》甲集上卷，页 4。

仅遭到反对变法人士的激烈攻击，就连许多赞成维新变法的官员、学者，也都大肆抨击。如曾经荐举过康有为的翁同龢、孙家鼐、陈宝箴等大员，与康有为素来友善的朱一新、屠仁守等儒者，都是如此。

对于反对变法人士的思想，主张变法自强的张之洞是持批评态度的。在他看来，如果置之于和平年代，这样的言论不能说没有其合理性。但是，在中国处于亡国灭种的边缘的时候，不知适应时势，空谈德治之功效，只会使国家很快陷入沦亡的境地。正是因为如此，张之洞才对此种言论嗤之以鼻。他在戊戌政变后就曾写信给当时的大学士徐桐，对之一针见血地指出："若不急谋自强，恐有再图十年之安亦不可得。"[①]这可以说是对反对变法人士的当头棒喝。

对于西化论者的主张，张之洞也是一贯反对的。虽然张之洞曾经支持康、梁办强学会、行销《时务报》等，但是，对于他们的援西入儒、菲薄名教的思想极其反感。如张之洞就曾经这样抨击康、梁的学说："大率近日风气，其赞羡西学者，自视中国朝政民风无一是处，殆不足比于人数。自视其高、曾、祖、父亦无不可鄙贱者，甚且归咎于数千年以前历代帝王无一善政，历代将相无一人才。不知二千年以上，西国有何学，西国有何政！"[②]其中的愤怒之态，可谓一览无余。另外，1898 年 3 月 29 日《湘报》发表易鼐的《中国宜以弱为强说》，主张"民权与君权两重""中教与西教并行""黄人与白人互婚"等。看了这样激进的言论，张之洞特意致电湖南学政徐仁铸说，去年已"力言湘学报多有不妥，恐于学术人心有妨……近日由长沙寄来湘学报两次，其中奇怪议论较去年更甚，或推尊摩西，或主张民权，或以公法比春秋，鄙人愚陋，实所未解，或系阁下未经寓目耶？此间士林见者啧有烦言，以后实不敢代为传播矣"[③]。其中的厌恶甚至恐惧之情，可谓一目了然。

既然采取传统的德治主义的思路不可取，西化论者的主张又难以认同，这就需要张之洞选择一条介于传统与西化之间的路径。《劝学篇》便

① 张之洞：《致徐荫轩中堂》，见《张文襄公函牍未刊稿》第三册，中国社会科学院近代史研究所图书馆收藏未刊张之洞档案（以下简称近代史所藏档）甲 182—393。

② 苑书义、孙华峰、李秉新主编：《张之洞全集》第十二册，河北人民出版社 1998 年版，第 9737 页。

③ 叶德辉编：《翼教丛编》，台湾文海出版社 1967 年版，总第 377 页。

是这样一个思路的产物。对此，张之洞在追忆《劝学篇》成书的机缘时就曾说："自乙未后，外患日亟，而士大夫顽固日深。戊戌春，佥壬伺隙，邪说遂张，乃著《劝学篇》上、下卷以辟之。大抵会通中西，权衡新旧。"①由此可见，张之洞写作此书，正是为了对"顽固日深"的德治主义思想与西化的"邪说"进行批判与"权衡"。

三、信奉中庸之道的自然选择

曾在张之洞幕府近20年的辜鸿铭曾这样论及张之洞与曾国藩的区别：

> 张文襄儒臣也，曾文正大臣也，非儒臣也。三公论道，此儒臣事也；计天下之安危，论行政之得失，此大臣事也。国无大臣则无政，国无儒臣则无教。政之有无，关国家之兴亡，教之有无，关人类之存灭，且无教之政终必至于无政也。……文忠步趋文正，更不知有所谓教者……文襄之效西法，非慕欧化也；文襄之图富强，志不在富强也。盖欲借富强以保中国，保中国即所以保名教。吾谓文襄为儒臣者为此。②

辜鸿铭作为张之洞幕友中的重要人物，与张之洞相交时间之长、相知之深，是少有的。因此，他对张之洞的评价应该是切中肯綮的。辜鸿铭首先肯定了张之洞是"保名教"之"儒臣"，其次指出，张之洞"保名教"不是像顽固派那样抵制西学，而是主张"效西法"。这就把张之洞作为一个政治人物的两个特质作了很好的概括：一是守护传统儒道的卫道者，二是能够适应时代潮流的革故鼎新者。

受其父张锳的儒家思想的影响及其受业于胡林翼、韩超等儒者，奠定了其儒家思想的根基。这使儒家思想成为张之洞生命中的思想底色。其成为政治人物，终生持守儒者之道，成为"儒臣"，都是不难理解的。在任

① 苑书义、孙华峰、李秉新主编：《张之洞全集》第十二册，河北人民出版社1998年版，第10621页。
② 黄兴涛等译：《辜鸿铭文集》，海南出版社1996年版，第418—419页。

职四川学政时,在为士子撰写的《輶轩语》与《书目答问》中,已经显示出其对西学的注意。学习西学,可以说在思想上已经肇其端。后来,在清流生涯中,发出"塞外番僧,泰西智巧,驾驭有方,皆可供我策遣"①的声音,正是吸收西学的思想倾向凸显。到了山西巡抚任上后,就开始了其在事功层面上的守护儒道与效法西方并进的历程。这一历程,可以说终其生而未变②。

为什么张之洞能够做到在守护儒道与效法西方之间的合理平衡呢?这与其对传统的中庸之道的体认与行持有着密不可分的关系。事实上,张之洞终生都是信奉中庸之道的。他自称,平生办事"不外《中庸》'勉强而行'四字"③。那么,什么是所谓"中庸"呢?程颢、程颐的解释为:"不偏之为中,不易之为庸。中者,天下之正道;庸者,天下之定理。"④朱熹的诠释是:"中庸者,不偏不倚,无过不及,而平常之理,乃天命所当然,精微之极致也。"⑤这两个经典的注解告诉我们,中庸就是对"过"与"不及"之间的度的把握。守护传统的儒道与学习西方的新学不就是两个极端吗?在这两个极端之间,信奉中庸之道的张之洞做出的选择只能是在二者之间寻找一个合理的平衡点。张之洞在《劝学篇·序》中说:"凡此所说,窃尝考诸《中庸》而有合焉。"这正说明,《劝学篇》的创作是自觉地以中庸之道为基本指导思想的。

四、应运而生的《劝学篇》

(一)写作的缘起

1898年初,康有为的《孔子改制考》正式刊刻。对此,张之洞不无忧虑地说:"此等文字,远近煽播,必致匪人邪世,倡为乱阶。"⑥可见,从其根本

① 苑书义、孙华峰、李秉新主编:《张之洞全集》第一册,河北人民出版社1998年版,第42页。

② 对于这一点,在本著第二章到第四章的论述中已经有详明的展开,此不赘述。

③ 苑书义、孙华峰、李秉新主编:《张之洞全集》第十二册,河北人民出版社1998年版,第10632页。

④ 〔宋〕程颢、程颐撰:《二程遗书》卷七。

⑤ 《四书章句集注·中庸章句》。

⑥ 苑书义、孙华峰、李秉新主编:《张之洞全集》第四册,河北人民出版社1998年版,第2866页。

的政治主张出发,张之洞是反对康有为的“西化”政治主张的。既然是这样,按照常理,张之洞当时就应该公开表态,对康有为的主张进行抨击,以之来表明自己的政治立场。可是,他当时并没有这样做。为什么呢?原因有两个:一是在此之前,张之洞与维新派的干将关系都很融洽,他们之间有良友之情义。对于这一点,可从几个他们之间的交往细节中看到。1895年9月,张之洞在暂署两江时,康有为曾专程前往江宁,与张之洞盘桓20余日。其间,张对康优礼有加。虽然张之洞公务繁杂,依然坚持隔日与康氏一谈,且常常谈至夜深。当时,康有为请张之洞出面设立上海强学会,张之洞慨然应允,并捐银1500两作为办会经费。由此可见,张、康关系相当融洽,且大有相见恨晚之意。对于维新派中地位仅次于康有为的梁启超,张之洞与其的关系也甚为融洽。1897年1月,应张之洞的邀请,梁启超到武昌拜见之洞。当梁启超抵达湖广总督衙署时,张之洞竟准备以迎接钦差及外国使节的礼仪迎接梁氏。张之部属以“骇听闻对”为由劝阻,张之洞方才作罢。梁启超入住总督衙署后,张之洞盛情款待。“是夕即招饮……谈至二更乃散。渠相招之意,欲为两湖财务院长,并在署中办事,以千二百金相待,其词甚殷勤。”①对于张之洞如此倍加礼遇,梁启超也投桃报李,对于张之洞的优礼示以“恐惶不安”之态,还“因著复称弟子”②,对张之洞如此大加称颂:“公海内大吏,求其通达西学深见本原者,莫吾师若;求其博综中学精研体要者,尤莫吾师若。”③虽然梁启超没有接受张之洞的邀请而在两湖为官,但自此可见,他们之间特别欣赏、尊重对方,不无惺惺相惜的意思。如此情意殷殷的朋友,如果公开抨击其政治主张,就意味着把康有为等推到了自己的政治对立面上,朋友之情义就彻底终结了。二是当时的维新派已经得到光绪皇帝的信任与支持,对于康、梁等人在未来的政局中究竟会扮演什么样的角色,一时尚难作出清晰的判断。如果康、梁将来成为朝廷中枢的重要人物,凭借以前的友情,他们无疑能够成为张之洞在政界的强援。可是,假如他们遭到政敌的打压一败涂地,张之洞与他们的所

① 上海图书馆编:《汪康年师友书札》,上海古籍出版社1986年版,第1841页。
② 中国史学会主编:《戊戌变法资料丛刊》第四册,神州国光社1953年版,第302页。
③ 梁启超:《饮冰室合集》文集1,中华书局1989年版,第105—106页。

有过从往还就可能成为政治上的绊脚石。因此，对于应该如何公开表态，感到左右为难。在经过一段时间的心理煎熬后，张之洞依然难下决心，故曾问计于其主要幕僚梁鼎芬："康学大兴，可谓狂悍，如何，如何？"①在此，其首鼠两端的焦虑之情流溢而出。

不过，在思想上经过长时间的反复斗争后，张之洞最终下定决心，决意通过写作一部书稿，表明自己与康、梁等政治主张的界限。这一著作便是《劝学篇》。在其下定决心后，很快便召集自己的心腹幕僚，商议如何写作之事。此次会议之后，《劝学篇》很快就写出来了②。时间大约在戊戌年的三月③。对于这一写作的缘起，辜鸿铭曾一针见血地指出："呜呼！文襄之作《劝学篇》，又文襄之不得已也，绝康梁并以谢天下。"④赵炳麟也说："之洞曾荐梁启超，惧为时议非刺受祸，遂著劝学内外篇，外篇言采西学，内篇宗经典，以抵康梁。"⑤这两则史料相互印证，正告诉我们，《劝学篇》的写作的确是为了与康、梁在政治上划清界限。那么，为什么张之洞会在长时间的心理煎熬后，最终做出了这样一个让他不无痛心的决定呢？这与张之洞的抱负及其对当时政治态势的判断有着密切关系。

张之洞是一个对登上权力的巅峰孜孜以求的人。早在其刚刚上任山西巡抚一职时，便自言"不敢忘经营八表之略"⑥。可见，至少从那时起，登上宰相的宝座，为整个国家擘画筹策，便是其志向。一切有利于这一抱负实现的积极因素，他都会利用起来。而一切对实现这一抱负构成障碍的因素，他都会极力排除。让他感到遗憾与痛心的是，在经过苦心思虑之后，他不得不承认，按照当时的政局推测，康、梁等人最终会成为他通往权力巅峰的绊脚石。为什么张之洞会得出这样的判断呢？这是因为张之洞"深窥

① 陈庆年：《戊戌乙亥见闻录》，见《近代史资料》总第八十一号，第113页。

② 黄兴涛等译：《辜鸿铭文集》，海南出版社1996年版，第319—320页。

③ 关于《劝学篇》成书时间及著作权始终有争议，然而不管是谁执笔写作，基本上反映或代表张之洞的思想则是毫无疑义的。对此李细珠做了较为详细的考证，参见李细珠：《张之洞与清末新政研究》，上海书店出版社2003年版，第53—54页。

④ 黄兴涛等译：《辜鸿铭文集》，海南出版社1996年版，第320页。

⑤ 《光绪大事汇鉴》卷九，页22。

⑥ 苑书义、孙华峰、李秉新主编：《张之洞全集》第一册，河北人民出版社1998年版，第83页。

宫廷龃龉之情与新旧水火之象”[①]。在张之洞看来，以慈禧太后为首的“后党”和以光绪皇帝为首的“帝党”虽然在表面上都主张变法，二者之间不存在尖锐的矛盾，但事实上，它们深层的矛盾是不可调和的。其表现在：慈禧太后不反对变法，是以变法不触动其最高权力为底线的；而“帝党”所倡导的设置议院、实行君主立宪等主张如果实行，必然对最高权力的施展构成威胁。因此，对于小修小补式的变法举措，慈禧太后及其党羽可以容忍甚至认同。但是，在涉及可能影响最高权力的政治制度要切实推行时，慈禧太后必定不能容忍。这就自会带来“后党”和“帝党”的最终反目。如果二者反目，实际上始终牢牢地掌握国家最高权柄的慈禧太后随时能够击垮光绪皇帝及其辅翼。届时，作为光绪皇帝重要辅翼的康、梁，将有名裂身死的危险。如果不及时和此类人划清界限，将来恐难逃“殃及池鱼”之祸。正是因为如此，张之洞虽然明知《劝学篇》的出笼会使自己与康、梁等人情断义绝，依然果断地组织其幕僚推出了《劝学篇》。

（二）刊刻与进呈

写就的《劝学篇》并没有马上予以刊刻，而是在等待合适的刊刻时机。虽然张之洞已经预见到康、梁可能出现的悲剧性后果，但是，毕竟成书的时候，康、梁的影响正如日中天。作为精于权变的高级官僚，张之洞绝不会贸然行事。对此，张氏之幕友赵凤昌的这一回忆可资佐证：“王雪岑诸君告我：府主近作《劝学篇》，烦你进言，阻其勿刻。我如言之。即云：你看看再说。我一看，于彼时情状，可谓对症发药，力请速刻。阻刻者嫌其不合时宜，劝刻者正为补救也。”[②]后来，在经过反复权衡、观望之后，张之洞才令人将《劝学篇》付印，使之广为流布。

《劝学篇》最早的版本是两湖书院本，其标明时间为“光绪戊戌三月”。实际上，应该是在三月以后了。到了1898年6月，张之洞的门生黄绍箕被光绪皇帝召见。黄绍箕在与光绪皇帝的奏对中，感到皇帝正陷于“近来议

① 苑书义、孙华峰、李秉新主编：《张之洞全集》第十二册，河北人民出版社1998年版，第9828页。

② 惜阴：《追忆张文襄公旧事分节录请酌入年谱》，许同莘存《广雅遗事及赵凤昌来函等件》，近代史所藏档甲622—4。

论于中、西各有偏见”的困扰之中。于是,黄氏就把业已刊刻的《劝学篇》进呈光绪皇帝。光绪皇帝看了以后,大为赞赏,很快就颁下谕旨:“朕详加披览,持论平正通达,于学术、人心大有裨益。著将所备副本四十部,由军机处颁发各省督、抚、学政各一部,俾得广为刊布,实力劝导,以重名教,而杜卮言。”就这样,《劝学篇》得以“挟朝廷之力以行之”“不胫而遍于海内”[①]。

第二节 “中体西用”的文化图式

“中体西用”思想初萌于冯桂芬的《校邠庐抗议》中,明确表述则见于沈寿康撰写的《匡时策》:“夫中西学问,本自互有得失,为华人计,宜以中学为体,西学为用。”[②]1896 年 8 月,孙家鼐在关于筹建京师大学堂的奏折中说:“今中国创立京师大学堂,自应以中学为主,西学为辅;中学为体,西学为用。中学有未备者,以西学补之;中学有失传者,以西学还之;以中学包罗西学,不能以西学凌驾中学。”[③]这使得“中学为体,西学为用”这一命题更加名声大噪。虽然在张之洞之前的思想家对“中体西用”的表述越来越清晰,这一思想命题的影响力也越来越大,但是,对于“体”与“用”的边界如何划定,它们的关系究竟应该如何处理,它们的关系处理对变法自强究竟意味着什么等问题,以往的思想家却语焉不详。张之洞在四万余言的《劝学篇》中,对这些问题作了系统、完整的回答。

一、何谓“中体”“西用”

张之洞在谈到中学与西学的关系的时候曾经这样说:“一曰新旧兼学。四书五经、中国史事、政书、地图为旧学,西政、西艺、西史为新学。旧

① 梁启超:《饮冰室合集》专集 2,中华书局 1989 年版,第 7 页。

② 沈寿康:《匡时策》,载《万国公报》1895 年 4 月第 75 期。

③ 中国史学会主编:《戊戌变法》二,上海人民出版社 1957 年版,第 426 页。

学为体，新学为用，不使偏废。”[①]在这里，张之洞虽然没有用“中学为体，西学为用”那个约定俗成的表述，但是，从他的具体表述中，我们可以清楚地看到，所谓的“旧学”与“新学”分别对应的就是“中学”与“西学”。[②]“旧学为体，新学为用”就是“中学为体，西学为用”的同义语。正是因为如此，《劝学篇》才被认为是阐释“中体西用”的经典文本。

（一）何谓“中体”

从上述引文中可以看到，张之洞头脑中的“中学”由两部分组成，一是以四书五经为代表的儒家义理；二是中国历史、地理方面的知识。其中，历史、地理知识是可以实现“经世致用”的工具性知识，虽然有其重要作用，但并非最为根本的文化存在。相对而言，以四书五经为代表的儒家义理，才是中国文化之根。对此，张之洞曾说：

> “君为臣纲，父为子纲，夫为妻纲”，此《白虎通》引《礼纬》之说也。董子所谓“道之大，原出于天，天不变，道亦不变”之义，本之《论语》“殷因于夏礼，周因于殷礼”。注：“所因，谓三纲五常。”此《集解》马融之说也，朱子《集注》引之。《礼记·大传》：“亲亲也，尊尊也，长长也，男女有别。此其不可得与民变革者也。”五伦之要，百行之原，相传数千年更无异义。圣人所以为圣人，中国所以为中国，实在于此。故知君臣之纲，则民权之说不可行也；知父子之纲，则父子同罪、免丧废祀之说不可行也；知夫妇之纲，则男女平权之说不可行也。[③]

这也就是说，儒家的纲常名教是中国文化之根，是中国立国之根本。为了进一步说明这一点，他还做了如下的引申：

---

① 苑书义、孙华峰、李秉新主编：《张之洞全集》第十二册，河北人民出版社 1998 年版，第 9740 页。

② 这时进化论还未赋予“新”“旧”以价值判断的色彩，故张之洞此处并无扬西抑中之意。在进化论影响下“新”优于“旧”的价值判断，是在庚子以后。参见熊月之：《西学东渐与晚清社会》，上海人民出版社 1995 年版，第 730 页。

③ 苑书义、孙华峰、李秉新主编：《张之洞全集》第十二册，河北人民出版社 1998 年版，第 9715 页。

> 夫不可变者,伦纪也,非法制也;圣道也,非器械也;心术也,非工艺也。……曾子固曰:"孔、孟二子亦将因所遇之时、所遭之变而为当世之法,使不失乎先王之意而已。法者,所以适变也,不必尽同;道者,所以立本也,不可不一。"此变法而悖道之药也。由吕之说,则变而有功;由曾之说,则变而无弊。夫所谓道、本者,三纲、四维是也。若并此弃之,法未行而大乱作矣。若守此不失,虽孔、孟复生,岂有议变法之非者哉?[①]

在这里,张之洞想要说的是,儒家的纲常伦纪是永恒不变的"道",不论时势如何变化,它们都是必须坚守的。

对于张之洞的这一论断,我们今人也许会感到不可理喻。但是,如果返回到历史本身,我们就会明白,那是非常合理的论断。这一点,当代历史学者丁伟志、陈崧的研究成果正可作为明证。丁伟志、陈崧的研究表明,唐代后期逐渐形成的道统观念和宋代以来强化起来的纲常观念的合力作用,逐步融铸成了把纲常名教当作中国文化之灵魂的主张。[②] 既然宋以后即形成了纲常名教是中国文化灵魂的理念,到了张之洞那里,将纲常名教视为不可移易的"道",便是自然而然的。对此,不能站在当代人的立场上来理解,而是应该返回古代人的立场上来体察。如此,方能获得对张之洞这一思想的"真了解"。

(二)何谓"西用"

前面已经提到,张之洞认为,"西政、西艺、西史"是西学。实际上,在西学中,他所主要强调的是西政与西艺。在谈到如何学习西方时,张之洞就曾经这样说:

> 一曰政艺兼学。学校、地理、度支、赋税、武备、律例、劝工、通商,

---

① 苑书义、孙华峰、李秉新主编:《张之洞全集》第十二册,河北人民出版社 1998 年版,第 9747—9749 页。

② 丁伟志、陈崧:《中西体用之间》,中国社会科学出版社 1995 年版,第 110 页。

西政也;算、绘、矿、医、声、光、化、电,西艺也。西政之刑狱,立法最善。西艺之医,最于兵事有益,习武备者必宜讲求。……大抵救时之计,谋国之方,政尤急于艺。然讲西政者,亦宜略考西艺之功用,始知西政之用意。①

不过,如果拿西政与西艺相比,张之洞更多强调的是西政。用他的话来说就是:“中学考古非要,致用为要,西学亦有别,西艺非要,西政为要。”②这意味着,张之洞已经大大突破了早期洋务派仅仅学习西艺的局限,而把学习西方的眼光延伸到教育、经济、法律、军事等制度层面。

二、“中体”与“西用”的关系限定及其意义

(一)“治身心”与“应世事”的矛盾

前面已经论及,从19世纪60年代以后,在国家危亡局势的逼迫下,如何拯救国家的危亡成为时代的主旋律。作为对这一主旋律的回应,有两种对立的主张:一是通过传统的道德教化的方式来实现对人心的拯救;一是通过完全向西方学习来实现富国强兵。这两种主张之间存在着巨大的张力。对于这一点,张之洞有着深切的体认,追随张氏20余年的辜鸿铭就曾经这样说:

当甲申一役,清流党诸贤但知德足以胜力,以为中国有此德必可以制胜。于是朝廷遂欲以忠信、笃敬敌大舰、巨炮,而不知忠信、笃敬乃无形之物也,大舰、巨炮乃有形之物也。以无形之物攻有形之物,而欲以是奏效于疆场也,有是理乎?此知有理而不知用理以制势也。甲申以后,文襄有鉴于此,遂欲舍理而言势。然舍理而言势,则入于小人之道,文襄又患之。于是踌躇满志而得一两全之法,曰:为国则舍理而

① 苑书义、孙华峰、李秉新主编:《张之洞全集》第十二册,河北人民出版社1998年版,第9740页。
② 苑书义、孙华峰、李秉新主编:《张之洞全集》第十二册,河北人民出版社1998年版,第9705页。

言势，为人则舍势而言理。[①]

“为国则舍理而言势”是指学习引进西方物质文化，以挽救国家衰败的运势；“为人则舍势而言理”则指以中国儒家的纲常伦理来匡正人心。张之洞对这二者之间的矛盾带来的思想上的困惑和实践上的困境非常忧心，所以，他才急于“得一两全之法”。经过若干年的深思熟虑之后，终于在《劝学篇》中，通过对中学与西学关系的重新厘定解决了这一问题。他是如何解决这一矛盾的呢？

（二）中学与西学关系的若干限定

在张之洞看来，中学与西学的关系是一个多层次、多侧面的复合体。

首先，二者是并存关系。张之洞认为，在西学的强势已经压倒中学的时代，中学与西学是共存共荣的，不能偏废其中任何一者。张之洞对当时存在的“图救时者言新学，虑害道者守旧学”的现象非常反感。因此，他才会指斥那些全面抵制西学的守旧者是“自塞者”，警示他们，“自塞者，令人固蔽傲慢，自陷危亡”。他还贬斥那些痴迷于西学的西化论者是“自扰者”，并警告他们，“自扰者，令人眩惑狂易，丧其所守”。同时，张之洞还批评那些满足于“以为此皆中学所已有”，不学西学、不讲制造枪炮者是“自欺者”，并讥讽他们，“自欺者，令人空言争胜，不求实事”[②]。

其次，中学与西学的功能不同。对于中学与西学的功能定位，张之洞有这样的一个简洁的表述：“中学为内学，西学为外学；中学治身心，西学应世事。”[③]其意思是，中学是用来解决人们在现世生活中身心安顿问题的，西学则用来解决人们如何应对时局变化的问题。

再次，中学与西学是主从关系。对此，张之洞是这样说的：“必先通经，以明我中国先圣先师立教之旨。考史，以识我中国历代之治乱、九洲之风土。涉猎子集，以通我中国之学术文章。然后择西学之可以补吾阙者用

① 黄兴涛等译：《辜鸿铭文集》，海南出版社1996年版，第427页。
② 苑书义、孙华峰、李秉新主编：《张之洞全集》第十二册，河北人民出版社1998年版，第9766页。
③ 苑书义、孙华峰、李秉新主编：《张之洞全集》第十二册，河北人民出版社1998年版，第9767页。

之，西政之可以起吾疾者取之，斯有其益而无其害。”[1]表面上看起来，张之洞似乎是在强调二者之间时间上的先后关系。[2] 其实，他在这里是想要说的是，应该以修习中国传统的四部之学为主，以学习西学为补充和辅助。这样处理二者的关系，就有百利而无一害了。显然，这是在标示二者之间地位上的不同。否则，张之洞就不会说：“不先以中学固其根柢，端其识趣，则强者为乱首，弱者为人奴。其祸更烈于不通西学者矣。”[3]

在这里需要回答的一个问题是，为什么张之洞会将中学与西学的关系定位为主从关系呢？这与其文化种族观有着密不可分的关系。在中国文化中，历来有以文化划分华夷的传统。张之洞受其深刻影响，固守“教”是“种”的标志的理念，把“三纲五常”为代表的儒教看作是中国人的族籍标识：“圣人所以为圣人，中国所以为中国，实在于此。”[4]既然如此，保教和保种就是二位一体并先于保国的价值追求：“保种必先保教，保教必先保国。种何以存？有智则存。智者，教之谓也。教何以行？有力则行。力者，兵之谓也。故国不威则教不循，国不盛则种不尊。”[5]既然保教、保种是优先于保国的，那么，作为一个中国人，首要的是奠定中学的根柢，因为：“如中士而不通中学，此尤不知其姓之人，无辔之骑，无舵之舟，其西学愈深，其疾视中国亦愈甚，虽有博物多能之士，国家亦安得而用之哉。”[6]也就是说，如果一个中国人没有中学作为根基，即便是其精通西学、博学多能，也将是一个无根的飘萍，不可能很好地为自己的国家服务。引申一步来说，张之洞的意思是，如果没有中学的根底，西学之用也很难充分发挥出来。就此而言，张之洞主张中学与西学是主从关系，是有其深刻理据的，不是随心妄作。

总之，张之洞通过对中学与西学关系的存在状态、功能定位、地位形态等的具体限定，既化解了崇奉中学者与膜拜西学者之间的冲突，又提出了

---

① 苑书义、孙华峰、李秉新主编：《张之洞全集》第十二册，河北人民出版社 1998 年版，第 9725 页。
② 参见蔡振生：《张之洞教育思想研究》，辽宁教育出版社 1994 年版，第 139 页。
③ 苑书义、孙华峰、李秉新主编：《张之洞全集》第十二册，河北人民出版社 1998 年版，第 9724 页。
④ 苑书义、孙华峰、李秉新主编：《张之洞全集》第十二册，河北人民出版社 1998 年版，第 9715 页。
⑤ 苑书义、孙华峰、李秉新主编：《张之洞全集》第十二册，河北人民出版社 1998 年版，第 9708 页。
⑥ 苑书义、孙华峰、李秉新主编：《张之洞全集》第十二册，河北人民出版社 1998 年版，第 9725 页。

属于自己的巧妙处理中学与西学关系的方案。不过,这一处理中学与西学关系的方案存在一个难以回避的障碍,那就是,西学刚刚传入中国,而中学已经流传数千年,不仅“今日四部之书,汗牛充栋,老死不能遍观而尽识”[1],而且中学典籍的传播还有丰厚的社会文化心理的支撑,要想让当时的学子在有限的时间内很好地吸收中学与西学的精华,实现二者在同一主体身上的和谐共存,就必须压缩中学的占有空间。所以,张之洞才提出一个所谓“守约”的解决办法。

三、作为调控中学、西学伸展空间的“守约”

所谓“守约”,张之洞曾对之作如下诠释:“今欲存中学,必自守约始,守约必自破除门面始,爰举中学各门求约之法,条列于后。损之又损,义主救世,以致用当务为贵,不以殚见洽闻为贤。”[2]可见,在张之洞看来,“守约”就是在守住儒学的微言大义的前提下,尽可能简化儒学典籍的修习数量。从这一基点出发,张之洞提出了一个大致的修学方案:

> 求约之法,十五岁以前诵孝经,四书五经正文,随文解义,并读史略、天文、地理、歌括图式诸书,及汉唐宋人明白晓畅文字、有益于今日行文者;自十五岁始以左方之法求之:统经史诸子、理学、小学各门,美质五年可通,中材十年可了。若有学堂专师或依此纂成学堂专书,中材亦五年可了;而以其间兼习西文,过此以往,专力讲求时政,广究西法。其有好古研精不骛功名之士,愿为专门之学者,此五年以后,博观深造,任自为之。然百人入学,必有三五人愿为专门者,是为以约存博。[3]

其意思是,15 岁以前,诵《孝经》、四书五经的正文,随文解义,并略读史略、天文、地理、歌括图式诸书,以及汉、唐、宋人明白晓畅文字有益于今

① 苑书义、孙华峰、李秉新主编:《张之洞全集》第十二册,河北人民出版社 1998 年版,第 9726 页。
② 苑书义、孙华峰、李秉新主编:《张之洞全集》第十二册,河北人民出版社 1998 年版,第 9726 页。
③ 苑书义、孙华峰、李秉新主编:《张之洞全集》第十二册,河北人民出版社 1998 年版,第 9726 页。

日行文者。15岁以后，再学经史、诸子、理学、政治、地理、小学各门，聪慧者5年可成，中等之才10年可成。如有学堂有专师，再撰写学堂专门教材，中等之才也可以5年学成，期间还可以兼习西文。大约每100人中能有三五人愿意作中学的专业研究，可以听其自由选择，中学因此就会有传承，这即是以约存博。这里所设计的是一个从小学到大学的修学方案。其中，把中国传统四部之学的主要方面，都点到了。这一方案虽然已经有了一个大的骨架，但具体操作起来还是存在相当困难的。为此，张之洞在“损之又损”之后，详细开列了一个书目。据何启、胡礼垣统计，即使不算诸子百家之书，还有5646卷。若以每天阅读两卷计算，也需七八年才有可能读完。[①] 显然，这一数量还是嫌多了。应该是考虑到这一点，张之洞又进一步提出：“如资性平弱，并此亦畏难者，则先读《近思录》《东塾读书记》《御批通鉴辑览》《文献通考详节》。果能熟此四书，于中学亦有主宰矣。”[②]到了这一步，这就是一个非常大胆的简化了。显然，张之洞的这一设想，是为了在不损害“中学之本”的前提下，为西学尽可能地腾挪出足够多的存在空间。从这一良苦用心中，不难看到其吸收西学精华的心情是何等的急切。

第三节 《劝学篇》中绘制的教育蓝图

对混乱甚至矛盾的思想进行厘清与整合仅仅是为变法自强寻找适当的文化基础、哲学基础，但它毕竟不是目的。从这样的根基出发，构建、绘制社会变革工程的蓝图，才是张之洞《劝学篇》最终的归宿。所以，在“中体西用”的思想之根扎稳之后，张之洞还提出了以求智、求富、求强、求和为鹄的经济、文化、教育、军事、外交等方面的操作构想。由于篇幅与论题所限，此处主要围绕教育方面的内容，进行必要的提炼、勾勒。

---

① 郑大华点校：《新政真诠——何启、胡礼垣集》，辽宁人民出版社1994年版，第182页。

② 苑书义、孙华峰、李秉新主编：《张之洞全集》第十二册，河北人民出版社1998年版，第9732页。

在张之洞设想的求智、求富、求强、求和等目标中,求智可以说是其基础与中心。在张之洞看来,"今日之世变,岂特春秋所未有,抑秦汉以至元明所未有也。语其祸,则共工之狂、辛有之痛,不足喻也"①。在这样巨大、严峻的时势面前,要想求得国运昌隆,唯一的出路就是求智。因为智慧对于个人和国家来说,都有重要意义。对于个人而言,"未有不明而强者也。人力不能敌虎豹,然而能禽之者,智也;人力不能御大水、堕高山,然而能阻之、开之者,智也"②;对于国家来说,"政治之学,不讲工艺之学,不得而行也。大抵国之智者,势虽弱,敌不能灭其国;民之智者,国虽危,人不能残其种。印度属于英,浩罕、哈萨克属于俄,阿非利加分属于英、法、德,皆以愚而亡。美国先属英,以智而立;古巴属于西班牙,以不尽愚而复振"③。那么,如何才能实现求智的目标呢? 唯一的出路就是兴学。之所以这样说,那是因为,从一般意义上讲,"窃惟古来世运之明晦,人才之盛衰,其表在政,其里在学"④。就当时的特殊情形来说,兴学还是割除吸食鸦片这一社会毒瘤的良药:"兴学者,戒烟之药也。"⑤为什么要这样说呢? 张之洞是这么分析的:中国人吸食鸦片的主要原因是"由于懒惰,懒惰由于无事,无事由于无所知,无所知由于无见闻"。所以,要想禁除人们吸食鸦片的恶习,不能依靠严刑峻法,而是要大兴教育:"学会广兴文武道艺,城乡贵贱无有不学,弱者学之于阅报,强者学之于游历,其君子胸罗五洲,其小人思穷百艺,方且欲上测行星,下穷地隔,旁探南北极,岂尚有俾昼作夜、终老于一灯一榻者? 导之且不为,况禁之哉!"⑥平心而论,他的这种分析是切中要害的。在封闭、单调的传统农业社会,人们生活的无聊、无趣、无味的确是许多人沉迷于吸食毒品的文化心理基础。

总之,对于教育的重要作用,张之洞是有着深刻认识的。否则,他也就

---

① 苑书义、孙华峰、李秉新主编:《张之洞全集》第十二册,河北人民出版社 1998 年版,第 9704 页。
② 苑书义、孙华峰、李秉新主编:《张之洞全集》第十二册,河北人民出版社 1998 年版,第 9734 页。
③ 苑书义、孙华峰、李秉新主编:《张之洞全集》第十二册,河北人民出版社 1998 年版,第 9735—9736 页。
④ 苑书义、孙华峰、李秉新主编:《张之洞全集》第十二册,河北人民出版社 1998 年版,第 9704 页。
⑤ 苑书义、孙华峰、李秉新主编:《张之洞全集》第十二册,河北人民出版社 1998 年版,第 9733 页。
⑥ 苑书义、孙华峰、李秉新主编:《张之洞全集》第十二册,河北人民出版社 1998 年版,第 9733 页。

不会斩钉截铁地下“自强生于力，力生于智，智生于学”①这样的论断了。

在论证教育的重要作用的基础上，张之洞提出了自己关于改革教育的一系列构想。

一、新的学制系统的建构

张之洞在其创办新式学堂的改革进程中，痛切地感到，如果新式学堂的开办缺乏中小学教育的基础，举步维艰，因此，他萌生了制订具有现代意义的学制系统的想法。随后，他参酌日本学制②，提出了自己关于学制系统建构的设想。

张之洞的设想是，把学堂分成小学堂、中学堂、大学堂三级：“小学堂之书较浅，事较少，如天文、地质、绘图、算学、格致、方言、体操之类，具体而微。中学堂书较深，事较多。方言则兼各国，算学则讲代数、对数，于是化学、医术、政治以次而及，余事仿此。大学堂又有加焉。”③学堂的修业年限及修学方向都应确定，使得“问其入何学堂而知其所习何门也，问其在学堂几年而知其所造何等也”。毕业之际，须发给文凭，因为“国家欲用人才，则取之于学堂，验其学堂之凭据，则知其任何官职而授之。是以官无不习之事，士无无用之学”④。

在这些设想中，张之洞在学制系统的建构上还处于非常粗糙的阶段，如各级教育修业年限、各级教育中如何分配中学与西学课程、各级教育毕业标准为何等，都没有作出必要的规定。就此而言，《劝学篇》中的学制设想只是其现代学制构想中迈出的第一步。

---

① 苑书义、孙华峰、李秉新主编：《张之洞全集》第十二册，河北人民出版社 1998 年版，第 9734 页。

② 在光绪二十四年（1898 年）正月，派姚锡光等人赴日本考察学校，“将政治学、法律学、武学、航海学、农学、工学、山林学、医学、矿学、电学、铁道学、理化学、测量学、商业学各种学校，选材授课之法，以及武备学分枪、炮、图绘、乘马各种课程，或随时笔记，或购取章程赍归，务详勿略，借资考镜”（参见《札委姚锡光等前往日本游历详考各种学校章程》，见苑书义、孙华峰、李秉新主编：《张之洞全集》第五册，河北人民出版社 1998 年版，第 3560 页）。

③ 苑书义、孙华峰、李秉新主编：《张之洞全集》第十二册，河北人民出版社 1998 年版，第 9742 页。

④ 苑书义、孙华峰、李秉新主编：《张之洞全集》第十二册，河北人民出版社 1998 年版，第 9742 页。

二、各级学堂的布局

通过自己的洋务实践，张之洞深切地体会到，“中国不贫于财而贫于人才，不弱于兵而弱于志气。人才之贫由于见闻不广，学业不实”①。因此，他认为，要实现国家的富强，非“天下广设学堂不可”。如何“广设学堂”呢？他提出的总体规划是：“各省、各道、各府、各州县皆宜有学。京师、省会为大学堂，道府为中学堂，州县为小学堂，中小学以备升入大学堂之选。府县有人文盛物力充者，府能设大学，县能设中学，尤善。”②

三、各级学堂的教学设计

在张之洞看来，各级学堂的课程设置应该遵循如下的框架：“小学堂习四书，通中国地理、中国史事之大略，算学、绘图、格致之粗浅者。中学堂各事，较小学堂加深，而益以习五经，习《通鉴》，习政治之学，习外国语言文字。大学堂又加深加博焉。”③从这一课程结构设想当中，可以看到，其中贯穿的是中学与西学兼顾、政学与艺学兼顾、深度与广度不断提升的精神。

对于上述课程的内容如何通过教学这一环节传授给学生，张之洞是循着中学与西学分而待之的策略来设计的。对于中学课程，张之洞的设计是：“求约之法，十五岁以前诵孝经，四书五经正文，随文解义，并读史略、天文、地理、歌括图式诸书，及汉唐宋人明白晓畅文字、有益于今日行文者；自十五岁始以左方之法求之：统经史诸子、理学、小学各门，美质五年可通，中材十年可了。若有学堂专师或依此纂成学堂专书，中材亦五年可了；而以其间兼习西文，过此以往，专力讲求时政，广究西法。其有好古研精不骛功名之士，愿为专门之学者，此五年以后，博观深造，任自为之。”④对于西学课程，张之洞的设想是：“才识远大而年长者宜西政，心思精敏而年少者宜西艺。小学堂先艺而后政，大学堂先政而后艺。西艺必专门，非十年在

① 苑书义、孙华峰、李秉新主编：《张之洞全集》第二册，河北人民出版社 1998 年版，第 1394 页。

② 苑书义、孙华峰、李秉新主编：《张之洞全集》第十二册，河北人民出版社 1998 年版，第 9739 页。

③ 苑书义、孙华峰、李秉新主编：《张之洞全集》第十二册，河北人民出版社 1998 年版，第 9739 页。

④ 苑书义、孙华峰、李秉新主编：《张之洞全集》第十二册，河北人民出版社 1998 年版，第 9726 页。

成;西政可兼通数事,三年可得要领。”①

从这里可以看到,张之洞对中学课程和西学课程的教学设计,都考虑到了根据学生的年龄特点、能力特点,有针对性地施教。其与现代教学设计的精神,不无契合之处。

教学活动的展开,除了要有教师传授之外,学生对教科书的参研也必不可少。这就涉及教科书的编写问题。对此,张之洞也有自己的见解。张之洞认为,教科书与研究性的专书相比,是有自己的特点的,必须把握好。在他看来,“大抵有专门著述之学,有学堂教人之学。专门之书,求博求精,无有底止,能者为之,不必人人为之也。学堂之书,但贵举要切用,有限有程,人人能解,且限定人人必解者也”②。可见,张之洞把明白晓畅、章节分明、切合实用等作为教科书的基本特点。这是切中肯綮之言。另外,在张之洞看来,教科书的编写还要考虑不同层次学校学生的心理特点。对此,他说:“小学堂之书较浅,事较少,如天文、地质、绘图、算学、格致、方言、体操之类,具体而微。中学堂书较深,事较多。(如小学堂地图则极略,仅具疆域山水大势,又进则有府县详细山水,又进则有铁路电线矿山教堂,余书仿此。)方言则兼各国,算学则讲代数、对数,于是化学、医术、政治以次而及,余事仿此。大学堂又加焉。”③这一见解,也是得了西方教科书编写原则之神髓的。

四、师资队伍的完善

各级学堂大量创办,必然需要大量教师。合格的师资,在短期内是很难寻觅的。因此,张之洞认为,学堂创办之初,对教师的标准不能要求太高,应该以循序渐进为原则,逐步实现教师队伍建设的完善化。对此,他这样说:“初设之年,断无千万名师。近年西学诸书,沪上刊行甚多,分门别类,政艺要领,大段已详。高明之士,研求三月,可以教小学堂矣。两年之后,省会学堂之秀出者,可以教中学堂矣。大学堂初设之年,所造亦浅,每

① 苑书义、孙华峰、李秉新主编:《张之洞全集》第十二册,河北人民出版社1998年版,第9740页。
② 苑书义、孙华峰、李秉新主编:《张之洞全集》第十二册,河北人民出版社1998年版,第9727页。
③ 苑书义、孙华峰、李秉新主编:《张之洞全集》第十二册,河北人民出版社1998年版,第9742页。

一省访求数人，易尚可得。三年之后，新书大出，师范愈多，大学堂亦岂患无师哉？”①

五、办学经费的筹措

大量开办学堂，需要巨量的办学经费。在清廷财政捉襟见肘的情况下，其从何而来呢？张之洞提出了自己的对策：第一，以传统书院改学堂："学堂所习，皆在诏书科目之内，是书院即学堂也，安用骈枝为？”第二，各地可以以“善堂之地、赛会演戏之款”来补贴，家族可以以“祠堂之费”来补贴；第三，把佛道寺观改为学堂：“大率每一县之寺观，取什之七以改学堂，留什之三以处僧道。其改为学堂之田产，学堂用其七，僧道仍食其三。计其田产所值，奏明朝廷旌奖，僧道不愿奖者，移奖其亲族以官职。如此则万学可一朝而起也。”②第四，劝绅富捐资。张之洞注意到，外国学校的经费“率皆出地方绅富之捐集，而国家略发官款以补助之”。因此，我们可以借鉴人家的做法，“劝绅富捐赀，以增广之”③。

六、实业教育的开展

在洋务实践中，张之洞深切地感到，发展实业教育非常重要。因此，他提出，“以先学艺后举事为要义”与“学工师而后制造，学矿师而后开矿。其始似迟，其后转速，其费亦必省”④等主张。受这一思想的指引，张之洞除了注重创办普通学堂，还强调创办专门学校的重要性。在《劝学篇》中，张之洞分别论述了自己对发展农业教育、工业教育、商业教育、军事教育、矿业教育的设想。

对于农业教育，张之洞认为，要发展农业，必须讲求化学与机器之学，但是，“化学非农夫所能解，机器非农家所能办”，所以，“宜设农务学堂”，让各县的士人“各考其乡之物产，以告于学堂，堂中为之考求新法、新器，

① 苑书义、孙华峰、李秉新主编：《张之洞全集》第十二册，河北人民出版社1998年版，第9741页。
② 苑书义、孙华峰、李秉新主编：《张之洞全集》第十二册，河北人民出版社1998年版，第9739页。
③ 苑书义、孙华峰、李秉新主编：《张之洞全集》第十二册，河北人民出版社1998年版，第9740页。
④ 苑书义、孙华峰、李秉新主编：《张之洞全集》第十二册，河北人民出版社1998年版，第9762页。

而各县乡绅有望者、富室多田者试办以为之倡,行而有效,民自从之"①。

对于工业教育,张之洞指出:"工学之要如何?曰教工师。"②就是说,工业教育最要紧的任务是培养工程师。为什么呢?因为"中国局厂良匠多有通晓机器者,然不明化学、算学,故物料不美;不晓其源,机器不合,不通其变,且自秘其技,不肯传授多人,徒以把持居奇,鼓众生事为得计",这对中国工业发展是非常不利的。因此,就需要通过工业教育的方式来培养工程师。如何培养呢?"或遣人赴洋厂学习,或设工艺学堂,均以士人学之,名曰工学生,将来学成后名曰工学人员,使之转教匠首。"③

对于商业教育,张之洞认为,最重要的是要把着眼点放在对工艺之学的贯通上。为什么呢?因为"其精于商术者,则商先谋之,工后作之,先察知何器利用,何货易销,何物宜变新式,何法可轻成本,何国喜用何物,何术可与他国争胜,然后命工师思新法、创新器,以供商之取求,是商为主,工为使也"。也就是说,只有商者精通工艺之学,才能使工业最大限度地为商业服务,引领商业的时代潮流。这是非常明睿的见解!另外,张之洞还认为,商业教育的最好的途径是派人去外国的大商埠游历:"各省宜设商会,上海设一总商会,会中自举数人出洋游历,察其市情货式,随时电告以为制造、贩运之衡,此较设外洋公司为易。夫学问之要,无过阅历,各国口岸即商务之大学堂也。"④

对于军事教育,张之洞特别重视。他认为,如果不对兵士进行教育,那就意味着,"聚千万无手、无足、无耳目之人,乌得为兵"?因此,"必先教之以能战之具,范之以不败之法,既成为兵矣,而后可以施方略、言运用"。这样,才可能在战争中立于不败之地。那么,如何进行军事教育呢?需要把陆军教育与海军教育分开进行。在张之洞看来,陆军教育的定位分为两种:一是武备学生,二是将领。教育武备学生的途径有学堂、操场、野操三条,教育将领的途径有兵棋和战图两条。陆军教育的年限因职位不同而各有等差:教兵只在操场进行,为期一年或半年;教弁必须学堂修业,一年另

① 苑书义、孙华峰、李秉新主编:《张之洞全集》第十二册,河北人民出版社 1998 年版,第 9754 页。
② 苑书义、孙华峰、李秉新主编:《张之洞全集》第十二册,河北人民出版社 1998 年版,第 9756 页。
③ 苑书义、孙华峰、李秉新主编:《张之洞全集》第十二册,河北人民出版社 1998 年版,第 9756 页。
④ 苑书义、孙华峰、李秉新主编:《张之洞全集》第十二册,河北人民出版社 1998 年版,第 9757 页。

数月不等，视其兵种而异；教将官则须学堂修业五年，随营操练二年；教大将则须将官再入大学堂修业二年。海军教育与陆军教育不同的是，要先让学生在学堂修业约五年，然后再“教之于练船，游历各国海口，习风涛，测海道，观战事”，时间大约三年。①

对于矿业教育，张之洞也相当重视。在他看来，矿业教育“兼地学、化学、工程学三者而有之，其利甚博，而其事甚难”②。因此，他建议，如果想要办好矿业教育，可以采取两条途径：一是“宜由绅商公议，立一矿学会，筹集资斧，公举数人出洋，赴矿学堂学习，数年学成回华，再议开采，察矿之质性”。二是募西人设局开矿，“即于局内设矿学堂，矿成获利以后，我之学生及委员、工匠皆已学成。此借矿山为矿学堂之法也”③。

七、留学教育的推行

张之洞把“游学”放在求智方法的首位，可见他极其重视通过亲历亲闻增长识见、开阔眼界。对此，张之洞说，“出洋一年，胜于读西书五年”，“入外国学堂一年，胜于中国学堂三年”。④

对于留学的去向，张之洞提出留学国家应该以日本为首选。为什么呢？那是因为：“一路近省费，可多遣；一去华近，易考察；一东文近于中文，易通晓；西书甚繁，凡西学不切要者，东人已删节而酌改之。中东情势风俗相近，易仿行，事半功倍，无过于此。若自欲求精求备，再赴西洋，有何不可？”⑤由此可见，张之洞是从成本小、来往便利、见效快、成效显著等功利标准出发而提出的见解。这是其内心急于自强的焦灼心理的映射。

对于留学生的选择，张之洞有一个有些特别的观点，即留学人员以皇家亲贵为最佳：“游学之益，幼童不如通人（指学识渊博的人），庶僚不如亲贵。”⑥为什么这么说呢？张之洞有自己的一套根据。在其看来，古今中外

① 苑书义、孙华峰、李秉新主编：《张之洞全集》第十二册，河北人民出版社 1998 年版，第 9758—9759 页。

② 苑书义、孙华峰、李秉新主编：《张之洞全集》第十二册，河北人民出版社 1998 年版，第 9761 页。

③ 苑书义、孙华峰、李秉新主编：《张之洞全集》第十二册，河北人民出版社 1998 年版，第 9762 页。

④ 苑书义、孙华峰、李秉新主编：《张之洞全集》第十二册，河北人民出版社 1998 年版，第 9737 页。

⑤ 苑书义、孙华峰、李秉新主编：《张之洞全集》第十二册，河北人民出版社 1998 年版，第 9738 页。

⑥ 苑书义、孙华峰、李秉新主编：《张之洞全集》第十二册，河北人民出版社 1998 年版，第 9737 页。

历史上都有亲贵游历后振兴国家的极好范例。如在中国,“晋文公在外十九年,遍历诸侯,归国而霸;赵武灵王微服游秦,归国而强”;如在日本,“伊藤、山县、榎本、陆奥诸人,皆二十年前出洋之学生也,愤其国为西洋所挟,率其徒百余人,分诣德、法、英诸国,或学政治、工商,或学水陆兵法。学成而归,用为将相,政事一变,雄视东方”;俄国之彼得大帝,也是“愤彼国之不强,亲到英吉利、荷兰两国船厂,为工役十余年,尽得其水师轮机驾驶之法,并学其各厂制造。归国之后,诸事丕变,今日遂为四海第一大国”①。与中国同为东亚弱国的暹罗的遭际更是有力地证明了这一点:“暹罗久为法国涎伺,于光绪二十年与法有衅,行将吞并矣。暹王感愤,国内毅然变法,一切更始,遣其世子游英国学水师。去年暹王游欧洲,驾火船出红海来迎者,即其学成之世子也。暹王亦自通西文、西学,各国敬礼有加,暹罗遂以不亡。”②

八、科举制度的改革

中国的科举制度虽然在中国历史上起到了诸多积极作用,但是,其流弊也相当明显。至迟到南宋时,其流弊就已非常明显,为有识之士所深忧。朱熹就曾说:“今日学校科举之教,其害有不可胜言者,不可以为适然而莫之救也。”③明清以后,科举制更是弊端丛生。对此,张之洞有极为清醒的认识:

> 自明至今,行之已五百余年,文胜而实衰,法久而弊起,主司取便以藏拙,举子因陋而侥幸,遂有三场实止一场之弊。所解者高头讲章之理,所读者坊选程墨之文,于本经之义,先儒之说,概乎未有所知。近今数十年,文体日益佻薄。非为不通古今,不切经济,并所谓时文之法度文笔而俱亡之。④

① 苑书义、孙华峰、李秉新主编:《张之洞全集》第十二册,河北人民出版社 1998 年版,第 9738 页。
② 苑书义、孙华峰、李秉新主编:《张之洞全集》第十二册,河北人民出版社 1998 年版,第 9738 页。
③ 苑书义、孙华峰、李秉新主编:《张之洞全集》第十二册,河北人民出版社 1998 年版,第 9752 页。
④ 苑书义、孙华峰、李秉新主编:《张之洞全集》第十二册,河北人民出版社 1998 年版,第 9749 页。

在这里,张之洞把科举制度的背离传统学术精髓、无益国计民生的弊病作了一针见血的揭示,这就为变革科举制提供了必要的根据。不过,仅仅论及这些还不够,为此,张之洞进一步申述道:顺应时局的变化,朝廷创办了新式学堂,开特科以选拔新式人才,但是,如果"乡会试仍取决于时文,京朝官仍絜长于小楷,名位取舍惟在于斯;则虽日讨国人而申儆之,告以祸至无日,戒以识时务、求通才、救危局,而朝野之汶暗如故,空疏亦如故矣"①。其言下之意是,变革科举制度是变法自强的基础,同时也是新式教育成败的关键,故必须推行。不过,科举制度的变革是石破天惊的大事,成千上万的既得利益者都会被深深触动。对这一点,张之洞也很清楚。据梁启超回忆说:"张之洞尝与余言,言废八股为变法第一事矣,而不闻其上折请废之者,盖恐触数百翰林、数千进士、数万举人、数十万秀才、数百万童生之怒,惧其合力以谤己而排己也。"②所以,在经过几番深思熟虑之后,张之洞提出了一个相当谨慎的方案:科举考试分为三场,第一场旨在考察考生的知识广博程度,"试以中国史事,本朝政治论五道,此为中学经济",以十倍于额定人数录取,通过者必是"博涉古今明习内政"者,准予参加第二场考试。第二场旨在博学者中选拔通才,"以时务策五道,专问五洲各国之政,专门之艺:政如各国地理、官制、学校、财赋、兵制、商务等类,艺如格致、制造、声、光、化、电等类,此为西学经济",以淘汰那些只知中学而不通西学者。以三倍于额定人数来录取,录取者准予参加第三场考试。第三场意在从通才中选拔掌握义理纯正者。前两场考试的胜出者必然是博学的通才,"然又恐其学虽博,才虽通,而理解未纯,趣向未正,于是更以'四书'文、'五经'文考之,其三场可观而中试者,必其宗法圣贤,见理纯正者也"③。这样的科考改革设计既可维持科考的社会整合功能,不致带来巨大的社会震荡,又能保证把中学与西学都纳入学子的视野,为个人的安身立命、国家的富强服务,是相当明智的。

---

① 苑书义、孙华峰、李秉新主编:《张之洞全集》第十二册,河北人民出版社 1998 年版,第 9749—9750 页。

② 梁启超:《饮冰室合集》专集 1,中华书局 1989 年版,第 84 页。

③ 苑书义、孙华峰、李秉新主编:《张之洞全集》第十二册,河北人民出版社 1998 年版,第 9750—9751 页。

第四节 《劝学篇》的反响及其根由

《劝学篇》一经刊刻流通，就在朝野上下产生了极大的反响。概而言之，反响有两类：一是高度赞誉的；另外就是极其鄙视、唾弃的。

在当时，对《劝学篇》持赞誉态度的还是居于大多数的。光绪皇帝的赞誉，在本章第一节前面已经提及，此不赘述。就是在光绪皇帝发布上谕之前，《劝学篇》就已经在京城不胫而走。1898 年 9 月 26 日的《申报》发表《读南皮张制军劝学篇书后》一文，称赞《劝学篇》：

> 殆综中西之学、通新旧之郮，今日所未有、今日所不可无之书也。详观大意，内篇正人心，类守旧之言；外篇开风气，类维新之言，诚以旧者体也、新者用也。言旧不言新，恐涉于愚陋而人才不备；言新不言旧，恐趋于狂诞而流弊无穷。苦心分明，苦口劝导，日望海内人人知学，守之以正，济之以通。数年以后，正人君子讲求西政、西学、西艺者必多，成材亦必众。于是，开守旧之智，范维新之心，其意厚矣，其功大矣。①

在这篇文章中，作者不仅对《劝学篇》的特点、作用作了中肯的概括，还称赞其为“今日所不可无之书”“其意厚矣，其功大矣”。这一评价非常之高。据张之洞的侄儿张检说：“《劝学篇》遍传日下，一时京都人士无不击赏折服。……值此异学争鸣之日，实足以正人心，固士气，杜伪学，遏乱萌。”②作为张之洞的侄儿，其中的溢美之词可能不能尽信，但大致还是可以看到不少士人对《劝学篇》的评价趋向。

《劝学篇》不但得到了国内很多人的赞誉，甚至引起了西方人的重视。

① 陈锋、张笃勤主编：《张之洞与武汉早期现代化》，中国社会科学出版社 2003 年版，第 472 页。

② 《戊戌六月初二日张检来函》，见《张之洞家藏手札》，近代史所藏档甲 182—264。

该书刊刻后，先后出版了英文、法文译本。1900年，在纽约出版的英译本将之更名为《中国唯一的希望》。伍德布里奇牧师在其译本前言中说："长时期以来习惯于孔夫子的陈词滥调下变得死气沉沉的中国人，终于在时代的现实面前苏醒过来。"①这些都说明，西方的不少人对该书也是持赞赏态度的。

除了高度赞誉者外，极尽诋毁之能事者也不乏其人。1899年，何启、胡礼垣合撰《〈劝学篇〉书后》一文，不但指斥《劝学篇》对维新变革起到了极大的阻碍作用："终足以阻新政之行者，莫若《劝学篇》。"还认为其"不特无益于时，然且大累于世"。惹得张之洞在该文刊发三年以后，仍然对其耿耿于怀，痛斥"此人此书可谓丧心病狂肆无忌惮"②。可见何、胡二人对《劝学篇》的诋毁是多么的让张之洞愤恨不已。不过，与梁启超的评价相比，何、胡二人的评价就逊色多了。梁启超是这样说的："(《劝学篇》)不十年将化为灰烬，为尘埃。其灰其尘，偶因风扬起，闻者犹将掩鼻而过。"③这真是极尽刻薄之能事的评价了。

面对截然不同的两种评价，这里就存在一个问题：为什么同一本书，会出现这样两种截然不同的评价呢？是由于该著作既有顺应历史潮流的成分，也有逆历史潮流而动的成分。不同的评价者观察到的侧面不同，故给出了不同的评价。

就其顺应历史潮流的成分而言，在笔者看来，有以下几方面：

第一，解决了"治身心"与"应世事"的矛盾。在晚清社会，士人普遍承受着"治身心"与"应世事"的矛盾，感到无所适从。当此之际，张之洞给大家指出了一条道路，那就是"中学治身心，西学应世事"。这是一种"身心"与"世事"分而化之的解决路径。在既要守护传统学术，同时也要接纳西方学术的背景下，不失为一种适时而切用的文化方案。既然该书能够在一定程度上化解大家共同为之焦灼的这一难题，受到人们的普遍赞誉、欢迎是不难理解的。

---

① 陈旭麓：《论"中体西用"》，载《历史研究》1982年第5期，第42页。

② 苑书义、孙华峰、李秉新主编：《张之洞全集》第十一册，河北人民出版社1998年版，第8753页。

③ 梁启超：《饮冰室合集》专集2，中华书局1989年版，第7页。

第二，调和了顽固派与西化派的思想主张。彻底的顽固派主张依靠传统的德治主义的思路来治国理政，实现国家的安宁富强。西化派则主张完全向西方学习，通过西方化来实现富国强兵。张之洞的调和中西、折中新旧的做法，巧妙地吸取了两者思想中的合理因素，在思想阵营中容易两面讨好。就此而言，受到大多数人的赞誉和欢迎，是自然而然的事。

第三，顺应了"中体西用"的思潮。从19世纪60年代始，"中体西用"的思想浮出历史的水面。由于其扣住了时代关注中西关系问题的命脉，且具有相当的思想魅力，故逐渐成为社会的普遍性思潮。[①] 张之洞的《劝学篇》将"中体西用"论作为其著作的灵魂，使之统率全书。这就与广大知识分子是同声相应。如此，赢得广大士人的赞誉，应该是不奇怪的。

至于其逆历史潮流的成分，主要体现在反对民权上。张之洞把"民权"称为"召乱之言"，认为"民权之说，无一益而有百害"。[②] 为什么他会这样说呢？因为在他看来，中国若实行"民权"，对外将导致国权丧失："且必将劫掠市镇，焚毁教堂，吾恐外洋各国必借保护为名，兵船陆军深入占踞，全局拱手而属之他人"；对内将导致纲常沦丧、天下大乱："若人皆自主，家私其家，乡私其乡，士愿坐食，农愿蠲租，商愿专利，工愿高价，无业贫民愿劫夺，子不从父，弟不尊师，妇不从夫，贱不服贵，弱肉强食，不尽灭人类不止。"[③]因此，张之洞才会说："故知君臣之纲，则民权之说不可行也。"[④]他的这一反对民权的思想，与维新派大力倡导民权、主张君主立宪的思想倾向，正是对立的。就此而言，维新派人士大力诋毁其著作的价值，是一点都不奇怪的。

---

① 李三谋先生早在20世纪80年代写下的《论"中学为体，西学为用"》的书稿中，针对从前学者把晚清洋务思想批判为"中体西用"论，全面系统地阐述了"中体西用"不是一个阶层或一个派别的思想，乃是当时一种带有普遍性社会思潮的观点。台湾王尔敏先生也持此观点，认为"中体西用"是当时社会普遍性的社会思想，但是他似乎是把它当作不证自明的论点，以之为他继续论证的前提。（参见王尔敏：《晚清政治思想史论》，广西师范大学出版社2005年版，第41—59页。）

② 苑书义、孙华峰、李秉新主编：《张之洞全集》第十二册，河北人民出版社1998年版，第9721页。

③ 苑书义、孙华峰、李秉新主编：《张之洞全集》第十二册，河北人民出版社1998年版，第9723页。

④ 苑书义、孙华峰、李秉新主编：《张之洞全集》第十二册，河北人民出版社1998年版，第9715页。

第六章 “新政”时期教育改革的引领者

第一节 在审慎的博弈中推出教育纲领

从戊戌到庚子的三四年间，维新变法、义和团运动、八国联军入侵等事件相继发生，这一连串的冲击使得清王朝的统治显得岌岌可危。为了挽救统治危机，1901年1月29日（光绪二十六年十二月初十），流亡西安的慈禧太后以光绪皇帝的名义发布了一道上谕。该上谕声明：“世有万古不易之常经，无一成不变之治法。穷变通久，见于大易。损易可知，著于论语。盖不易者三纲五常，昭然如日星之照世。而可变者令甲令乙，不妨如琴瑟之改弦。……大抵法积则敝，法敝则更，要归于强国利民而已。……总之，法令不更，锢习不破；欲求振作，当议更张。"[1]这道上谕的发布,标志着清末新政的开始。在该上谕中,特别指令军机大臣、大学士、六部九卿、出使各国大臣及各省督抚,"各就现在情形,参酌中西政要,举凡朝章国故、吏治民生、学校科举、军政财政,当因当革,当省当并,或取诸人,或求诸己,如何而国势始兴?如何而人才始出?如何而度支始裕?如何而武备始修?各举所知,各抒所见,通限两个月,详悉条议以闻",然后再"斟酌尽善,切实施行"[2]。

张之洞作为湖广总督,自然在要求提出条陈者之列。照常理而言,他的第一反应应该是考虑如何向朝廷提出自己的建议。可是,作为深谙帝王心术与权变之道的重臣,张之洞在接到上谕之后的第一反应却是希望弄清其来路,"何人陈请?何人赞成?"后来,张之洞从多种渠道获悉,这一上谕的确出自"圣意"。不仅如此,张之洞还了解到,该谕是由荣禄的幕僚樊增祥起草,由军机大臣荣禄和户部尚书鹿传霖最终改定的。[3] 得到这些信息,本来已经足以使他确认最高统治者这次是要真的变法了,但是,安徽巡抚王之春的来电又使他心中产生了几许疑虑。为什么呢?因为王之春在电文中写道:"顷行在军机章京密报'……奏复变法,毋偏重西'云,想见两宫宗旨,奈何?"[4]朝廷既已宣布变法,但却有"毋偏重西"的传闻,这就让张之洞颇感疑惑。为了解开心中的疑团,张之洞特地致电鹿传霖[5]询问,其电文如下:

> 闻有小枢致他省督抚电云初十谕旨,令条议变法整顿一件,切嘱各省"复奏万勿多言西法"云云,殊堪骇异。窃思采用西法,见诸上谕明文。鄙意此后一线生机,或思自强,或图相安,非多改旧章、多仿西法不可。若不言西法,仍是旧日整顿故套空文,有何益处?不惟贫弱,各国看我中国,乃别是一种顽固自大之人,将不以平等与国待我,日日

① 中国第一历史档案馆编:《光绪宣统两朝上谕档》第二十六册,广西师范大学出版社 1996 年版,第 460 页。

② 中国第一历史档案馆编:《光绪宣统两朝上谕档》第二十六册,广西师范大学出版社 1996 年版,第 462 页。

③ 苑书义、孙华峰、李秉新主编:《张之洞全集》第十册,河北人民出版社 1998 年版,第 8497 页。

④ 苑书义、孙华峰、李秉新主编:《张之洞全集》第十册,河北人民出版社 1998 年版,第 8497—8498 页。

⑤ 鹿传霖是张之洞的姐夫,且二人志趣相投,故敢于一起探讨一些敏感话题。

受制受辱，不成为国矣。究竟此事慈意若何？略园（荣禄——引者注）能透澈否？各省能否切实复奏？哪几种事可望更张？鄙意第一条欲力扫六部吏例痼习痼弊，枢廷诸公肯否？①

对于张之洞的来电，鹿传霖回电如下：

小枢何人？妄骋臆谈。变法一诏，菘（鹿传霖——引者注）与略（荣禄——引者注）建议，上亦谓然。至应如何变通，总期实事求是，决无成见。来教谓第一力扫六部吏例，深合鄙衷。及今曹署焚荡之余，尤为机可乘而制易改。然腐儒固执，宵小不利，阻挠必多。将来想有助略相极力主持，惟当切实行之，逐渐变之，总期除弊兴利，似不必拘定西学名目，授人攻击之柄。此大举动大转关，尤要一篇大文字，方能开锢蔽而利施行，非公孰能为之？极盼尽言。②

显然，这一鹿传霖的回电否定了来自“小枢”的有关传闻，给张之洞吃了一颗定心丸。但是，由于王之春的通报给其产生的疑团始终没有完全消除，对于复奏一事，张之洞在行动上一直保持较为谨慎的态度。他在给王之春的回电中说：“复奏万不可急，东南数大省必须大致商妥。”③可见，张之洞之所以不急着复奏，一方面是想进一步观察事态的变化，另一方面则是希望东南各省互通声气，有更多的人来一起分担责任。于是，各省督抚联衔上奏的动议便出现了。

张之洞致电刘坤一④，提出了联衔复奏的主张：“变法复奏，必宜督抚联衔，方可有益，人多尤善。请公主稿，鄙人当附名。”在此电中，张之洞提出了“以仿西法为主”的变革主张：

① 苑书义、孙华峰、李秉新主编：《张之洞全集》第十册，河北人民出版社1998年版，第8506—8507页。
② 《辛丑正月初十日鹿尚书来电》，《张之洞存各处来电稿》，近代史所藏档甲182—209。
③ 苑书义、孙华峰、李秉新主编：《张之洞全集》第十册，河北人民出版社1998年版，第8497页。
④ 后又转致东南、西南各省督抚大臣。

惟鄙意以仿西法为主，抱定旨中“采西法补中法”“浑化中西之见”二语作主意。大抵各国谓中国人懒滑无用而又顽固自大，其无用可欺，其自大尤可恶，于是视中国为一种讨人嫌之异物，不以同类相待，必欲蹂践之，制缚之，使不能自立而后已。此时非变西法，不能化中国仇视各国之见；非变西法，不能化各国仇视中国之见；非变西法，不能化各国仇视朝廷之见。必变西法，人才乃能出，武备乃能修，教案乃能止息，商约乃能公平，矿务乃能开辟，内地洋人乃不横行，乱党乃能消散，圣教乃能久存。应变者多，宜有次第。管见宜先办者有九事：一、亲贵游历；二、游学各国；三、科举改章；四、多设学校；五、西法练兵；六、专官久任；七、仿设巡捕；八、推广邮政；九、专用银元。此九条最要而不甚难，已足令天下人精神为之一振，陋习一变，各国稍加青眼。其余若多设行都、设矿务总公司、行印花税、酌改律例、设课农专官、各省推广制造局、鼓励工匠各条，相机量力，从容举办。其专论整顿中法者，如另制官禄、尽革部吏、更定选法、停止题本、仿减浮文、扫除漕弊等事，须另拟数条，另为一折。若西法折不能允，则希冀旧法之稍加变通耳。窃谓当此危如累卵之国势、千载一时之事机，似宜先以第一义陈之上前。如不采纳，再及第二义，聊尽臣子之心而已。总之，今日国土日蹙，国权日夺，群强日逼，同则存，孤则亡，决定不移，更无他说。若仅整顿中法，以屡败之国威，积弱之人才，岂能除二千余年养成之积弊？以此而望自强久存，必无之事也。[①]

如果仔细推敲这一电文，就会发现，这一电文应该是张之洞及其幕僚精心结撰的一篇妙文。其站在外与列强改善关系、在内图谋国家强大两个角度论证“仿西法为主”变法的合理性，可谓视野宏阔、立论允当。在其书写的“国土日蹙，国权日夺，群强日逼”与“聊尽臣子之心”等文句中，拳拳报国之情流溢而出。其提出的兴办学校、改革科举、派人游学等九条改革办法与其他可行的举措，都是有针对性、可操作的富国强兵之术。这一视

① 苑书义、孙华峰、李秉新主编：《张之洞全集》第十册，河北人民出版社1998年版，第8533—8534页。

野开阔、饱含感情、办法切要的电文,自然会打动它的接收者。因此,此电发出之后,各省督抚纷纷回电,表示愿意联衔会奏。两江总督刘坤一表示:"尊拟各条,极为精当,曷胜钦佩。第一义果能内外同心,结实做去,尚可办到。多联数省,较易动听。"①东南、西南各省督抚态度基本一致,都希望张之洞与刘坤一主稿并领衔,各省督抚联衔复奏。

联衔复奏虽得到各省督抚大臣的赞同,但究竟由谁主稿,则一时难以确定。各省督抚都希望张之洞与刘坤一主稿,但他们却互相推让。张之洞一再表示:"此奏鄂断不敢主稿。鄙人主意多鲁莽,思虑多疏漏,文笔亦艰涩,仍请岘帅(指刘坤一——引者注)主持。"②刘坤一则极力推举张之洞:"香帅博通今古,惯澈始终,经济文章海内推为巨擘,非由香帅主稿,断难折衷至当,万望勿再客气,主持办理。"③就在张、刘两人互相推让之际,情况又有了新的变化。1901 年 4 月 21 日(光绪二十七年三月初三),朝廷下令设立督办政务处,统管新政一切事务,由庆亲王奕劻,大学士李鸿章、崑冈、荣禄、王文韶,户部尚书鹿传霖为督办政务大臣,刘坤一、张之洞"遥为参预"。同时,由于前一年上谕所限定的两个月复奏期限已过,而各省督抚大员尚未上奏,故此谕特意催促"迅速条议具奏,勿再延逾观望"④。接到这道上谕,时任山东巡抚的袁世凯改变了原来的想法,遂致电张之洞和刘坤一,主张单独上奏。其理由有二:一是朝廷的意思是"勿联衔上";二是因为张、刘"两帅现列参政,又与他省分际不同",联衔不妥。张之洞赞同袁世凯的意见,不过,他主张,江、鄂、济三处应保持大致相同的意见:"他处可听其参差歧异,惟江、鄂、济三处要紧数条,似须大致相同,方能有益。"⑤刘坤一则是一接到袁世凯来电即致电张之洞:"谕旨外省仅派两人,自未便再联各省。袁拟单奏,亦可。然江、鄂必须联衔。"可见,刘坤一的意见是,其他省可以单奏,但江、鄂两地须联衔复奏。张之洞迅即复电,对

① 苑书义、孙华峰、李秉新主编:《张之洞全集》第十册,河北人民出版社 1998 年版,第 8535 页。
② 苑书义、孙华峰、李秉新主编:《张之洞全集》第十册,河北人民出版社 1998 年版,第 8540 页。
③ 苑书义、孙华峰、李秉新主编:《张之洞全集》第十册,河北人民出版社 1998 年版,第 8541 页。
④ 中国第一历史档案馆编:《光绪宣统两朝上谕档》第二十七册,广西师范大学出版社 1996 年版,第 49—50 页。
⑤ 苑书义、孙华峰、李秉新主编:《张之洞全集》第十册,河北人民出版社 1998 年版,第 8553 页。

此议表示赞同。[①] 就这样，各省督抚联衔会奏的计划自然流产，张之洞与刘坤一也开始商议江、鄂(楚)两地会奏事宜。对于此事，张之洞建议二人先各自拟一稿，再互相参酌，“如所见有异同，无妨更改，总期切实有益”[②]。刘坤一表示同意。于是，文稿的起草、参酌事宜就展开了。其大致过程是，刘坤一那边由张謇、沈曾植、汤寿潜各拟一稿，然后寄给张之洞，由张之洞结合自己这边郑孝胥、梁鼎芬、黄绍箕等人的意见拟出初稿，再互相商议定稿。从这个过程来看，张之洞虽然一再声称不愿主稿，但事实上他做了主稿的工作。[③]

在成稿过程中，张之洞与联衔者刘坤一常常互通声气。如关于科举变法一事，张之洞主张“仿戊戌年敝处所奏已奉旨允准办法”，将陶模和袁世凯“两奏大意酌采叙入，以见科举旧法必应变通”。[④] 刘回电说：“科举改章，戊戌年尊处所奏办法，甚裨实学，最为扼要，现在奏请改章，应以前奏为主……引证陶、袁两奏，以见科举改章，具有同心，尤易动听。”[⑤]张之洞还邀请为刘坤一拟稿的张謇和沈曾植到武昌面谈。对于这次面谈，据张謇说，从上午 8 点一直谈到下午 5 点，“所谈甚多”[⑥]；沈曾植也说，张之洞“谈兴甚浓”[⑦]。由此足见张之洞咨询二人意见之多、之细。

除此之外，为了不出纰漏，张之洞还四处打探各方消息，将多方意见相互参酌。其间，他特别注重通过耳目探听西安“行在”的消息。如他曾致电易顺鼎问：“各省变法奏到者几省？京官奏者几人？望将最警动重大者示知。内意许可者何事？孙宝琦识见议论何如？云门(樊增祥——引者注)于此事有何定见？此外有何要闻？均速详示。”[⑧]易即回电告知：“闽、浙、粤、滇、齐、豫奏到，浙主丁捐印税，豫主抬枪八股，齐有慎出令，粤有裁

---

① 苑书义、孙华峰、李秉新主编：《张之洞全集》第十册，河北人民出版社 1998 年版，第 8554 页。

② 苑书义、孙华峰、李秉新主编：《张之洞全集》第十册，河北人民出版社 1998 年版，第 8554 页。

③ 参见李细珠：《张之洞与清末新政研究》，上海书店出版社 2003 年版，第 92 页。

④ 苑书义、孙华峰、李秉新主编：《张之洞全集》第十册，河北人民出版社 1998 年版，第 8586—8587 页。

⑤ 《辛丑四月十四日江宁刘制台来电》，见《张之洞存各处来电稿》第四十七函，近代史所藏档甲 182—149。

⑥ 张謇：《日记》，见《张謇全集》第六卷，江苏古籍出版社 1994 年版，第 455 页。

⑦ 王尔敏、陈善伟编：《近代名人手札真迹——盛宣怀珍藏书牍初编》第六册，香港中文大学出版社 1987 年版，第 2582 页。

⑧ 《辛丑四月十六日致西安易实甫观察》，见《张之洞电稿乙编》第十四函，近代史所藏档甲 182—75。

内监一条,粤独未交下。京官孙、薛、张、贻、陆、葛皆上,瞿请逐渐变通。"[①]除此之外,张之洞还与各省督抚互通声气。如他曾致电湖南巡抚俞廉三,请其将复奏变法稿"六百里飞寄一阅"。在读完俞稿之后,张之洞提出了自己的修改意见供俞参考。[②] 这些信息对张之洞所呈奏稿与朝廷和各省保持一定程度的一致性,有着重要的参考意义。

在集思广益的基础上,张之洞终于在 1901 年 5 月初完成了初稿的撰写工作。对此,其年谱写道:"(张)公荟萃众说,断以己意,日撰一条,月余始就。"[③]5 月中旬,张之洞专门派人将折稿递呈刘坤一,期望刘"详酌改定"[④]。刘坤一除了提出了一些细节性修改意见外,对张之洞大加赞许:"明公文章经济,广大精微,凡古今之得失,与中外之异同,互证参稽,折衷至当。竭两月之力,成此一代典章,崇论宏议之中,犹复字斟句酌,贤劳独任,感佩难名!夫变法莫重于学校,科第一折所陈,人人知为先务。第二折整顿中法十二条……及第三折采用西法十一条,莫不中时弊而切时宜。"[⑤]

5 月底,张之洞根据刘坤一的意见,将折稿改定。此时,离朝廷催促上奏的谕旨发布时间又过去了近 3 个月,复奏之事已不能再等了。于是,《江楚会奏变法三折》由刘坤一领衔,于 7 月 12 日、7 月 19 日、7 月 20 日由南京发出。

奏折发出之后不久,张之洞即开始了解朝廷对它的反应。如他致电鹿传霖说:"新政若有急须举办之事,务望稍候,江鄂奏到,俯赐采择。"[⑥]他还致电樊增祥说:"江、鄂折二十日内外可到,如蒙政府采择,有决计愿办之事,宜在西安早为举行,不必待回京后,庶早慰海内、海外望治之忱,且免到京后事多掣肘。"[⑦]由此可见,张之洞是多么期盼朝廷能够采纳其奏折。事

① 《辛丑四月二十日西安易实甫来电》,见《张之洞存各处来电稿》第四十八函,近代史所藏档甲182—150。

② 《辛丑三月二十七日、四月十一日致长沙俞抚台》,见《张之洞电稿乙编》第十四函,近代史所藏档甲182—75。

③ 许同莘编:《张文襄公年谱》,上海商务印书馆 1947 年版,第 147 页。

④ 苑书义、孙华峰、李秉新主编:《张之洞全集》第十册,河北人民出版社 1998 年版,第 8603 页。

⑤ 刘坤一:《复张香涛》,见《刘坤一遗集》第五册,中华书局 1953 年版,第 2289—2290 页。

⑥ 《辛丑六月初七日致西安鹿尚书》,见《张之洞电稿乙编》第十四函,近代史所藏档甲 182—75。

⑦ 苑书义、孙华峰、李秉新主编:《张之洞全集》第十册,河北人民出版社 1998 年版,第 8613 页。

态发展正如其所愿,10 月 3 日,慈禧太后发布懿旨:“刘坤一、张之洞会奏整顿中法、仿行西法各条,事多可行;即当按照所陈,随时设法择要举办。各省疆吏,亦应一律通筹,切实举行。”①这意味着,清末新政真正进入具体实施阶段,新政的具体实施也是以《江楚会奏变法三折》中的主张为指南的。

第二节 《江楚会奏变法三折》中的教育思想

《江楚会奏变法三折》包括三折一片:《变通政治人才为先,遵旨筹议折》《遵旨筹议变法,谨拟整顿中法十二条折》《遵旨筹议变法,谨拟采用西法十一条折》与《请专筹巨款举行要政片》。其中,《变通政治人才为先,遵旨筹议折》主要阐述有关教育改革的设想,其主要包括:一、设文武学堂;二、酌改文科;三、停罢武科;四、奖励游学。《遵旨筹议变法,谨拟整顿中法十二条折》主要论述国家致富致强之道,以整顿中国成法为取向,包括崇节俭、破常格、停捐纳、课官重禄、去书吏、去差役、恤刑狱、改选法、筹八旗生计、裁屯卫、裁绿营、简文法等 12 方面。《遵旨筹议变法,谨拟采用西法十一条折》主要论述如何采用借鉴西方的经验来富国强兵,包括广派游历,练外国操,广军实,修农政,劝工艺,定矿律、路律、商律、交涉刑律,用银元,行印花税,推行邮政,官收洋药,多译东西各国书等。《请专筹巨款举行要政片》则主张为推行新政专门筹集巨额款项。从这里可以看到,这三折一片是一个涉及政治、经济、文化、教育等方面的系统的改革方案。其中,教育改革的方案是作为其他方案的先导来对待的。否则,张之洞就不会把《变通政治人才为先,遵旨筹议折》这一阐述教育改革设想的奏折作为呈给最高统治者的第一折了。下面,就来看一看张之洞在这一奏折中的教育主张。

---

① 第一历史档案馆编:《光绪宣统两朝上谕档》第二十七册,广西师范大学出版社 1996 年版,第 188 页。

在三折的第一折中,张之洞如此开门见山:"窃谓中国不贫于财而贫于人才,不弱于兵而弱于志气。人才之贫,由于见闻不广,学业不实;志气之弱,由于苟安者无履危救亡之远谋,自足者无发愤好学之果力。保邦致治,非人无由。"①张之洞在这里想要说的是,中国的贫弱是由于人才的缺乏,而人才的缺乏是由于教育不振。因此,要想改变国家积贫积弱的现状,就必须从改革教育入手。这就把教育改革提高到富国强兵的根本上来认识了。以此认识为基础,张之洞煞费苦心地提出了一系列教育兴革的设想。

一、学制系统的新构想

在教育的宏观层面,张之洞特别关注的是学制系统的建设,因此,在其"设文武学堂"的奏议中,在广泛"参酌中外情形"的基础上,以日本学制为主要模仿对象,提出了自己的学制系统建设的设想:

第一层次是蒙学,有家塾、义塾等形式,由绅董自办。8 岁以上入蒙学,习识字,正语音,读蒙学歌诀,必读四书,选读五经一二部。第二层次是小学校,由州县官办。12 岁以上入小学校,习普通学,兼习五经,学地图、绘图、粗浅算法、中国历代史事与本朝制度大略。3 年毕业。第三层次是高等小学校,由州县官办。15 岁以上入高等小学校,课程有经书、策论、词章之学、代数几何、地图绘图法、中国历史、外国政治学术,兼习外国一国文字。3 年毕业。第四层次是中学校,由府一级官办。18 岁高等小校毕业者可入。习普通学,有经史、地理、策论词章、公牍书记、文字学、精深算法、绘图法、中国历史兵事、外国历史律法、格致等,兼习外国语言文字之较深者。3 年毕业。第五层次是高等学校,由省级政府官办。中学校毕业生者即可入学。专业分经学、史学、格致、政治、兵事、农学、工学等七门,学生可各认习一门,兼习一国语言文字。在这一层次,同时开设武备学校或炮工学校及农、工、商、矿四类专门学校,均为 3 年毕业。第六层次是大学校,在京师设立。省高等或专门学校毕业生可以进入学习。拟分设文事大学校、水军陆军大学校各一所。所设专业与省城所设高等学校与专门学校大致相同,

① 苑书义、孙华峰、李秉新主编:《张之洞全集》第二册,河北人民出版社 1998 年版,第 1394 页。

只是程度上“又益加精”。①

从上述设想可以看到，这一学制是一个包括蒙学、初等小学校、高等小学校、中学校、高等学校与京师大学校六级的学制系统。其对各级学校的学生入学年龄、修业年限、所修习专业、课程等都有明确的规定。与《劝学篇》中的学制构想相比较，已经是相当详尽了。

二、书院的改制

张之洞提出了完整的学制设想，但是，对于这样一个学制系统在全国推行的效果，张之洞却不敢乐观。所以，他才大发感慨：“若必待天下遍设数万小学，数百中学，然后升之高等学、大学而教之用之，至速亦须十年，时事日棘，人不我待。”可见，张之洞对学制系统建设在全国的推行难见速效感到忧心忡忡。如何解决这一难见速效的问题呢？张之洞认为，最好的办法是：“先自多设中学及高等学始，选年力少壮通敏有志之生员，迅速教之，先学普通，缓习专门，应各就省城及大府酌量情形迅速筹办，以资目前之用……此权宜救急，先设普通中学暨采访速成教法之大略也。”②在这里，张之洞提出的办法是广泛设立普通中学来培养急需人才。那么，如何才能实现广泛设立普通中学呢？张之洞的设想是，把各州县的书院改为学堂：

> 惟成事必先正名，三代皆名学校，宋人始有书院之名。宋大儒胡瑗在湖州设学，分经义、治事两斋，人称为湖学，并未尝名为书院。今日书院积习过深，假借姓名希图膏奖，不守规矩，动滋事端。必须正其名曰学，乃可鼓舞人心，涤除习气。如谓学堂之名不古，似可即明曰各种学校，既合古制，且亦名实相符。③

在这里，张之洞以中国传统的名实关系为立足点，从历史与现实的联

① 苑书义、孙华峰、李秉新主编：《张之洞全集》第二册，河北人民出版社 1998 年版，第 1396—1398 页。
② 苑书义、孙华峰、李秉新主编：《张之洞全集》第二册，河北人民出版社 1998 年版，第 1401 页。
③ 苑书义、孙华峰、李秉新主编：《张之洞全集》第二册，河北人民出版社 1998 年版，第 1401 页。

系中，谨慎地探讨书院改为学堂的可能及其根由，可谓用心良苦。①

三、学校教育制度与科举制度的对接

张之洞提出了这样的学校教育制度与科举制度对接的设想：“自八岁入小学起，至大学校毕业，共十七年。十八岁为附生，二十一岁为廪生，二十五岁为优贡举人，二十八岁为进士，除去出学入学程途、考选日期外，亦不过三十岁内外，较之向来得科第者并不为迟。”②这意味着，高等小学校毕业者即可获得附生的功名，中学校毕业者即可获得廪生的功名，省高等或专门学校毕业者就可成为举人，京师大学堂毕业者即能够成为进士。在科举功名依然有着极其诱人光环的时代，这对于增加人们对新式学堂的认可程度，吸引大量新生进入新式学堂，是有着重要意义的。另外，这对于科举制的废除来说，也提供了一种缓冲机制。这是非常明智、稳健的一种改革构想。若非富于政治智慧且热心新式教育者，很难有这样周全的设想。

四、改革科举制

张之洞认为：“科举一事，为自强求才之首务。时局艰危至此，断不能不酌量变通。”因此，他提出了两大方面的建议：一是“酌改文科”。对于文科举，张之洞的基本思路是进行渐进式改革。因为在他看来，“自宜多设学堂，分门讲求实学，考取有据、体用兼赅，方为有裨世用。惟数年之内，各省学堂不能多设而人才不能一日不用，即使学堂大兴而旧日生员年岁已长资性较钝不能入学堂者，亦必须为之筹一出路，是故渐改科举之章程，以待

---

① 张之洞重提书院改制，是因为新的形势发展也为书院改制提供了良好的外部环境。首先，经过戊戌变法和随后几年的教育发展，学堂的建立已成为风尚所趋。戊戌变法失败后的5年中，据白新良先生统计，全国只新建16所书院，这与同光时期书院年平均创建数量达历史最高纪录的情形相比形成鲜明反差。此外还由于战乱和经费不足，书院废弃者也与年俱增，书院历千年风雨至此迅速走向衰途。与此相反，新学堂却开始深入人心。当时人们普遍认为，向西方学习是十分必要的，人们“无不馨香顶祝，以望学堂林立，教育普及”（适生：《论云南实行强迫教育》，载《竟业旬报》第四号）。其次，书院改成学堂，也是符合最高统治者新政“化新旧之见”的要求的。慈禧太后多次强调光绪皇帝要“恭承慈命，一意振兴，严禁新旧之名，浑融中外之迹”。所以即使只是在名称上将书院改成学堂，慈禧也会支持，以示推行新政的决心。

② 苑书义、孙华峰、李秉新主编：《张之洞全集》第二册，河北人民出版社1998年版，第1402页。

学堂之成就"①。也就是说,在考虑到学堂不可能大规模开设,而中国所需人才数量巨大的情况,故还需要保留传统的教育系统、科举制度。那么,如何对文科举制度进行渐进式变革呢?张之洞除了重复《劝学篇》中的"三场先后互易,分场发榜,各自去取,以期场场核实"的建议之外,还提出了这样的建议:

> 俟学堂人才渐多,即按科递减科举人士之额为学堂取士之额。其颖敏有志者,必以渐次改业归入学堂。其学优而年长者、文平而品端者,尽可宽格收罗,量材录用。或取作副榜,多取数名;或令充岁贡,倍增其额;或推广大挑,每科一次;或挑作誊录,令其议叙有资;或举人比照孝廉方正,生员比照已满吏,准其考职,令其入官效用。宜汇总核计以上各途推广录用之数足以抵每科减额之数,则旧日专习时文者,亦尚有进身之阶。十数年以后,奋勉改业者日多,株守沉沦者日少,且仍可为小学堂、中学堂经书词章之师,其衰老者可从优赏给职衔。总之,但宜多设其途,以恤中才之寒畯,而必当使举人进士作为学堂出身,以励济世之人才。②

可见,张之洞的设想是,逐步减少传统的科举中式的名额,将之变成学堂取士的名额。这样,既可以更多地引导那些聪明而有志向的学生进入学堂,同时,也可以使那些继续沿着传统的科举之路行进的人们不致被堵塞出路。这与前面的学校教育制度与科举制度对接的设想一样,都是从吸引更多的人进入学堂与尽可能减少社会震荡的角度提出的。这再一次体现了张之洞作为一个热心教育的能臣老练、稳健的一面。

二是"停罢武科"。与对文科举的渐进式改革设想不同,对于武科举,张之洞的主张是立即废除:"径将武科小考、乡、会试等场一切停罢。"之所以提出这一主张,张之洞绝不是率性而为,而是有其深思熟虑。在张之洞看来,"硬弓刀石之拙,固无益于战征;弧矢之利,亦远逊于火器;至于默写

① 苑书义、孙华峰、李秉新主编:《张之洞全集》第二册,河北人民出版社 1998 年版,第 1402 页。
② 苑书义、孙华峰、李秉新主编:《张之洞全集》第二册,河北人民出版社 1998 年版,第 1403 页。

武经，大率皆系代倩文字，且不知无论韬略。以故军兴以来，以武科立功者概乎其未有闻。凡武生、武举、武进士之流，不过恃符豪霸，健讼佐斗，抗官扰民。既于国家无益，实于治理有害”。张之洞在这里想要表达的意思是，传统的武科举已经不能适应当时战争的需要，甚至对于国家的治理来说，尚有诸多流弊。这样的武科举制度，必须立即废止。

五、鼓励留学

张之洞认为，值此大力倡导兴办学堂之际，应该鼓励学子出国留学。因为“学堂固宜速设矣，然而非多设不足以济用。欲多设则有二难：经费钜一也，教习少二也。求师之难，尤甚于筹费。天下州县皆立学堂，数必逾万，无论大学小学断无许多之师。是则惟有赴外国游学一法”①。那么，如何筹划留学事宜呢？张之洞认为，其去向应该以去日本为佳。其理由是：“教法尤以日本为最善，文字较近，课程较速，其盼望学堂成就之心至为恳切，传习易，经费省，回华速，较之学于欧洲各国者其经费可省三分之二，其学成及往返日期可速一倍。”至于留学学习的专业，张之洞认为：

> 宜令各省分遣学生出洋游学，文武两途及农工商等专门之学切须分门认习，但须择其志定、文通者，乃可派往。学成后得有凭照回华，加以复试，如学业与凭照相符，即按其等第作为进士、举、贡，以辅各省学堂之不足，最为善策。此时日本人才已多，然现在欧洲学堂附学者尚数百人，此举之有益可知。并宜专派若干人，入其师范学堂，专学师范，以备回华充各小学、中学普通教习，尤为要著。②

这说明，在专业选择上，张之洞的视野是较为开阔的。凡是与国家富强有益的，不论是普通的文科专业、军事专业，还是应用型的农、工、商等专业，都可选择。对于师范专业，尤其重视。

特别值得注意的是，张之洞在这里试图将留学归来的学子按照其文凭

① 苑书义、孙华峰、李秉新主编：《张之洞全集》第二册，河北人民出版社1998年版，第1405页。

② 苑书义、孙华峰、李秉新主编：《张之洞全集》第二册，河北人民出版社1998年版，第1405页。

等级分别给予举人、贡生、进士等功名，这是一把留学教育与科举制度对接的设想。其对于激励学子出国留学，应该是有着积极意义的。

考虑到官费留学国家承担的费用甚巨，不能多派留学生，因此，张之洞主张奖励自费留学："官筹学费究属有限，拟请明谕各省士人如有自备斧资出洋游学，得有优等凭照者，回华后复试相符，亦按其等第作为进士举贡。如此者游学者众而经费不必尽出官筹。"①

六、《江楚会奏变法三折》对《劝学篇》的精神承续

尽管张之洞在起草《江楚会奏变法三折》时征求了多方面的意见，但他毕竟是奏折的主稿者，奏折主要体现的是张之洞的思想，这一点是毋庸置疑的。这一点，从其教育思想与《劝学篇》中的教育思想若合符契就可看到。二者的契合之处主要表现在以下方面：

第一，"中体西用"的哲学观。《劝学篇》的灵魂是"中体西用"。在如何处理中、西文化关系的问题上，主张以中学为主，取西学之长辅助之。《变通政治人才为先，遵旨筹议折》在处理中西文化关系的问题上，也贯彻了"中体西用"的旨趣。在开篇，其便开宗明义地宣称："修中华之内政，采列国之专长，圣道执中，洵为至当。"在提出改革科举的主张时，也特别指出："以讲求有用之学、永远不废经书为宗旨。"②

第二，稳健变革的路径。《劝学篇》所走的教育改革之路，用张之洞的话说就是："大抵会通中西，权衡新旧。"③那就是说，张之洞是要在激进派的趋新和顽固派的守旧之间寻求一条平衡二者的、稳健的教育变革之路。在《变通政治人才为先，遵旨筹议折》中论及教育改革的设想时，张之洞也是一本稳健改革的宗旨。这从其在改革科举、学校教育制度与科举制度的对接、留学教育制度与科举制度的对接等方面的设想，都可以看得一清二楚。

第三，效法日本的取向。《劝学篇》主张中国教育应该以日本为主要

① 苑书义、孙华峰、李秉新主编：《张之洞全集》第二册，河北人民出版社 1998 年版，第 1405 页。
② 苑书义、孙华峰、李秉新主编：《张之洞全集》第二册，河北人民出版社 1998 年版，第 1402 页。
③ 苑书义、孙华峰、李秉新主编：《张之洞全集》第十二册，河北人民出版社 1998 年版，第 10621 页。

学习对象:"我取径东洋,力省效速。"[1]《变通政治人才为先,遵旨筹议折》同样强调了学习日本的诸多有利条件:"教法尤以日本为最善,文字较近,课程较速,其盼望学堂成就之心至为恳切,传习易,经费省,回华速,较之学于欧洲各国者其经费可省三分之二,其学成及往返日期可速一倍。"[2]其中,强调的也主要是"力省效速"之意。

总之,从《江楚会奏变法三折》中论述教育改革的基本精神来看,《江楚会奏变法三折》实质上就是《劝学篇》的延续。如果说其有什么变化,不过是结合特定的时代要求,在具体内容上的策略性调整。

第三节　以湖北实验为基础的新学制厘定

一、湖北学制系统建构的实验

在《江楚会奏变法三折》中,张之洞提出了一个系统的学制系统构想。这一构想是否可行,成效如何,需要一个地方作为"试验田"来研究。因此,自从《江楚会奏变法三折》上奏朝廷后,张之洞便着手尝试在湖北建构新的学制系统。

为了使这个学制系统的建构更为妥帖、稳健,张之洞首先做出的决策是考察日本学制状况,以资参照。于是,在1901年8月,张之洞派出朱滋泽等人到日本,"于观操之暇,将其政治、学校、营伍、工厂各要务,分别考察记载,以资回鄂采择"[3]。如果说这里派出朱滋泽等人,考察学制只是其附带的任务,那么,到了同年10月派出的罗振玉、刘洪烈等人,则是一个专门考察学校教育状况的团队。张之洞指派给罗振玉的任务是,"考求中小学堂普通学应用新出教科书本,董理编译事宜";指派给刘洪烈的任务是,

① 苑书义、孙华峰、李秉新主编:《张之洞全集》第十二册,河北人民出版社1998年版,第9744页。
② 苑书义、孙华峰、李秉新主编:《张之洞全集》第二册,河北人民出版社1998年版,第1405页。
③ 苑书义、孙华峰、李秉新主编:《张之洞全集》第六册,河北人民出版社1998年版,第4138页。

"考究教法、管学两事暨访购书籍"①。罗振玉详细收集了有关日本教育制度的各种章程达110份之多。回国后,罗振玉在《教育世界》杂志上连续译载近百件,并发表了《学制私议》《日本教育大旨》等介绍日本教育制度的系列文章。另外,罗振玉还专门面见张之洞,"畅谈日本见闻"②。

在借鉴日本经验的基础上,1902年10月31日(光绪二十八年十月初一),张之洞与湖北巡抚端方联衔给朝廷呈上《筹定学堂规模次第兴办折》③,提出了一个完整的湖北学制体系建设设想。在这一学制体系中,张之洞把湖北的学堂分为普通学堂和职业学堂两类,并对各级各类学堂的学生入学年龄、修业年限、基本课程、办学形式、学额等作了较为详尽的规定。其基本设想如下:

普通学堂包括初等学堂、中等学堂和高等学堂3等5级。其中,初等学堂分蒙学和小学两种,蒙学为学前教育,设蒙养学堂,由官督绅办,无限额;小学为初等基础教育,分初等小学与高等小学两种,学童10岁以下可入初等小学,初等小学由民间自办;11—14岁学童可入高等小学,高等小学由官府承办,学生4年毕业。中等学堂,省城设文普通中学堂和武普通中学堂各1所,学额各240名,入学年龄在15—24岁之间;文普通中学4年毕业,武普通中学另外加半年在营当兵,4年半毕业;各道、府、直隶州设模范中学堂1所。高等学堂分文高等学堂和武高等学堂两种:文高等学堂在省城设两湖高等学堂一所,学额120名,学生学习4年,出国留学1年,共5年毕业;武高等学堂在省城设两所,一是武备学堂,学额60名,2—4年毕业,二是将弁学堂,学额100名,一般3年毕业,速成科1年毕业。

职业学堂包括师范学堂、实业学堂和特别学堂3种。师范学堂学额120名,正科学生限制在20—30岁之间,2—3年毕业;速成科学生限制在25—35岁之间,1年毕业。实业学堂包括农务学堂和工艺学堂:农务学堂学额120名,4年毕业;工艺学堂学额60名,另外附加艺徒额30名,4年毕

① 苑书义、孙华峰、李秉新主编:《张之洞全集》第六册,河北人民出版社1998年版,第4155—4156页。

② 王晓秋:《近代中日启示录》,北京出版社1987年版,第232页。

③ 苑书义、孙华峰、李秉新主编:《张之洞全集》第二册,河北人民出版社1998年版,第1488—1502页。

业。特别学堂包括方言学堂、勤成学堂和仕学院:方言学堂学额150名,英、法、德、俄、日专业学额各30名,学龄限制在15—20岁,5年毕业;勤成学堂专为年长而不能收入普通学堂的学生而设,不限学额,不定年限,不分科目;仕学院是专门为湖北省各级官员研讨中西政治而设的场所,不限学额,不定年限。

这个学制体系是对《江楚会奏变法三折》中的学制构想的进一步完善、具体化。

张之洞把这一学制系统建设方案呈上朝廷之后,朝廷把回复事宜交予当时的管学大臣张百熙来处理。张百熙对张之洞的奏折给予了高度评价:“张之洞留心学务最早,办理学堂亦最认真,久为中外所推重,是该督二十余年之阅历,二十余年之讲求,于学堂一切利弊知之较悉,自与寻常不同。臣等遵将原奏悉心核对,则与钦定章程相合之处甚多,不谋而同,有征益信。”[①]这成为张百熙后来邀请张之洞一起厘定全国新学制的主要因缘。

二、癸卯学制的制定及其内容

1903年4月25日(光绪二十九年三月二十八日),张之洞应慈禧太后之召入京,5月16日(四月二十日)到达北京,1904年2月7日(十二月二十二日)离开北京,共在京约九个月。许多论者以为,张之洞此次入京是专门为厘定新学制一事,其实这是一种历史的误会。张之洞入京觐见,是张之洞多次恳请陛见的结果。慈禧召张之洞进京,也不是为了让其制定新学制,而是为了满足张之洞多年请求陛见的心愿。[②] 在张之洞逗留北京期间,恰巧朝廷指令张百熙、荣庆拟定一个新的学制章程。其起因是:原来张百熙主持制定的新式学制——《钦定学堂章程》虽然已经面世,但是,这一学制系统设计改革力度太大,如果实施,必然大大触动保守派与满族亲贵的利益,因此,遭到了他们的抵制,故未能实施。张百熙在张之洞上奏湖北学制系统设计方案时,便对张之洞及其方案青眼有加,自然觉得张之洞是参与新学制制定的最佳人选,现在张之洞正在北京,岂能错失这样一个切

① 朱有瓛主编:《中国近代学制史料》第二辑上册,华东师范大学出版社1987年版,第65页。

② 参见李细珠:《张之洞与清末新政》,上海书店2003年版,第116—119页。

磋学问、共同承担重务的良机。于是，张百熙上奏，力请张之洞出面共同厘定新学制："学堂尤政务中之大端，所关更重，伏恳天恩，特派该督会同商办京师大学堂事宜，将一切章程详加厘定，嗣后有应行修改之处由臣等随时咨行该督会商具奏，实行整饬条轨，维持教育，大有补助。"①这个奏折很快就得到批准："著即派张之洞会同张百熙、荣庆，将现办大学堂章程一切事宜，再行切实商订，并将各省学堂章程一律厘定，详晰具奏。"②

于是，张之洞与张百熙、荣庆便开始共同磋商学务，着手制定学制的一系列准备工作。虽然张之洞有制定湖北学制的经验，但那毕竟只是在一个省级行政区域的实践，现在要制定一个在全国范围内适用的学制，还有很多细致的工作要做。特别是学制制定还涉及全国最高学府京师大学堂，而京师大学堂事务对张之洞来说相当陌生。所以，张之洞不仅亲自到京师大学堂"考察学务"③，还经常约请京师大学堂的总办、总教习、日本教习等到自己的寓所共同商讨学制制定相关事宜。④

经过数月的磋商之后，张之洞最后成为实际的新学制的制定者。对此，张之洞在其自述中称："奉旨编纂《学堂章程》二十卷，竭八阅月之力而成书，奏上之。"⑤在这里，张之洞对张百熙、荣庆二人只字不提，正是该学制主要由其制定的反映。王国维说："今日之奏定学校章程，草创之者，沔阳陈君毅，而南皮张尚书实成之。"⑥也说的是这样一个事实。

新学制的初稿在七八月完成，随即送给张百熙和荣庆推敲，同时上呈军机处和政务处的诸位大臣审阅。待那些大员们提出意见，最后才将新学制修改定稿。⑦ 对于这次制定新学制所付出的辛劳，张之洞在给写瞿鸿玑的信中曾这样写道："为此事繁难已极，关系甚重，改定不止十次，两月来

---

① 〔清〕朱寿朋编：《光绪朝东华录》，中华书局1958年版，第5036页。

② 〔清〕朱寿朋编：《光绪朝东华录》，中华书局1958年版，第5036—5037页。

③ 谢兴尧整理点校注释：《荣庆日记》，西北大学出版社1986年版，第63页。

④ 《癸卯六月十二日致管学大臣吏部大堂张》《癸卯六月十七日致大学堂总办于、代总教习张、总提调李、编译局李》，见《张之洞函稿·京寓函稿》，近代史所藏档甲182—213。

⑤ 苑书义、孙华峰、李秉新主编：《张之洞全集》第十二册，河北人民出版社1998年版，第10625页。

⑥ 朱有瓛主编：《中国近代学制史料》第二辑上册，华东师范大学出版社1987年版，第823页。

⑦ 苑书义、孙华峰、李秉新主编：《张之洞全集》第十二册，河北人民出版社1998年版，第10302、10306页。

昼夜赶办此事,困惫已极,寒天病躯,十分心急,而无可奈何。"[①]新学制制定之繁难、辛苦,自此可见一斑。1904 年 1 月 13 日(光绪二十九年十一月二十六日),张之洞会同张百熙、荣庆将新学制的定稿上奏,得到的谕批是:"著即次第推行。"[②]这就是历史上著名的《奏定学堂章程》,这个章程中所确定的学制即是癸卯学制。

对于癸卯学制预设的教育宗旨,张之洞曾经这样说:"无论何等学堂,均以忠孝为本,以中国经史之学为基。俾学生心术壹归于纯正,而后以西学瀹其知识,练其艺能,务期他日成材,各适实用,以仰副国家造就通才、慎防流弊之意。"[③]由此可见,张之洞还是希望通过新式教育培养既能够持守中国传统的纲常名教,又能够运用西方舶来的知识、技能的人才。

癸卯学制相当详尽地描述了各级各类学校的结构状况,并规定了各级各类学堂的性质、任务、入学条件、修业年限及相互衔接关系。具体而言,从纵向来看,癸卯学制可分为三段六级:

(一)小学教育 9 年。分初等小学堂和高等小学堂:初等小学堂 5 年,属普及教育性质;其宗旨是"以启其人应有之知识,立其明伦理爱国家之根基,并调护儿童身体,令其发育"[④];课程有修身、读经讲经、中国文字、算术、历史、地理、格致、体操等;视地方情形,可增加手工、图画 1 科或 2 科。高等小学堂 4 年,宗旨是"以培养国民之善性,扩充国民之知识,强壮国民之气体为宗旨"[⑤];课程有修身、读经讲经、中国文字、算术、中国历史、地理、格致、图画、体操等;视地方情形可增设手工、农业、商业等科。

(二)中学堂 5 年。属普通教育性质,以"施较深之普通教育,稗毕业后不仕者从事于各项实业,进取者升入各高等专门学堂,均有根柢为宗旨"[⑥],兼有升学和就业双重任务;课程有修身、读经讲经、中国文学、外国语(东语、英语、德语、法语、俄语)、历史、地理、算学、博物、物理及化学、法

---

① 苑书义、孙华峰、李秉新主编:《张之洞全集》第十二册,河北人民出版社 1998 年版,第 10302 页。

② 第一历史档案馆编:《光绪宣统两朝上谕档》第二十九册,广西师范大学出版社 1996 年版,第 352 页。

③ 苑书义、孙华峰、李秉新主编:《张之洞全集》第三册,河北人民出版社 1998 年版,第 1591 页。

④ 舒新城:《中国近代教育史资料》上册,人民教育出版社 1961 年版,第 416 页。

⑤ 舒新城:《中国近代教育史资料》上册,人民教育出版社 1961 年版,第 432 页。

⑥ 舒新城:《中国近代教育史资料》上册,人民教育出版社 1961 年版,第 506 页。

制及理财、图画、体操等。

（三）高等学堂。“以教大学预备科为宗旨，以各学校皆有专长为成效。”①根据大学堂分科的需要，分为3类：第1类为升入大学经学科、政法科、文学科、商科做准备；第2类为升入大学格致、工科、农科做准备；第3类为升入大学医科做准备。大学堂亦称分科大学，“以端正趋向，造就通才为宗旨”，分8科，下设若干门。1. 经学科大学，设周易、尚书、毛诗、春秋左传、春秋三传、周礼、仪礼、礼记、论语、孟子、理学11门。2. 政法科大学，设政治、法律2门。3. 文学科大学，设中国史学、万国史学、中外地理学、中国文学、英国文学、法国文学、德国文学、俄国文学、日本国文学9门。4. 医科大学，设医学、药学两门。5. 格致科大学，设算学、星学、物理学、化学、动植物学、地质学6门。6. 农科大学，设农学、农艺化学、林学、兽医学4门。7. 工科大学，设土木工学、机器工学、造船学、造兵器学、电气工学、建筑学、应用化学、火药学、采矿及冶金学9门。8. 商科大学，设银行保险学、贸易及贩运学、关税学3门。除政法科及医科之医学门修业4年外，其余均为3年。大学堂还设有通儒院，“为研究各科学精深义蕴，以备著书制器之所”。以5年为限。

从横的方面来看，还可分为师范学堂和实业学堂两大类。

（一）师范学堂。“以习普通学外，并讲明教授管理之法为宗旨”②，分为初级和优级2个层次。1. 初级师范学堂。其定位是培养高等小学和初等小学堂教员，相当于普通中学程度。设完全科和简易科。完全科招收18岁至25岁的高小毕业生和同等学力者，5年毕业。简易科招收年在25岁到30岁者，1年毕业。另设有预科和小学师范讲习所。预科招收普通学力未达高小毕业者，小学师范讲习所招收学力不足的在职小学教员。2. 优级师范学堂。其定位是培养初级师范学堂和普通中学堂教员和管理员，相当于高等学堂（大学预科）程度。招收初级师范学堂和中学堂毕业生及同等学力者，4年毕业。另有1年的加习科。

---

① 舒新城：《中国近代教育史资料》上册，人民教育出版社1961年版，第567页。

② 舒新城：《中国近代教育史资料》上册，人民教育出版社1961年版，第673页。

（二）实业学堂。“以振兴农工商各项实业，为富国裕民为本计”[①]，分为初等、中等、高等 3 个层次。1. 初等实业学堂。其分为农业、商业、商船 3 类，均招收 13 岁以上初小毕业生和同等学力者，相当于高小程度，授以农、商、商船各业最浅近的知识和技能。农业学堂分农业、蚕业、林业及兽医 4 科，3 年毕业。初等商业学堂不分科，3 年毕业。初等商船学堂分航海、轮机 2 科，2 年毕业。2. 中等实业学堂。其分为农业、工业、商业、商船 4 类，相当于普通中学程度，教授农、工、商、商船各业所必需的知识技能。农业学堂设农业、蚕业、林业、兽医、水产 5 科。工业学堂设土木、金工、造船、电气、木工、矿业、染织、窑业、漆业、图稿绘画等 10 科。商业学堂不分科。商船学堂分航海、轮机 2 科。各类学堂均设有本科和预科。本科招收 15 岁以上的高小毕业生和同等学力者，3 年毕业；预科招收 13 岁以上的初小毕业生和同等学力者，2 年毕业。另设专攻科，招收本科毕业生，修业年限为农业 1 年、工业 2 年。3. 高等实业学堂。其分为农业、工业、商业、商船 4 类，相当于高等学堂（大学预科）程度。农业学堂设农学、森林、兽医 3 科。工业学堂设应用化学、染色、机织、建筑、窑业、机器、电器、电气化学、土木、矿业、造船、漆工、图稿绘画等 13 科。商业学堂不分科。商船学堂设航海、机轮 2 科。农业学堂和商业学堂皆设本科和预科。预科 1 年毕业，本科除农业学堂的农学科 4 年外，其余均 3 年毕业。工业学堂和商船学堂只设本科，前者 3 年毕业，后者 5 年至 5 年半毕业。招收普通中学堂毕业生和 18 岁以上的同等学力者。另设一年制的选科和招收本科毕业生的专攻科。

此外，还设有实业补习普通学堂和艺徒学堂。实业补习普通学堂，分农业、工业、商业、水产 4 科。招收 16 岁以上的，已从事工、农、商各业和准备就业，具有初等小学毕业程度和同等学力者。除授以农、工、商各业知识外，还补习小学普通教育，3 年毕业。艺徒学堂招收年 12 岁以上粗知书算的幼童，学习年限半年至 4 年。除修身、中国文理为必修课，其余自便。另外还设有译学馆，相当高等学堂（大学预科）程度，设英文、法文、俄文、德文、日文等科，培养翻译人员，5 年毕业。

---

① 舒新城：《中国近代教育史资料》上册，人民教育出版社 1961 年版，第 750 页。

三、癸卯学制中"中体西用"的精神印迹

（一）"中体西用"思想对办学宗旨的影响

《奏定学堂章程》在"立学宗旨"一栏中开宗明义地规定："无论何等学堂，均以忠孝为本，以中国经史之学为基。稗学生心术壹归于纯正，而后以西学瀹其智识，练其艺能。务期他日成材，各适实用。"①其强调"以忠孝为本，以中国经史之学为基"，不就是"中学为体"的另外一种表述吗？"以西学瀹其智识，练其艺能"，使之"各适实用"，不正是"西学为用"之意吗？就此而言，从办学宗旨当中，可以很明显地看到"中体西用"的精神印迹。

（二）"中体西用"思想在课程建构中的体现

在张之洞看来，中学与西学的修习程序应该是："先入者为主，讲西学必先通中学，乃不忘其祖也。"②因此，张之洞在《奏定学堂章程·学务纲要》中特别指出："学堂不得废弃中国文辞，以便读古来经籍。中国各体文辞，各有所用，历代相承，实为五大洲文化之精华。且必能为中国各体文辞，然后能通解经史古书，传述圣贤精理。"③这就是说，中国传统的经史辞章之学是基本的根柢之学，无论如何是不可废弃的。具体到各级各类学校的课程安排，也很注重强调传统经史之学在其中的地位："中小学堂宜注重读经以存圣教。外国学堂有宗教一门，中国之经书，即是中国之宗教，若学堂不读经书，则是尧舜禹汤文武周公孔子之道，所谓三纲五常者尽行废绝，中国必不能立国矣。……故无论学生将来所执何业，在学堂时经书必宜诵读讲解，各学堂所读有多少，所讲有浅深，并非强归一致。"④据统计，癸卯学制中读经课占全部教学时数的25%，加上中国文学，则中学占全部教学时数的35%。⑤ 这些都显示了癸卯学制的课程中对中学根本地位的凸显。

---

① 舒新城：《中国近代教育史资料》上册，人民教育出版社1961年版，第98页。
② 苑书义、孙华峰、李秉新主编：《张之洞全集》第十二册，河北人民出版社1998年版，第9705页。
③ 舒新城：《中国近代教育史资料》上册，人民教育出版社1961年版，第202页。
④ 舒新城：《中国近代教育史资料》上册，人民教育出版社1961年版，第200页。
⑤ 黄新宪：《张之洞与中国近代学制的建立》，载《松辽学刊》1988年第3期，第89页。

当然,除了对中学根本地位的凸显,在癸卯学制的课程设计中,对西学的辅助地位也予以明示。在述及课程设计的基本指导思想时声称,"博考外国各学堂课程门目,参酌变通,择其宜者用之"①,正是以西方课程为用之意。

具体来说,初等小学堂教授科目为8科,"一、修身,二、读经,三、中国文字,四、算术,五、历史,六、地理,七、格致,八、体操"②;高等小学堂在初等小学堂基础上增加图画。在小学阶段的课程中,格致、体操、图画都是典型的西方课程。其所占比例小且位置靠后,这足以体现西学的辅助地位。

至于中等学堂的课程设置,除了小学堂的上述课程外,还增加外国语,因为"今日时势不通洋文者,于交涉、游历、游学,无不窒碍。……故中学堂以上各学堂,必全勤习洋文,而大学堂经学、理学、中国文学、史学各科,尤必深通洋文而后其用乃为最大"③,另外还有博物、物理、化学、法制及理财等西学课程。这就大大增加了西学课程的比例。高等学堂的课程,基本上是在中等学堂课程的基础上"加深加博",其课程结构状况及其地位与中学阶段大致相同。

总之,从整个课程结构状况来看,癸卯学制中的课程设计是循着以中学为基础与根柢,再逐步增加西学的思维模式建构起来的。

综上所述,在癸卯学制中,张之洞不仅在宏观的办学指导思想中注入了"中体西用"的精神主旨,而且还在微观的课程建构上贯注了"中体西用"的精神命脉。就此而言,癸卯学制的制定与推行是张之洞"中体西用"思想第一次在全国的教育改革领域大放光华。

第四节　西式学堂创办的系统化

张之洞在设计湖北省的学制系统与国家学制系统的同时,也在两湖、

① 舒新城:《中国近代教育史资料》上册,人民教育出版社1961年版,第197页。
② 舒新城:《中国近代教育史资料》上册,人民教育出版社1961年版,第418页。
③ 舒新城:《中国近代教育史资料》上册,人民教育出版社1961年版,第204页。

两江地区大力创办各级各类西式学堂。这既是在为理想的学制蓝图走向现实做必要的铺垫,同时也在为学制系统蓝图的完善积累实践经验。

一、创办幼稚园

1903 年秋,在张之洞的提议、督促下,湖北巡抚、护理湖广总督端方饬令下拨官款,在武昌城的阅马场创办了一所幼稚园,这就是湖北幼稚园。它是中国的第一所幼稚园,无疑开了我国幼儿教育之先河。

湖北幼稚园的办园宗旨,在于培养小儿自然智能,开导事理,涵养德性,"以备小学堂之基础"①。具体来说,其宗旨有三个:"一、保全身体之健旺,体育发达基此;二、培养天赋之美材,智育发达基此;三、习惯善良之言行,德育发达基此。"②这是中国历史上第一次针对幼儿教育明确提出德、智、体并重的办学宗旨。

湖北幼稚园共设课程 7 门,即行仪、训活、幼稚园语、日语、手技、唱歌、游嬉。每天保育时间为 3 个或 4 个小时,春分以后早上 8 点钟入园,11 点钟归家;秋分以后早上 8 点钟入园,12 点钟归家。除每周星期日休息外,还有寒暑假、节假。

对于幼稚园的教学活动,其开办章程明确规定:幼稚园是新教育的初阶,其教学活动重养不重学,故采取班组的形式开展保教活动。

幼稚园设园长 1 人,管理园内事务。园内另设保育科,具体负责园内管理事务。

幼稚园初建时第一次招收了 5—6 岁的幼童 80 名,限其 1 年毕业。以后继续招收 4 岁上下幼童,限定为 2 年毕业。

幼稚园还附设有女学堂,专门用来培养幼儿师资,招收 15—35 岁的女性入学。

二、兴办小学堂

1903 年,张之洞在武昌城创办了五路高等小学堂。它们分别是:位于

---

① 户野美知惠:《湖北幼稚园开办章程》,载《东方杂志》1904 年 11 月第 11 期。

② 户野美知惠:《湖北幼稚园开办章程》,载《东方杂志》1904 年 11 月第 11 期。

昙华林的东路小学堂、位于黄鹤楼下的西路小学堂、位于烈士祠的南路小学堂、位于北城角的北路小学堂、位于南楼的中路小学堂。

高等小学堂开设的课程有修身、读经讲经、中国文字、算术、历史、地理、格致、体操8门。每周授课时数为30小时,其中,修身2小时,读经讲经占12小时,中国文字4小时,算术6小时,历史、地理、格致各1小时,体操3小时。

1903年,张之洞筹建两湖总师范时,在该学堂后面扩充房舍,建成两湖师范附属高、初两等小学堂,作为两湖总师范学生实习之所。这成为武汉开设完全小学之始。

三、兴办普通中学堂

在张之洞看来,建立在初等教育之上的中等教育虽然不具有基础性,但其地位也是非常重要的。对此,他曾经这样说:“小学之上普通学(这是张之洞对普通中等教育的特殊称谓——引者注)为最要,小学所以教为民之道,普通学所以教为士为兵之道。如日本教育家苦口详言,皆以普通学为文武百事之基,普通学若稍有网略含糊,则以后各种学术皆事倍而功半。”①可见,张之洞在这里突出强调的是,中等教育是一切专业教育的根基。有此见解,张之洞自然会重视普通中等学堂的创设。

1903年,张之洞在武昌铜元局街创办了文普通中等学堂。该学堂开设的课程有修身、温经、中文、外国语文、历史、地理、数学、博物、理化、法制、图画、体操共12门。到1909年,该学堂有教职员31人,学生297人,分7个班教学,共毕业121人。毕业生中,有宋教仁、董必武、黄侃、石瑛②等著名的政治家、学者。

四、创办高等学堂

1903年,张之洞力推书院改制,其重要成果便是将两湖书院改造为两湖高等学堂(又称文高等学堂或两湖大学堂)。

---

① 苑书义、孙华峰、李秉新主编:《张之洞全集》第二册,河北人民出版社1998年版,第1012页。

② 曾任武昌大学校长。

该学堂的课程分2类8门:一类为中西共融之学,包括经学(道德学、文学附内)、中外史学(附国朝掌故学)、中外地理(附测绘学)、算学(附天文学)等4门;一类为西学,包括理化学、法律学、财政学、兵学等4门。

在该学堂,先补习普通学1年,然后再习专门学3年。4年后,即派往东西洋各国留学1年,共5年毕业。出洋游历居然成为大学堂教学不可或缺的一个环节,足见张之洞对高等教育阶段留学深造的重视程度。

五、创办师范学堂

在整个教育结构中,师范教育具有基础意义。对此,张之洞的认识十分明确:“各国中小学教员咸取材于师范学堂,故师范学堂为教育造端之地,关系至重。”①因此,对于师范学堂的创办,张之洞可谓不遗余力。

1902年10月,两江总督刘坤一病逝。清廷令张之洞暂时署理两江总督。1902年11月5日,张之洞正式到两江视事。到1903年3月20日,方返回湖广总督本任。在三月余的两江总督任上,张之洞注意到,两江地区“应设中小学堂为数浩繁,需用教员何可胜计,若未经肄业师范学堂,延访外国良师,研究教育之理,讲求教授之法及管理之法,遽任以中小学堂教员,必致疏漏凌躐,枝节补救,徒劳鲜功”②。有鉴于此,张之洞在会同相关司道官员在“详加筹度”的基础上,于1903年2月5日,给朝廷上奏《创办三江师范学堂折》。很快,这一奏折得到了批准。

于是,张之洞委派翰林院编修缪荃孙为总稽查,负责筹建三江师范学堂③。虽然张之洞很快就离任了,但是,因为其在署理两江期间,已经对三江师范学堂的建设有了清晰而完整的规划,为规划的落实做了大量实事,所

① 苑书义、孙华峰、李秉新主编:《张之洞全集》第三册,河北人民出版社1998年版,第1527页。

② 苑书义、孙华峰、李秉新主编:《张之洞全集》第三册,河北人民出版社1998年版,第1527页。

③ 三江师范学堂何以冠名“三江”二字?张之洞在其《创建三江师范学堂折》中并未加以说明。张乃燕在《国立中央大学沿革史》中有个非常简单的解释:“盖取《尚书》扬州三江之义。”指东南之地河川纵横、水网交错之意。南京当时为两江总督驻节之地,两江总督所辖江苏、安徽、江西三省均处长江中下游,也即古代所指“扬州”地区。因而“三江”即寓“东南”之意,取名三江师范学堂,既不失古风,又与两江总督管辖之地有所照应。另一种意见认为,安徽在历史上曾属江南省,“三江”即指“江苏”(或“江宁”)、“江南”“江西”三省之简称。《三江师范学堂章程》第一章第一节就“正名”曰:“本学堂名三江师范学堂,为江苏、安徽、江西三省之公学。”也许这正是“三江”之名的由来。

以，在张之洞 1903 年 3 月 20 日离任之后，三江师范学堂的筹办进程依然能够按部就班地进行。其后任总督魏光焘也是“萧规曹随”，对筹建规划基本未作变更。正因为如此，后人均以张之洞为三江师范学堂的创始人。

1903 年 9 月，三江师范学堂正式开学。学堂开办之初，暂设于两江总督衙署，同时在北极阁前的明代国子监旧址兴筑校舍。

对于创办三江师范学堂的宗旨，张之洞曾说：“惟有专力大举，先办一大师范学堂，以为学务全局之纲领，则目前之力甚约，而日后之发生甚广。”①可见，张之洞之所以要创办该学堂，意在以开办师范学堂为突破口，通过集中、大规模培养合格师资，整体提升两江地区的教育质量。

三江师范学堂的学制分为一年最速成科、二年速成科、三年本科和四年高等师范本科四种类型。前三类属于第一个层次，其定位是为各州县的小学培养教员；第四类属于第二个层次，其定位是为中学培养师资。

该学堂招生，“凡江苏、安徽、江西三省士人，皆得入堂受学”②。学堂共招收学生 900 名，其学额分配状况是：江苏省定额为 500 名，安徽省定额 200 名，江西省定额 200 名。

师资由两部分组成：一部分为举贡廪增出身的中国学者，由他们担任修身、史地、文学、算学、体操等课程的教学工作；另一部分为从日本聘请来的菊花镰次郎等 12 位教习，由他们担任教育学、物理、化学、图画、博物、生理、农学等课程的教学工作。为了整体提升中国本土师资与日本师资的教学水平，在学堂开办的第一年，曾经试行中日两国师资“知识互换”之法：“令东教习就华教习学中国语文及中国经学，华教习就东教习学日本语文及理化学、图画学。彼此名为学友，东教习不视华教习为弟子。”其用意无非是希望“中国教习东文、东语、理化、图画等学，通知大略，东教习亦能参用华语以教授诸生，于问答无虞扞格”③。遗憾的是，后来的结果却是：“中员有学而无教，东员有教而无学。”④根本没有取得预期的效果。

至于管理者，先后被聘为三江师范学堂“总稽查”的有缪荃孙、方履中

① 苑书义、孙华峰、李秉新主编：《张之洞全集》第三册，河北人民出版社 1998 年版，第 1527 页。

② 苑书义、孙华峰、李秉新主编：《张之洞全集》第三册，河北人民出版社 1998 年版，第 1527 页。

③ 苑书义、孙华峰、李秉新主编：《张之洞全集》第三册，河北人民出版社 1998 年版，第 1528 页。

④ 朱有瓛主编：《中国近代学制史料》第二辑下册，华东师范大学出版社 1987 年版，第 337 页。

和陈三立，他们都曾总揽过三江师范学堂的管理事务。具体主持校务的为“监督”，下设教务、斋务、庶务三长。首任监督为江苏候补道杨觐圭。

三江师范学堂开办不久，学堂中就出现了不同省籍的学生因省界和经费等问题而发生纠纷，且此类纠纷一而再、再而三地出现。于是，继魏光焘后出任两江总督的周馥认为，急需改变学堂名称意义不清的状况。于是，在1905年，将“三江”易名为“两江”，并根据《奏定学堂章程》，定名为“两江优级师范学堂”，由徐乃昌任学堂监督。1906年起，由东南宿儒、江宁候补道署江宁提学使李瑞清接任监督。

1911年，辛亥革命爆发后，因战乱干扰，两江师范学堂遂处于停办状态。及至1914年，江苏各省立学校校长联名要求在两江师范学堂“设立高等师范学校”，两江师范学堂乃改设为南京高等师范学校。

“新政”期间，除了在两江地区创办三江师范学堂外，张之洞还在两湖地区创办了两湖总师范学堂。1904年，在两湖大学堂开办仅仅1年后，鉴于各类新式学堂师资普遍缺乏的现实，张之洞将两湖大学堂改造为两湖总师范学堂，并把它办成了两湖地区规模最大的师范学堂。

两湖总师范学堂的课程以经学、教育学为重点，每周各占6课时。除此之外，还有修身、中国文学、史学、算学、地理、物理、化学、博物、英语、京话（普通话）、音乐、图画、簿记、手工、体操等课程，可供学生选择修习。

在张之洞的督促、支持下，两湖总师范学堂办学成就斐然。这一点，从1910年学部奏陈各省学务时的这样一段考语就可看到：“师范学堂省会所在均已设优级选科，繁盛府治也开设初级，惟湖北之两湖师范、江宁之两江师范规模宏远，成就较多。”①“规模宏远，成就较多”，这八个字的评价可以说是对张之洞创办、推动两湖师范学堂的最大褒誉。而此时，张之洞已经不再是学部的掌部大臣，而是作古之人。此时给出的褒奖，就显得更为真实可信。

六、兴办实业学堂

在1903年出台的《癸卯学制 · 实业学堂通则》中规定：“各项实业学

① 萧一山：《清代通史》，中华书局1986年版，第1440页。

堂均分为三等:曰高等实业学堂,曰中等实业学堂,曰初等实业学堂。”①另外,该学制还对这三种不同层次的实业学堂的培养目标、课程设置、师资培养都作出了具体而明确的规定。作为该学制主要设计者的张之洞,自然会在湖北地区的落实上不打折扣地推行。

在三个层次的实业学堂中,最早出现的是高等实业学堂。其中,首先建立的是高等农业学堂。它是由创办于1898年的湖北农务学堂改造的。高等农业学堂开学时,举行了甚为隆重的典礼,张之洞还拨冗参加。在典礼上的致辞中,张之洞勉励师生“手脑并用,知行合一”。同时,张之洞还亲自为学堂书写了一副对联:“凡民俊秀皆入学,天下大利必归农。”

高等农业学堂分普通科和专科两个层次。普通科修业年限为3年,学生毕业后即可升入专科。专科又分为农科、林科两个专业。农科修业年限为4年,林科修业年限为3年。

高等农业学堂的课程设置,普通科与专科有别。普通科设有人伦道德、中国文学、外国语、算学、动物学、植物学、物理学、化学、图画、体操等课程。专科开设的专业课有农学、园艺学、土壤学、肥料学、气象学、理财原论、农业工学、农业理财学、农政学、昆虫学、殖民学等。

另外,湖北工艺学堂也在20世纪初改造为湖北工业学堂。湖北工业学堂的定位为培养高级工业技术人员,下设理化、机器制造、织染、建筑等4个专业。各专业学生通习的普通科目为人伦道德、算学、物理、化学、应用化学、应用机器学、图画、机器制图、理化学实验、工业法规、工业卫生、工业簿记、工业建筑、英语、体操等。至于专业课程,则因专业而异。如建筑专业的专业课程主要有应用力学、房屋构造法、工场用具、绘图法等。

当然,张之洞作为一个深通教育之道的教育家,不会只是关注高等实业学堂的兴办,因为他深深地懂得:“振兴实业为富民强国之基,而农工商三门均先从初等实业入手方免蔬等之弊,用费无多,收效甚易,开中材之智识,拓浅近之利源,循序渐进,自然实效蒸蒸,不可限量。”②所以,在张之洞的大力倡导和支持下,两湖地区初等实业学堂的创办获得了一定的发展。

---

① 舒新城:《中国近代教育史资料》中册,人民教育出版社1961年版,第750页。

② 苑书义、孙华峰、李秉新主编:《张之洞全集》第四册,河北人民出版社1998年版,第3026页。

其具体情况,我们可以从表6－1中清晰地看到[①]:

表6－1　　两湖地区初等实业学堂创办一览表

学堂名称	地址	设立期	教员	学生		
				班次	人数	毕业生
武昌府初等农业学堂	高等农业学堂内	1906.8	9	3	32	32
武昌府初等工业学堂	昙华林中等工业学堂内	1906.6	11	2	59	
武昌府初等商业学堂	中等商业学堂内	1907.10	14	2	51	24

在创办初等实业学堂的同时,中等实业学堂也次第开始创办。其创办情况见表6－2[②]:

表6－2　　两湖地区中等实业学堂创办一览表

学堂名称	地址	设立期	教员	学生		
				班次	人数	毕业生
省城民主实业预备中学堂	昙华林	1906.8	9	3	159	
省城中等蚕业学堂	高等农业学堂旁边	1907.4	12	2	69	22
省城中等商业学堂	武昌府通判衙门	1907.10	17	3	206	135
省城中等工业学堂	昙华林	1907.11	10	2	161	145

总之,张之洞之所以能够在两湖地区大力推进实业教育,是其顺应该地区工业、农业和商业近代化的客观要求所致。反过来,实业教育的发展又培养了各个层次的技术人才和熟练劳动者,进一步推动了农业、工业和商业的进一步发展。这就实现了该地区经济发展与教育发展的良性互动。

七、创办军事、警察学堂

1902年,在张之洞的筹划、支持下,借江汉书院开办了湖北武普通中学堂。该学堂定学额为240名,招收年龄在15—24岁的文理通顺、体干壮实的生童入学。

① 湖北学务公所印行:《湖北省教育统计图表》(宣统二年十月)。

② 湖北学务公所印行:《湖北省教育统计图表》(宣统二年十月)。

学堂设置的课程分两类：一类为普通学，与文普通中学相同；一类为军事学，教练步兵操典、野外要务、工作教范、技击、泅水、马术、打靶等。学生先接受4年的理论教学，然后入军营充三等兵2个月，最后毕业。毕业生可充任哨官或升入武高等学堂深造。

除了湖北武普通中学堂，张之洞原来还计划在湖北开办两所武高等学堂。为此，在其给朝廷的奏折中，张之洞写道：

> 于省城设武高等学堂两所，此项学堂日本名为士官学校，在此学堂毕业者乃得为武官。兹湖北所设其武高等学堂，一所名武备学堂，以教本省举、员、生、监。……课目凡十：曰战法、曰舆地、曰步队学、曰马操、曰炮队学……日课八点钟。目前以旧班学生，分习马、炮、工三科专门高等学，在堂一年，入营一年，共二年毕业。新班学生，在堂三年，入营一年……共四年毕业……又武高等学一所，名将弁学堂……略仿日本户山学校，专取在营已有阅历之武职官弁队目，而又文理明顺者充选，使之研求学术，增进智略。募日本教习五员。教之课目凡十三：曰军制、曰战术、曰兵器、曰数学、曰卫生、曰操法、曰筑城、曰野操、曰兵棋、曰测图、曰战术实施、曰技击、曰军医。日课八点钟，三年毕业。①

从上述内容当中，我们不难看到，张之洞的确计划在湖北地区以原有的武备学堂和将弁学堂为基础，创办两所武高等学堂。其课程设置、修业年限等，也可清楚地看到。实际上，后来湖北仅开办了武高等学堂一所，系由武备学堂改造而成。

随着20世纪初叶湖北地区近代警察制度的诞生，有了大量培养警官的需求。于是，1903年，张之洞在武昌阅马场创办了湖北警察学堂。该学堂设置有识字、警兵规则、操法等课程；选派日本留学毕业者充任教习。到了1905年，张之洞饬令警察学堂扩充斋舍，增加学额。学堂分甲、乙、丙、

① 苑书义、孙华峰、李秉新主编：《张之洞全集》第二册，河北人民出版社1998年版，第1492—1493页。

丁4班,每班招收学生100名。为了提高人才培养质量,特别增聘日本警视1人及日本巡警部巡查数人担任教习。

总之,在张之洞督鄂期间,通过创办新式学堂,使湖北地区形成了初等教育、中学教育、高等教育等纵向层次分明,普通教育、师范教育、实业教育、军事教育、警察教育等横向结构完整的近代教育系统。这不仅对两湖地区的教育近代化起到了重要的推动作用,对全国教育的近代化来说,也起到了一定的示范、引领作用。

第五节 促动教育行政机构走向近代化的努力

一、总理学务大臣的酝酿与创设

按照清朝旧制,在中央行政机构中,不专门设置管理教育事务的部门,教育事务由礼部兼管。戊戌维新时期创立了京师大学堂,京师大学堂遂成为统管各省学堂的机构。这就意味着,京师大学堂既是全国的最高学府,同时又是全国最高的教育行政机构。以后,这一制度一直延续。另外,早在康熙元年(1662年),为了管理地方教育事务,清廷在每省设提学道一人。雍正年间改提学道为提督学政,简称学政。学政的基本定位是朝廷派到地方巡视科举、督察教育事务的专职官员,其地位与地方长官总督、巡抚平起平坐,地方无权调遣。这样的教育行政机构设置存在不少弊病。从中央的教育行政机构来说,其职能分散,很难保证行政效能。从地方的教育行政机构来说,学政衙门只是针对科考、传统的学校进行管理,新式学堂不在其管理范围之内。而在19世纪末20世纪初的时候,新式学堂已经很多了,需要专门的管理机构负责对其进行统筹管理。这就很有必要对中央、地方的教育行政机构均予以改革。这一改革最初便是由张之洞在湖北启动的。

在张之洞督鄂期间,随着湖北新式学堂的陆续开办,张之洞逐渐认识到,设立隶属地方行政首脑的专职教育管理机构非常必要。于是,1902年

4月,张之洞设立湖北学务处,任命郑孝胥、赵滨彦为总办,江凤瀛、双寿、程颂万等人为委员。学务处直属总督衙门,"所有关涉学务之章程、经费、委员衔名、学生人数、功课年限、时刻图表、考课题目,均须汇总随时呈览,以备考核而觇进退"①。后来,又加派王同愈、黄绍第为总办,梁鼎芬、黄以霖为文、武学堂提调。学务处的具体职能是:"所有省城及各府州县大中小学堂暨民间私设各学堂,以及出洋游学各生,统归学务处随时稽察考核。各学堂课程门目、毕业年限、管理人员职守,凡异等者应分立章程,同等者应会通画一,均责成学务处筹办。"②这意味着,学务处成为湖北全省教育事务的统一管理部门。

有了湖北这一经验,张之洞在主持《奏定学堂章程》时,就开始考虑把教育行政机构与教育机构分开设立的问题。在经过深思熟虑后,1904年1月13日,张之洞在与管学大臣张百熙、荣庆会奏《奏定学堂章程》时,特别附上一个《请专设学务大臣片》。在该片中,张之洞认为,京师大学堂只是一所学堂,不宜作为统辖各省学堂的教育行政机关;另外,作为管理大学堂的管学大臣,兼管全国学务也是不合适的。有鉴于此,建议在京师专设总理学务大臣,"以统辖全国学务"。同时,在京师大学堂应该设一总监督,"专管大学堂事务",京师大学堂总监督也要"受总理学务大臣节制考核"③。另外,张之洞还在奏折中指出:"至各省府厅州县,遍设学堂,亦须有一总汇之处,以资管辖,宜于省城各设学务处一所,由督抚选派通晓教育之员,总理全省学务,由督抚并派讲求教育之正绅,参议学务。"④

张之洞的奏请迅即得到了批准。同年1月14日,清廷发布上谕,改管学大臣为学务大臣,任命大学士孙家鼐为首任学务大臣。学务大臣的职能是:"凡整饬各省学堂,编定学制,考察学规,审定专门普通实业教科书,任用教员,选录毕业学生,综核各学堂经费及一切有关教育之事,均属焉。"⑤总理学务大臣的属官分专门、普通、实业、审订、游学、会计6处;各属员由

① 苑书义、孙华峰、李秉新主编:《张之洞全集》第六册,河北人民出版社1998年版,第4108—4109页。

② 苑书义、孙华峰、李秉新主编:《张之洞全集》第二册,河北人民出版社1998年版,第1495页。

③ 苑书义、孙华峰、李秉新主编:《张之洞全集》第三册,河北人民出版社1998年版,第1595页。

④ 陈学恂:《中国近代教育史教学参考资料》上册,人民教育出版社1986年版,第550页。

⑤ 璩鑫圭、唐良炎:《中国近代教育史资料汇编·学制演变》,上海教育出版社1991年版,第507页。

京师大学堂、各省高等学堂毕业学生及留学外洋大学堂、高等学堂毕业回国学生考选充补。这是学部成立前夕中央教育行政机构的基本建制。它在清末教育行政史上是一个具有转折意义的标志。这意味着教育行政体系从教育体系内独立出来,有助于统一从中央到地方的教育行政,使之更好地发挥统筹管理的职能。随后,湖北、山西等地纷纷成立学务处,作为总理学务大臣的分支机构。各省所设立的学务处的建制也是仿照学务大臣所属六处而相应地设6科,如湖北学务处设审订、普通、专门、实业、游学、会计6科。学务处这一建制,是建立新式省级教育行政制度的开始,改变了省级教育行政管理体制一直未成为独立系统的局面,是中国教育近代化过程中不可或缺的重要内容。另外,学务处的设置,也有利于教育管理契合地方实际,从而避免教育脱离实际产生的不良影响。

二、学部的设立

对于建立学部一事,张之洞早已萌发了这样的想法:"学务一事,实为今日自强要图,必须全国一律平行,方有大效,关系至为重要,条理又极精详。各国均设有文部大臣,专司其事,凡厘定条章,审察学术,考核功过,皆归其综理。"①这里"文部"的概念是从日本借鉴过来的,其实指的就是学部。显然,在张之洞的头脑中,学部才是专门管理全国教育的行政机构。在这里就存在一个问题,既然张之洞理想的管理全国教育的行政机构是学部,那他为什么不直接提出建立学部,而要先提出设立总理学务大臣呢?在笔者看来,这又是其作为能臣睿智、老到的显现。张之洞深知,如果贸然提出建立一个新的统筹管理全国教育事务的部门,必然涉及裁撤礼部与翰林院等诸多事宜。这其中复杂的人事矛盾、利益纠葛,很可能使这一倡议流产。可是,假如只是提议专门设立总理学务大臣,就不会产生这样的后果。因为总理学务大臣与"特设专员"相类,与其说它是一个制度化的部门,不如说它是钦差大臣更合适。这样的设置,在具体的管理事务运作中引起冲突的可能性就小了很多。其实,在总理学务大臣下面设六处,就已经是在悄悄地安排学部的管理建制了,只是没有公开这样宣称罢了。对于

① 苑书义、孙华峰、李秉新主编:《张之洞全集》第三册,河北人民出版社1998年版,第1595页。

这一点，对张之洞知之甚深的张百熙曾经这样说：“此时照香帅所定学务处章程，分科办理（此即与学部尤异），不立学部之名，而居其实，必于学界有所裨益。”张百熙在这里应该是把话说得很清楚了：虽然不确立一个学部的名目，但是，采用六处的机构设置，其实发挥的就是学部的职能。在中国这样一个特别重视“正名”的国度，这可以说是一种巧妙的折中、过渡的手法。

虽然不能很快提出设置学部的倡议，但是，对于学部的设置，其实一直是张之洞念兹在兹的一件大事。对于与学部设置相关的任何风吹草动，张之洞都密切注视着。1905 年 5 月，张之洞得到朝廷筹议设立学部并派孙家鼐掌管学部的传闻，他为此甚为心焦。为什么会这样呢？因为在张之洞看来，孙家鼐是一个具有保守倾向的人，让其执掌学部，不利于教育事业的发展。如果让思想趋新的张百熙执掌学部，是更为合适的人选。对此，张之洞特地致电在京的旧属余敦康，表达了自己的看法，同时要他把自己的想法设法转达军机大臣瞿鸿禨。他是这样说的：“寿州老成端正，本属极好，惟精力较逊，遇事亦稍近拘泥。若用孙舍张，学务必无起色。张冶翁公明通达，精力亦强。鄙见若以寿州管部，张兼署尚书，似于学务乃有裨益。否则，宁可缓设文部，较为稳妥。”[①]余敦康很快回复张之洞，一方面说，文部或学部之设“尚尤成议”，另一方面说，瞿鸿禨很赞同张之洞的意见：“善化极不以舍张为然，见钧电谓意见相同，必再极力维持，并力主缓设之议。”[②]张之洞为学部尚书任职一事，不惜动用关系，将意见上达宰辅一级的官员，可见其对学部设立事务是何等的关心。

同年九月，山西学政宝熙奏请设立学部，并提出裁撤礼部、国子监，将其一并归入学部的主张。朝廷把这一奏折交给政务处和学务大臣商讨，令其商定后上奏。张之洞在得知这一消息后，于十月底拍电报给在京城的坐探，询问有关情况：“近接京电，谓学部已定议奏设，日来已出奏否？学部

---

① 苑书义、孙华峰、李秉新主编：《张之洞全集》第十一册，河北人民出版社 1998 年版，第 9329—9330 页。

② 《乙巳五月初八日京余臬司来电》，见《张之洞存各处来电稿》第一函，近代史所藏档甲 182—438。

尚书拟定何人？望确探电复。”[①]不久，其坐探为张之洞传来消息，其要有二：一是对于宝熙上奏事宜，已经形成决议，朝廷很快就会下达设立学部的上谕；二是学部尚书将在张百熙、荣庆、端方三人中产生。[②] 事实与坐探所得消息基本一致，12 月 6 日，清廷发布上谕，批准正式成立学部，并将国子监归并学部。任命荣庆为学部尚书，熙瑛为左侍郎，严修为右侍郎。知道这一消息后，张之洞迅即致电荣庆，对其荣膺要职表示祝贺[③]。由此可见，学部设立从动议到正式设立的过程中，张之洞一直对其动态给予密切关注。如果不是对设立学部一事念兹在兹，是不会有此举动的。

总之，在学部设立这一大事上，张之洞先是为学部设立巧妙设置铺垫，后又为其设立积极建言献策。即使是无力干预时，又对其动态表示强烈关注。这都说明，对学部的设立，张之洞倾注了心力，并对其进程产生了一定程度的影响。这是张之洞对中国传统教育行政近代化作出的又一贡献，尽管其所起的作用不是关键性的。

三、在学政保留与裁撤的争议中

学政是皇帝派到各省的教育行政长官，主要负责省内的科考事务。在其任期内，须按规制到省属各府、厅，切实考察童生与生员的学业及德行，即举行所谓的岁考与科考。如果科举制度终结，那岁考与科考随之就会终结，学政究竟应该负责什么事务就会成为一个不得不面对的问题。对此，张之洞早有先见之明。在《请试办递减科举折》中，他曾经作了这样的设想：“科举停止后，各省学政毋庸裁撤，即令会同该省督抚考查整顿全省学堂功课，并中学堂以上选录学生及毕业考试等事务，以昭慎重。”[④]可见，张之洞在这里的设想是，科举制度停止后，学政不用裁撤，只要把其岁考、科考的职能转换成新式学堂的管理职能就可以了。可是，当科举制真正废除

① 《乙巳十月二十四日致京虎坊桥官书局黄仲韬学士》，见《张之洞电稿乙编》第十七函，近代史所藏档甲 182—78。

② 《乙巳十月二十六日京吴太史、黄学士来电》，见《张之洞存各处来电稿》第二函，近代史所藏档甲 182—439。

③ 苑书义、孙华峰、李秉新主编：《张之洞全集》第十一册，河北人民出版社 1998 年版，第 9306 页。

④ 苑书义、孙华峰、李秉新主编：《张之洞全集》第三册，河北人民出版社 1998 年版，第 1598 页。

之后，张之洞的那一设想却难以实现了。为什么呢？因为在科举制废除之时，不少省份已经设立了学务处，该部门已经成为省级教育行政机构。如果还按照张之洞原来的设想执行，那么，学政与学务处之间必然会存在职能冲突。这就涉及学政是否裁撤、职能如何定位的问题。对于这一问题，学务大臣一筹莫展，多次咨询堪称“通晓学务第一人”的张之洞。对此问题，张之洞依然一本其稳健、慎重的态度对待之。

为此，张之洞多方探询其他要员或有识之士的意见。他致电袁世凯，征询其意见：“尊意以拟如何办法？如何答复？祈速赐示。”①另外，张之洞还致电尚在京城的黄仲韬：“尊意以如何办法为善？都下明白公正士大夫谓当如何？学务大臣意如何？均望飞电详示，并询乔茂萱侍御，意见速示。”②对于张之洞的征询，袁世凯的回复是：“学政仿中央视学官例，专司考校，不涉地方行政之权，以时派员视察，非特别要件，不必亲临。”③京城的吴太史的回复是：“学政专司考校，应办之事亦多。惟学生考试由州县咨送到省，罢去按临，仍为学政妥筹公费。此间公论大半如此。”④这两个地方的回复的中心意思都是，学政的职能可以定为对行政辖区的学校进行视察、督导。既然“公论大半如此”，张之洞的心里就有底了。当学部尚书荣庆等人一再来电催促张之洞答复时，张之洞于 1906 年 1 月 15 日，专门作了这样的答复：(一)仿照外国视学官之例，学政应对全省学堂进行视察；(二)为考察学务，学政可以聘“明习学务、通晓科学”的幕友；(三)学政出省考察学务，沿途夫马由地方供给；(四)学政专用翰林院官员；(五)学政对各学堂的监督、教员、学生的言行思想有监察之权。⑤

在当时的政界，与给学政划定特定权限这样的声音并存的还有一种声音，那就是裁撤学政。身在京城的吴太史就曾告诉张之洞：“学部现正议

① 《乙巳十月十六日致京袁宫保》，见《张之洞存各处来电稿》第七十五函，近代史所藏档甲 182—78。
② 《乙巳十月十五日致京虎坊桥官书局黄仲韬学士》，见《张之洞电稿乙编》第十七函，近代史所藏档甲 182—78。
③ 《乙巳十月十八日京袁宫保来电》，见《张之洞存各处来电稿乙编》第十七函，近代史所藏档甲 182—177。
④ 《乙巳十月十九日京吴太史来电》，见《张之洞存各处来电稿》第二函，近代史所藏档甲 182—439。
⑤ 《乙巳十二月二十一日致京学部荣中堂严侍郎鉴并转孙中堂张冶秋尚书》，见《张之洞电稿乙编》第十七函，近代史所藏档甲 182—78。

订内外官制，学政权限亦在其中……拟裁改学政为提学司或提学道，或大省为司，小省为道，均确有其说，但未定议，大约改设居多。”①可见，在学部提出限定学政权限之时，已经有裁撤学政的动议提出来。这一动议很快就有了实质性的反应。当时的直隶总督袁世凯和云南学政吴鲁均上奏，提出裁撤学政的主张。朝廷将他们的奏折交到政务处和学部商定。待议定后，学部与政务处于 1906 年 4 月 25 日提出了这样的奏请：裁撤学政，各省改设提学使司，提学使统辖全省地方学务，归督抚节制。同时裁撤各省学务处，改设学务公所。这一奏请很快就得到了批准。② 就这样，学政这一学官的历史使命就此终结了。同时，这也意味着，提学使司作为地方行政部门的组成部分，成为专门管理地方教育事务的机构。

第六节　在中、日博弈中为留学政策奠基

一、留学政策在往复博弈中出台

清朝末年，全国各省派遣了数以几千计的学生留日。不少留日学生通过翻译书籍、发行刊物、组织团体等途径，开展各种政治活动。这让极其恐惧革命的清廷对留日学生不无忌惮。1902 年，因为拒送自费生入日本成城学校学习武备，留日学生大闹中国驻日本使馆，更强化了清廷对留日学生的忌惮心理。1903 年 4 月，留日学生发起“拒俄运动”，影响波及国内很多省份。自此，清廷对留日学生的忌惮就变成相当恐惧了。因此，当 1903 年 5 月张之洞奉旨入京，受到慈禧太后召见时，慈禧太后“以出洋学生流弊甚多”为由，令张之洞“筹防范之法”。张之洞考虑到留学生事务涉及与所在国的关系问题，就提出了这样的建议：“学生在彼国境内，我之法令难

① 《乙巳十二月十九日京吴太史来电》，见《张之洞存各处来电稿》第二函，近代史所藏档甲 182—439。

② 朱有瓛主编：《中国近代学制史料》第二辑上册，华东师范大学出版社 1987 年版，第 142—144 页。

行，必须与本政府切商，彼允协助，始能有益。”这一建议得到了慈禧太后的首肯。于是，张之洞就开始与日本驻华公使内田康哉就此事进行接触。起初，内田不同意合作。后来，经过张之洞耐心、细致的解释，才同意合作。不过，这个内田提出了一个合作的前提条件：“惟必须中国于安分学成回国之学生以确实奖励，令学生等有歆羡之心，其不安分者，该国始能有助我约束之法。”张之洞同意了内田的这一条件，并开始着手起草约束、奖励留学生的章程。章程草成后，经过与内田多次商讨，才形成章程的初稿。其后，张之洞一面让内田将初稿寄给日本政府商讨，另外一方面，他将初稿呈送庆亲王奕劻和军机大臣瞿鸿禨、王文韶、鹿传霖等人核阅。不久，张之洞得到军机处的回复，要求其在章程中增加两个重要条款：其一，关于约束留学生方面，“不安分学生必须驱逐回国”；其二，关于奖励留学生方面，“奖励私设学毕业生宜示区别”。张之洞只得就此条款增加事宜征求内田的意见。对于第一条，内田刚开始表示不同意。后来，在张之洞的坚持下，内田才勉强同意。不过，其坚持一点，文本中不得使用“驱逐”一词。经过再三斟酌后，方改为“如察其无悛改之望者，即行饬令回国，不准稍存逗留”。对于第二条，内田坚决不同意。其理由是，既然约束性章程不分官立与私立，“若奖励显分两途，即不能使其照章认真约束”。日本政府的态度也很强硬，也力主“不可两歧之说”。无奈，张之洞只能屈从。[①] 另外，对于初稿中“奖励学生出身”部分，也存在争议。初稿原文为：“各学堂毕业学生出身，毋庸明叙。”对这句话，庆亲王奕劻指示，将之改为“从优奖励”。与中方含糊其辞的表述相左，内田认为，奖励一定要“明叙”，将给予留学生何种出身的奖励说清楚。后来，清廷同意了内田的意见，并命张之洞与内田具体“妥商订定”[②]。其后，经过与内田的再次磋商，张之洞终于完成了约束、奖励留学生章程的起草事宜。1903 年 10 月 6 日，张之洞将拟好的章程上奏，很快便得到了清廷的批准。该章程共包括《约束游学生章程》十款、《奖励游学毕业生章程》十款和《自行酌办立案章程》七款。下面来具体看

① 苑书义、孙华峰、李秉新主编：《张之洞全集》第十二册，河北人民出版社 1998 年版，第 10292—10293 页。

② 苑书义、孙华峰、李秉新主编：《张之洞全集》第十二册，河北人民出版社 1998 年版，第 10294 页。

一下它的主要内容。

二、留学政策的主要内容

《约束游学生章程》对留学生的派遣、入学情况、留学期间的言行活动及违纪处罚等方面都作了明确的规定。其要点是:1. 留日学生无论官费、私费,无论进官、私学校,都必须由出使大臣和总监督公文保送;学生所入私立学校,必须是经文部省认可与官立学校程度相等的私立学校。2. 留学生在校内外的品行分别由所在学校和中国出使大臣、总监督考察;不得无故请假外出或托故不上学。3. 不得妄发议论和刊布干预政治的报章,不听劝阻者应勒令退学。如果有在日本境内刊印“有发为矫激之说、紊纲纪害治安之字句”的著作者,应由中国出使大臣、总监督知会日本应管官署按律惩办。4. 经中国出使大臣、总监督及本省督抚查有不安本分、品行不端的留学生,日本学堂应予斥退。5. 中国留学生会馆或留学生个人,办事有越轨行为者,应严加约束和制裁,对于个人不听劝解者应即行饬令回国。

《奖励游学毕业生章程》对于给予留学生出身者的奖励作了详细的规定,其要点是:1. 奖励留学毕业生的基本原则是,先由中国出使大臣、总监督对毕业留学生的品行作出鉴定,回国后,由钦差大臣复核,“果系品行端谨,毫无过犯,并按照所学科目切实详细考验,果系所学等差,确与所得学堂文凭相符者,再行奏请奖励”。2. 奖励的方法是,按其所学等差给予相应的科举出身:一是在普通中学堂获得优等文凭者,给予拔贡出身;二是在文部省直辖高等各学堂及程度相等之各项实业学堂得获得优等文凭者,给予举人出身;三是在大学堂专学某一科或数科获得选科及变通选科毕业文凭者,给予进士出身;四是在日本国家大学堂及程度相当之官立学堂获得学士文凭者,给予翰林出身;五是在日本国家大学院得有博士文凭者,给予翰林出身,并予以翰林升阶。另外,在文部大臣指定的私立学堂毕业者,视其所学程度,酌给举人或拔贡出身。3. 留学生原有翰林、进士、举人、拔贡出身者,“各视所学程度,给以相当官职”。4. 注重学生品行。为此,特别规定:“请各学堂注重学生品行,与各科学一律比较分数,必所定品行分数满足乃为及格。”5. 注重毕业年限。对此,其专门规定:“游学生于各学堂毕业年限,须与日本学堂原定本科毕业年限,毫无短减,不得别自为班,希冀速成。" 6. 如果不接受《约束游学生章程》管理的日本学堂毕业生,一概不给予本章程所定奖励。

关于《自行酌办立案章程》,有的研究者以为其是专门针对自费留学生拟定的章程①,其实是一种误解。实际上,它只是清政府自己在执行上述约束、奖励章程时需要注意的一些操作细节,故把它命名为"自行酌办"的章程。对于这一点,张之洞在写给军机大臣瞿鸿禨的信中已经做了很清楚地说明。他是这样说明的:

> 前日与日使内田议定约束、鼓励游学生章程,全文叠次送请邸座及台端详核。早经遵照指示之处与内田议定,今晚赴园具奏。其另拟自行立案章程原只三条,现增为七条,大抵总为稽察周密起见,不厌其详,今午始拟定,今夜递折,故不及奉商,揣大部之意,当必以为然也。至与内田所拟章程两件,则一字未改。特此布达。②

在这里,我们可以看到,最后这一"自行酌定"章程是张之洞自己拟定的文本,其内容是否妥当没有经过军机处众位大员的审阅。如果从其内容来看,除第三条是关于自费生的,其余条款都是针对所有留学生的。其要点有:1. 责成出使大臣、总监督对各省留学生进行考核,令言行端谨、安分用功的学生取具遵守约束甘结,保送到各学堂留学,并知会各学堂斥退那些素来不安分的学生。2. 责成出使大臣、总监督,以后保送留学生入学,必须先考虑官学堂,每年保送私学堂人数不得过官学堂之半。3. 以后各省自费留学生出洋必须申请由各地方政府批准。4. 凡不遵守约束、不安本分的学生被斥退后,如仍不改悔,应由出使大臣、总监督商请日本该管官署勒令回国。5. 留学生在各学堂,农、工、商、文、理、医各科不限人数,政治、法律、武备三门限定每年只准保若干名,且武备一门非官派学生不准保送。6. 私立学校毕业的留学生,请奖时应格外严格考查,如确实品学兼

① 参见蔡振生:《张之洞教育思想研究》,辽宁教育出版社 1994 年版,第 191 页。

② 《致军机大臣外务部大堂瞿》,见《张文襄公函牍未刊稿》,近代史所藏档甲 182—393。

优,应与官立学校毕业生一律给奖;否则,应酌量减奖,以示区别。7. 各省所派官费留学生毕业回国后必须在本省当差五年,以尽义务。

这几个章程虽然只是针对日本留学生制定的,但是,它毕竟是中国留学史上第一次对留学政策所作出的明文规定。后来清廷所制定的各种约束、奖励留学生的章程,都是以其为范本的。就此而言,有研究者认为这些章程是"以后各种管理游学生章程之张本"[①],是允当的。

第七节 对废除科举的推动

在《江楚会奏变法三折》中,张之洞提出了"分场去取"的科举制度改革设想。可是,这一颇为稳健、合理的设想,却被清廷否决了:"刘坤一、张之洞等电请乡、会试分场去取免有偏重之弊,目前仍宜三场合校,毋庸更张。"[②]尽管奏议遭到否定,但张之洞并没有因此而气馁,而是一直寻找机会为科举制度的改革、废除"破冰"。1902年底,当袁世凯南下到南京的两江总督衙署与张之洞会晤时,张之洞与袁世凯曾就科举制度改革问题再次商讨。结果,他们达成一致意见:"约俟明春会奏,按每科废二、三成,移入学堂,十年内即可全废。依次递废,免文人起讧。"[③]后来,张之洞与袁世凯不断通过电报商讨联衔会奏科举改革事宜。最后,袁世凯起草了一份初稿,并发给张之洞,希望张之洞"针砭后再约同志数人会奏"。张之洞看过初稿,对之大加赞赏,并希望袁世凯联络各省要员,一起联衔上奏。袁世凯听从了张之洞的建议,遂与各省要员联系。山东巡抚周馥、湖广总督端方等人表示愿意会衔上奏。于是,在1903年3月13日,由袁世凯领衔,张之洞、周馥、端方等人一起会奏的《请递减科举中额专注学校折》向朝廷呈上。这一奏折的核心内容如下:

---

① 舒新城:《近代中国留学史》,中华书局1933年版,第154页。

② 《清实录·德宗显皇帝实录》卷四百八十八,中华书局1987年影印本,第449页。

③ 《壬寅十一月二十一日天津袁制台来电》,见《张之洞存各处来电稿》第五十八函,近代史所藏档甲182—160。

> 今宜略师乾隆时裁减中额之法，拟请俟万寿恩科举行后，将各项考试取中之额，豫计匀分，按年递减，学政岁科试分两科减尽，乡会试分三科减尽，即以科场递减之额，酌量移作学堂取中之额，俾天下士子，舍学堂一途，别无进身之阶，则学堂指顾而可以普兴，人才接踵而不可胜用。……至旧日举、贡、生员，三十岁以下者易于改业，皆可令入学堂。三十至五十可入仕学、师范速成两途。其五十至六十与夫三十以上不能入速成科者，应为宽筹出路……六十以上者，酌给职衔。……务期科举逐渐而尽废，学校栉比而林立，上以革数百年相沿之弊政，下以培亿兆有用之人才。①

从这个奏折中可以看到，张之洞等人的设想是：分科递减科举名额，逐渐增加学堂出身的名额，直至用新式学堂的考核替代传统的科举选拔。为了实现改革带来的社会抵触、震荡最小化，还设计了为旧的科举人士预备必要出路的配套措施。

奏折呈上以后，张之洞等人就密切关注着朝廷的反应。不久，袁世凯打探到的消息是，军机大臣们多不赞同：“仁和一力主驳，潘、李仰承阻接，颇足为患，拟仍设法补救。”这个奏折随之就搁浅了。后来，张之洞开始入京陛见。在草拟《奏定学堂章程》的同时，张之洞也没有忘记为科举减额事宜奔走。在京期间，张之洞又草拟了一份关于科举改革的折稿，分别找庆亲王奕劻、崑冈、王文韶、鹿传霖、瞿鸿禨、荣庆、孙家鼐、张百熙等人游说。在这些军机要员中，鹿传霖、瞿鸿禨、荣庆、张百熙都表示赞同；庆亲王奕劻、崑冈没有表示反对；孙家鼐刚开始持异议，后经说服改变了态度。只有王文韶始终持反对意见。虽然张之洞通过多种渠道沟通，但依然无果。好在八位军机大臣中，7 位已经接受了其意见，张之洞对科举改革倡议得到批准的信心大增。于是，在 1904 年 1 月 13 日，在上奏《奏定学堂章程》的同时，张之洞与张百熙、荣庆还呈上了一个《请试办递减科举折》。

在这个奏折中，张之洞等人提出：举办新政两年以来，学堂未能大力发展，主要原因是科举制度没有废止。而各省学堂至今没有普及，科举制度

---

① 廖一中等编：《袁世凯奏议》中册，天津古籍出版社 1987 年版，第 735—739 页。

也不能立即停废。有鉴于此,目前的最佳办法是分科递减科举名额,逐渐使科举制度走向终结。其具体办法是:一是乡试、会试的中式名额,自光绪三十二年(1906 年)丙午科起,每科分减 1/3,3 科后减尽。到时候,彻底停罢乡试、会试。二是通过学政主持的岁、科考试取进的学额,在乡试两科的时限内,分两年,岁、科考四次,各减名额 1/4。待名额减尽,随即停止岁、科试。三是大学堂与高等学堂的毕业考试,由皇帝特派的考官主持。四是各省学务由学政会同督抚考查、整顿。五是给以前已经取得举、贡、生员功名的士子以一定的出路,其办法与年初张之洞、袁世凯等所奏大致相同。[①]这一奏折上奏不久,即得到上谕批复:"著自丙午科为始,将乡、会试中额及各类学额,按照所陈逐科递减,俟各省学堂一律办齐,确著成效,再将科举学额分别停止,以后均归学堂考取。"[②]至此,科举制度废除的日程表就算是排定了。可是,科举废除之路并不是一路坦途,还有相当的阻力需要克服。军机处就有王文韶这样的大员力挺科举制度。为表示自己维护科举制度的鲜明态度,王文韶甚至放出这样的狠话:"老夫一日在朝,必以死力争。"[③]有这样的朝廷重臣坚决反对,无疑是一股巨大的阻力。除了王文韶这样的大员,还有一股不小的力量也在阻挠科举制度的废除。这一点,从 1905 年春关于修复京师贡院的论争就可看到。

京师贡院原来是顺天乡武与全国会试的举办地,在"庚子事变"时,被八国联军破坏。后来举行科举考试,只能暂借开封贡院进行。对此,很多守旧人士并不满意,屡屡呼吁修复京师贡院。那些主张修复贡院者,鹿传霖说是"十之七"[④],张百熙说是"十之九"[⑤]。可见保守人士还有不少。在不少有识之士提倡改革、废除科举制度之际,许多士人呼吁修复京师贡院无疑是具有对抗意味的举动。因此,主张改革科举者对此相当敏感。时任

① 苑书义、孙华峰、李秉新主编:《张之洞全集》第三册,河北人民出版社 1998 年版,第 1596—1599 页。

② 第一历史档案馆编:《光绪宣统两朝上谕档》第二十九册,广西师范大学出版社 1996 年版,第 352 页。

③ 朱有瓛主编:《中国近代学制史料》第二辑上册,华东师范大学出版社 1987 年版,第 116 页。

④ 《乙巳三月十一日鹿尚书来电》,见《张之洞存各处来电稿》第一函,近代史所藏档甲182—438。

⑤ 《乙巳三月十一日北京张尚书来电》,见《张之洞存各处来电稿》第七十二函,近代史所藏档甲 182—174。

两江总督的改革派周馥对张之洞说:“外间传言,枢府王、鹿有意规复科举,此事万不可行,求公密为主持。”[①]时任湖北巡抚的改革派端方也对张之洞说:“闻京师现拟修复贡院,仁和、定兴亦主其说,此事关系太巨,公能运动阻止,大局之幸。”[②]这些改革派都希望张之洞以改革派领袖的面目出现,力阻修复京师贡院。他们的心声,也正是张之洞所愿。因此,张之洞专门致电当时的学务大臣张百熙,对修复贡院一事表示强烈反对:“如此则天下学堂不必办矣,自强永无望矣。”[③]

正在争论不可开交之时,顽固地坚持科举制度不可动摇的王文韶离开了军机处[④]。这意味着,在朝廷中枢当中,一个重要的障碍去除了。不久,张之洞又开始与袁世凯、端方等力主改革的要员商讨科举改革之事。袁世凯的设想是,应该向朝廷奏请立即停罢科举。这一设想得到了张之洞等人的认同。于是,由袁世凯起草了一份初稿,最后由张之洞“笔削定稿”[⑤],形成了《会奏请立停科举推广学校并妥筹办法折》。1905 年 8 月 31 日(光绪三十一年八月初二),由袁世凯领衔,张之洞、端方及盛京将军赵尔巽、两江总督周馥、两广总督岑春煊等一起上呈,提出立停科举、广设学堂的建议。在该折中,他们提出废除科举的根本理由是:

> 科举一日不停,士人皆有侥幸得第之心,以分其砥砺实修之志。民间更相率观望,私立学堂者绝少,又断非公家财力所能普及,学堂决无大兴之望。就目前而论,纵使科举立停,学堂遍设,亦必须十数年后,人才始盛;如再迟至十年,甫停科举,学堂有迁延之势,人才非急切可成,又必须二十余年后,始得多士之用。张邻环伺,岂能我待?……欲补救时艰,必自推广学校始。而欲推广学校,必自先停科举始。[⑥]

---

① 《乙巳二月十一日江宁周署制台来电》,见《张之洞存各处来电稿》第七十一函,近代史所藏档甲 182—173。

② 《乙巳二月初四长沙端抚台来电》,见《张之洞存各处来电稿》第七十二函,近代史所藏档甲 182—174。

③ 苑书义、孙华峰、李秉新主编:《张之洞全集》第十一册,河北人民出版社 1998 年版,第 9309—9310 页。

④ 第一历史档案馆编:《光绪宣统两朝上谕档》第三十一册,广西师范大学出版社 1996 年版,第80 页。

⑤ 朱有瓛主编:《中国近代学制史料》第二辑上册,华东师范大学出版社 1987 年版,第 116 页。

⑥ 苑书义、孙华峰、李秉新主编:《张之洞全集》第三册,河北人民出版社 1998 年版,第 1660—1661 页。

可见,张之洞等在这里的意思是,科举制度已经成为新式学堂普及的严重障碍,要想使短时间内人才大面积出现,挽救国家于列强环伺的危局当中,必须立刻停罢科举,大力普及新式学堂。9 月 2 日,朝廷下发上谕,该谕宣称:"著即自丙午科为始,所有乡、会试一律停止,各省岁、科试亦即停止。"①至此,科举制度终于完成了其历史使命,彻底宣告终结了。

科举制度的终结,对于中国传统社会来说,是具有里程碑意义的一个重大事件。这一事件之所以没有在当时社会中引发巨大的社会震荡,与张之洞等能员干吏的未雨绸缪有着密切关联。张之洞等人深知,科举制度是中国社会诸多利益集团利益博弈的重要平衡机制,它的废除,完全可能因为旧的利益格局的打破,带来不可预知的社会大动荡。为了使这样的大震荡不致发生,必须设计一系列社会缓冲机制。因此,张之洞等人提出了几个行之有效的举措。其中,最为重要的举措便是奖励学堂出身。

张之洞关于奖励学堂出身的设想早在戊戌维新时期就已经萌生了。在 1898 年写就的《劝学篇》中,张之洞指出:"学堂虽立,无进身之阶,人不乐为也。"②这句话虽然简短,但已经把学堂开设与出身奖励的关联揭示出来了。后来,在 1901 年 7 月 12 日的《江楚会奏变法三折》第一折中,张之洞参照日本经验,提出了一套学堂毕业生与科举功名的对应的设想:小学、中学、高等学校、大学的毕业生分别对应于附生、廪生、举人、进士。③ 这就把奖励学堂出身的设想更为具体化了。

同年 9 月 14 日,清廷下发关于兴学的上谕,其中宣称:"学生卒业应如何选举鼓励一切详细章程,著政务处咨行各省悉心酌议,会同礼部复核具奏。"④这意味着最高统治者也开始注意鼓励学生进入新式学堂的问题了。借着这一东风,张之洞开始在诸多大员中鼓吹自己的这一设想。如其在致电西安"行在"的鹿传霖时说:"学堂不说明给予举人、进士出身,天下不能鼓舞。"⑤在致电山西巡抚岑春煊时也说:"大约以学堂出身,须速颁明旨,

① 第一历史档案馆编:《光绪宣统两朝上谕档》第三十一册,广西师范大学出版社 1996 年版,第115 页。
② 苑书义、孙华峰、李秉新主编:《张之洞全集》第十二册,河北人民出版社 1998 年版,第 9749 页。
③ 苑书义、孙华峰、李秉新主编:《张之洞全集》第二册,河北人民出版社 1998 年版,第 1393—1406 页。
④ 第一历史档案馆编:《光绪宣统两朝上谕档》第二十七册,广西师范大学出版社 1996 年版,第 76 页。
⑤《辛丑八月十七日致西安梁星翁转鹿尚书》,见《张之洞电稿乙编》第十五函,近代史所藏档甲 182—76。

许以进士、举、贡、生员,为第一要义,如此则不筹官款而学堂自多、人才自众矣。”①这些要员都对张之洞的这一设想表示赞同。在众多要员的一致鼓动下,12 月 5 日,清廷批准了政务处会同礼部所奏的《遵旨核议学堂选举鼓励章程折》,正式规定,学堂毕业生经考试合格,给予贡生、举人、进士的科名出身。1903 年,张之洞在京城与张百熙、荣庆等制定《奏定学堂章程》时,在其中专门拟定了一个《各学堂奖励章程》。该章程的核心是:自高等小学以上,由升学或毕业考试给奖。考试结果分最优、优、中、下、最下五等,一般中等以上都给相应的出身奖励,并授以官职或予以升学。按所奖出身,大致可以分为翰林、进士、举人、贡生、生员五级。具体对应情形见表 6 – 3。

表 6 – 3　　各学堂奖励章程

学堂种类	出身	授职(奖励以中等以上为限,下等不列)
第一级		
通儒院	翰林	即时任用较优之京官外官
分科大学	进士出身	
第二级		
高等学堂	举人	内阁中书(或知州)、中书科中书(或知县)、各部司务(或通判)
优级师范学堂	举人	国子监博士、助教、学正
高等实业学堂	举人	知州、知县、州同
第三级		
中学堂	拔贡、优贡、岁贡	
初级师范学堂	拔贡、优贡、岁贡	教授、教谕、训导
中等实业学堂	拔贡、优贡、岁贡	州判、府经、主簿
第四级		
高等小学堂	廪生、增生、附生	

注:本表据《奏定学堂章程·各学堂奖励章程》内容整理。其中,京师进士馆与京师仕学馆奖励未列入。

① 苑书义、孙华峰、李秉新主编:《张之洞全集》第十册,河北人民出版社 1998 年版,第 8655 页。

《奏定学堂章程》被批准执行后,《各学堂奖励章程》自然得以执行。对于奖励学堂出身,时人与后人由于所站立场不同,褒贬之词均有。贬低者认为,奖励学堂出身把新式教育与功名挂钩,实质上使得科举制的流毒得以变相遗存,扭曲了新式教育宗旨。梁启超的这一言论便颇具代表性:"前清学制之弊,至今犹令人痛恨不已,其误国最甚者,莫如奖励出身之制,以官制为学生受学之报酬,遂使学生以得官为求学之目的,以求学为得官之手段。其在学校之日,所希望者为毕业之分数与得官之等差;及毕业以后,即抛弃学业而勉力作官矣。"[①]更有甚者,则批评此种举措:"是非停科举以办学堂,殆仍化学堂而为科举,于是学堂者直科举之代名。"[②]这些站在批判奖励学堂出身流弊的立场上的言说不能说没有道理。但是,假如站在张之洞等不得不如此的立场上,作出的就应该是另外性质的评价了。从历史上看,自从科举制度产生伊始,其便是士子们的晋身之阶。如果废除这一制度,最直接的后果就是无数举、贡、生员的出路断绝,求告无门。这些人出路受阻,必然会对整个社会产生失望甚至仇视心理,这就会给出现剧烈的社会震荡埋下隐患。通过奖励出身的方式,为这些人留下必要的出路,就可最大限度地消除隐患的产生、发动。另外,出于传统的心理定势,一般的士子都认为,只有通过接受教育能够获取功名,接受教育才是值得的。接受传统教育如此,接受新式教育也是如此。新式学堂刚刚创建,需要吸引生源。只有适应这一广泛、深入的社会集体心理,新式学堂的开设、办学才可能蓬蓬勃勃开展起来。因此,张之洞他们才会提出奖励学堂出身的设想。总之,奖励学堂出身的举措,既可以为已经定型的科举人士预留相应的出路,又能够为新式学堂吸引不可或缺的生源。无论对于新式教育的顺利开展,还是减少、消除科举制度废止带来的巨大隐患,都具有非同寻常的意义。就此意义上讲,张之洞等人如此设想、推行,实在是有其

---

① 梁启超:《莅北京大学校欢迎会演说辞》,见《饮冰室合集》文集29,中华书局1989年版,第41页。

② 姚锡光:《停止科举归纳学堂办法条议·自记》,见《尘牍丛钞》卷下,光绪二十四年(1898年),页十五。

"不得不如此之苦心孤诣"①。

当然,除了奖励学堂出身以外,还有其他的举措,也保证了科举制废除的社会震荡最小化。一是分步骤实现科举制的废除。他们先是提出递减科举中式的名额,然后再提出废止科举制度。这样的分步实施的做法,表面看起来似乎是效率低了,实际上,这样的做法使社会上的人们,尤其是士子,对科举制的废除慢慢产生了适应心理。对最大限度地减震,保证这一革命性改革的社会效益,起到了不可或缺的作用。二是建立科举制度的替代物。新的学制制定出来,新式学堂开始创办。那些新学制框架规范下的新式学堂不断发展,为社会培养了促动其发展必需的人才,在一定程度上满足了整个社会的人才需求。即使废除科举制度,整个社会也不会因为其消失而发生社会的人才短缺甚至人才真空。这就能使社会各个阶层都能够在一定程度上接受科举制度被废止这一事实,而不致产生巨大的心理失衡与空虚。

总之,在张之洞等人努力下,通过改革科举的一系列举措,终致科举制度一步步走向废止。在这一过程中,张之洞在大多数情况下都是扮演了主导者甚至领袖的角色。就此而言,其稳健的改革思维与运筹帷幄的智慧,对科举制度的顺利废除起到了重要作用。如果没有这样一位成熟的政治家参与这一历史进程,其彻底废止结果的到来必然会大大延后,其改革的声色也必定会减损不少。

---

① 这是借用了陈寅恪语:"吾人今日可依据之材料,仅为当时所遗存最小之一部分,欲借此残余断片,以窥测其全部结构,必须具艺术家欣赏古代绘画雕刻之眼光及精神,然后古人之用意与对象,始可以真了解。然所谓真了解者,必神游冥想,与立说之古人,处于同一境界,而对于其持论所以不得不如此之苦心孤诣,表一种之同情,始能批评其学说之是非得失,而无隔阂肤廓之论。"(见陈寅恪《冯友兰中国哲学史上册审查报告》)在笔者看来,体察历史人物的所思所行的"不得不如此之苦心孤诣",是进行历史研究的必备心态。

第七章　坚守传统中的鼎力兴革

第一节　创设存古学堂的文化忧思

一、存古学堂的开办及推广历程

早在1904年7月，张之洞就已经萌发了创设存古学堂的设想。这一点，可以从其当时发给黄仲韬的电文中看到："近日风气士人渐喜新学，顿厌旧学，实有经籍道息之忧。仅恃各学堂经史汉文功课，晷刻有限，所讲太略，文学必不能昌，久之则中国经史文字无师矣，故拟于武昌省城特设存古学堂，以保国粹。"①有了这一设想后，张之洞就开始为此事做各种筹备工作。在拟定了存古学堂章程草稿之后，与提学司及各司道主管

① 苑书义、孙华峰、李秉新主编：《张之洞全集》第十一册，河北人民出版社1998年版，第9176页。

官员、众多学堂的良师往复商榷数十次，最后才将之定稿。待准备工作就绪后，张之洞在1907年向朝廷呈上《创立存古学堂折》，奏请创办存古学堂，得到了朝廷的批准。很快，在原经心书院旧址上，湖北存古学堂就开办起来。

对于存古学堂的办学宗旨，张之洞将其定位为"以存国粹而息乱源"①。这与其在致电黄仲韬时的意思是一致的，那就是保存国粹，不致使其根株断绝。

存古学堂的课程，以经学、史学、词章为主。另外规定：习经史两门者须兼习词章中的一种，而习前三门者在学制的"后四年皆须同习博览一门"。所谓博览，是指古今子部诸家。课程"以国文为主"，注重精研中学，同时要求学生兼习算学、舆地学、外国历史、博物、理化、外国政治、法律、理财、警察、监狱、农林、渔牧、工商等科目。对此，张之洞曾经这样强调："总期多致心力于中国经史词章之学，庶国文永存不废，可资以补救各学堂之所不足，而又略兼科学以开其普通知识，俾不致流为迂拘偏执，为谈新学者所诟病。"②因此，对于外国历史、博物、理化等，每星期各讲习一点钟，使学生能够"略知世间有此各种切用学问"即可。"外国政治法律理财"一门，意在使学生"知外国政法有当采取处，有情势不同不能强学处。可知外国之所谓平权自由皆在法律之范围以内，而邪说鄙词自无由生"。另外，在学堂附近还"设立外国语文学堂一所"，鼓励存古学堂学生"附入该学堂，自行兼习"。③

张之洞之所以这样设置课程，有两个目的：一是为了矫正当时新式学堂的弊病，使中国的传统学术得以真正传承下去。二是为了避免学生成为不通时务的陋儒，被趋新人士所诟病。这应当说是相当明智的选择。

在教学上，存古学堂与新式学堂有很大的相似性。对此，张之洞特别做过这样的说明："其与学堂同者则规矩整肃，衣冠画一，讲授皆在讲堂，问答写于粉牌，每日兼习兵操，出入有节，起居有时，课堂钟点有定，会食应

① 苑书义、孙华峰、李秉新主编：《张之洞全集》第三册，河北人民出版社1998年版，第2016页。
② 苑书义、孙华峰、李秉新主编：《张之洞全集》第二册，河北人民出版社1998年版，第928页。
③ 苑书义、孙华峰、李秉新主编：《张之洞全集》第三册，河北人民出版社1998年版，第1765页。

客有章，皆与现办文武各学堂无异，与旧日书院积习绝不相同。”[①]在这里，张之洞所强调的“与现办文武各学堂无异”“与旧日书院积习绝不相同”，意在凸显存古学堂对西方教学合理要素的包容和融汇。

学堂原来拟招收高等小学毕业者，但因为当时的初等、高等小学毕业生极少，很难给存古学堂提供充足的生源，后来，只能改为招收“中学较优之生入堂肄业”，只是把年龄限制在35岁以下。招生人数最初拟不定额数，成立时限定为240名，分为3个班取录。学生毕业后拟到师范、普通中学、高等学堂、大学堂充任教师。[②]

学堂专聘博通经史、诸子、词章等传统学术的师儒为教员。设监督1人，负责总揽学堂事务；又设总教4人、协教4人、分教6人，分别担任各门功课的教授。另外，管理任务也是由这些人共同承担的。对此，张之洞在上呈的奏折中曾经说：“凡学生平日功课，由各门分教员按月考校、填注分数，送交提调，汇齐列表，送交提学司，由提学司核阅初次后，呈送臣衙门复核，取定榜示。”[③]

在《创立存古学堂折》中，张之洞曾经提出这样一个建议：“后如无窒碍，即请学部核定通行，各省一律仿照办理。”朝廷既然批准了这一奏折，自然是在湖北存古学堂开办起来之后，学部便开始在全国各地推广存古学堂的开办模式。于是，在江苏、山西、安徽、福建、贵州、陕西、广东、四川、甘肃等省，存古学堂相继开办起来。

虽然不少省份设立了存古学堂，但是，存古学堂的生存、发展还是困难重重。在一个几乎人人都言趋新的时代，张之洞的这一设想与实践确实是在逆潮流而行，遭遇或温和、或激烈的阻挠与抵制，也就不奇怪了。这种阻挠首先出现在教育事务的最高决策机构——学部。

学部在1909年（宣统元年）拟有一份《筹备教育事宜单》，当时的口径尚是“各省一律设立存古学堂”。但是，到了1911年的学部《奏修订存古学堂章程折》中，口径就发生了很大变化：“臣部前于筹备单内奏定各省一

① 苑书义、孙华峰、李秉新主编：《张之洞全集》第三册，河北人民出版社1998年版，第1764页。
② 苑书义、孙华峰、李秉新主编：《张之洞全集》第三册，河北人民出版社1998年版，第1765页。
③ 苑书义、孙华峰、李秉新主编：《张之洞全集》第三册，河北人民出版社1998年版，第1765页。

律设立存古学堂,按之现在各省教育经费支绌情形,实觉力有未逮,若勉强设立,经费不充,师资缺乏,不足以得真材。自应由各省体察情形,其财力实在艰窘者,暂准缓设;或与邻省合并办理。”在这个总的原则下,还提出了若干准予缓设或合并设置的举措。如第五条规定:“每省以设一所为限,如财力实有不足者,暂准缓设。其在交通便利之处,亦可联合邻省合设一所。”第七条规定“每级至少须满六十人,其学生过少不能成班之处,应准缓设”。

谈及学部对开办存古学堂的真实态度,时人庄俞曾经指出“他项学堂以多为贵”。而对于存古学堂,却是“明明语人以此项学堂可设亦可不设”。这样一针见血地点出学部的真实态度之后,庄俞还不罢休,而是连声质疑:“修订章程以炫惑国民之视听者,其为敷衍旧学子之计乎?抑牵窒于少数主张保存国粹之大老而不得不为此乎?”①这里的“敷衍旧学子”“不得不为此”等语,就把学部对存古学堂创办的真实态度揭露无疑了。如果不是学部要员对存古学堂的设置有抵制、阻挠的趋向,是不可能出现这种表面上支持、实质上大幅度缩减甚至封闭存古学堂办学空间的现象的。这可以说是存古学堂发展的最为重大的阻力。

除了学部要员之外,朝廷中还有不少官员也是存古学堂创办的反对者。作为闻风言事的御史,在一定程度上是能够反映官员的思想动向的。在当时,有御史弹劾张之洞,认为其不宜“管理学部”。其提出的理由是,当时的学部“有提倡游学之责,固不宜过于趋新,亦未必便甘心守旧”②。这就意味着,不少官员是把张之洞作为“甘心守旧”者来看待的。而倡导广泛设立存古学堂,正是其“甘心守旧”的最大“罪证”。

不仅是各个层面的手握权柄者抵制存古学堂的设置,就是普通的知识分子,也是如此,其中甚至不乏名师大儒。湖北存古学堂创办时,张之洞拟聘请海内通儒宿学充任教师,但是,却吃了很多人的闭门羹。对此,许同莘曾这样描述:

---

① 庄俞:《论各省可不设存古学堂》,载《教育杂志》第三年第五期,宣统三年(1911 年)五月。

② 《要闻·管学大臣被参》,载《申报》1908 年 11 月 5 日。

> 科举既罢，学者不复知中国文字可贵，于是湖北设存古学堂。……先后延孙仲容（诒让）主政为监督、曹叔彦（元弼）中翰为总教习，皆不就。会赵侍御（启霖）罢职归，敬其风骨，延之主讲，已允矣而不果来，最后奏留杨惺吾（守敬）大令为总教习，称为鄂进旧学宿儒之首选。定章设总教四人、协总教四人，皆须通儒宿学。开馆之日，讲席犹虚，盖师资难得如此。①

可以看出，存古学堂开办之初，欲请孙诒让、曹叔彦、赵启霖等名师宿儒任职，但基本上都是坚持不就，这才导致了总教、协总教这些关键职位的虚悬。事实上，除了许同莘所记述的那些名师宿儒，张之洞还曾电请王先谦、叶德辉这两个旧学翘楚出任总教、协教。遗憾的是，他们都托病婉拒了。② 为什么这么多在旧学上造诣精深的知识分子都拒绝加入存古学堂的教师队伍呢？从一代小学巨擘孙诒让婉拒张之洞的一番说辞中，不难看到其端倪。孙诒让是这样说的："课保粹是要义，现以救危亡为急，此举似可略缓，且英俊有志者，多愿习科学，恐办不好，转辜委任。"③在这里，孙诒让一语道出了其根由：在拯危救亡的时代需要的促动下，当时的世风以学习西方科学为时尚。逆这样的历史潮流而动，知识分子生怕遭遇力行而无果的打击。因此，他们纷纷选择拒绝存古学堂的聘任。

对于种种势力阻挠存古学堂的开办，张之洞作为筹划、组织者，当然感受甚为深切。因此，他对存古学堂的命运，一直忧心忡忡。在其离开湖北，进京拜相之后，依然对湖北存古学堂的存亡深表关切。为此，张之洞特别致电湖广总督赵尔巽，如此言之谆谆："存古学堂系奏明办理，关系紧要，区区最所关心，万不可令其废坠，必须主持得人。"④其中的"最所关心""万不可"等语，正是张之洞对存古学堂的存亡极度关切的明证。另外，张之

---

① 许同莘编：《张文襄公年谱》，上海商务印书馆 1947 年版，第 208 页。

② 《丁未七月二十一日致长沙叶焕彬吏部》《丁未七月二十三日致长沙王祭酒》，见《张之洞致北京天津等处电稿》第二函，近代史所藏档甲 182—420。

③ 《甲辰六月初十日温州黄学士来电》，见《张之洞存各处来电稿》第六十六函，近代史所藏档甲 182—168。

④ 苑书义、孙华峰、李秉新主编：《张之洞全集》第十一册，河北人民出版社 1998 年版，第 9672 页。

洞临终时曾如此嘱咐其子:“我经营经科大学,煞费苦心。此后恐一般新进之徒玩视国学,将此科裁去。若辈务必勉绍父志,竭力维持,毋令我死不瞑目。”[①]在临终之时,念念不忘的还是存古学堂的兴废,可见其对存古学堂的存在之艰难体会有多深,对其存在之价值的体认又是多么的深切。

尽管张之洞作为手握教育大权的军机大臣影响力颇大,对存古学堂的兴办、推广“煞费苦心”,但是,在日益趋新的时代风潮的裹挟下,存古学堂还是不可避免地逐渐走向消亡,让与张之洞同有幽怀的士人同发“无可奈何花落去”之叹。

1911 年,湖北咨议局以存古学堂的开办“毫无成效,徒耗巨资”[②]为由,决定将其停办。江苏也“以咨议局之议决,将次停办”[③]。这两个当时的大省、富省都作出了这样的榜样,其他省份自然纷纷效仿。于是,各地所兴办的存古学堂渐次废止或改做其他新式学堂。

存古学堂的存在虽然仅仅只是四年时间,用历史的过眼云烟来形容是一点都不过分的,但是,其存在的历史意蕴却是非常深刻的。这就涉及张之洞设立存古学堂的动机问题了。下面,对此一问题进行必要的分析。

二、存古学堂的创设动机及其思想根源

对于为什么要创办存古学堂,张之洞在呈给皇帝的奏折中曾经这样说:

> 近来学堂新进之士,蔑先正而喜新奇,急功利而忘道谊,种种怪风恶俗,令人不忍睹闻。至有议请废罢四书五经、有中小学堂并无读经讲经功课者、甚至有师范学堂改定章程声明不列读经专科者。人心如是,习尚如是。循是以往,各项学堂于经学一科,虽列其目,亦止视为具文,有名无实。至于论说文章,寻常简牍,类皆捐弃雅故,专用新辞。驯至宋明以来之传记词章皆不能解,何论三代。此如籍谈自忘其祖,

① 《张相国之遗言》,载《教育杂志》第一年第十期,宣统元年(1909 年)九月。
② 《鄂省停办存古学堂》,载《时报》1911 年 5 月 5 日。
③ 庄俞:《论各省可不设存古学堂》,载《教育杂志》第三年第五期,宣统三年(1911 年)五月。

司城自贱其宗。正学即衰，人伦亦废。为国家计，则必有乱臣贼子之祸；为世道计，则不啻有洪水猛兽之忧。微臣区区保存国粹之苦心……以延正学而固邦基。[①]

在这段话中，张之洞想要表达的意思是，他之所以要创办存古学堂，是因为其看到，自从新式学堂开设以来，存在着一种值得忧虑的倾向：人们把传统的经史之学弃之如敝屣。这带来的恶果是，传统经史之学衰微，传统的纲常伦理被人们遗弃。如此发展，国家必然陷入动荡不安之中。因此，非常有必要开设迥异时流的学堂，以对抗滔滔浊世，使传统的经史之学能够得到保存，为国家的安宁奠定文化基础。由此可见，张之洞是站在延续传统文化的命脉，为国家的安定奠定文化基础的立场上来提倡创办存古学堂的。

为了使自己的这一主张更具有说服力，张之洞还为其提供了学理根据。对此，他是这样说的：

窃维今日环球万国学堂，皆最重国文一门。国文者，本国之文字语言历古相传之书籍也。即间有时势变迁不尽适用者，亦必存而传之，断不肯听而澌灭。至本国最为精美擅长之学术、技能、礼教、风尚，则尤为宝爱护持，名曰国粹，专以保存为主。凡此皆所以养其爱国之心思，乐群之情性，东西洋强国之本原，实在于此，不可忽也。尝考《尚书》云："惟土物爱，厥心臧，聪听祖考之彝训。"盖必知爱其土物，乃能爱其乡土，爱其本国，如此则为存心良善，方能听受祖考之教训，是知必爱国敬祖，其心乃为善。若反是，则为不善也。[②]

可见，张之洞在这里想要说明的是这样一个道理：中国传统文化的精华是陶冶、树立国民向心力、凝聚力的基础，只有使之传承下去，才有可能实现民风淳化、国家富强。这就把保存传统文化的精粹与国家安宁、富强

① 苑书义、孙华峰、李秉新主编：《张之洞全集》第三册，河北人民出版社1998年版，第1766页。
② 苑书义、孙华峰、李秉新主编：《张之洞全集》第三册，河北人民出版社1998年版，第1762—1763页。

之间的关系论述得很清楚了。即使以当代人的眼光来看,这一论述也是智者之言,千古不易的真理,值得我们深思。

除此之外,张之洞之所以力倡创办存古学堂,还有另外一重用意:解决新式学堂国学师资短缺的问题。对此,他在《创立存古学堂折》中特别指出,湖北所办新式学堂的监学和教员,基本上都出自原有的经心、两湖这两间书院。目前,随着学堂数量的增加,需要的师资越来越多。但是,由于"京师取调以及各省索取络绎不绝,外出太多,已觉不敷应用"。这就需要大量培养师资,可是,"中文中学向来义理精深,文词雅奥,新设学堂学生所造太浅,仅可为初等小学国文之师。必至高等专门学、普通中学、优级师范、高等小学,皆无国文专门之教员。倘高等以下各学堂之中学既微、中师已断,是所有国文之经史词章无人能解、无人能教,然则将来所谓大学专门岂非徒托空言?"[①]这就是说,哪怕仅仅从为了给各级各类学堂提供优质的国文师资的角度,也需要设立一个专门的旧学学堂。

张之洞提出这一想法绝不是杞人忧天,考之当时的世风,就可以更深刻地理解这一点。在当时,趋新成为整个社会的主导性、支配性的取向。因此,在《奏定学堂章程》颁布不到两年的时间内,"研究中国本有之学问"的生源已经成为不得不注意的问题,以致时人发出了如此的感叹:"自近年学堂改章以来,后生初学,大率皆喜新厌旧,相习成风,侵侵乎有荒经蔑古之患。若明习科学,而又研究经学者,甚难其选。诚恐大学经科一项,几无合格升等之人。"[②]在存古学堂开办的三四年前,就已经出现大学经学科几乎难以招到合格生员的地步。在这样的世风诱导下,国学师资规模的日渐萎缩便是自然而然的事。就此而言,张之洞为国学师资的问题忧心忡忡,不是没有道理的。

其实,如果仔细思量,就会发现,张之洞在这里提出的两个思想动因是相互联系、相辅相成的。延续传统文化的血脉、奠定国家安宁的基础是培养优质国学师资的指南,如果没有这一指南,国学师资的培养便是盲目的。

① 苑书义、孙华峰、李秉新主编:《张之洞全集》第三册,河北人民出版社1998年版,第1763页。

② 《学部奏拟选科举举人及优拔贡入经科大学肄业片》,见潘懋元、刘海峰编:《中国近代教育史资料汇编 高等教育》,上海教育出版社1993年版,第40—41页。

而优质国学师资的养成是延续传统文化的血脉的前提,如果没有大量优质的国学师资传道授业,传统文化的有效传承就会成为一句空话。就此而言,张之洞从这二者出发考虑存古学堂的创办,实在是非常明睿的。

正是人们注意到张之洞站在保存国粹、培养国学师资的立场上力主创办、推广存古学堂,所以,不少论者给张之洞下的定论是,张之洞在新政后期,思想已经转向保守。1909 年,张之洞去世不久,《教育杂志》上发表了一篇颇有盖棺论定意味的文章。该文章的主要意旨是:张之洞在地方任督抚之职时,无疑是推动教育改革的先进人物。可是,到了入军机、主持学部后,反而变得保守了。有鉴于此,该文最后说了这样一段话:“欧风东来,学说为之一变,文襄不能调和利用以促进国家之文化,乃牢守保存国粹之政见,不论有益无益,盖斥之为西人谬论,尽力反对之压制之。……吾国文化之不进,文襄实尸其咎。”[①]从这里可以看到,这一作者是因为张之洞“牢守保存国粹之政见”,所以,给其下了一个思想由趋新转向保守的论断。这一论断自张之洞刚刚去世始,其影响一直不曾断绝,甚至直到当代学者那里,类似的论断依然清晰可见。[②] 那么,在新政后期,张之洞真的是思想从革新转向守旧了吗?在笔者看来,这是对张之洞思想的极大误解。之所以会出现这种状况,实在是以偏概全的结果。事实上,如果抛开意识形态的立场,仔细体察张之洞在提倡创办存古学堂中的一系列言论,就会发现,在张之洞的晚年,即使是其从地方大员变为国之宰相之后,也根本不存在所谓思想从趋新到守旧的转向。

最常被用来给张之洞下“守旧”考语的是这样一则史料:“若中国之经史废,则中国之道德废;中国之文理词章废,则中国之经史废。国文既无,而欲望国势之强、人才之盛,不其难乎。”其实,在抓住这句话大做文章的时候,论者却忘了在这句话的前面还有一段话是这样说的:“要之,孔子所言温故而知新一语,实为千古教育之准绳。所谓故者,非陈腐顽固之谓也。盖西学之才智技能日新不已,而中国之文字经史万古不磨,新故相资,方为

---

① 《张文襄与教育之关系》,载《教育杂志》第一年第十期,宣统元年(1909 年)九月。

② 参见把增强:《近五年来张之洞研究的新进展》,载《历史教学》2003 年第 7 期,第 75 页。

万全无弊。"①这就把其真实的思想表达得很清楚了:张之洞之所以提倡创办存古学堂,以保留国学之命脉,绝不是为了守旧,而是使国学与西方的新学"新故相资",保得国家的"万全无弊"。新学与旧学相互补给、参照,是中西兼顾之义,如何能说是守旧而不趋新呢?如果说此处的论述还不够明确的话,那么,下面的言论,简直就把其当时的思想倾向展示得一览无余了。他在致电黄仲韬谈及存古学堂创办一事时曾经这样说:"若以新学为足救危亡,则全鄂救亡之学堂,已二三百所。而保粹之学堂,止此存古一所,于救亡大局何碍?有才有志之士知保粹之义者,尚不乏人,断无虑无人信从也。救时局、存书种两义,并行不悖,日本前事可鉴。……此堂学生,将来专供各学堂中学、国文数门之师,存此圣脉。"②从这一电文中,可以看到,张之洞把通过学习西方学术挽救国家的危亡的"救时局"与通过存古学堂的创办来"存书种"这两件事看作是"并行不悖"的关系。在其心目中,存古学堂的创办不会对"救亡大局"有任何妨碍,"救亡大局"的下面也能够容纳"保粹之学堂"的存在。这充分说明,在张之洞的头脑中,"救亡大局"是其始终不敢忘记的事情。只不过在这样的"大局"当中,他希望能够为国粹的保存开辟一小片独立的空间而已。就此而言,张之洞是在重视西学传播的同时,倡导保存国粹的。这一倾向,在1898年成书的《劝学篇》中便是如此。

在《劝学篇》中,张之洞特别指出:"欲救今日之世变者,其说有三:一曰保国家,一曰保圣教,一曰保华种。"而这三者,"三事一贯而已矣。保国,保种,保教,合为一心,是谓同心。保种必先保教,保教必先保国"。为什么要这样说呢?因为"国不威则教不循,国不盛则种不尊"。因此,"舍保国之外,安有所谓保教保种之术哉?"当时"颇有忧时之士,或仅以尊崇孔学为保教计,或仅以合群动众为保种计,而于国、教、种安危与共之义忽焉",这是很成问题的想法。对此,古人已经给我们做出了很好的说明:"《传》曰:'皮之不存,毛将安傅?'孟子曰:'能治其国家,谁敢辱之!'此之

① 苑书义、孙华峰、李秉新主编:《张之洞全集》第三册,河北人民出版社1998年版,第1764页。
② 苑书义、孙华峰、李秉新主编:《张之洞全集》第十一册,河北人民出版社1998年版,第9176页。

谓也。”[①]可见，在这里，张之洞并没有迂腐地认为，仅仅通过“尊崇孔学”便能保教，而是强调“国不威则教不循”。这说明，他是在重视西学的传播的前提下重视中学之保存的。其中的中西并重的倾向一目了然。

其实，在中西并重的前提下，“存古”的思想已经在当时就萌生了。面对“外侮迭至”的情形，张之洞不由得发出了这样的忧叹：“不讲新学则势不行，兼讲旧学则力不给。再历数年，苦其难而不知其益，则儒益为人所贱，圣教儒书寖微寖灭；虽无嬴秦坑焚之祸，亦必有梁元文武道尽之忧。此可为大惧者矣！”[②]可以看出，张之洞对国学的命脉可能在西学的冲击下断绝的后果已经有了深深的忧虑。有鉴于此，张之洞受西方学堂均能“示存古、示有序、示爱国”[③]的经验启发，进而提出，对于学堂内的“好古研经，不骛功名之士，愿为专门之学者，此五年以后，博观深造，任自为之”。他估计“百人入学，必有三五人愿为专门者，是为以约存博”。不过，张之洞特别指出，此种“专门著述之学”，只需“能者为之，不必人人为之”，只有多数专力于西学者才是“学堂教学之学”。[④] 后来的存古学堂的设置理念与这一理念何其相似！唯一的区别是：在此时的设想中，从事“专门著述之学”者主要依靠自己的深心研求，后来的存古学堂则是专门设立学校来施教。

下面再来看一下《劝学篇》之后足以代表张之洞教育思想主旨的《奏定学堂章程》。在《奏定学堂章程》中，如果从内容的结构来看，可以分为两部分：一部分是《学务纲要》，这是该章程的指导思想；另一部分为总体学制安排与各级各类学校的章程，是具体的操作办法。就此而言，透视《学务纲要》的思想主旨，便可明确此时张之洞的思想趋向。下面就对《学务纲要》的关键性内容，来做一分析。

《学务纲要》第二条指出：“通儒院意在研究专门精深之义蕴，俾能自悟新理、自创新法，为全国学业力求进步之方。并设立中国旧学专门，为保存古学古书之地。”可见，张之洞之所以力主设立通儒院，目的就是为了

---

① 苑书义、孙华峰、李秉新主编：《张之洞全集》第十二册，河北人民出版社 1998 年版，第 9709 页。
② 苑书义、孙华峰、李秉新主编：《张之洞全集》第十二册，河北人民出版社 1998 年版，第 9726 页。
③ 苑书义、孙华峰、李秉新主编：《张之洞全集》第十二册，河北人民出版社 1998 年版，第 9725 页。
④ 苑书义、孙华峰、李秉新主编：《张之洞全集》第十二册，河北人民出版社 1998 年版，第 9726—9727 页。

"存古"。

《学务纲要》第十条指出:"西国最重保存古学,亦系归专门者自行研究。古学之最可宝贵者,无过经书。无识之徒,喜新蔑古,乐放纵而恶闲检,惟恐经书一日不废,真乃不知西学西法者也。"《学务纲要》第十一条也强调:"中国各种文体,历代相承,实为五大洲文化之精华。且必能为中国各种文辞,然后能通解经史古书传述圣贤精理。文学既废,则经籍无人能读矣。外国学堂,最重保存国粹,此即之一大端。"在这两条当中,可以看到,不论是强调"保存古学",还是"保存国粹",其意旨都是"存古"。而且在谈到"存古"时,处处都以"外国学堂"为参照。眼高于顶、权势正炙如张之洞者,都是时时处处以"西学西法"作为主张申说的依据,可见当时趋新、趋西之风是多么的强盛。以致后来在呈给皇帝的奏折中,张之洞依然是以西方榜样为其立论根据的。他说:"今日环球万国学堂,皆最重国文一门。国文者,本国之文字语言,历古相传之书籍也。即间有时事变迁,不尽适用者,亦必存而传之,断不肯听其澌灭。至本国最为精美擅长之学术技能、礼教风尚,则尤为宝爱护持,名曰国粹,专以保存为主。凡此皆所以养其爱国之心思、乐群之情性。东西洋强国之本原,实在于此。"①可见,张之洞在这里特别指出的是,将"本国最为精美擅长之学术技能、礼教风尚"等国粹特意保存,是"东西洋强国之本原"。由此引申一步,那就是,急于强盛的中国当然应该仿效西方的这一做法。

通过前面简要的历史考索,可以得出这样的一个论断:即使不追溯到更远的时间,就是从标志张之洞思想已经臻于成熟的《劝学篇》中的思想倾向开始,一直到其倡导创办存古学堂为止,张之洞的中西并重、新旧兼学的教育思想倾向从来都是一贯的,"存古"之志也是始终如一的。② 就此而言,无论如何,我们不能从倡导创办存古学堂出发,断言张之洞有思想转向保守的趋向。当然,笔者之所以在这里要认真辨析这一点,并不是刻意为了说明以前论者在此说上的荒谬,而是意在凸显一点:从《劝学篇》问世伊

① 苑书义、孙华峰、李秉新主编:《张之洞全集》第三册,河北人民出版社 1998 年版,第 1762—1763 页。

② 实际上,张之洞对"古籍"本身的重视则更可远推至二十多年前在《书目答问》的史部中新创一个子目"古史"来容纳各种与"史"相关的先秦古书,其中包括乾嘉时被逐出史部的《山海经》这样有争议的古籍。(参见罗志田:《〈山海经〉与近代中国史学》,载《中国社会科学》2001 年第 1 期。)

始，这本书中所提出的教育思想就成为张之洞其后推动教育实践的指南，终其身而未变。

第二节　入参军机之后繁复多歧的教育兴革

军机处是清朝特设的辅佐皇帝处理政务的机构，于1729年(雍正七年)设立。其职能是直接秉承皇帝的旨意办理军国要务，并用面奉谕旨的名义对各部门、各地区发号施令。进入这一机构任职的大臣被称为军机大臣。军机大臣需要每天晋见皇帝，承领旨意。因此，其地位非常重要。军机大臣一般都从大学士、尚书、侍郎中选拔，其领班者实际上就是宰相，一般称“首辅”。有清一朝，有幸入军机者寥寥可数，且多为满族亲贵。汉人能够进入军机处者，更属凤毛麟角。1907年，清末“新政”进入“预备立宪”阶段，朝中能够主持大事的能臣极其匮乏。在满蒙亲贵中，实在找不到理政有方者。汉臣中的李鸿章已经去世，继任者王文韶、瞿鸿机等人的能力、声望等都难以与李氏比肩。清朝贵族统治集团急需物色新的汉族官僚代表充实权力中枢，以延续其统治。张之洞因其实绩和声望，成为首选。因此，1907年6月21日，张之洞得以补协办大学士。7月23日，得授大学士。7月27日，被补授军机大臣。8月3日，张之洞离开其苦心经营十数年的两湖，入京履新。9月22日，张之洞奉旨兼管学部事务，成为最高教育行政首脑。至此，张之洞在步入“古稀”之年时，登上了朝廷权臣的顶峰。

一、执掌学部引发的震动

在张之洞进入军机处的同时，袁世凯也因为其与张氏相当的声望、政绩进入军机处。一南一北两大重臣同入军机处，一时间成为朝野议论的中心。在学部，更是引起了相当的震动。时任学部尚书的荣庆对张之洞掌管学部甚为不满。因为按照清朝惯例，同时设有满汉两个最高职位的内阁衙门中，“凡指麾一切者，谓之当家。部事向皆满尚书当家，汉尚书伴食而已……若管部为满大学士,或汉人而兼军机,则实权在管部;若汉大学士管部,尚书则满人而兼军机,则管部绝不过问”[①]。荣庆虽为满人,但张之洞是名满天下的汉臣,以其影响力,到任之后,荣庆的当家之位势便会失去。因此,荣庆对张之洞的到任大为不满。这一点,从其日记中便可窥见一斑:“本部值日,严(修)、宝(熙)旋到。冰老来做主并款司员,喜怒无常,敷衍终朝。”[②]将张之洞这一一贯以行事严肃、认真著称的大员贬为“喜怒无常,敷衍终朝”,可见其不满有多深。事实上,在他们二人共事的两年中,荣庆始终是处于陪衬地位的。这一点,从一个很小的细节中就可看到:张之洞曾经为各学堂选择学生制服款式,当样服送到学部时,因样式、色彩奇异,在严修试穿时,引起司员们哄堂大笑。众人“咸谓当议驳不行。荣尚书以为张中堂之所定也,未便驳斥,不日将颁发为天下式”[③]。就是这样一件为学生选定制服款式的小事,荣庆都不敢做主,何况其他呢。既然其对处于陪衬地位心生不满,自然不会支持张之洞开展部务。如张之洞曾对荣庆说:“若得梁鼎芬来部,则予可无忧矣。”荣庆的反应是“竟不答”[④]。

至于学部的侍郎及中下级官员,对于张之洞来部,也是反应颇为激烈。当时的学部侍郎严修,原来在天津致力于发展新式教育,在兴办官立小学、工艺及半日学堂等方面成绩斐然,是深得直隶总督袁世凯信任与器重的僚属。袁世凯曾说:“吾治直隶之政策,曰练兵;曰兴学。兵事我自任之,学则听严先生之所为,吾供指挥而已。”[⑤]由此足见其对严修的倚重之深。严修在荣庆掌学部期间,与荣庆也过从甚密。荣庆于1916年去世时,严修曾在挽联中写道:“同年踪迹近多疏,惟我两人特亲密。”[⑥]自此,不难想见二人的交谊。这样一个与袁世凯、荣庆都关系密切的人,对与袁世凯、荣庆关系不睦的张之洞,是不可能不心生反感的。尽管其没有与张之洞有过正面的冲突,但严修与张之洞一系的罗振玉等人矛盾摩擦不断,便是其排张的

① 徐珂编撰:《清稗类钞》第三册,中华书局1984年版,第1313页。

② 谢兴尧整理点校注释:《荣庆日记》,西北大学出版社1986年版,第134页。

③ 《京师近信》,载《时报》1907年9月27日、10月16日。

④ 《学部将有变动》,载《大公报》1907年9月26日。

⑤ 政协天津市委员会文史资料研究委员会编:《天津文史资料选辑》第二十五辑,天津人民出版社1983年版,第17页。

⑥ 严修自订,高凌雯补:《严修先生年谱》,齐鲁书社1990年版,第350页。

明证。至于那些更下级的僚属,也多恐慌心理。据报载,当学部诸人获知张之洞掌管学部的消息时,“尚侍丞参相顾失色,各司员无不恐慌”[①]。这活脱脱呈现了张之洞属下对其执掌学部的排斥心理。

张之洞初掌学部之时,有报纸曾对学部僚属对张出掌学部的集体性恐慌进行评析,认为其根由是:“《奏定学堂章程》为南皮手定之本,其时张、荣、孙三学务大臣均力为赞赏,乃学部成立后反不能实力施行,部员聚讼,妄作聪明,朝令夕改,以致外省各为风气,弁髦定章,更何望寰海尊王以驯至风同道一。此为南皮所极不满意者,常讥部员流品太杂,多非谙习学务之人,一旦掌部,恐其大加淘汰。”[②]这里说得很清楚,张之洞之所以会让学部僚属产生集体排斥心理,是因为张之洞由于《奏定学堂章程》推行不力,公开对学部官员表示其不满。学部官员担心张之洞掌部后,会对他们痛下杀手。事实果然不出这些人所料,张之洞上任伊始,就公开宣布“自员外郎以下一律考试,严行甄别,以便分别黜陟”[③],大刀阔斧地裁撤低素质官员。另外,张之洞还从各地抽调能员干吏进入学部,充实官员队伍。[④]

二、最后的教育兴革

除了裁撤冗员庸吏之外,张之洞所做的另外一件大事便是推行自己办理学务的理念。前面已经谈到,不论是张之洞以前的学部执掌人荣庆,还是实际影响学部部务的侍郎严修,都是与袁世凯关系甚密的人。而袁世凯作为直隶总督,在教育领域的改革成就与张之洞在两湖地区的兴革业绩不相伯仲。在其兴学过程中,积累了一系列成功经验。因此,学部在统筹全国学务的过程中,自觉或不自觉地以直隶的成功经验作为参照。如在地方学务机构中增设学务公所、劝学所、宣讲所,制定女学章程,力推女学,举办速成师范和半日学堂等,都是直隶经验的沿袭与发展。这些政策、做法与张之洞在湖北的成功经验与《奏定学堂章程》所载,有着很大的区别。这

---

① 《学部省党之恐慌》,载《总商会报》1907 年 10 月 12 日;《学部司员之恐慌》,载《盛京时报》1907 年 9 月28 日。

② 《学部司员之恐慌》,载《盛京时报》1907 年 9 月 28 日。

③ 《张中堂将考学部司员》,载《大公报》1907 年 10 月 3 日。

④ 《学部奏调干员》,载《大公报》1907 年 2 月 16 日。

是自视甚高的张之洞所无法容忍的。因此,张之洞走马上任不久,就在学部公开表示,“深不满意于直省之各高等学堂,谓程度既不足,而徒务虚名,自欺欺人,莫此为甚。湖北学堂无虑数千,而高等学堂仅存其一,名实不符之事吾不为也”①。这意味着,张之洞是在公然批评学部照着直隶模式管理学务的取向,标榜其后的取向要取法湖北模式。不过,由于教育界是新政关注的焦点,当时又正值朝野上下对新政以来的教育改革颇多指责之时②,张之洞对学务模式的扭转又走了一条稳健、中庸的路线:既要以湖北经验修正直隶模式,同时又不能不沿袭成法。在其生命最后两年的管部生涯中,在整顿学务、普及教育、加强控制等方面,都体现了这一点。

在张之洞掌部时,虽然学部已经基本实现了各级教育行政机构建置的近代化,且在推动师范教育、制定留学政策等方面采取了一系列有力举措,但是,在全国教育整体规划、教育普及与实业教育的推广上,还做得很不够。因此,张之洞执掌学部后,即将全国教育整体规划作为头等大事来抓。经过缜密的筹划,1909 年 4 月 18 日,张之洞呈上《学部逐年筹备事宜折》并清单。因为预备立宪的第一年(光绪三十四年)已经过去,所以,这一逐年筹备清单只规划了预备立宪第二年到第九年(即宣统元年至八年)间教育方面的应办事宜。该清单对于学部每年的工作都做了详细具体的规定,包括各种学堂章程的制定与颁布、学堂的筹建与开办、教科书的编辑与颁行、教育经费的预算与筹措、学务的检查与统计、教育成绩的评估等多方面的内容,是一个典型的全国性教育发展规划。虽然由于此后的清廷只存在了短短的三年时间,很难看到这一规划的具体成效,但这一颇具现代色彩的尝试是值得肯定的。

普及教育一事,张之洞在湖北兴学时便给予了足够的重视。此时执掌全国学务大权,推行起来更是不遗余力。为此,张之洞首先提议在地方税项下面分别提用普及教育所需款项,继而“责成各省提学使劝令各绅将空废庙宇设法改建学堂”,使普及教育具备了一定的经济基础与必需的场所。普及教育固然需要一定的物质基础,但稳定、优质的师资队伍更是不

① 《张相国之论学务》,载《大公报》1907 年 10 月 22 日。

② 〔清〕朱寿朋编:《光绪朝东华录》,中华书局 1958 年版,总第 5633—5637 页。

可或缺。因此，张之洞在再三思虑后，专门出台了这样的规定："所有各省学堂监督、教员应一并改为实官，以资激励。"[①]为了切实保证普及教育所使用教材的质量，张之洞将湖北学务议长吴兆泰调入学部，筹划普及教育的教材审定事宜。同时明令学部审定科司员，教科书"非我审定不算数"[②]。在张之洞的主持下，学部编发了《国民必读课本》《简易识字课本》等。[③] 为了最大限度地扩大普及教育的范围，张之洞还对边远地区的教育与华侨教育给予了足够的重视。[④] 表面看起来，似乎张之洞的这些做法与袁世凯的直隶经验没有什么不同，其实不然。直隶兴学特别注重强制性的普及教育。如直隶教育魁首吴汝纶曾说，普及教育"乃是普国人而尽教之，不入学者有罚。各国所以能强者，全赖有此"[⑤]。受直隶经验的影响，学部考虑将"适龄儿童不入学者罪其父母"写进法律条文。1907 年，学部议定强迫教育办法十款，准备从直隶开始施行。[⑥] 对此，张之洞颇不以为然。在其掌管学部后，提出了"但期核实，不务虚名"[⑦]的主张，将已有成案的强迫教育之法束之高阁。直到临终，张之洞还叮咛荣庆："惟现今各乡镇民智尚多固塞，若遽行强迫，恐有意外之虞，且筹款一端，亦苦毫无把握，万不可操切图功，转滋贻误。"[⑧]可见，在沿袭部分旧有的普及教育做法的同时，张之洞力图对直隶经验带来的弊端予以矫正。

实业教育是于富国强兵可见速效的重要途径，时人多有此见。因此，在发展实业教育上，直、鄂两地的经验并无多少分歧，这样，张之洞与学部的原有做法就不会存在冲突，故推行起来也就没有什么障碍。在很短的时间内，张之洞就推行了一系列举措：第一，通盘整顿实业教育，从学科设置

---

① 《张中堂整顿学务之计划》，载《申报》1907 年 12 月 17 日。

② 《调员参预学务》，载《岭东日报》1909 年 2 月 20 日。

③ 《学部通行京外凡各私塾应按照本部奏定变通初等小学简易科课程办理文》，见学部总务司编：《学部奏咨辑要》卷二，宣统元年（1909 年）春刊本；《张中堂整顿学务之计划》，载《申报》1907 年 12 月 17 日。

④ 《张中堂面奏广设华侨学堂》，载《大公报》1907 年 10 月 17 日。

⑤ 吴闿生编：《桐城吴先生（汝纶）尺牍》，见沈云龙编：《近代中国史料丛刊》37 辑之 366 种，第 2251 页。

⑥ 《议定强迫教育办法十款》，载《中国日报》1907 年 4 月 3 日。

⑦ 《学部通咨各省变通学制实施办法文》，载《学部官报》1909 年 7 月第 93 期。

⑧ 《实行强迫教育之从缓》，载《大公报》1909 年 9 月 20 日。

与布局、主管部门职责、师资培养、教材编辑、实习要求等方面，都作出了新的调整[①]；第二，设定了两年内每府设中等实业学堂一所、每州县设初等实业学堂一所的目标[②]；第三，出台了官费留学生一律学习各实业专科，自费留学生选修农、工、格致三科者，“遇有官费缺出，准期挨补”[③]的规定；第四，修订初等实业学堂毕业奖励章程，提高了实业学堂毕业生的待遇和社会地位[④]；第五，出台了限制中等实业学堂毕业生改就官职的规定，有效避免了实业人才流失。[⑤] 这些举措对中国实业教育在近代社会的发展，起到了积极作用。

大力推进实业教育固然重要，但是，普通教育随着时代需要而变革，在一定程度上更为重要。张之洞作为一个通晓教育事务的高官，自然深明此理。因此，为了推动各个层次的普通学堂的发展，出台了若干新的政策。

1909 年 5 月 15 日，张之洞提出变更《初等小学堂章程》和《中等学堂章程》的奏请，得到批准。为什么张之洞会提出变更章程的奏请呢？因为原定的《初等小学堂章程》有不少弊端，如“经费多则学甚难，课程繁则师资不易，读经卷帙太多不能成颂，国文时刻太少不能勤习”等。这些弊端带来的直接后果是，小学教育阶段难度太大，普及不易。为了适当降低小学教育的程度，使更多的人能够接受小学教育，张之洞出台了新的办法。该办法将原来的小学堂分完全科和简易科改为：保留五年制完全科，将简易科分为二年制与三年制两种。另外，还对学科课程与授课时刻表也作了相应的调整，如减少读经的课时，增加国文的授课时数等。

至于中学堂，原定《中等学堂章程》为不分科，新的办法考虑到中学生“年齿长，趣向已分”的心理特点，将中学教育分为文科与实科。文科以读经讲经、中国文学、外国语、历史地理为主课，以修身、算学、博物、理化、法制、理财、图画、体操为通习；实科以外国语、算学、物理化学、博物为主课，

---

① 《学部通饬整顿筹画实业教育札文》，见《大清教育新法令》续编 7 编，政学社石印。

② 《学部议复闽督松寿奏筹备实业学堂折》，载《学部官报》1908 年 4 月第 50 期。

③ 《学部议复御史俾寿奏请选派子弟分送各国学习工艺折》，《学部奏咨辑要》卷二；《学部奏准自费游学生考入官立高等以上实业学堂补给官费办法折》，载《学部官报》1909 年 2 月第 77 期。

④ 《学部奏增订初等工业学堂课程及初等实业学堂奖励章程折》，见《学部奏咨辑要》卷二。

⑤ 《学部奏高等实业预科改照中等实业功课教授并限制中等实业毕业改就官职片》，见《大清法规大全续编 · 吏政部》卷十一，政学社石印。

以修身、读经讲经、中国文学、历史地理、图画手工、法制、理财、体操为通习。文科与实科均五年毕业。

涉及高等学堂变革的,主要有两方面:一是停设高等学堂预科。按原有《奏定高等学堂章程》规定,高等学堂只能招收中学堂毕业生。因为当时中学堂不多,使高等学堂生源缺乏,而准许暂设预科以应急需。1908 年 5 月 5 日,学部以五年期限将到,而预科程度太低,奏请停止招收预科。二是将高等学堂的外语课程统一化。1909 年 5 月 9 日,学部规定:将高等学堂学生分三类,第一类为预备进入经学、法政、文、商等科者,以英语为主科,德语或法语为兼科;第二类为预备入格致、工、农等科者,以英语为主科,德语为兼科;第三类为预备入医科者,以德语为主科,英语为兼习科。另外,日语与拉丁语为各类任意学习科目,俄语为第一类任意学习科目。之所以做如此规定,意在让高等学堂的毕业生能够顺利升入相应的分科大学。

不论是普通教育的推广,还是实业教育的推进,教育设施都是必不可少的。因此,张之洞在掌部期间,为教育设施的建设费了不少心力。

女子师范学堂的设立便是其心血结晶。1907 年 3 月 8 日,学部颁布了《女子小学堂章程》和《女子师范学堂章程》,使得女子师范学堂的设立能够有章可循。1908 年 1 月 10 日,御史黄瑞麒奏请设立女子师范学堂,皇帝下旨交学部议奏。7 月 4 日,张之洞主持学部会议,议定在京城设立女子师范学堂。不久,学部划拨经费,将女子师范学堂开办起来。该学堂设置简易科两班,招收 20 岁到 30 岁的"德性纯淑、文字清顺"的女子入学,定额为 100 名,修业年限为两年。这是具有开创性的贡献。

此外,张之洞还于 1908 年 8 月 16 日,奏请在京师设分科大学。在奏折中,张之洞指出,分科大学分为经学、政法学、文学、医学、格致学、农学、工学、商学等 8 科,"皆所以造就专门之人才,研究精深之学业,次第备举,不可缺一"。拟先拨给开办经费 200 万两,使分科大学"明年必须设立,以备高等学生升入之地"。另外,拟派遣翰林院编修商衍瀛、学部专门司主事何燏时赴日本,专门考察大学制度及一切建筑设备事宜,作为开办分科大学的参考。后来分科大学正式举行开学典礼是在 1910 年 3 月,张之洞虽然已经作古,但其为中国现代高等教育奠定基础之功,是无论如何都不能抹杀的。

张之洞执掌学部不久，翰林院侍读周爰诹呈上奏折，以新学滋生乱党为由，提出撤回留学生并停罢女学的奏请。此折虽被驳回，但清廷还是有所警觉，不久，便下发了整顿学风的上谕。[①] 张之洞作为实际的全国最高教育行政首脑，自然承受了相当大的压力。为了不给守旧者以致乱作为攻击新式教育的口实，张之洞特别重视加强对学生的控制，尤其是对留学生的控制。为此，他专门推荐亲信张煜全充任驻日本留学副监督[②]，强化对留日学生的管理，继而对留日官费生中的潜行回国、中途退学者追缴学费。另外，张之洞还专折奏请严定留学生章程，限定赴西洋留学生的资格；严格审查各省派遣的留学生资格，并要地方官出具印结担保。[③] 为了通过考试控制留学生，1908 年 7 月，学部出台了这样的规定：在日本私立法政各大学毕业的学生，除由普通毕业升入、呈有普通毕业文凭者外，都必须先通过学部的一场普通学之大要及日文日语的考试，才能参加学部的回国留学生选拔考试。1909 年 7 月 31 日，学部上奏《酌拟考试毕业游学生章程》8 条，其宗旨为："略仿科举取士之遗，分科较艺；兼取学堂积分之法，严于去取。"对于考生资格、考生文凭核验、考试科目与命题、考试日期、考试结果分等给奖、考试官的分派与考试监督等方面，都作了严格的规定。为了加强对国内学生的管理，在张之洞主持下，学部重新修订了学堂管理规则和禁律，严禁学生干政[④]；张之洞还特别责成督学局刊印学生功过表，下发至各学堂，要求学堂将学生平日品行表现按学期填写，并上报督学局备案。[⑤]

为了缓和政敌的打压力度，张之洞强力推行新式教育的锋芒不得不有所收敛，转而对传统教育的延续作了一定程度的努力。这主要表现在：张之洞提议在京师设立通儒院与古学院，并主张将国子监附近原已指定建筑

---

① 〔清〕朱寿朋编：《光绪朝东华录》，中华书局 1958 年版，总第 5756—5759 页。

② 《商派日本留学副监督》，载《大公报》1907 年 12 月 23 日。该职历任各员多不敢到任即请辞，长期空缺。

③ 《不准留学生无故退学》《张相国奏请严订留学生章程》《通咨慎派留学生》，载《大公报》1908 年 1 月 20、23 日，1907 年 9 月 25 日。

④ 《颁发学堂禁律》，载《盛京时报》1908 年 1 月 26 日。

⑤ 《颁给学堂功过表》《订定学堂请假章程》，载《大公报》1907 年 8 月 30 日。

满蒙文学堂的场所改建尊孔学堂。[①] 另外,张之洞还与梁鼎芬一起策划,兴建曲阜尊孔学堂。在筹办分科大学过程中,学部的中下级官员议定,先期开办的学科中不设经科。但是,张之洞却力主先设经科,于是,最后,只能将经科列入首办科类。[②] 张之洞甚至还有恢复博学鸿词科的倡议,只因"枢府学部诸公均不甚赞成"[③],才最后作罢。

这些延续传统教育的努力与前面一节所述的存古学堂的创办与推广合流,客观上催生了一股教育复古的风潮,对新式教育的发展起到了一定程度的阻碍作用。这一作用也许是张之洞不愿看到的,但其实际效果确实如此。这一点,从坊间新旧书籍的销售状况便可窥见。1909 年,有心人曾向各地老书肆店主调查旧书的销售情况,"彼等尝言曰:自有学堂,论语、孟子诸书销路大减,至停罢科举后,其减益甚。一两年前稍稍增多,年来已复其旧矣。又闻诸新书肆中人云,各种教科书之销路,以丙午之春(即停科举之翌年)为最佳,自是至今,江河日下,大有不可终日之势"[④]。从这里可以看到,在 1909 年,国学方面的书籍销量大量回升,而西学方面的书籍销量锐减。如果不是复古之风的影响,是不可能至此的。

除了上述举措外,张之洞在掌部的最后两年时间里,继续推行奖励出身也是影响甚大的举措。其实,对于奖励学堂出身,在张之洞等人提出设想后,早有批评之声。御史陈曾佑就曾于 1905 年 9 月呈递《奏请变通学堂毕业奖励出身事宜折》,认为《奏定各学堂奖励章程》有"学堂与仕进混合""所学非所用"等弊病,提出了学生毕业只发文凭、不授实官的建议[⑤],但没有得到采纳。学部成立不久,又有人提出修改《奏定各学堂奖励章程》的建议,其基本思路是,将科举取得的功名与学堂出身区分开来。[⑥] 不少大

---

① 《议设尊孔学堂后闻》,载《盛京时报》1908 年 1 月 11 日。

② 《议开经科大学》,载《盛京时报》1908 年 5 月 29 日。

③ 《博学鸿词行将罢议》,载《大公报》1909 年 10 月 11 日。

④ 《论我国学校不发达之原因》,载《申报》1909 年 5 月 24 日。

⑤ 《奏请变通学堂毕业奖励出身事宜折》,见《光绪政要》卷三十一。

⑥ 《请勿将变通奖励学生章程与变通奖励混而为一》《草拟各学堂毕业生待遇章程》,见商务印书馆编:《张元济诗文》,商务印书馆 1986 年版,137—138 页。

众传媒也对学部拟修改学堂出身奖励章程予以报道。[1] 修改学堂出身奖励章程基本上是"势在必行"了。[2] 可是,在此当口,学堂出身奖励政策的始作俑者张之洞执掌学部的消息传来,事情的风向就变了。对此,时人是这样描述其情形的:"部员异常恐慌,自形纷扰,裁奖励者亦更初议,但曰缓裁。"[3]张之洞正式走马上任后,尽管社会上批评学堂出身奖励之声不绝于耳,但学部一直没有做出相应的反应,反而出台了《各学堂请奖学生执照章程》,大张旗鼓地肯定学堂出身奖励的合法性。[4] 这使得几度议裁的学堂出身奖励政策又回到旧的轨道上。这一政策在继续执行年余之后,由于张之洞病重请假,政务处又提出了停止学堂出身奖励的动议,"佥谓各省学堂日多,数年后势须尽人而官,何以安插? 拟俟三年后即将学堂奖励停止,毕业时仅给出身"。参与会议的"各大臣均赞成,因张相国在请假期内未与议,故未能决议"。[5] 张之洞去世后,大学士李家驹又提出变通学堂出身奖励办法的奏请,得到摄政王的支持。[6] 各省咨议局也纷纷批评"学堂奖励是国家悬官职以诱学生",不但不能收到兴学之效,反而使"官吏之拥挤日甚一日,钻营奔竞,其流弊不可胜言"[7]。废除学堂出身奖励已是大势所趋,再加之作为首倡者、主要支持者的张之洞业已作古,1911 年 9 月 9 日,《学部会奏酌拟停止各学堂实官奖励并定毕业名称折》被批准[8],正式废除了学堂毕业生的实官奖励及游学毕业生的廷试。考虑到毕业生获得进士、举人、贡生等功名对于刺激学生入学尚有一定作用,仍予保留。

总之,学堂出身奖励从倡议、实施到消亡,始终与张之洞息息相关。这一举措对于鼓励人们接受新式学堂,缓和新式教育与传统教育的冲突,的

---

① 《议裁学堂奖励办法》,载《大公报》1907 年 8 月 18 日;《变通学堂奖励办法》《学生奖励缓裁》,载《盛京时报》1907 年 8 月 28 日、9 月 29 日;《变通学堂奖励新章将次出奏》,载《申报》1907 年 8 月 28 日。

② 《学生无实官希望》,载《总商会报》1907 年 7 月 20 日。

③ 《学生奖励缓裁》,载《盛京时报》1907 年 9 月 29 日。

④ 《各学堂请奖学生执照章程》,载《政治官报》(第 307 号)1908 年 9 月。

⑤ 《筹议学堂奖励改章》,载《盛京时报》1909 年 9 月 11 日;《度支部主事邓孝可为时局危迫泣恳都察院代奏呈》,载《申报》1910 年 9 月 17 日。

⑥ 《李学士奏请变通学堂奖励》,载《申报》1909 年 11 月 30 日。

⑦ 《资政院废止学堂奖励之意见》,载《申报》1911 年 1 月 16 日。

⑧ 《学部会奏酌拟停止各学堂实官奖励并定毕业名称折》,载《内阁官报》(第 20 号)1911 年 9 月。

确发挥过不可替代的作用。简单化地以科举余毒责难,是有失公允的。但是,这一举措对滋长学生追逐功名的风气、官僚队伍的臃肿化,都起到了不应有的刺激作用。

张之洞虽然在生命的最后两年中鼓其余勇,进行了一系列教育方面的兴革,力图为挽救清王朝岌岌可危的局面尽一己之力,但总体来说,其境遇并不如意。张之洞入军机之时,"天下喁喁望治",但是,当时的清廷腐败已达极点,亲贵集团虽张扬起"新政"的旗帜,但不过是借"新政"之名,排斥异己,行专权之实。最高统治者虽然对张之洞不像对袁世凯那样,欲除之而后快,反而优礼有加,但实际上往往并不采纳他的政见。张之洞"入此非驴非马之政府,且时相龃,遂致一无展布,名实俱损"[①],其心境自然是悲凉的。而严重的肝疾,更令他痛苦不堪。1909 年 6 月以后,心病与身病交加,终至一病不起。在生命的最后时刻,张之洞谆谆告诫病榻前的子孙:"勿负国恩,勿堕家学,必明君子小人义利之辨,勿争财产,勿入下流。"同时,还令人诵读遗折:

> 当此国步维艰,外患日棘,民穷财尽,百废待兴,朝廷方宵旰忧勤,预备立宪,但能自强不息,终可转危为安。……所有因革损益之端,务审先后缓急之序,满汉视为一体,内外必须兼筹,理财以养民为本,恪守祖宗永不加赋之规,教战以明耻为先,无忘古人不戢自焚之戒,至用人养才尤为国家根本至计,务使明于尊亲大义,则急公奉上者自然日见其多。[②]

从其遗嘱与遗折中,可以清晰地看到一个日常生活中的儒者、国家的儒臣的风骨气节。1909 年 10 月 4 日,在一声长长的"国运尽矣"的悲叹之后,张之洞撒手人寰,终年 72 岁。

---

① 叶慕绰:《遐庵遗稿》,见《文史资料选辑》第九十六辑,文史资料出版社 1984 年版,第 83 页。

② 苑书义、孙华峰、李秉新主编:《张之洞全集》第三册,河北人民出版社 1998 年版,第 1825 页。

第三节　身后余响

张之洞去世后，对于如何对待张之洞所确定的教育方略与兴革举措，清廷最高决策层与学部出现了明显分歧。荣庆“以本部执掌全国学务关系最重，自本年春夏以来，各侍御及京外大小官员奏参学务腐败及条陈学务事宜者指不胜屈，文襄均置之高阁，未免成见固执。拟饬司员将所有条陈学务奏折检齐呈堂阅看，果有可采，着堂司各官公同商酌办理，以期有裨学务”[①]。这意味着，新的学部掌部者公开对张之洞的施政方略提出批评，并准备对张之洞的施政方略大肆更张。主持学部日常事务的侍郎严修也提出了类似的对学部事务“大为更动”的设想。[②] 面对学部可能有的反张之洞之道而行的举动，军机处迅速作出反应，明确饬令学部：“凡张故相所订之学务章程均须依旧遵守，不得轻易更改。”[③]当军机处要员听到学部准备更换分科大学监督人选的消息时，急忙“面请摄政王，以前阁臣张之洞订拟分科大学之制度系参酌中外情形而成，极为完善，现已陆续开办。应饬知学部：凡前拟之一切章程办法不得轻易更改，以存张故相之遗志”[④]。可见，决策中枢对学部变更张之洞学务方略的企图是持坚决否定态度的。

对于二者迥异的态度，人们不禁要问：为什么决策中枢与学部的态度会形成如此巨大的反差呢？在笔者看来，决策中枢之所以会极力维护张之洞既有的教育方略，是求稳心态所致。张之洞去世之时，正是清王朝处于风雨飘摇之际，王朝的稳定成为压倒一切的大事。而张之洞的教育方略，无论是其在普及教育上的稳扎稳打，还是在保存传统文化上的一系列教育举措与对学堂出身奖励制度的固守，都对最大限度地减少社会矛盾、维护清王朝的稳定具有重要作用。如果改变其教育方略，带来的可能是不可预

---

① 《张文襄死后之学务》，载《大公报》1909 年 11 月 3 日。

② 《张相薨逝之影响于学务》，载《申报》1909 年 10 月 14 日。

③ 《某相请保存张相学制》，载《大公报》1909 年 10 月 14 日。

④ 《保存分科大学制度》，载《大公报》1909 年 11 月 14 日。

知的社会震荡。因此,军机处要员才会做出坚决支持张之洞方略的姿态。

学部之所以急于做出更张的姿态,是学部诸要员与张之洞在决策模式、办事风格、人事安排等方面的矛盾长期积累的结果。在普及教育方面,以张之洞为首的湖北模式与以袁世凯为首的直隶模式,虽然蓝本均取自日本,但是,由于采择者的视角不同,形成了相当大的差异。湖北模式,更多打上了张之洞儒学名臣的烙印,显得稳健有余而进取不足。而直隶模式,则更多地打上了严修、张元济等实干家的印记,显得激进有余而稳健不足。二者之间自然分歧重重、矛盾丛生。另外,张之洞管理部务的风格是事必躬亲,因之报界戏称其"老而好劳,亦事事要管要问"[①]。这使得学部诸多官员感到缺少自由发挥的空间,倍感压抑。张之洞一死,学部"遇有应办之件少一层阻窒,荣中堂即可自行主持。故日来所有本年未结之案均已按部就班,分别决议,闻俟至年终可无踌躇未决之事矣"[②]。除此之外,人事安排上的矛盾也是重要因素。张之洞掌部前期相当倚重的梁鼎芬等人,与学部诸员多有不睦。后期不断从外地调入的亲信,也与学部诸员都有人事纠葛。这就导致了学部多数官员对张之洞的积怨越来越深。

既然决策中枢不允许荣庆等人对张之洞既定的教育方略做大的更动,荣庆等人只能服从,这直接导致的结果是,虽然清廷"鉴于学部张、荣二相前此种种牵掣情形,现已决定学部管部大臣一缺不再请旨简放,所有学务事宜即责成该部尚侍妥为筹办"[③],把实际的掌部大权交给了荣庆。但是,此时的荣庆,已经是对管理学部事务感到心灰意懒,由原来激进改革的姿态变为"自悔兴学宗旨之过新"[④],与张之洞走到同一条道路上。作为一个有着相当强的权力欲与颇思进取的官员来说,这实在是其无奈的选择。后来突患中风,拒接学部事务,就更是无可奈何之事了。后继的学部尚书唐景崇,在人脉上更为接近张之洞,这就使张之洞教育方略的更动成为不可能了。就此而言,虽然张之洞在1909年去世了,但是,其对清王朝教育的影响并没有因为张之洞肉体生命的消逝而断绝,而是一直延续到清王朝灭亡之后。

---

① 《调员参预学务》,载《岭东日报》1909年2月20日。
② 《学部之痛快》,载《大公报》1909年11月6日。
③ 《学部有不设管部大臣之耗》,载《大公报》1909年10月13日。
④ 《荣相自悔兴学宗旨之过新》,载《申报》1910年3月16日。

第八章　张之洞教育思想与实践的影响与流变

论及张之洞在近代社会的影响，张之洞去世不久的一段评论颇为切中肯綮。用之于其对中国近代教育的影响，也是颇为适切的。这一段话是这样说的：

> 夫张公之洞之得名，以其先人而新，后人而旧。十年前之谈新政者，孰不曰张公之洞，张公之洞哉？近年来之守旧见，又孰不曰张公之洞，张公之洞哉？以一人而得新旧之名，不可谓非中国之人望矣。然至今日而誉张公，誉之者以为改革之元勋；今日而毁张公，毁之者以为宪政之假饰。不知誉者固非，而毁之者亦未剧得其真相也。彼其胸中，岂真有革新守旧之定见？特见于时势之所趋，民智之渐开，知非言变法不足以自保其名位，而又虑改革过甚，而己益不能恣其野蛮之自由，亦出于万不得已而为此一新一旧之状态，以中立于两间。虽然，一新一旧之张公，今为过去之人物矣，而环顾满朝，衮衮诸公，其能与一新一旧之

张公并驾而齐驱者,竟何人耶?①

这段话很明确地说明,在开新与守旧上,张之洞均有巨大影响,大有无人可以比肩之势。如果将这些影响放在近代教育发展的大背景上,开新是其对近代教育作出巨大贡献的一面,而守旧则是其阻碍近代教育发展的一面。下面,就分别从这两方面做一详细申论。

第一节 张之洞对中国近代教育发展的贡献

一、教育思想上的创新

(一)在"通经致用"思想上的突破

在中国古代社会,"通经致用"的思想可谓由来已久。到了明末清初,由于理学的流弊凸显与社会发生的巨变,强劲的"通经致用"思潮再次掀起。顾炎武在批评晚明学风时说:"近世号为通经者,大都皆口耳之学,无得于心;既无心得,尚安望其致用哉?"②在这里,顾炎武把"通经致用"这一传统的教育命题明确地张扬出来。全祖望在论及黄宗羲时也说:"公谓明人讲学,袭语录之糟粕,不以六经为根柢,束书而从事于游谈,故受业者必先穷经,经术所以经世,方不为迂儒之学,故兼令读史。"③此处虽未直接运用"通经致用"这一传统的教育命题的表达方式,但是,其精神实质仍是引导士人穷彻经书以经世济民。由此可见,明末清初的思想家、教育家都强调引导受教育者研习经术,从而实现经世的目标。

到了清代中期,考据学虽然处于极盛之时,但是,"通经致用"的思想

---

① 《张文襄公事略》,见辜鸿铭、孟森:《清代野史》第三卷,巴蜀书社1998年版,第281页。
② 顾炎武:《与任钧衡》,见《顾亭林诗文集》,中华书局1983年版,第169页。
③ 全祖望:《梨洲先生神道碑文》,见《鲒埼亭集》卷十一。

依然得到了延续。如钱大昕认为六经乃“圣人所以经天纬地者也，上之可以淑世，次之可以治身，于道无所不通，于义无所不赅”[①]。在这里，钱大昕想要表达的意思是，六经是包涵一切真理的百科全书，学习者如果将其贯通，就可用来治世与修身。与其处于同一时代的汪中也曾这样夫子自道："中少日学问，实私淑顾宁人处士，故尝推之六经之旨，以合于世用。"[②]这几乎就是“通经致用”思想的翻版。

至清末，在外国的坚船利炮打开中国的大门之时，为了挽狂澜于既倒，不少教育家、思想家再次竖起“通经致用”的旗帜。如魏源就曾提倡："士之能九年通经者，以淑其身，以形为事业，则能以《周易》决疑，以《洪范》占变，以《春秋》断事，以《礼》《乐》服制兴教化，以《周官》致太平，以《禹贡》行河，以《三百五篇》当谏书，以出使专对，谓之以经术为治术。曾有以通经致用为诟厉者乎？"[③]可见，魏源在这里突出强调的是，学习者只要通晓经术，就可利用经术来“制事”，切于实用。

综上所述，“通经致用”的教育思想在清代是一以贯之的。不过，这一思想在发展到清末的时候，受到一些具有西学知识背景的有识之士的质疑。王韬在对中西学术进行比较时曾说："（中国）即有淹博之士，亦惟涉猎群圣贤之经籍，上下三千年之史册而已。故吾尝谓，中国之士博古而不知今，西国之士通今而不知古。然士之欲用于世者，要以通今为先。"[④]王韬还说："六经载道，穷经所以行道。中国数千年精神悉具于六经。而西学者馈六经之未具，又非中国诸子百家所能言。"[⑤]从上面的引述中，可以看到，王韬在这里特别强调的是两点：一是中国的传统学术在现实危机面前难以适用，二是六经决非囊括宇宙一切真理的百科全书。这实质上是对“通经致用”思想前提的否定。严复以其精深的西学根柢为基础，不仅批

① 钱大昕：《抱经楼记》，见陈文和主编：《嘉定钱大昕全集》玖，江苏古籍出版社1997年版，第336页。

② 〔清〕汪中：《与巡抚毕侍郎书》，见汪中撰：《述学》，戴庆钰、涂小马校点，辽宁教育出版社2000年版，第146页。

③ 魏源：《默觚》，见《魏源集》，中华书局1976年版，第24页。

④ 王韬：《洋务在用其所长》，见王韬：《弢园文录外编》，陈恒、方银儿评注，中州古籍出版社1998年版，第143页。

⑤ 《万国公报》1892年8月第43期。

判“宋明腐儒”，而且明确指出：“六经且有不可用者。”[1]这无疑是对“通经致用”思想的直接否定。受这些改良派人士思想的刺激与时代要求的触发，张之洞在“通经致用”思想的道路上迈出了超越前人的一大步。这主要表现在以下几方面：

第一，张之洞提出了学习上要破除儒学各派的门户之见，以“致用”为归的思想。张之洞学术上能够独立自主之时，正是儒家学术中今文经学与古文经学争论甚为激烈的时代，同时也是汉学与宋学对垒颇为紧张之际。对于这一儒学内部的纷争局面，张之洞旗帜鲜明地表示了自己的态度：“近代学人大率两途，好读书者宗汉学，讲治心者宗宋学，逐本忘源，遂相垢病，大为恶习。夫圣人之道，读书治心宜无偏废，理取相资。诋祺求胜，未为通儒。”[2]可见，张之洞的基本主张是，汉学与宋学虽是殊途，但却同归，应该相互补给，而不应该有门户之见。在此基础上，张之洞进一步指出：“学术有门径，学人无党援。汉学，学也；宋学，亦学也。经济辞章以下，皆学也。不必嗜甘而忌辛也。大要读书宗汉学，制行宗宋学。汉学岂无所失，然宗之则空疏蔑古之弊除矣。宋学非无所病，然宗之则可以寡过矣。至其所短，前人攻之，我心知之。学人贵通，其论事理也，贵心安。争之而于己无益，排之而究不能胜，不如其已也。”[3]在这里，张之洞想要进一步申说的是，汉学与宋学互有短长，学习者偏执一隅，是非常有害的。因此，对于二者，应该采取客观、冷静的态度采择之。显然，张之洞是从一正一反两个角度，对学习者必须破除汉学与宋学的门户之见进行了论证。当然，破除门户之见不是张之洞的学习的最终目的，其最终目的是要落在“致用”上。对此，张之洞不厌其烦地申述：“一切学术……要其终也，归于有用”[4]，“读书期于明理，明理归于致用”[5]。

第二，张之洞在“致用”的旗帜下，把西学纳入了学习的范围。在“一

① 严复：《辟韩》，见王栻主编：《严复集》第一册，中华书局1986年版，第35页。
② 苑书义、孙华峰、李秉新主编：《张之洞全集》第十二册，河北人民出版社1998年版，第9794页。
③ 苑书义、孙华峰、李秉新主编：《张之洞全集》第十二册，河北人民出版社1998年版，第10077页。
④ 苑书义、孙华峰、李秉新主编：《张之洞全集》第十二册，河北人民出版社1998年版，第10076页。
⑤ 苑书义、孙华峰、李秉新主编：《张之洞全集》第十二册，河北人民出版社1998年版，第9797页。

切学术……要其终也，归于有用”[①]思想的指导下，张之洞与其他倡导“通经致用”的儒者明显的一个不同是，把西学纳入到学习的范围之内。虽然在《輶轩语》与《书目答问》中，纳入张之洞视野的西学范围是相当有限的，但是，在“通经致用”的教育思想史上，毕竟迈出了极其可贵的一步。也正是因为如此，张之洞才能在外放学政和任职疆臣中，既尽力于改造旧式书院，也倾心于创建新式学堂。

（二）对“中体西用”思想的系统化

梁启超在谈到“中体西用”论的时候曾经说过：“所谓‘中学为体，西学为用’者，张之洞最乐道之，而举国以为至言。”[②]这其实透露了两个重要信息：其一，“中体西用”是当时不少人倡导的主张，张之洞只不过是其中倡导最力者。其二，张之洞对“中体西用”的倡导在全国产生了非常大的影响力。在这里就存在两个问题：真的有那么多人倡导该主张吗？为什么张之洞的倡导能够有那么大的影响力？笔者在此的回答是，当时的确有很多思想家都有类似的主张。而张之洞的倡导之所以会有那么大的影响力，与张之洞顺应当时的思想潮流，将“中体西用”思想变得更加圆通、邃密、适用，有着密不可分的关系。下面，就对此作必要的展开。

早在19世纪60年代，改良派思想家就提出了具有“中体西用”意蕴的思想主张。1861年，冯桂芬在《校邠庐抗议》中指出，中国要想挽狂澜于既倒，就必须“以中国之伦常名教为本，辅以诸国富强之术”。顺着这样的思路，其后继者多有类似的申述。王韬在《杞忧生易言跋》中说：“器则取诸西国，道则备自当躬。”薛福成在《筹洋刍议·变法》中说：“取西人气数之学，以卫吾尧、舜、禹、汤、文、武、周公之道。”虽然它们运用的理论范畴不是主辅，而是道器，但其内涵是基本一致的。

就连被视为极端守旧者，也隐然是“中体西用”思想的支持者，甚至是倡导者。对于他们的这一思想倾向，还须从发生在1866年的“同文馆之争”来说起。在“同文馆之争”中，表面看来，是守旧者取得了胜利。但是，

---

① 苑书义、孙华峰、李秉新主编：《张之洞全集》第十二册，河北人民出版社1998年版，第10076页。

② 梁启超：《清代学术概论》，复旦大学出版社1985年版，第79页。

对于双方的争执，慈禧太后下了这样一道谕旨结束了这场争执：

> 朝廷设同文馆，取用正途学习，原以天文、算学为儒者所当知，不得目为机巧。正途人员用心较精，则学习自易，亦与读书学道无所偏废。……并非舍圣道而入歧途，何至有碍于人心士习耶！[①]

在这道上谕中，慈禧的态度非常明显：倡导士子学习天文、算学等西学。这意味着，这场争执实质上是以守旧者的对立面的胜利而告终了。受慈禧态度的影响，守旧者们开始改变了其对待西学的态度。如守旧派官员崇实在后来就曾上书说，同文馆聘请洋人讲习“器数之末学，不过取效之一端。既类推以尽其余，当由艺以至于道。奴才尤愿我皇上肃政令之出入，揽兵食之纪纲，严赏罚之大权，防轻重之积弊，厚培根本……自强之道，莫要于此”[②]。虽然他还把西学看作是“末学”，但毕竟已经是承认其“效之一端”了。这是守旧派对待西学态度上迈出的关键一步。

甲午战争以后，受败于“蕞尔小国”日本的“奇耻大辱”的强烈刺激，守旧派的思想更向“中体西用”步步靠近。于荫霖提出，中国要走向富强，可以“徐图而渐更之”，但应该“不立其名”。曾廉则说：“夫天下无其实而有其名，不如无其名而有其实，故法可变而不可以新政为名。”[③]也就是说，他们的主张是，可以有学习西方变法的实际做法，但不要采取变法的提法。因为“祖宗之法不可变”[④]。这反映了他们在守住“祖宗之法”这一根本的前提下，是主张学习西方的富国强兵之术的。否则，曾廉也就不会说：“且夫振国威，慑敌气，谓西学之善可也。”[⑤]

总之，当时激荡不已的时代风气便是向西方学习。在“一唱百和，万口同声”[⑥]学习西方的时代风气的裹挟下，守旧派不得不向“中体西用”的

---

① 中国史学会主编：《洋务运动》(一)，“中国近代史资料丛刊”，上海人民出版社1961年版，第16页。
② 中国史学会主编：《洋务运动》(一)，“中国近代史资料丛刊”，上海人民出版社1961年版，第102页。
③ 《中国近代史丛书》编写组：《戊戌变法》，上海人民出版社1972年版，第490页。
④ 《中国近代史丛书》编写组：《戊戌变法》，上海人民出版社1972年版，第490页。
⑤ 《中国近代史丛书》编写组：《戊戌变法》，上海人民出版社1972年版，第494页。
⑥ 〔清〕方浚颐：《二知轩文存》卷一，光绪四年刻本，第19页b。

方向靠拢，表现出对“中体西用”思想的支持甚至倡导。

除了处在激进与守旧这两个极端的思想家、官员，还有一些处于二者之间的中间阶层，他们也是“中体西用”思想的积极倡导者。1896年4月，沈寿康在《匡时策》中明确提出：“中西学问本自互有得失，为华人计，宜以中学为体，西学为用。”1896年8月，孙家鼐在《遵议开办京师大学堂折》中写道：“今中国创立京师大学堂，自应以中学为主，西学为辅；中学为体，西学为用；中学有未备者，以西学补之；中学有失传者，以西学还之；以中学包罗西学，不能以西学凌驾中学。”[①]可见，在中间人士的论说中，“中学为体，西学为用”的经典表述已经非常明确。另外，其对中学与西学的主辅关系做了明确的规定。

除了中国的思想阵营中的左、中、右三派都对“中学为体，西学为用”表现出支持、倡导的倾向外，在华的西方人士也对“中体西用”表现出高度的认同。曾被清政府聘为中国海关总税务司的英国人赫德（1834—1911），于1865年在《局外旁观论》中写道：“外国新有之方便，民均可而得，中国原有之好处（指历朝的礼乐制度——引者注），可留而遵。”这便有点保留中体而嫁接西用的意思了。美国传教士林乐知则明确地说，其在上海创办中西书院，以“习中学以培其体，通西学以达其用”为宗旨。这就与“中体西用”的思想非常接近了。英国传教士李提摩太（1845—1919）说得更为清楚。他说，中国筹办洋务，应该“以中国之声名文物为原本，辅以诸国富强之术”[②]。

综上所述，在19世纪中后期，“中体西用”不是一个阶层或一个思想派别的主张，而是汹涌激荡的时代思潮。张之洞虽然没有成为这一主张的始作俑者，但却是使这一主张变得邃密、圆通的思想的集大成者。这主要表现在以下方面。

第一，对中学与西学做了明确的界定。张之洞在谈到中学与西学的关系的时候曾经这样说：“一曰新旧兼学。四书五经、中国史事、政书、地图

① 中国史学会主编：《戊戌变法》，上海人民出版社1957年版，第426页。
② 李三谋：《论“中学为体，西学为用”》，香港新闻出版社2000年版，第244页。

为旧学,西政、西艺、西史为新学。旧学为体,新学为用,不使偏废。”[①]在这里,张之洞虽然没有用“中学为体,西学为用”那个约定俗成的表述,但是,从他的具体表述中,可以清楚地看到,所谓的“旧学”与“新学”分别对应的就是“中学”与“西学”。这就意味着,张之洞首次对中学与西学进行了清晰的界定。对一个合格的理论建构来说,这是起码的要求。其他持类似主张的思想家没有做到这一点,而张之洞做到了。这在当代人看来似乎是理所当然的小儿科,但是,对于习惯直觉思维、忽略概念思维的处于前现代时期的国人来说,这却是一个异数,也是一个突破。

第二,对中学与西学的关系做了全面而深入的揭示。前代与同时期的思想家只是揭示了中学与西学的主从关系,而张之洞却对中学与西学的存在状态上并存、功能上存在差异、地位上是主从的关系做了全面、深入的揭示。[②] 这使“中体西用”思想的系统性得到了很大程度的提升。

第三,提出了处理中学与西学关系的方法。前代与同时期的思想家只是用体用或道器、本末、主辅等关系范畴指出了中学与西学的关系,但是,对于如何处理这一关系,却语焉不详。与他们不同,张之洞不仅指明了中学与西学的关系,还指出了处理中学与西学关系的根本途径是“守约”。[③]

第四,描绘了“中体西用”式的教育蓝图。前代与同时期的思想家基本上是把“中体西用”思想作为一种文化观、哲学观、执政观来论述,没有把其与教育有机联系起来,至少没有绘制出一幅中国教育发展的全景蓝图。而张之洞与他们不同,在文化与哲学思辨的基础上,为整个国家的教育发展描绘出一幅完整的蓝图。[④]

总之,正是因为张之洞的“中体西用”思想在上述方面大大超越了前代与同一时期的思想家,使得其思想显得更为精确、细密、深邃、圆熟、切用,因而更有征服人心的力量。故不论是激进还是保守人士,不论最高统治者还是低层的士大夫,都能够广泛接受张之洞的思想。“举国以为至言”,也就不足为怪了。就此而言,张之洞把零散、浮浅的“中体西用”思想

---

① 苑书义、孙华峰、李秉新主编:《张之洞全集》第十二册,河北人民出版社 1998 年版,第 9740 页。

② 参见本书第五章中关于中学与西学关系部分的具体展开。

③ 参见本书第五章中关于守约部分的具体展开。

④ 参见本书第五章中关于教育蓝图部分的具体展开。

系统化、邃密化、实在化,正是其对中国思想界、教育界的一大贡献。

(三)对传统思维模式的突破

对于“中体西用”这一思想,赞誉者大有人在,但是,批评者也不乏其人。其最为著名的批评,便是严复的“牛体马用”之说。对于“中体西用”这一思想,严复是这样批评的:

> 体用者,即一物而言之也。有牛之体,则有负重之用;有马之体,则有致远之用。未闻以牛为体以马为用者也……故中学有中学之体用,西学有西学之体用,分之则并立,合之则两亡。议者必欲合之为一物,且一体而一用之,斯其文义违舛,固已名之不可言矣,乌望言之而可行乎?①

严复在这里突出强调的有两点:一是“中体西用”之说在学理上是说不通的;二是“中体西用”的思想在实践上难以推行。这可以说是对“中体西用”这一思想的全盘否定。后来的人们,也往往据此对“中体西用”之说加以否定。可是,在笔者看来,这样的批评是站不住脚的。为什么这么说呢?因为严复批评的基点是“中体西用”之说在学理上不通,由此基点出发而认定,学理上不通的学说在实践上肯定难以推行并取得良好的效果。严复之所以下“中体西用”之说在学理上不通的断语,决非任意为之,而是依据中国传统的“体用一源”的思维模式来发论的。

“体”与“用”是中国传统哲学当中的一对重要范畴,其基本内涵有两个:一是指本体(实体)及其功能、属性的关系;二是指本体(本质)和现象的关系。② 在这一性质的对应关系中,显然是体用一源、不可二分的。严复据此来批评张之洞的学说,可以说是根据确凿。但是,严复忘记了一点,在清代以前,人们对“体”与“用”坚持了传统的体用一源观,但是,进入清

① 严复:《与外交报主人论教育书》,见王栻主编:《严复集》第三册,中华书局 1986 年版,第 558—559 页。

② 方克立:《评“中体西用”和“西体中用”》,载《哲学研究》1987 年第 9 期,第 29 页。

季以后,“体”与“用”的含义界限不断被突破,已经不局限于“一源”的思维框架了。

如曾国藩有“以自立为体,以推诚为用”之语;王文韶有“以守为体,以战为用”之语;朱采有“以清心寡欲为体,以破除情面为用”之说;薛福成有“忠实为体,勤俭为用”与“恃工为体,恃商为用”之说;唐文治有“理学为体,经济为用”之论。[①] 在这些说法中,可以看到,“体”“用”不再是在一源的意义上衡定其关系,而是分别在两个甚至是多个事物的意义上来衡定其关系。正是因为如此,台湾史家王尔敏才会说:“至于清季学士大夫,引用于其言论之中,涣漫而无止境,几至无往而不应用,乃致原诂放失,不求深察,体用二字,遂变为更为宽泛的偶词了。”[②]张之洞在其思想建构中,正是借用了“体”与“用”的边界、内涵扩大、延展之势,并将“中体西用”的思想标举出来。事实上,作为旧学功深的儒臣,张之洞不可能不知道中国哲学、思想传统中的“体用一源”的思维模式,当然也不可能不自觉地犯学理上的错误。张之洞之所以将体与用作两分的处理,只能是其有意为之的结果。为什么张之洞会这样故意与传统的学理相悖逆呢?在笔者看来,主要有两个原因:

一是当时中国的社会现实需要张之洞这样一种特定的思想建构。在坚船利炮的轰击下,中国如果不引入西方的文明成果,只能是永远处于落后、挨打的境地而不能自拔。可是,如果一味引入西方的文明成果而不注意保持中国传统文化的连续性,中国的现代化步伐必定是无根的、缺乏可持续发展的力量的。因此,近代中国必须在其社会总体实践中,将中国的传统因素与西方因素糅合在一起,才能使其现代化进程获得必须的推动力与平衡力。“中体西用”这一思想方案,是糅合二者的最佳思想方案。否则就很难理解,为什么在当时的民族国家危急的关头,有那么多的思想家提出了与张之洞类似的见解。如王韬、汤寿潜、谭嗣同等以道器来看待中学与西学,郑观应、徐堃锡等以本末来看待中学与西学,陈宝箴以主辅来看

① 王尔敏:《晚清政治思想史论》,广西师范大学出版社 2005 年版,第 41—42 页。
② 王尔敏:《晚清政治思想史论》,广西师范大学出版社 2005 年版,第 41—42 页。

待中学与西学，叶德辉等以内外来来看待中学与西学。[①] 这些见解虽然从表面上看名相不同，但其实质都是把中、西文化各自作“体”与“用”的划分，然后在中国之体上嫁接西方之用，与张之洞之说几无二致。就此而言，著名历史学家陈旭麓指出，须知那个时候的中国，要在充斥封建主义旧文化的天地里容纳若干资本主义的新文化，除了“中体西用”还不可能提出更好的宗旨来。把“西用”放在“中体”的轨道上，使它有个“近身之阶”，用武之地，这就是一个进步。[②] 历史学者茅海建将“中体西用”的思想评价为“那个时代最有实践意义的”[③]变革模式。这都可以说是公允之论。

二是张之洞是一个善于权变的儒臣，而不是拘泥固守的腐儒。他在提出治国、治教之道的时候，更多考虑的是现实的需要与可能，而不是学理的严密。对于传统的学理，他会有基本的尊重与认同，但不会固执到底。当清末需要把异质的中西文明嫁接到一起的思想方案，但其又不能为传统的学理所容纳时，张之洞就选择了已经渐成气候的将体与用作二分处理的思维方式。这自然导致的结果是，张之洞的思想既是对当时时代共有观念的一种顺从与提升，也是对传统的体用一源思维的悖逆。对此，王尔敏曾经指出，“就窄狭的定义而言，体用一源，本极浅显，实不可以假定清季学人，原不知晓”，“中学为体，西学为用”是在“体用”一词在清代“扩大界限之一端”上使用的，“原无特异之处。惟就意义而言，则具有时代的代表性，构成这一时代大部分知识分子的共同观念，亦即当时知识分子为中国文化教育开展新天地的思想基础。”因此，从体用一源的思维出发否定“中体西用”，是“漠视此一观念应有之地位，对于成就的估计，似乎太轻率了。”[④]这应该说是具有“了解之同情”的评价，也是更为公允之论。

总之，严复以传统学理为基点，批评张之洞的“中体西用”思想的荒谬，正反映了自身的迂腐。事实上，晚清时期的中国如何通过变法实现自强，首先是一个急迫的现实问题，而不是体用之间的逻辑关系问题。严复从学理、逻辑出发，来评判应对现实困境的思想方案，正犯了以概念剪裁实

① 戚其章：《从“中本西末”到“中体西用”》，载《中国社会科学》1995 年第 1 期，第 187—195 页。

② 陈旭麓：《论“中体西用”》，载《历史研究》1982 年第 5 期，第 43、50 页。

③ 茅海建：《戊戌变法史事考》，生活·读书·新知三联书店出版社 2005 年版，第 18 页。

④ 王尔敏：《晚清政治思想史论》，广西师范大学出版社 2005 年版，第 42—43 页。

践、以逻辑宰制现实的学究的通病。后世学人在坚持对体用一源论的学理认同时,常常在现实问题面前陷入困境,恰恰说明了严复之说的谬误。如当代哲学史家方克立在《评"中体西用"和"西体中用"》一文中,就凸显了这一点。方克立说:"对于'中学'或'西学',都不能把它们的'体'和'用'割裂开来。'遗其体而求其用'或'取其体而舍其用'都不是文化继承的正确态度"。这是对体用一源思维的认同。可是,在谈到现实的文化建设问题时,他说的却是:"在今天,必须抛弃中西对立、体用二元的僵固思维模式,排除盲目的华夏优越感和崇洋媚外等狭隘感情。"①在其这两段论述中,从纯粹学理出发,坚持的是体用不可分的观点;从现实文化建设考虑,则持的是体用可分的观点。不论文章的作者是否意识到这一点,二者的矛盾恰恰说明:在处理现实的文化建设问题时,不能坚持传统的体用一源论,犯逻辑阉割现实的错误。

与严复相反,张之洞清醒地认识到,要实现中国变法自强的梦想,不能固守学理与逻辑,而是要服从现实需要,把思想从传统学理、逻辑的桎梏中解脱出来,确立新的思维范式。于是,其思想突破了中国传统哲学中体用一源的思维方式,树立了在中国文明之体上嫁接西方文明之用的思维方式。这一思维方式成为后世很多思想家、教育家思考如何处理中西文化、教育关系问题时所采用的思维范式,如梁漱溟、贺麟、牟宗三等,就是其代表。

对于中国的文化建设所应该选择的道路,梁漱溟在20世纪20年代曾经指出,全盘西化与东西文化的折中调和这两条道路都是走不通的。唯一正确的道路是"东方化"。"东方化"从字面意思来看,应该是全盘保留东方的传统文化。实际上,梁漱溟的意思不是这样的。对于什么是"东方化",梁漱溟是这样阐释的:"第一,要排斥印度的态度,丝毫不能容留;第二,对于西方文化是全盘承受,而根本改过,就是对其态度要改一改;第三,批评的把中国原来态度重新拿出来。"②可见,梁漱溟这里所主张的"东方化",包含三个要义:一是接受中国的入世文化而排斥印度的出世文化。

① 方克立:《评"中体西用"和"西体中用"》,载《哲学研究》1987年第9期,第34页。
② 梁漱溟:《东西文化及其哲学》,商务印书馆1923年版,第202页。

在梁漱溟看来，印度文化是与人类的世俗生活“反向”的，因此，对其“丝毫不能容留”。二是将西方的民主和科学无条件地接受过来。在梁漱溟看来，西方在物质生活方面得以发达，科学和民主起了关键性作用。当时的中国虽在精神上优于西方，但物质生活远远不及西方，要使中国在物质生活上达到西方的水平，就必须将西方的民主和科学“全盘承受”过来。三是用儒家的人生态度对西方文化的精华进行改造。在梁漱溟看来，西方世界在发展中也暴露出不少甚为严重的问题，之所以会出现这种情况，归根结蒂是西方文化的态度有问题，因此，就需要将其“根本改过”。如何“根本改过”呢？用“中国原来态度”。那么，什么是“中国原来态度”呢？梁漱溟说：“我要提出的态度便是孔子之所谓‘刚’。刚之一义也可以统括了孔子全部哲学。”[①]可见，梁漱溟的主张是，用儒家的人生态度来改造西方文化。综上所述，梁漱溟所谓的东方化，便是在儒家的人生态度上嫁接西方的民主与科学。这实质上就是“中体西用”的思维模式在新时期的翻版。只不过，由于时代面临问题的不同，此时的“体”和“用”已经发生了变化。这里的“体”是指儒家的人生态度，“用”是指西方的科学和民主而已。虽然梁漱溟曾经多次批评“中体西用”的思维模式，但是，却不自觉地受到了这一思维模式的影响。对此，贺麟就曾尖锐地指出：“他（指梁漱溟——引者注）一面重新提出了儒家的态度，而一面主张全盘接受西方科学与民主，并未完全逃脱‘中学为体，西学为用’的圈套。”[②]

到了20世纪30年代初，梁漱溟在其乡村建设的实践中又提出了他的另一种文化观——“老根新芽”说。对此，梁漱溟是这样表述的：

> 一个民族的复兴，都要从老根上发新芽；所谓老根，即指老的文化、老的社会而言。中国亦要从一个老根上（老文化、老社会）发新芽。自一面说，老的中国文化、老的社会已不能要了，一定要有‘新芽’才能活；可是自另一面说，新芽之发还是要从老根上发，否则无从发起；所以老根已不能要，老根子又不能不要。中国老根子里所蕴藏

---

① 梁漱溟：《东西文化及其哲学》，商务印书馆1923年版，第211页。

② 郑大华等编：《孔子学说的重光》，中国广播电视出版社1995年版，第53页。

> 的力量很深厚，从此一定可以发出新芽来。所谓发新芽者是说另外的一个创造，而这个创造是从老根来的。中国民族复兴，一定得创造新文化。①

在此，梁漱溟依然是想为中华民族的复兴寻找文化出路。其基本主旨，不外乎是在中国传统文化的“老根”上，嫁接西方文化的长处，然后使新时代的新文化这棵“新芽”能够适时生根、开花。这一在中国传统文化之根上嫁接西方文化的思维方式，依旧没有越出“中体西用”模式的窠臼。

总之，虽然梁漱溟在思想发展的不同时期提出过名称、内容不同的文化观，但支配其文化观生成的基本思维方式却一直没有改变，始终被“中体西用”的思维模式牢牢地束缚着。由此足见“中体西用”思维模式的影响力有多深、多大。

到了抗日战争时期，受民族矛盾日益尖锐、中西文化冲突日益激烈的刺激，贺麟形成了其基本的思想、文化主张。贺麟认为，中华民族的复兴依赖于中华文化的复兴，而“中国文化能否复兴的问题亦即‘华化’，‘中国化’西洋文化是否可能，以民族精神为体，以西洋文化为用是否可能的问题”②。这里的“以民族精神为体，以西洋文化为用”，明显正是“中体西用”思维模式的再现。除了贺麟的宏观文化观中有“中体西用”思维模式的印迹外，其微观的论述也深刻地浸润着“中体西用”的思维模式。如其在谈到儒学的出路问题时，就曾提出儒学的“哲学化”。在贺麟看来，所谓儒学的“哲学化”，就是“以西洋之哲学发挥儒家之理学”。之所以可以这样做，其根据在于，西方哲学和中国儒学虽然表面形式不同，但都具有共同的实质，即“东圣西圣，心同理同”。因此，“儒家思想能够把握、吸收、融会、转化西洋文化，以充实自身、发展自身，则儒家思想将生存、复活而有所开展”③。那么，如何实现儒家思想对西洋文化的吸收、转化呢？贺麟提出的基本准则是：“以儒家精神为体、西洋文化为用。”其“中体西用”的思维

① 中国文化书院学术委员会编：《梁漱溟全集》第五卷，山东人民出版社1989年版，第506—507页。
② 忻剑飞等编：《中国现代哲学原著选》，复旦大学出版社1989年版，第591页。
③ 忻剑飞等编：《中国现代哲学原著选》，复旦大学出版社1989年版，第591页。

模式,再次闪现出来。总之,在贺麟的文化观中,不论是宏观的文化架构,还是微观的文化论述,都是“中体西用”的思维模式在支配着其思考脉络。

到了20世纪50年代,新儒学发展的重心转移到了港台一带。牟宗三便是港台新儒家的代表人物。他怀着对“花果飘零”的中华文化的深切情思,为中国文化的发展做出了若干具有创造性的建构工作。其文化思想取向主要体现在1958年由牟宗三、唐君毅、徐复观、张君劢四人联名发表的《为中国文化敬告世界人士宣言——我们对中国学术研究及中国文化与世界文化前途之共同认识》中。该文指出,“中国文化历史中,缺乏西方近代之民主制度之建立,与西方近代的科学及各种实用技术”[①],因此,中国必定需要吸收西方的民主和科学技术。但是,必须注意的是,这种吸收不能是不加思考地直接从外在添加进来,它需要具备一个前提:“要使中国人不仅由其心性之学以自觉其自我之为一道德实践的主体,同时当求在政治上能成为一政治的主体,在自然界、知识界成为认识主体及实用技术活动之主体。”[②]其意思是,我们要从中国文化的“德性主体”出发,生成“知性主体”和“政治主体”,以之作为吸收西方科学技术与民主思想的内在根据。只有这样,中国文化才能走上健康发展之路。这就是新儒家常说的“返本开新”。这一返回中国文化之本,以之为根据来吸收西方科学技术与民主的思想,仍然是沿袭了“中体西用”的思维模式。

总之,从梁漱溟、贺麟、牟宗三三个不同时期有代表性的思想家的身上可以看到,虽然在进入20世纪后的相当长的时间里,中西文化的冲突态势已经有所变化,中国面对的内外矛盾已然有所更替,但是,张之洞所倡导的“中体西用”的思维模式,却顽强地在教育家、思想家的思想建构中发挥着深刻的制约作用。就此而言,“中体西用”思想是具有里程碑意义的思想,也是具有深远影响力的思想。

当然,这一思想之所以具有如此的影响力,绝非是历史的因缘巧合,而是由其内在的真理性决定的。事实上,从世界的文化、教育接触史上来看,任何一个民族在学习外来文化、教育时,必然是以自己原有的文化、教育资

① 黄克剑、钟小霖编:《唐君毅集》,群言出版社1993年版,第500页。
② 黄克剑、钟小霖编:《唐君毅集》,群言出版社1993年版,第500页。

源为基础与工具，去理解、消化外来的文化、教育精华。从现代学理来看，解释学大师海德格尔在谈到“理解”和“解释”时指出，任何存在都是一定时空条件下的存在，超越自己历史环境的存在是不可能出现的。存在的历史性决定了理解的历史性，即人们理解任何东西，都是以人们历史地形成的“先有、先见、先把握”为基础。这种意识的“先结构”是解释者进行理解和解释的起点，从中形成理解的特定视野和角度。[①] 具体到一个国家来说，理解的历史性决定了一个国家在与其他国家的文化、教育接触时，已经具备了因为文化、教育传统浸润而形成的“理解”和“解释”的特定的认知方式，具备了特定的“前理解”结构。这是其接受其他国家文化、教育资源的根本性前提。只有以此为根，一个国家吸收其他国家的文化、教育资源才是有机的、具有可持续发展可能的。“中体西用”论，正是这一学理的一个极佳的个案诠释。

（四）确立了新的教育价值基准

在中国的传统教育中，教育的价值基准虽然在表述方式上有所变化，但其基本取向是一致的。这主要表现在以下两方面：一是以培养德性上突出的人才为鹄的，教育价值呈现出伦理化倾向；二是以人才内化中国传统文化为取向，西方文化的内化不在其视野之内。到了张之洞那里，这两个传统都得到了质的改变。

首先，张之洞提出了德、智、体全面发展的价值理想。1902 年 10 月，张之洞在上奏的《筹定学堂规模次第兴办折》中，第一次这样表述了其具有近代性质的教育目标设想：“考日本教育，总义以德育、智育、体育为三大端，洵可谓体用兼赅，先后有序。礼失求野，诚足为我前事之师。虽中国地广人多，时艰帑绌，改弦更张之始，凡诸学制固不能遽求美备，而宗旨不可稍涉模棱，规模不可过从简略。”在这里，张之洞表面上似乎谈的是日本的教育经验，但是，如果仔细推敲，就会发现，张之洞实际上是借日本经验来表达自己当时的教育价值追求。其“以德育、智育、体育为三大端”的表

① 〔德〕马丁·海德格尔：《存在与时间》，陈嘉映、王庆节合译，生活·读书·新知三联书店 2012 年版，第 173—179 页。

述，正体现了其对德、智、体三方面的目标都给予了关注。其后所说的"体用兼赅，先后有序"，则说明张之洞并不是将德、智、体三方面等量齐观，而是强调以德育为体，以智育、体育为用；以德育为主导，以智育、体育为辅助。虽然张之洞此处的思想仍有沿袭中国教育目标伦理化传统的痕迹，但是，在其教育目标设计中，德、智、体三方面都给予了不同程度的关注，更是对传统的教育价值伦理化思想的突破。

1904 年，张之洞亲自撰写《学堂歌》，以通俗易懂的方式阐发其理想的教育之道。该歌被颁发至各学堂，以在传唱中收潜移默化之功。在这里，张之洞正表达了其对教育价值的体认，歌词是这样的："天地泰，日月光，听我唱歌赞学堂。圣天子，图自强，除去兴学别无方。教体育，第一桩，卫生先使民强壮。教德育，先蒙养，人人爱国民善良。孝父母，尊君上，更须公德联四方。教智育，开愚氓，普通知识破天荒。物理透，技艺长，方知谋生并保邦。"[①]显然，在这首歌中，除了赞叹教育的重要意义外，就是张扬张之洞的教育价值理想。其中，德、智、体三方面的价值都被反复咏叹，足见其价值关切所在。在其价值陈列中，虽然与前面所论的价值次序有别，但对德、智、体三个要素都予以充分关注，无疑是共同取向。就此而言，张之洞的教育价值理想已经从教育伦理化的窠臼中超越出来。这无疑是具有革命性意义的。

其次，张之洞提出了融汇中西要素的价值理想。在《劝学篇》问世之前，张之洞对教育的价值设定就已经表现出中西价值并重的取向。在谈到改造后的书院的育人目标时，张之洞就提到"体用兼备，令守道之儒兼为识时之俊"[②]的目标。其兼具坚守传统的儒道与拥有适应时势的新知的追求，是一目了然的。在改造旧式书院的同时，张之洞还不遗余力的创办了若干新式学校。对于这些学校，其追求的目标是："讲求时务，融贯中西，研精器数，以期教育成财，上备国家任使。"[③]这里对中西价值的并置，历历可见。到了《劝学篇》问世的时候，张之洞中提出了"学术造人才，人才维

① 苑书义、孙华峰、李秉新主编：《张之洞全集》第四册，河北人民出版社 1998 年版，第 3022 页。

② 苑书义、孙华峰、李秉新主编：《张之洞全集》第二册，河北人民出版社 1998 年版，第 1205 页。

③ 苑书义、孙华峰、李秉新主编：《张之洞全集》第二册，河北人民出版社 1998 年版，第 1406 页。

国势”①的观点。那么,什么样的人才才能够发挥“维国势”的作用呢?在张之洞看来,只有既能坚守中国传统的伦理纲常,又能掌握西方科学知识的经世致用之才,才能做到。正是因为如此,张之洞才会在《劝学篇》中明确指出:“四书五经、中国史事、政书、地图为旧学,西政、西艺、西史为新学。旧学为体,新学为用,不使偏废。”此处将中学与西学都看作是新型人才所必须具备的知识的印记,是非常明显的。这一育人价值追求与中国传统的“君子”“圣人”“真人”等价值追求相比,无疑增加了那个时代必不可少的一个价值维度——对西方知识的内化。这是对中国传统育人目标的历史性突破。

总之,不论是德、智、体三个维度的育人价值并提,还是中、西两个维度价值的并置,都体现了张之洞所确立的价值基准取得了历史性的突破。后来的思想家、教育家虽然在价值基准的确立上比张之洞更细致、更具体,但其全面发展、中西兼重的展开维度,却基本上沿袭了张之洞的思路。就此而言,张之洞对中国近代教育价值基准的确立,具有承前启后的意义。

(五)教育内容中最大限度地容纳西学

在教育内容的选择上,近代社会的许多思想家、教育家都把西学作为教育内容的有机组成部分。与其他同时代的教育家相比,张之洞可以说是一个最大限度地容纳西学的教育家。

对于学习西学的重要性,张之洞在分析西方国家强盛而中国贫弱的原因时指出,中国之所以相形见绌,是因为中国渐失“旧法旧学之精意”,而对于西学又视为奇技淫巧,不肯用尽心力以求之。“若循此不改,西智益智,中愚益愚,不待有吞噬之忧,即相忍相持,通商如故,而失利损权,得粗遗精,将冥冥之中,举中国之民,已尽为西人之所役矣。”②由此出发,张之洞得出的结论是:“智以救亡,学以益智。”③其意思是,智识是救亡的根本,而智识的获得、增益必须依靠学习西学。这就把学习西学提高到挽救国家

① 苑书义、孙华峰、李秉新主编:《张之洞全集》第十二册,河北人民出版社1998年版,第9708页。
② 苑书义、孙华峰、李秉新主编:《张之洞全集》第十二册,河北人民出版社1998年版,第9735页。
③ 苑书义、孙华峰、李秉新主编:《张之洞全集》第十二册,河北人民出版社1998年版,第9735页。

危亡的高度来认识了。既然学习西学是如此的生死攸关,那么,尽可能网罗无遗地学习西学便成为自然的选择。所以,张之洞与其先辈与同时代的其他思想家、教育家相比,在更广泛的意义上囊括了学习西学的范围。对此,张之洞说:"西政、西艺、西史为新学。"①什么是"西政"呢?"学校、地理、度支、赋税、武备、律例、劝工、通商,西政也",即治理国家的种种制度。什么是西艺呢?"算、绘、矿、医、声、光、化、电,西艺也"②,即人类生存和发展的必要技术和知识。再加上西方历史,张之洞可以说把西方文明的主要部分都囊括在其教育内容设计的范围之内了。

在张之洞的这一教育内容设计中,有一个明显的特点,那就是,西方的政治制度不在其列。为什么会出现这样的状况呢?这与张之洞对民权的认识有着密不可分的关系。在《劝学篇·内篇·正权》中,张之洞通过"将立议院欤""将以立公司、开工厂欤""将以开学堂欤""将以练兵御外国欤"等连续四个设问,得出"何必有权"的结论。这显然是对民权的否定。那么,其否定民权的理由是什么呢?张之洞曾经这样说:

> 考外洋民权之说所由来,其意不过曰国有议院,民间可以发公论、达众情而已。但欲民申其情,非欲民揽其权。译者变其文曰"民权",误矣!近日摭拾西说者,甚至谓人人有自主之权,益为怪妄!此语出于彼教之书,其意言上帝予人以性灵,人人各有智虑聪明,皆可有为耳。译者竟释为"人人有自主之权",尤大误矣!③

在这里,张之洞主要强调的是两点:一是民权的本义是"但欲民申其情,非欲民揽其权"。对于这一点,他是赞成的。但是,如果把它翻译成"民权"是错误的;二是如果把"民权"理解成"人人有自主之权",那是极其错误的怪诞之论。张之洞此论,是针对维新派人士的言论所发的批评。不过,张之洞的批评都是建立在对维新派观点的误解的基础上的。事实

① 苑书义、孙华峰、李秉新主编:《张之洞全集》第十二册,河北人民出版社1998年版,第9740页。
② 苑书义、孙华峰、李秉新主编:《张之洞全集》第十二册,河北人民出版社1998年版,第9740页。
③ 苑书义、孙华峰、李秉新主编:《张之洞全集》第十二册,河北人民出版社1998年版,第9722页。

上，维新派人士常常使用的“民权”一语，并没有否定“君权”的意思，而是指君主要适度地让权于民，使二者相互支持，即“君权与民权合，则情易通”[①]。梁启超在戊戌政变后反省维新派倡言“民权”的遭遇时曾说：“吾侪之倡言民权，十年于兹矣，当道者忧之嫉之畏之，如洪水猛兽然，此无怪其然也。盖由不知民权与民主之别，而谓言民权者必与彼所戴之君主为仇，则其忧之嫉之畏之也固宜。不知有君主立宪，有民主立宪，两者同为民权，而所以训致之途，亦有由焉。凡国之变民主也，必有迫之使不得已者也。”[②]由此可见，维新派之倡导“民权”，其意不在反对君主体制，只是希望在君权的框架之下行民权。就其实质而言，不过是古代民本思想的现时代展开[③]。这与张之洞的君主统治下的“欲民申其情，非欲民揽其权”的理念并不存在根本的冲突。遗憾的是，张之洞误以为“民权”就是“民主”（即民择主），是对“君权”的否定。因此，其极力反对“民权”，就一点都不奇怪了。张之洞反对“民权”，而西方的政治制度是以天赋人权为基本假设构建起来的，二者之间自然形成了尖锐的对立。所以，张之洞将西方的政治制度排斥在中国人学习的“西政”之外，便是必然的选择。

需要指出的是，张之洞对“民权”的误读与对西方政治制度的排斥，不是孤立的个案，而是一种时代的共相。当时出版的《翼教丛编》中收录的众多对康、梁民权学说的批判者，都是张之洞的同道。如《宾凤阳等上王益吾院长书》中写道：“今康梁所用以惑世者，民权耳，平等耳。试问权既下移，国谁与治？民可自主，君亦何为？是率天下而乱也。平等之说，蔑弃人伦，不能自行，而顾以立教，真悖谬之尤者！”[④]《邵阳士民驱逐乱民樊锥告白》中曾言：“人人有自主之权，将人人各有其心，是使我亿万人散无统纪也。”[⑤]这都与张之洞的思想如出一辙。

总之，尽管张之洞把西方的设议院、定宪法、开国会等政治制度摒弃在

---

① 梁启超：《古议院考》，见《饮冰室合集》文集1，中华书局1989年版，第94页。

② 梁启超：《立宪法议》，见《饮冰室合集》文集5，中华书局1989年版，第4页。

③ 夏勇在《民本与民权——中国权利话语的历史基础》中说：“我宁愿把清末民初的民权诉求，看作先秦民权思想在现时代的一个自然展开。”（《中国社会科学》2004年第5期，第14页。）

④ 叶德辉编：《翼教丛编》卷五，台湾文海出版社1967年版，总第349—350页。

⑤ 叶德辉编：《翼教丛编》卷五，台湾文海出版社1967年版，总第346页。

教育内容设计的范围之外，但是，与其前代倡导“师夷之长技以制夷”的思想家、教育家把教育内容限制在器物层面的选择相比，其对制度层面绝大多数内容的关注，还是在教育内容近代化的道路上大大地迈进了必不可少的一步。只有到了新文化运动的健将那里，张之洞的这一思想局限才被超越。

二、教育实践方面的推进

（一）中国传统教育的革新

1. 传统书院的改革与改制

张之洞所推动的书院改革与书院改制是一个历史连续体：书院改革是书院改制的前奏，书院改制是书院改革的最终完成形态。究其实质而言，都是中国传统教育走向现代教育的改造过程，只是前者是渐进式的，后者是突变式的而已。

张之洞所推动的书院改革，不论是其对两湖书院的改革，还是对经心书院的改革，都是在传统书院的要素中加入了西方教育的要素。无论在书院的办学宗旨，还是课程设置、教学组织形式、教学方法等方面，都体现了这一点。[①] 这使得中国传统书院中介入了许多西方学堂的要素，为书院改学堂奠定了必要的基础。

至于张之洞推动的书院改制的决定性影响，肇始于1901年8月2日清廷对张之洞书院改制建议的批复。其上谕是这样说的：

> 人才为政事之本，作育人才，端在修明学术。历代以来学校之隆，皆以躬行道艺为重，故其时体用兼备，人才众多。近日士子，或空疏无用，或浮薄不实，如欲革除此弊，自非敬教劝学，无由感发兴起。除京师已设大学堂，应行切实整顿外，著各省所有书院，于省城均改设大学堂，各府及直隶州均改设中学堂，各州县均改设小学堂，并多设蒙养学堂。其教法当以四书五经纲常大义为主，以历代史鉴及中外政治艺学

① 参见本书第四章“对传统教育的大力改造”中有关书院改革的部分，此不赘述。

为辅，务使心术纯正，文行交修，博通时务，讲求实学，庶几植基立本，成德达材，用副朕图治作人之至意。[①]

在这道上谕的推动下，全国各地从省城书院到府、州、县的书院，都被改为学堂。这一变革在全国产生了重大影响，其主要表现在以下方面：

首先，直接促进了学堂在全国范围内的普遍设立。书院改制的谕旨颁布后，各省督抚、学政纷纷响应，不断有人上章提出改书院为学堂的奏议。张之洞会同湖北巡抚端方上奏《筹定学堂规模次第兴办折》，这样描述湖北书院改制的情况："兹奉明诏，将各书院一律改设学堂，遵经督饬司道武昌府详筹速办，一面通饬各府厅州县一体钦遵改设中小学堂，一面委派员生分次前往日本考察各学校章程规制一切教育经理事宜，以资参酌。"[②]两江总督刘坤一上奏说："兹将江南文正书院改设小学堂一所""钟山书院改设中学堂一所""尊经、凤池两书院改为校士馆""各府州县书院，亦已饬全改为学堂"。[③] 两广总督陶模在《奏设广东大学堂请废科举折并附片》中写道："城西广雅书院系湖广督臣张在粤时所创建……经议定将该书院改为广东省大学堂。"[④]江苏巡抚聂缉规在《遵改书院为学堂折》中禀报，已将省城正谊书院改为苏州府中学堂，"兹复通饬各府厅州县，将已改者逐渐扩充，未改者从速酌改"[⑤]。湖南巡抚余廉三在《奏陈改设学堂并派人出洋游学折》中写道："省城原有岳麓书院、城南书院、求忠诸书院……近亦令分斋设额，课以经史及各国图书。……新设的求忠书院……即以改为省城大学堂。"从这些奏章中，我们可以看到，书院改学堂在全国各地都如火如荼地开展起来。《奏定学堂章程》出台后，在这个章程的推动下，全国各地书院改学堂的进程又进一步加快。据《湖南官报》三十号记载：山西书院改办学堂，晋阳书院改为山西学堂，"其外府州县之书院，均已改为中、小、蒙学等学堂"。三十八号记载：泰州胡公书院改为安定小学堂，"其州境义塾

① 〔清〕朱寿朋编：《光绪朝东华录》，中华书局 1958 年版，第 4719 页。

② 苑书义、孙华峰、李秉新主编：《张之洞全集》第二册，河北人民出版社 1998 年版，第 1489 页。

③ 沈云龙主编：《近代中国史料丛刊续编》，台湾文海出版社 1966 年版，第 4332 页。

④ 盛朗西：《中国书院制度》，中华书局 1934 年版，第 240 页。

⑤ 聂缉规：《遵改书院为学堂折》，见《光绪谕折汇存》卷二十二。

共八处,一律改为蒙养学堂”[1]。大约到了1908年,全国的书院改制就基本完成了。

其次,对科举制度的灭亡起了催化作用。书院自其产生之日始,便与科举制度有着一定的关联。尤其是到了清朝,书院的官学化倾向日益突出,这就更使得书院与科举制度的存在形成相互依赖、支撑的关系。当书院改学堂逐渐扩大其延展面之际,改制后的书院在办学宗旨、内容、方法以及学生出路等方面都与科举的关系甚微,这意味着书院这一培养科举后备军的场所大多业已消亡。这就使得科举制度的存在失去了一个重要的支撑力。就此而言,书院改学堂对于科举制度的消亡,起了一定的推动、催化作用。

再次,对清朝的灭亡起到了助推作用。晚清著名的守旧派人士王先谦说:“张南皮主办学堂、新军二事,遂为乱天下之具。”[2]此处“乱天下之具”,系指办学堂等事业促成了晚清革命事业的发生、壮大。张继熙也认为,张之洞在湖北办洋务的各种活动使湖北“精神上、物质上,皆比彼时他省为优,以是之故,能成大功。虽为公所不及料,而事机凑泊,种豆得瓜”[3]。其意思是,经张之洞大力推行的各种洋务活动(包括办学堂在内),使得两湖地区在国民精神与物质建设上都走在了全国的前列,因此,晚清革命才得以在那里打响了第一枪,掀开了推翻清朝的序幕。前述二位作者虽然政治立场不同,但却不约而同地得出了一个结论:张之洞兴办洋务的活动对清朝的覆灭起到了相当的引发作用。其中,书院改为学堂作为洋务活动的有机组成部分,在清朝的覆灭上所起的助推作用,当是不可抹杀的。需要说明的是,如果说学堂的遍地开花与科举制的终结是张之洞自觉追求的结果的话,清朝的覆灭却决非张之洞所愿。相反,张之洞大力推动书院改制,孜孜以求的目标正是挽救清朝的衰亡。张之洞所说的“上者效用国家,其次

---

① 王日根:《论“书院改为学堂”——析从传统“大学”向近代“高等教育”转变的若干机枢》,载《高等教育研究》2001年第3期。

② 王先谦:《复胡退庐侍御书》,见《葵园四种》,岳麓书社1986年版,第938页。

③ 张继熙:《张文襄公治鄂记》,湖北通志馆1947年版,第7页。

亦不失为端人雅士”①“故书院之设……庶可以羽翼圣道”②“非效西法图强无以保中国,无以保中国即无以保名教”③“若学堂不读经书,则是尧舜禹汤文武周公孔子之道,所谓三纲五常者,尽行废绝,中国必不能立国矣”④等语,都透露了其改书院为学堂、学习西学,是以保护清朝免于覆亡为目标的。张继熙的“种豆得瓜”一语,强调的正是这一点。对此,必须有清醒而明确的认识。

2. 科举制的废除

对于科举制度的废除,张之洞居功甚多。之所以这样说,那是因为,科举制的改革、废止过程中,从倡议到一步步往前推进,张之洞几乎是全程参与。在几个重要的关节点上,更是起到了领袖作用。

在戊戌变法期间,贵州学政严修提出,应该对科举制采取增设经济特科的改革办法。而康有为、梁启超等维新人士则提出的是奏请废除八股、改试策论的改革办法。这就带来了科举制度改革上增加新的要素与裁剪旧的要素的冲突。为了调解这一冲突,使科举制度的改革更为稳妥、切用,1898 年 7 月 4 日,张之洞与湖南巡抚陈宝箴联衔上奏,提出了一个科举制度改革的折中方案:废除八股文,但是,四书五经仍作为考试内容;调整乡会试的三场顺序,将考查学生对四书五经的掌握程度放在政史、时务之后。对于这一方案,光绪皇帝大为赞赏,批准了这一方案。可见,在科举改革的倡议阶段,张之洞起到了融合诸家主张、影响最高统治者决策的作用。虽然由于戊戌政变发生,很快导致清廷恢复了科举旧制,但张之洞在科举制度改革史上留下的这一笔,是不能掩盖的。

1901 年 1 月,清廷迫于形势而推行新政。如何对待科举制度无疑是具有关键意义的一个部分。对此,张之洞也提出了自己的主张。他与两江总督刘坤一联衔上奏《江楚会奏变法三折》。在其第一折中,提出了停罢武科,酌改文科,将科举名额逐年分科、按比例分配给学堂的主张。清廷基本上接受了张之洞的建议,下发上谕宣告:从第二年起,乡会试一律废除八

① 苑书义、孙华峰、李秉新主编:《张之洞全集》第十二册,河北人民出版社 1998 年版,第 9798 页。
② 苑书义、孙华峰、李秉新主编:《张之洞全集》第四册,河北人民出版社 1998 年版,第 2755 页。
③ 冯天瑜标点:《辜鸿铭文集》,岳麓书社 1985 年版,第 419 页。
④ 苑书义、孙华峰、李秉新主编:《张之洞全集》第十二册,河北人民出版社 1998 年版,第 9719 页。

股,改试策论,停罢武科。只是由于担心停止科举将“失士人之心”,对分科递减的主张没有接受。

1903年,张之洞奉旨入京觐见,在制定癸卯学制的同时,为科举减额之事多方游说中枢重臣,经多方疏通,终于征得政务处八位大臣中7位的赞同或默许。于是,在1904年1月13日,张之洞、张百熙、荣庆等联衔奏请“递减科举”,建议从1906年科起,乡会试中额每科减少1/3。待3科减尽后,即停止乡试、会试。以后所需人才,将全部取之于学堂。这一次,清廷终于全部采纳了张之洞等的建议。不过,按照这一分科递减之法,仍然需要10年时间才能完全废止科举制度。这意味着科举制度还要束缚中国教育长达10年之久。到了1905年,由于日俄战争中实行立宪的日本一举战胜专制帝国俄国,朝野上下在强烈要求实行立宪的同时,快速发展教育以强国的呼声也不绝于耳。受此促动,1905年8月31日,张之洞会同袁世凯、端方及盛京将军赵尔巽、两江总督周馥和两广总督岑春煊等六人联衔会奏《立停科举推广学校折》,请求朝廷立即停罢科举制度。清廷在9月2日颁布上谕,宣告“所有乡会试一律停止,各省岁科考试亦即停止”。实行了1300年的科举制到此“寿终正寝”。

总之,在科举制度改革、废除的增加新科目与减少旧科目之争时期、停罢武科与改革文科时期、逐年递减科举名额时期、立即停罢时期这几个关键阶段,张之洞都发挥了总罗诸家意见、领袖群伦的重要作用。就此而言,如果说张之洞是推动科举制废除的关键人物之一,应该是公允的。

而科举制度的废除,对中国近现代的教育发展与社会进步,产生了诸多重大推动作用。因为科举制度是一种集文化、教育、政治、经济等功能的基本社会制度,在整个中国社会结构中起着至关重要的连接和整合作用。科举制的废除,无疑具有划时代的转折意义。对此,严复曾说:“故策论之用,不及五年,而自唐末以来之制科又废,意欲上之取人,下之进身,一切皆由学堂。……此事乃吾国数千年中莫大之举动,言其重要,直无异古之废封建、开阡陌。”①“吾国数千年中莫大之举动”一语,也许有点言过其实,但是,由此足见废科举这一事件的影响之大、之深。其重要作用,概而言之,

① 严复:《论教育与国家之关系》,载《中外日报》1906年1月10日。

有以下几方面：

第一，教育价值观发生了巨大转变。在科举制度存在的年代，通过科举入仕是几乎所有学子一辈子孜孜以求的目标。而科举考试是以对儒家学说的精通程度为标准的。因此，科举存在时代的基本教育价值观是以对儒学钻研的精深程度为取向的。科举制废除，意味着学子们对儒学的掌握已经变得无足轻重。即使清廷在晚清的学制制定中明确建构了完善的儒学经典传授体系，士人都或明或暗地对儒学表示出忽视甚至摒弃的态度，以致张之洞发出了这样的慨叹：

> 近来学堂新进之士，蔑先正而喜新奇，急功利而忘道谊，种种怪风恶俗，令人不忍睹闻。至有议请废罢四书五经者，有中小学堂并无读经讲经功课者，甚至有师范学堂改订章程，声明不列读经专科者。人心如是，习尚如是，循是以往，各项学堂于经学一科，虽列其目，亦止视为具文，有名无实。①

在张之洞的这一段慨叹中，可以清楚地看到，中国传统的儒家经典的修习，在各级各类学堂中几乎是名存实亡。这正是传统的教育价值观被厌弃的集中表现。与对传统儒学的精通程度这一教育价值观被摒弃相对，对西方科学文化知识的精通程度成为新的教育价值观。在整个社会中，判断一个人受教育是否成功的标准，变为对西方的自然科学、人文科学、社会科学掌握的精深程度如何。不论是国内各级各类学堂的入学考试、学业考试、奖励出身考试，还是归国留学毕业生的奖励出身考试和录用考试，都是如此。因此，国外学者在考察中国的现代化进程时才会这样说："原有的一套功名头衔还和过去一样，但现在要得到这些名分则要接受新的学校教育，学习新的知识，这意味着，中国在能力报酬和认可方面，发生了永久性的制度变化。……最高的报偿留给那些具有最广泛的国外教育经历的学人，长的是在日本或西方逗留三年，短的是一年。从此时起直到中华人民

---

① 苑书义、孙华峰、李秉新主编：《张之洞全集》第三册，河北人民出版社 1998 年版，第 1766 页。

共和国建立,中国的教育一直明显地具有外国取向的性质。”①这一教育价值观的巨变②,对于中国传统教育向现代教育的转型,起着巨大的引导、支撑作用,无疑是具有里程碑意义的。

第二,推动了新式学堂的迅猛发展。兴办新式学堂是清末新政的重要内容,可是,当科举入仕仍被视为学子出人头地的唯一捷径的时候,新式学堂很难吸引学子入学。对此,有论者曾经说:“学堂、科举,势不两立,已成风气,欲废则竟废耳。”③这可以说是一针见血的见解。在科举制废除后,通过科举入仕的大门被堵上了,这就固化、凸显了新式学堂在培养人才、选拔人才上的重要地位,使人们对进入新式学堂学习趋之若鹜。另外,科举制废除后,原来都是为科举考试而准备的儒田、贤租、宾兴公款及府、州、县学(包括部分书院)及举办科举考试的场所,都失去了原有的使用价值,这就使得它们能够被移作新式学堂办学的场地、经费。事实上,如四川成都府试院就被改建为通省两级师范学堂,南京的上下考棚就被改作新式学堂的校舍。这意味着,原有的科举资源在相当程度上都被转化为开办新式学堂的资源。在经费捉襟见肘的当时的中国,这是学堂发展非常重要的助力。因此,科举制废除后,各级各类新式学堂的创办出现了一个新的高潮,各级各类学堂数和学生人数呈现大幅增长的趋势。据统计,在1905年,全国有各类学堂8277所,学生总数约为25.88万人;到了1909年,各类学堂增至59117所,学生总数约达163.96万人。平均每年以接近1.7倍的速

---

① 〔美〕吉尔伯特·罗茨曼主编:《中国的现代化》,国家社科基金“比较现代化”课题组译,江苏人民出版社1995年版,第292—293页。

② 特别需要在此说明的是,这一教育价值观的转变,不是一下就实现了的。其实,在科举制度被废除前,就已经有重视西学学习的端倪出现。如汪康年于光绪十五年(1889年)应乡试,以第三艺作骚体,不合科场程式,依旧例应不取,但是,因其在次题《日月星辰系焉》中,能“以吸力解‘系’字,罗列最新天文家言”,被主考官认为“新旧学均有根柢”,欲以首名取,终因犯规而以第六名中式。(事见汪诒年纂辑《汪穰卿先生传记》,收在章伯锋、顾亚主编:《近代稗海》第十二辑,四川人民出版社1988年版,第194页。)科场程式尚不熟,竟能以高名中式,可见实际上是因“新学”中式。另外,梁启超在光绪二十二年(1896年)时曾致书汪康年,希望他敦促新任湖南学政的江标以新学课士,尤其“于按试时,非曾考经古者,不补弟子员,不取优等;而于经古一场,专取新学,其题目皆按时事”。梁以为“以此为重心,则利禄之路,三年内湖南可以丕变”;而湖南若能“幡然变之,则天下立变矣”(《梁启超致汪康年》,见《汪康年师友书札》第二册,上海古籍出版社1986年版,第1843页)。从这两个例子可以看到,传统教育价值观的转变不是一种突变,而是有其量变的积累过程。

③ 《余敏斋致止公先生函》,见《瞿鸿禨朋僚书牍》第一函。

度在增长,足见其发展的迅猛态势。就此而言,科举制的废除对西式学堂的发展起到了极大的解放、助推作用。

第三,引发了教育行政体制的结构性变革。中国传统的教育行政体制是以服务科举考试为其主要职能的,除主持祭孔典礼外,主要职能是负责考课和选士。因此,其管理体制的主干与分支也是围绕科举考试而建立起来的。从中央的礼部,再到省级地方的学政以及府、州、县的学官,管理职能都相当单一。科举制一经废除,这就把传统的教育行政体系的主要职能抽空了,原有的教育行政体系必须进行重新建构,才能适应其职能变化的需要。恰恰在此时,西方的教育行政体系建构图谱,已经进入了中国掌握实权官员的视野,于是,以西方的教育行政系统为参照,建立了从中央的学部,到省级地方的省提学使司以及府、厅、州、县的劝学所这一与西方现代教育行政系统足以接轨的教育行政系统。虽然新的教育行政体制并未完全摆脱封建主义的影响,但它毕竟在教育行政近代化的道路上迈出了重要的一步。

第四,对清廷掘墓人的出现起到了推动作用。科举制稳定社会的基本机制是把学生的培养与入仕建立了固定而持久的联系,使天下英雄都被纳入了科举制度的牢笼里,成为其服服帖帖的顺民。在中国传统社会,“士大夫”之所以会成为一个日常的固定词汇,那是因为,“士”是“大夫”(即官吏)的基本的、固定的社会来源。人的上升性社会流动虽然可以有其他途径和选择,但是,从“士”到“大夫”仍然是最受推崇的取向。科举制被废除,中国传统的人的上升性社会流动取向就随之而变,文化知识的学习与进入仕途之间的联系大大减弱,这导致了士绅群体的分化。不少士绅在前途黯淡的情况下,开始接受西学教育,转而走向革命:“大率以不守圣教礼法为通才,以不遵朝廷制度为志士。”这就意味着,清朝的“育才之举,转为酿乱之阶”[①]。对此,晚清名臣陈夔龙说得好:“科举一废,士气浮嚣,自由革命,遂成今日无父无君之变局。……宁知学堂之害,于今为烈,试问今日革命巨子,何一非学堂造成?”[②]这一结果,虽然是清廷在废除科举制时所

① 〔清〕朱寿朋编:《光绪朝东华录》,中华书局 1958 年版,第 5676 页。
② 陈夔龙:《梦蕉亭杂记》,北京古籍出版社 1985 年版,第 71 页。

无法预料的。但是,它却实实在在发生了。这也算是另外一种“种豆得瓜”吧。

(二)西方教育的引进

1. 完整的学制系统的建设

通过张之洞的不懈努力,在中国建立了普通教育、实业教育、师范教育并驱的学制系统,为中国教育的现代化作出了巨大贡献。

首先,普通教育系统建立起来。由于众多洋务派领袖人物的大力推动,到19世纪晚期,各类新式学堂已经在各地如雨后春笋一般建立起来。但是,这些学堂都是独立、松散地存在着。就理想状态而言,这些学堂要想最大限度地发挥其育才功能,必须是下一个层次有其预备学校,上一个层次有延伸性的高一级教育机构。遗憾的是,这些学堂都属于专科性质的学堂,没有任何系统的学制保障其功能发挥。这对于新式人才的养成来说,是非常不利的。对此,张之洞非常不满意。为了寻求解决之道,张之洞专门派遣姚锡光和罗振玉前往日本考察其教育体制。姚锡光和罗振玉归来后,张之洞咨询甚多。受姚锡光和罗振玉的影响,张之洞开始认识到:“国民教育必自小学始。……各国皆以初等小学任为国家义务,以期教育之普及。是各州县初等小学,尤为教育国民之根本。……小学不兴,不但普通实业学堂永无合格学生,而国民教育亦终无普及之一日。”①这是其普通教育思想之发端。到了1901年5月,张之洞的想法就更进一层了。在其上奏的《变通政治人才为先,遵旨筹议折》中,张之洞就“兴学育才之大端”提出了若干建议,其中就有普通教育学制系统的构想:把学校分为蒙学、小学、中学、高等学堂与京师大学堂五级,各级入学年龄、修业年限都须明确规定。这一学制构想虽然没有在全国推广开来,但是,张之洞以此构想为基础,在湖北地区建立了区域性的新式普通教育系统。在湖北,由张之洞倡导创建的小学堂甚多,仅仅在武昌地区,初等小学堂、高等小学堂就达65所。加上以自强学堂为基础创设的普通中学堂以及以两湖书院为基础创设的高等学堂,在湖北就形成了初等、中等、高等学堂相互贯通、衔接的

① 苑书义、孙华峰、李秉新主编:《张之洞全集》第三册,河北人民出版社1998年版,第2316页。

普通教育体系。在湖北经验的基础上,张之洞才在癸卯学制中提出了把普通教育分为三段七级的设想,并将之在全国付诸实施。

其次,实业教育系统建立起来。张之洞深知实业教育对于振兴经济、富国强兵的重要作用,因此,在19世纪90年代之后,他本着“实业学堂,意在使全国人民具有各种谋生之才智技艺,以为富民富国之本”[①]的宗旨,创立了一大批实业学堂。从类型上来说,有算学堂、农务学堂、工艺学堂、商务学堂、矿业学堂、医学堂、工业学堂等,可谓种类繁多。从层次上来说,既有初等实业学堂,也有中等、高等实业学堂。以创办实业学堂的经验为基础,张之洞在癸卯学制的制定中,特别强调建立完整的实业教育系统:“各省宜速设农工商各项实业学堂,以学成后各得治生之技为主,最有益于邦本。其程度亦有高等、中等、初等之分,宜饬各就地方情形审择所宜,函谋广设。”[②]最后,经过多方商讨,最终确立了以艺徒学堂、初等实业学堂、中等实业学堂、高等实业学堂为主体的层层递进、相互衔接的实业教育系统。

再次师范教育系统建立起来。对于师范教育的重要性,张之洞的认识相当到位。对此,他曾说:“师范学堂,意在使全国中小学堂各有师资,此为各项学堂之本源,兴学入手之第一义。”[③]基于这一认识,张之洞先后创立了两湖总师范学堂、湖北师范传习所。即便如此,依然远远不能满足普通教育发展对师资力量的需求。面对这种窘境,张之洞不由得发出了这样的感慨:“方今国势危机,如救焚拯溺,夜以继日,犹恐不及,至师范速成科尤为紧要。”[④]受此危机感促动,张之洞一方面选派留学生出国学习师范科,以期将来任用[⑤],同时,还着力推动多渠道开办师范学堂。这一点,从其督鄂后期的这一通令就可看到:“前经通饬各府、州将中学堂改办师范,而省外师范教员延聘不易,尚难普及,函应就省城择地开设支郡师范学堂,酌定学额,分府录取,查照武昌道府师范学堂课程、年限,一律办理。”[⑥]从

① 舒新城:《中国近代教育史资料》上册,人民教育出版社1961年版,第198页。
② 舒新城:《中国近代教育史资料》上册,人民教育出版社1961年版,第200页。
③ 舒新城:《中国近代教育史资料》上册,人民教育出版社1961年版,第198页。
④ 苑书义、孙华峰、李秉新主编:《张之洞全集》第三册,河北人民出版社1998年版,第2316页。
⑤ 苑书义、孙华峰、李秉新主编:《张之洞全集》第五册,河北人民出版社1998年版,第4194页。
⑥ 苑书义、孙华峰、李秉新主编:《张之洞全集》第三册,河北人民出版社1998年版,第2308页。

此可以看到,张之洞不仅要求各府把中学堂改为师范学堂,还提出在省城设立在支郡师范学堂的要求。这一点面结合、多渠道并举的做法,显然是情急之下构想出来的。这些创办师范学堂的经验,成为癸卯学制中师范教育系统设计的实践基础。后来,张之洞在癸卯学制中指出:"宜首先急办师范学堂,惟有急设各师范学堂,初级师范以教初等小学及高等小学之学生;优级师范,以教中学堂之学生及初级师范学堂之师范生。……各省城应即按照现定初级师范学堂,优级师范学堂,及简易师范科,师范传习所各章程办法迅速举行。"[①]以此为指南,最终确立了初级师范学堂和优级师范学堂两段贯通的师范教育体系。

总之,通过张之洞出任封疆大吏长达20余年的不懈努力,终于得以在全国范围内构建了普通教育、实业教育、师范教育三大教育体系并驱的学制系统,并在全国推行开来。这在中国历史上是第一次。

在当时,癸卯学制系统的推行,引发了全国性的兴办学堂的高潮。据当时的学部有关人员统计,在1907年,各省共有学堂37888所,学生1024988人;到1908年,学堂数达到47995所,学生数达到1300739人,一年间学堂数目增长26.7%,学生人数增长26.9%;到了1909年,学生人数达到1639641人,比1908年又增长25.1%。[②] 这对于向大众普及各个层次的教育,打破统治阶层对教育的垄断,具有非同寻常的意义。对于满足整个社会在现代化进程中对各级各类人才的需求,也具有至关重要的意义。

对于后世,完整的学制系统的确立则起到了示范作用。后来的壬子·癸丑学制和壬戌学制中的学制系统的结构,虽在一些细部有所不同,但是,其普通教育、实业教育、师范教育并置的横向结构与蒙养、初等、中等、高等教育层次分明的纵向结构,是承接了癸卯学制之遗产的。就此而言,癸卯学制的学制系统对中国近现代的学制系统建构起到了结构性示范作用。

总之,癸卯学制系统的建立、推行,不论是对当时的积极影响,还是对后世的良性示范作用,其中都蕴含着张之洞的筚路蓝缕之功,这是无论如何都不应该忘却的。

---

① 舒新城:《中国近代教育史资料》上册,人民教育出版社1961年版,第199页。

② 陈景磐:《中国近代教育史》,人民教育出版社1980年版,第305页。

2. 近代教育行政体系的建立

在学官生涯与办理新式教育的过程中,张之洞痛感缺乏专门、统一的教育行政领导机构所产生的弊病。因此,建立专门化的教育行政机构,是其夙愿。1898 年,他建议户部在各省城及府州设立“兴学局”。这是中国建立地方专职教育行政机构的第一声呼吁。遗憾的是,该呼吁没有引起朝廷的重视。到了 1902 年 4 月,张之洞尝试在湖北设立学务处,作为管理全省教育的专职行政机构。由于湖北新式学堂数量众多,出国留学学生数量也有不少,教育事务头绪纷杂、工作量巨大,不得不在学务处下面专门设置审定、普通、专门、实业、游学和会计等 6 个部门,使其各司其职、各负其责。这成为国内的首创之举。1903 年,张之洞入京主持制定癸卯学制,又把改革的触角伸向中央教育行政机构,把京师大学堂的全国教育管理职能剥离出去,设置总理学务大臣,作为全国最高教育行政长官,统辖全国学务。[①]总理学务大臣下设六处,由总理学务大臣调遣:“学务大臣应设属官,分为六处,各掌一门。一曰专门处……二曰普通处……三曰实业处……四曰审订处……五曰游学处……六曰会计处……学务大臣即于所属各员中,随时派赴各省考察所设学堂规制及课程教法是否合度,禀报学务大臣。”[②]除此之外,张之洞还要求各省设立与中央教育行政体制互相衔接的省级最高教育行政部门以及最高教育行政长官,设立与中央建制对口的普通、专业、实业、审定、游学、会计 6 科。[③] 1905 年 12 月,经过张之洞、山西学政宝熙等人的努力,清廷取消了学务大臣的设置,在六部之外,专门设置学部,作为专门的最高教育行政管理机构。至此,完全实现了从中央到地方的专门的教育行政体系的确立。

建立从中央到地方专门、完整的教育行政体系,完全突破了以前教育与行政合一的体制独立性欠缺、责任推诿、效率低下等弊端,使中国教育的发展步入独立行政、责任明确、高效率的时代,实现了由传统封建教育行政体制向现代教育行政体制的转型。后来的从中央到地方的教育行政体系

① 舒新城:《中国近代教育史资料》上册,人民教育出版社 1961 年版,第 216 页。
② 舒新城:《中国近代教育史资料》上册,人民教育出版社 1961 年版,第 217 页。
③ 舒新城:《中国近代教育史资料》上册,人民教育出版社 1961 年版,第 217 页。

虽在名目上不断变化,但其基本的教育行政结构及其基本的功能定位,都没有越出张之洞力推而形成的教育行政体系。就此而言,张之洞的这一历史功绩,是具有里程碑意义的。

3. 西式学堂的创办

西式学堂的创办在早期洋务派人士曾国藩、左宗棠、李鸿章等那里就开始了,就西式学堂的创办而言,张之洞难当首创之功。但是,与前辈的洋务派人士相比,在西式学堂的创办方面,张之洞有不少迈越前辈之处,值得大书而特书。这主要表现在以下方面:

第一,创办的学堂数量众多。张之洞从任职两广总督开始,便创办新式学堂,到了湖广总督、两江总督任上,更是对创办新式学堂不遗余力,创办了许多新式学堂。粗略算起来,张之洞创办的新式学堂计有广东水陆师学堂、洋务五学、湖北幼稚园、五路高等小学堂、两湖师范附属高初两等小学堂、文普通中等学堂、两湖高等学堂、两湖总师范学堂、湖北高等农业学堂、湖北工业学堂、武昌府初等农业学堂、武昌府初等工业学堂、武昌府初等商业学堂、省城民主实业预备中学堂、省城中等蚕业学堂、省城中等商业学堂、省城中等工业学堂、湖北武普通中学堂、湖北武高等学堂、湖北警察学堂、两江师范学堂等。在数量上远远超过了曾国藩、左宗棠、李鸿章等前辈所创办的新式学堂。

第二,创办的学堂类型多样。早期洋务派前辈所创立的新式学堂,基本上集中在军事学堂与方言学堂上。与之相比,张之洞创办的新式学堂涵盖幼稚园、小学堂、普通中学堂、普通高等学堂、军事学堂、方言学堂、农艺学堂、工艺学堂、商业学堂、师范学堂、警察学堂等,将普通、实业、师范、语言、军事、警察等几大类学堂都包含在里面,无疑是创办的新式学堂类型涵盖最为广泛的封疆大吏、洋务殿军。

第三,对学堂的创造性改造。早期洋务派前辈所创立的新式学堂,基本上都是对西方学堂办学模式的照搬,其办学宗旨、课程体系、教学组织形式、教学方法等,都与西方的学堂没有太大的差别。张之洞所创办的学堂,与这些前辈所创办的新式学堂却不一样。他在移植西方的学堂办学模式的同时,对之进行了创造性的改造,使学堂的办学模式呈现出“中体西用”的特征。在办学宗旨上,张之洞固然强调培养的人才“济实用”,但更重视培养的人才能够服膺中国的儒道、持守传统的纲常伦理、忠于朝廷。在课程设置上，在西式课程体系之外，传统的经史之学也占有一定的比例，且在地位上要高于西方舶来的课程。在教学组织形式上，传统的个别教学与西方的班级授课并行。在教学方法上，西方的课堂讲授与中国传统的师生当面质疑问难也同时存在。这些都说明，对于西方的学堂办学模式，张之洞没有采取照搬的方式，而是走的创造性改造的路径。这是非常难能可贵的。

这一创办西式学堂的举动，对于中国传统教育在全面、快速地与西方现代教育接轨的基础上，建构属于中国自己的现代教育，起到了重要的奠基作用。

4. 对留日教育的推动

派遣学生出国留学，在张之洞倡导、推行之前便已经开始了。1872年，清廷就已首次向国外派遣幼童留学生。张之洞继承了前辈的思想与实践遗产，在任职两广期间，就产生了发展留学教育的想法："今宜多选才俊之士，分派游历各国，丰其经费，宽其岁月，随带翻译，纵令深加考求。凡工作、商务、水陆、兵事、炮台、战舰、学校、律例，随其性之所近，用心考求。"① 甲午战争失败后，张之洞深感国势日益衰败，需要向国外派遣留学生，尽可能快速地学习西方先进知识与技术。于是，1898年，张之洞亲自选派学生40名，分赴英、法、德三国留学。还是在那一年，日本政府允准派200名留学生赴日本学习陆军，当时在全国仅派出56名学生，其中，张之洞所派的湖北学生即占20名。1899年，张之洞又派两湖、经心书院学生赴日学习实业。1902年，张之洞还选派30名学生赴日本学师范、弁目，20名学警察。据1906年的统计，来自全国各地的留日学生共有5400多名，其中，张之洞所辖的湖北所派留学生就有1360余名②，约占赴日留学人员总数的1/4。

与其前辈相比，张之洞的留学教育思想有以下几个特点：第一，倡导多派成人留学。张之洞认为："游学之益，幼童不如通人。"③因为幼童"浅学

① 苑书义、孙华峰、李秉新主编：《张之洞全集》第二册，河北人民出版社1998年版，第999页。
② 陈青之：《中国教育史》，商务印书馆1936年版，第634页。
③ 苑书义、孙华峰、李秉新主编：《张之洞全集》第十二册，河北人民出版社1998年版，第9737页。

徒眩其新奇,通才乃得其深意”[①]。而成人留学,因为其“学有初基,理已明、识已定”,更能够吸取外国文化的精华。第二,提倡赴日本留学。张之洞认为,留学“西洋不如东洋”。第三,提倡派遣朝廷亲贵出洋。对此,张之洞说:“游学之益……庶人不如亲贵。”[②]因为“亲贵归国所任皆重要之职事,所识皆在朝之达官,故其传述启发尤为得力”[③]。其意思是,亲贵出洋考察对开辟风气、打动上层统治者支持和参与洋务事业,作用甚大。这些思想,都反映在其1898年发表的《劝学篇》中。《劝学篇》在被进呈给光绪皇帝后,经光绪帝“详加批览”,大为赞赏,遂下令,命各省督抚、学政“广为刊布,实力劝导”[④]。于是,《劝学篇》一书风行海内。正因为如此,有人评价道:“《劝学篇》经光绪帝批准,而变成全国性的教育及学术思想的最高指导原则。”其中的留学教育思想,自然也被光绪皇帝接受。1898年9月,光绪皇帝正式发布上谕,在上谕中,其特别强调:“出国游学,西洋不如东洋,东洋路近费省,文字相近,易于通晓,且一切西书均经日本择要翻译。着即批订章程。”[⑤]这意味着,“留日”正式成为当时的留学国策。就此而言,《劝学篇》被日本名学者誉为“留日运动的宣言书”[⑥],是一点都不为过的。后来,虽然戊戌变法失败了,但是,清廷倡导“留日”的倾向依然没有改变。如1901年9月,清廷就曾如此下诏:“各省须派学生留日,并须订立奖励及限制之法以督促之。”[⑦]

总之,无论从清末留日实践中湖北地区所派学生所占的比例来说,还是就张之洞的留日思想对整个国家的留日教育实践的影响而言,张之洞对清末的留日教育运动都有指引、大力推进之功。就此而言,如把张之洞视为中国近代留日运动的开拓者之一,是甚为允当的。

---

① 舒新城:《近代中国教育史料》第一册,中国人民大学出版社2012年版,第91页。

② 苑书义、孙华峰、李秉新主编:《张之洞全集》第十二册,河北人民出版社1998年版,第9737页。

③ 苑书义、孙华峰、李秉新主编:《张之洞全集》第十二册,河北人民出版社1998年版,第9738页。

④ 苑书义、孙华峰、李秉新主编:《张之洞全集》第十二册,河北人民出版社1998年版,第9703页。

⑤ 苑书义、孙华峰、李秉新主编:《张之洞全集》第十二册,河北人民出版社1998年版,第9738页。

⑥ 〔日〕实藤惠秀:《中国人留学日本史》,谭汝谦等译,生活·读书·新知三联书店1983年版,第23页。

⑦ 周邦道:《近代教育先进传略　初集》,台湾文化大学出版部1981年版,第34页。

第二节　张之洞对中国近代教育发展的反向助推

一、教育普及的降低

张之洞大力推动的科举制的废除、新式教育的发展固然给中国教育的发展带来了一系列良性影响，但是，考诸历史，也会发现，其对中国教育的发展，也带来了难以弥补的损害。其最重要的损害便是使教育的普及受到很大影响。

在传统的科举制度中，接受教育与入仕的固定而持久的连接使得中国社会中存在着浓厚的刻苦学习的氛围。对此，著名学者邓嗣禹曾经做过这样的表述：

> 启蒙以后，家虽贫，必苦含辛，送子学成。天资虽鲁，父师必严厉挞责，谆谆告诫，俾成可造之材。贫苦子弟，类皆廉谨自勉，埋首窗下，冀求一第。即纨绔公子，亦知苦读，以获科第。否则虽富不荣。倘肄业之时，一曝十寒，遇大比之年，名落孙山，则不拘富贫，皆垂首丧气，无面见人。非若现今学校，毕业与否，不甚紧要也。因此之故，前清时代，无分冬夏，几于书声遍野。夜静三更，钻研制义，是皆科举鼓励之功。有甚于今日十万督学之力也。①

在这里，邓嗣禹特别想要说明的是，由于科举制度使得接受教育与人们的富贵紧密联系在一起，所以，其对社会的广大人群勤学苦读产生了巨大的激励、引导作用。这种制度的自然引导、激励作用比硬性的管理、督促所起的作用要大得多。因此，文化知识的学习才能够最大限度地在全国推

① 邓嗣禹：《中国考试制度史》，南京考选委员会1936年印行，第398页。

展开来。事实上，除了个体对文化知识的学习奋力追逐以外，家族对文化知识的学习也是持激励、鼓动作用的。在中国传统社会，只要是有条件的家族，都会设置学田、义田，支持、奖励族人接受教育。这对教育的普及也起到了一定的推动作用。另外，在科举制盛行的时代，“科举办法，士子自少至壮，一切学费，皆量力自为，亦无一定成格。各官所经营，仅书院数十区。费用率多地方自筹，少而易集，集即可以持久，无劳岁岁经营”①。因此，科举时代的教育普及，不需要国家和政府支付巨额的教育费用。这就避免了因为国家经费不足而导致的教育普及的瓶颈问题。

基于以上原因，科举时代的教育普及程度是相当可观的。对于这一点，外国的观察者曾说：“就男性人口而言，世界上已知的国家内没有一个国家的教育普及程度有中国那样广泛。在这里，文学被置于一个最尊崇的位置，文学知识成为通往国家高官之阶的敲门砖。在中国人的价值观念中，知识置于财富、高贵门第之上。”②

可是，在科举制被废除，新式学堂数量大增之后，这样的教育广泛普及的状况却发生了倒退。罗斯基的研究表明，1880 年清代男性识字率为 30%—45%，女性识字率为 2%—10%，平均识字率在 20% 左右。这一比例与英国和日本在现代化以前的识字率相比，一点也不逊色。可是，从 1895 年到南京国民政府成立期间，全国平均识字率却一直在下降。直到 30 年代，具有小学文化程度的人数只占总人口 17%。以致梁启超曾在 1915 年批评新政时说，20 年来办现代教育使得全民不识字③。笔锋常带感情的梁启超对历史或现实的评价，常常有夸大的成分，对于新式教育发展的负面影响的这一评价或许有些过头，但即使把这一严重程度降低一些，如说新式教育的发展使教育普及率有所降低，应该是反映了历史真实的。在当时为什么会出现这样的与兴学初衷背道而驰的局面呢？这主要是新式学堂对教育普及的推动力弱于科举制度的推动力之故。邓嗣禹在对科举罢废前后的向学之风进行对照后认为：“自罢科举后，中大学毕业，

① 《清末筹备立宪档案史料》下册，中华书局 1979 年版，第 982 页。

② 中国社科院历史所明清史研究室：《清史论丛》，中国广播电视出版社 2003 年版，第 235—236 页。

③ 何怀宏：《1905 年废除科举的社会涵义》，载《东方》1996 年第 5 期。

无噉饭之所。于是纨绔子弟,终日逸游。贫困之士,有志莫逮。甚至平民义务学校,免费供膳,犹辞不入。强迫教育之今日盛,反不若科举时代能使人力争向上也。”①从邓氏的描述中,就可以看到,科举制废除后,虽然新式学堂设立了不少,但是,不论是身处哪一个社会阶层的学生,都对进入学堂接受教育没有兴趣。之所以会出现这样的情况,是因为学堂毕业的学生连“噉饭之所”都找不到,更不要说和科举之路带给人们的功名富贵相比了。人们缺乏进入学堂学习的兴趣,那在以学堂为教育主体甚至是唯一的载体的时代,教育普及只能是一纸空文。这里就存在另外一个问题了,学堂作为新生事物,应该是应运而生的,许多人从学堂毕业后,即使不能够迅速实现飞黄腾达的梦想,那么,在社会上安身立命总是应该不成问题的,为什么学堂毕业的学生在社会上连安身的基本条件都难以具备呢?这与科举制废除速度太快,而新式学堂的创建准备不足有着密切关系。

在提出改革科举的建议的时候,张之洞等人已经开始有了兴办学堂来填补科举制废除带来的教育真空的考虑,这是非常有远见的举措。但遗憾的是,他们改革、废除科举的步子迈得太大、太快了。在从1901年到1905年的短短几年中,张之洞等人提出的变革科举的奏折几乎就是几月一变。前一个提议尚未来得及真正实施,新的提议又接踵而至,终于在学堂的创建还没有做好充分准备的时候,就把科举制废除了。对此,就连僻居山西一隅的塾师刘大鹏都看得很清楚。他说,科举制度是在“学堂成效未有验”时就被突然废除的。② 这带来的结果是,虽然在废除科举后,学堂的数量激增,但是,学堂的办学质量却让人不敢恭维。在1903年,有人调查了江南教育界的情况,竟然发现:“仕宦中人,竞言开学堂,不知学堂为何事也。地方绅士,竞言开学堂,则以学堂为利薮也。士林中人,竞言开学堂,只以学堂为糊口也。”③在当时得风气之先的江南教育界的情况都是将办学堂作为牟利、糊口的工具,其他地方的情形,不难想见。另外,当时的南

---

① 罗志田:《近代中国社会权势的转移:知识分子的边缘化与边缘知识分子的兴起),载《开放时代》1999年第4期。

② 刘大鹏:《退想斋日记》,山西人民出版社1990年版,第146页。

③ 张枬、王忍之编:《辛亥革命前十年间时论选集》第一卷下,生活·读书·新知三联书店1960年版,第537页。

京、苏州、上海等地的"最著名大学堂",基本上都是"陆师学生派充师范,八股专家支持讲席"[①]。可见,学堂办学的基本师资条件都不具备。在短视的办学价值观的指导下,连基本的师资条件都不具备,那么,学堂培养出来的人才的质量自然难如人意。这一点,从以下史实可以看到。

梁启超在戊戌年曾有这样的美好期望:"异日出任时艰,皆(时务)学堂十六龄之子。"对此,叶德辉反驳说:"天津水师学堂、上海方言馆、福州船政局,粤逆平定后即陆续创开,主之者皆一时名臣大僚;三十年来,人材寥落。岂今日十六龄之子异于往日十六龄之子?亦岂今日之一二江湖名士异于往日之名臣大僚?然则人材与学堂,截然两橛,概可知矣;然则学堂与书院弊之一律又可知矣。"[②]一句"人材与学堂,截然两橛",正是对学堂培养人才质量低劣的尖锐批评。对于这一点,严复与叶德辉也有同感。严复在回忆其办理新式学堂的情形时说,晚清"旧式人才既不相合,而新者坐培养太迟,不成气候。既有一二,而独弦独张,亦无为补。复管理十余年北洋学堂,质实言之,其中弟子无得意者"。除伍光建"有学识而性情乖张"、王劭廉"笃实而过于拘谨"外,"余虽名位煊赫,皆庸材也。且此不独北洋学堂为然,即中兴诸老如曾左沈李,其讲洋务言培才久矣,然前之海军,后之陆军,其中实无一士。即如王士珍、段祺瑞、冯国璋,皆当时所谓健者,至今观之,固何如乎?"[③]从"皆庸材"与"实无一士"等考语中,不难看到严复对新式学堂培养出来的人才的质量是何等的失望。既然新式学堂培养出来的人才质量低劣,人们当然就不愿意去学堂读书,教育的普及因之而受影响,也就不足为奇了。

此外,科举制虽然废除了,但是,人们对科举所取得的功名的迷恋依然因其民族心理的惰性存在着,所以,尽管新式学堂已经大量开设,但是,不少人对进入学堂接受教育依然没有兴趣。晚清时对学堂毕业生给予功名奖励,正是对人们迷恋科举功名心态的反映。这也是教育普及难以实现的原因之一。

---

① 张枬、王忍之编:《辛亥革命前十年间时论选集》第一卷下,生活·读书·新知三联书店1960年版,第537页。

② 叶德辉:《郎园全书》,中国古书刊印社1935年版,第7页。

③ 严复:《与熊纯如书》,见王栻主编:《严复集》第三册,中华书局1986年版,第687页。

二、教育发展的不平衡加剧

由于科举制废除，带来了中国教育在城乡教育结构、教育层次结构、教育专业结构上不平衡的加剧。这也是科举制的废除者所始料未及的结果，但是，其确确实实在历史上发生了。

首先，来看其对教育的城乡结构的影响。在废除科举制以后，清朝大量兴办新式学堂。由于财力、师资力量等捉襟见肘的限制，新式学堂主要集中在城市。高等学堂无不集中在京师、省城及沿海的中心城市，中学堂基本上都设在各府、厅、州的所在地。即使是小学堂，也多设在州、县政府所在地。在人口众多的广大乡村，学堂数量甚少。这一情形与科举时代的教育区域分布状况相比，可谓大相径庭。正是因为如此，在科举制度刚刚废弃不久，举人李蔚然就提出："科举之弊，近人详言之矣，而其中亦有至善之处，则公平是也。今学堂学生，近城镇者入之，僻远不与。有势力者入之，寒微不与。今日之学生，则异日之官吏，同是编氓，谁甘废弃。倘能改为通学，则收纳既多，向隅自少。"①这可以说是对科举废与学堂兴带来的城乡教育不平衡的极好概括。

其次，来看其对教育层次结构的影响。废除科举之后，只能由各级各类学堂来取代传统的教育机构，于是，各级各类新式学堂数量倍增。可是，由于学堂是骤然出现的新式教育机构，合格的生源对于学堂，尤其是高等学堂来说，是极其缺乏的。为了能够保证新建的高等学堂的生源，政府特别规定，可以实行越级升学。这样，表面看起来是满足了高等学堂的招生需求，但是，"其流弊所及，则各处皆聚一方之财力，设立一二名称较崇之学堂，于小学不复措意；为学生者亦不自揣其学力之如何，但冀考入名称较崇之学堂，以为侥幸奖励之地"②。也就是说，高等教育获得了畸形的发展，但却使基础教育的发展受损。这显而易见是一种教育层次结构的不平衡。

再次，来看其对教育专业结构的影响。科举制废除，只是作为一种选

① 故宫博物院明清档案部：《清末筹备立宪档案史料》下册，中华书局1979年版，第985页。

② 《学部奏准各项学堂招考限制章程折》，载《政治官报》，光绪三十四年（1908年）四月二十日。

士制度在中国消失了,但是,"学而优则仕"的观念还顽固地盘踞在人们的头脑中,许多人还想着在科举制废除的条件下如何能够走上富贵之路。法政教育因为其培养政治、法律人才的目标定位,被人们视为新时代进入仕途的替代路径。因此,在中等、高等的专业教育层次,法政专业成为许多人孜孜以求的选择。这就出现了法政教育畸形发展的状况。据统计,1909年,法政学堂及其在校生数分别达到整个高等专门以上学堂、学生总数的42.3%和65.9%。1912年,全国有法政学校64所,连同大学法政科,法政科学生共计约3.09万人,占全国专门以上学校与学生总数的53.29%和74.05%。[①] 1909年,在晚清学部举行的留学毕业生考试录用中共有225人,其中,有168人习法政科,占总数的74.67%。[②] 由此可见,法政专业在中国近代高等教育的专业结构中的发展,达到了何等畸形的程度。这种畸形发展必然会冲击其他专业的发展,影响整个高等教育结构的平衡。

三、教育贵族化倾向的出现

科举制废除,新式学堂兴起,传统的私塾、书院等教育机构逐渐被取代。这对教育的近代化来说是福音,但是,其带来了一个不容忽视的后果,那就是教育的贵族化倾向的出现。在新式学堂中,除了初等小学堂和优级师范学堂外,全部实行缴费上学。由于学费不低,再加上书本笔墨和膳宿等项开支,费用是相当高的。著名的实业家、教育家张謇曾对江苏省南通地区的上学花费情况做过估算。在估算之后,他得出了一个结论:在20世纪初的南通地区,一个家庭要送一个孩子上初等小学,每年需支出的费用是35元—50元。当时一个普通农民每年的平均收入是12元—15元,在张謇所办工厂工作的工人每年也只有50元 100元的收入。而湖南西路学堂每学期的膳宿及杂费就高达50多元,一年即要100多元。[③] 一个农民几年的收入才能支付一个小学生一年上学的费用,一个工人一年的收入才刚够一个学生一年的上学支出。如果一个农民或工人家庭的孩子上学,那

① 潘懋元、刘海峰:《中国近代教育史资料汇编——高等教育》,上海教育出版社1993年版,第189页。

② 《学部考试游学毕业生榜示》,载《政治官报》,宣统元年(1909年)九月初九日。

③ 应星:《废科举、兴学堂与中国近代社会的转型》,载《战略与管理》1997年第2期,第81页。

这个家庭的生计就必然成为问题。在这种情况下,收入在中、低水平的家庭,如何敢上学、能上学呢?必然是面对学堂,退避三舍。对于这一点,清朝末年时的一个小京官何刚德曾经做过这样简要的概述:“从前寒士读书,无所谓学费也。且书院膏火,尚可略资以津贴家用。今则举学中田产,悉数归入学堂,而学生无论贫富,一律收费。且膳宿有费,购书有费,其数且过于学费。……即千金之家,亦必裹足焉。”[①]正因为如此,即使是对科举制度大加鞭挞的黄炎培,也不得不在对科举制的废除大声欢呼的同时,无可奈何地承认:“公家教育,最初是偏于贵族方面的。由贵族教育移到平民教育身上,靠什么东西做他们过渡的舟子呢,倒是科举。宋赵汝愚评王安石时代的政治说:‘自科举罢后,寒畯之士,进取无途。’自然,任何问题见到九百九十九分的坏处,总不要忘掉中间也有一分好处。科举也是这样,等到后来科举废、学校兴,转不免带多少贵族教育的意味。这倒是科举时代料想不到的。”这正说明,科举制的废除所导致的教育贵族化倾向是客观存在的。

第三节　张之洞教育思想与实践的流变轨迹

张之洞对中国近现代的教育发展与社会进步起到了巨大的推动作用,也带来了不能回避的负面影响。那么,这些在历史上刻下的深刻印迹是在怎样的思想与实践的流动中实现的?其流向、节律中蕴含了什么思想与实践的玄机?都是需要进行深入探讨的。下面,就来一一展开。

一、“儒臣”素质的奠定(1837—1866)

作为政治家、教育家,张之洞在其政坛的纵横捭阖中,展开了丰富的教育思考与实践历程。不论其政治的、教育的思辨与实践,都是以一定的素质作为基础的。而其素质的核心,就是“儒臣”,即具有浓厚而深沉的儒家

---

① 何刚德:《客座偶谈》,上海古籍出版社1983年版,第10页。

思想与情怀。对于这一点，张之洞曾经这样夫子自道："平生学术惟与儒近。……儒之为道也，平实而拙于势，恳至而后于机，用中而无独至，条理明而不省事，志远而不为身谋，博爱而不伤，守正而无权。"[①]这既是他对自己的自我评价，也是对儒学精髓的精妙提炼。除了夫子自道，对其知之甚深的人对张之洞也是如此评价。和张之洞有着20多年交谊的幕僚辜鸿铭直接称张之洞为"儒臣"[②]。和张之洞过从甚密的赵尔巽对张之洞评价是："历官各省，无不以崇尚儒术，修明文教为先图。"[③]对张之洞研究有素的柳诒征则称赞张之洞"直将儒术殿炎黄"[④]。这些评价都一致表明，张之洞确实是一个以儒家思想为圭臬的政治家、教育家。

张之洞之所以能够具有"儒臣"品格，与其从出生到出任浙江乡试副考官之前的受教育、历练有着密不可分的联系。在张之洞出生到出任浙江乡试副考官之前，他一方面受到了家族（尤其是父亲张锳）的儒学精神的熏陶，养成了清廉自守的品格，另外一方面，由于其从小受业的老师，如胡林翼、韩超等的影响，信奉儒家纲常、崇尚经世致用、具有浓厚的爱国情怀等成为其终生的思想与情感底色。再加上中进士后掌管文史典册、参与朝廷文书的撰写等活动，使其尊君、爱国等思想更加植根心中。可以说，如果没有从小的家庭教育与发蒙之后诸多儒者之师的深刻影响、翰林院的文事历练，就不会有后来的在政治舞台、教育场域那个叱咤风云的"儒臣"。除此之外，还有一个至关重要的影响，那就是张之洞之父张锳的为国殉节。张锳虽然在戎马生涯中早已有病在身，但是，为了平定叛乱，还是为国忘躯，竭尽全力去征战沙场。最后，终于把不致死亡的小病拖成了难以疗救的沉疴，在戎马生涯中去世。可谓为了国家鞠躬尽瘁，死而后已。这对张之洞形成其忠贞报国、讲求气节的品格，有着强烈的示范意义。张之洞在回忆其父戎马生涯时曾经写下这样的句子："我先大夫慷慨仗忠信，青衿白屋皆同袍。"为了让子孙后代永远铭记其父戎马生涯中表现出来的忠义

① 苑书义、孙华峰、李秉新主编：《张之洞全集》第十二册，河北人民出版社1998年版，第10057页。
② 冯天瑜标点：《辜鸿铭文集》，岳麓书社1985年版，第418页。
③ 苑书义、孙华峰、李秉新主编：《张之洞全集》第十二册，河北人民出版社1998年版，第10652页。
④ 乔衍琯编：《柳翼谋先生文录》，台北广文书局1970年版，第539页。

贞信，还专门撰写了长长的《铜鼓歌》[①]。这都是张之洞受到其父深刻影响的明证。

张之洞一生的清流情结挥之不去，与其有着密切关系。因此，把这一时期看作是张之洞作为政治家、教育家的素质奠定时期。

二、对教育传统的持守(1867—1881)

1867 年开始，张之洞步入其人生真正的事功阶段。从 1867 年到 1881 年，张之洞先后担任浙江乡式副考官、湖北学政、四川学政和国子监司业等京官。

在浙江乡试副考官任上，张之洞一心为国家搜罗足以“经世致用”的干才，既赢得了浙江士人的高度赞誉，又在当地营造了士人必为实学的浓厚氛围。这对浙江地区实学风气的形成，起到了积极的引导作用。

在湖北学政任上，张之洞大力整顿湖北士子的学风，建立经心书院，提拔、奖励有真才实学的人，颇得众望。

张之洞任四川学政时，在成都建立尊经书院，延请名儒，分科讲授，仿照阮元杭州诂经精舍、广州学海堂的例规，手订学规，对四川地区的育才起到了重要的支撑作用。针对四川地区学风和文风空疏的积弊，痛加鞭笞，并注意破格选拔人才。为了能够对更大范围的士人发挥影响力，使其提倡实学，砥砺品行，张之洞专门撰写了《𬨎轩语》一书，对士人应该如何修养德行、如何读书、如何作文等做了详尽的论述。为了把其治学的金针传于四川的广大学子，张之洞还专门撰写了《书目答问》一书。在《书目答问》里，张之洞开列了 2200 多种书目，把《四库全书》出版以后的许多对治学有益的书籍都网罗进去。不过，在书目呈现时，张之洞不是完全按照传统的四部分类方式开列，而是对传统的分类方式进行了改造。通过这一改造，把很多西学的书籍都容纳到书目中。如在子部的“天文算法”子目中，除收录明清之际西方传教士来华所著译的一些天文算法书外，还收录了新的《几何原本》《数学启蒙》《代数学》等书；史部的“地理”子目中，开列了

---

① 苑书义、孙华峰、李秉新主编：《张之洞全集》第十二册，河北人民出版社 1998 年版，第 10448—10449 页。

新译的《海塘辑要》《地理备考》《海道图说》等书。这都说明,张之洞对西学的认识虽然尚处于朦胧的阶段,但对其价值,已经开始持肯定态度了。

1879 年至 1881 年,张之洞补国子监司业,后补授詹事府左春坊中允,转司经局洗马。在此期间,张之洞与李鸿藻、宝廷、张佩纶、陈宝琛、黄体芳等,结成了著名的"清流党"。他们不畏权贵,不避嫌怨,屡屡上疏,直指时政之弊或权臣显要的劣迹,赢得了朝野广大士人的尊重,也得到了最高统治者的赏识,为其出任封疆大吏、实现其兴革教育的抱负,奠定了坚实基础。

总之,在此时期,虽然张之洞在职务上有执掌一省学务与执掌全国文书典册的区别,但从其教育思想与实践的取向上来说,还处于对中国教育传统的坚守时期。当然,这并不是否认张之洞在这一时期有若干教育方面的新的思考与兴革举措,不过,这些思考与举措都是对现实的批判,对儒家教育传统的复归。就此而言,只能把其教育思想与实践置于坚守传统的范畴之内。

三、"中体"与"西用"的二分(1882—1897)

1881 年末,张之洞出任山西巡抚。当时的山西,人民生活困苦,吏治腐败,鸦片流毒严重。张之洞把整顿吏治作为理政的第一要务,在勤考吏属、革除弊政、劾罢贪纵害民的官员、奖励廉洁能干的官吏等方面,着力甚多,使山西官场的风气得到了振刷。另外,在清理财政、严禁鸦片等方面,也做了大量富有成效的工作。受英国传教士李提摩太的影响,张之洞在山西筹建洋务局,力图大刀阔斧地推进其洋务事业,但因为很快就转任两广总督,很多计划未及实现。不过,这意味着,他已经开始了由一个保守的清流党官僚变成洋务派大吏的过渡。在教育方面,张之洞的突出成就是,竭尽心力创办了令德堂书院。该书院同样是仿照阮元诂经精舍、学海堂的例规,聘请名儒王轩为主讲,杨深秀等为襄校兼监院,使三晋学子受益者良多。

1884 年初,法国侵略越南,南疆告急。密切关注战局的张之洞上疏主战,提出了严督滇、桂之战,急修津广之防的建议。同年 5 月,清廷召张之洞入京陛见。在京期间,张之洞向最高统治者直陈自己对抗法事宜的谋划,得到认可,因之被任命为两广总督,主持抗法大计。

张之洞到任两广后,面对的最大挑战便是中法战局。张之洞为中法战争可谓呕心沥血、如履如临。经过其与前方将士艰苦卓绝的努力,终于取得了中法战争的大捷,洗雪了中国长期对外战争中总是失败的耻辱。中法战争虽然以张之洞指挥的军队的胜利而告终,但是,张之洞并没有因为胜利而冲昏了头脑,而是在战争中切实感受到了西方科学技术的巨大威力,于是,彻底实现了由清流派转变为洋务派。

张之洞先是在广东,后又到湖北,倾尽心力筹办洋务事业。其洋务事业,除了兴办各种实业外,声名卓著、影响巨大者,即是开办新式学堂。在此期间,他创办的新式学堂种类齐全,数量繁多。其中,军事学堂有广东水陆师学堂、广东鱼雷学堂、湖北武备学堂等;实业学堂有广东电报学堂、湖北商务学堂、湖北铁路学堂、湖北农务学堂等;方言学堂有湖北自强学堂(初设方言、格致、算学、商务四门,1896 年一律改学方言);普通学堂有湖北女学堂、湖北幼稚园、湖北初等小学堂、湖北五路高等小学堂、湖北文普通中学堂、湖北文高等学堂等;师范学堂有湖北师范学堂、两湖总师范学堂、三江师范学堂、湖北师范传习所等。其中,湖北女学堂是湖北女学之始,湖北幼稚园更是全国最早的幼儿园。

与创办新式学堂并行,在这一时期,张之洞对传统教育的改造也是不遗余力。在他的筹划、支持下,经心书院由创办时初设经解、史论、诗赋等专业,于 1895 年变为分设天文、外文、格致、制造等专业。1896 年,由旧书院改建的两湖书院,除原有经学、史学、理学、文学、算学、经济学 6 门科目,新增天文、地理、数学、测量、化学、博物学、兵法、兵操等新科目,并采用类似西方的班级授课制开展教学,使两湖书院由传统的旧式书院逐渐向近代化学堂转轨。

在致力于国内教育改革的同时,张之洞还十分重视留学教育,积极提倡、推行学生到国外留学。在向欧美国家派遣留学生的同时,张之洞特别注重派遣学生去日本留学,因为在其看来,去日本留学可收事半功倍之效。所以,张之洞向日本派遣了大批留学生,致使留日中国学生中,湖北籍留学生即有千余人之多。

总之,在这一时期,由于外国传教士的促动与战争实践的刺激,张之洞一步步由一个保守的清流党人变为坚定的洋务派。为了给洋务事业的开展提供充足的人才,张之洞不仅大力推进各种西式学堂的创办,还在留学教育上着力甚多。与西式教育的推行并进,张之洞还在传统教育的改造上用力甚多,对经心、两湖书院进行了适应时代要求的兴革。这意味着,西式教育的推进与传统教育的改造是平行推进的。因此,可以把此期的教育思想与实践名之为中体与西用的二分。

四、"中体"与"西用"的合璧(1898—1909)

以创办新式学堂与改造传统书院的经验积累为基础,中国传统教育与西方教育在思想与实践上的融合日渐成为可能。到了1898年,张之洞的教育思想与实践的历程终于进入了成熟期,其最为显著的标志便是《劝学篇》的诞生。《劝学篇》一书虽然篇幅不大,但其思想上的开创之功与影响力,却是巨大的。就其要者言之,《劝学篇》最大的思想功绩在于,面对教育领域如何处理中学与西学的关系这一时代最大的焦点问题,巧妙地借用"中学为体,西学为用"这一已经渐成气候的思维模式作为思想系统建构的工具,对中学与西学的关系是什么、如何处理它们的关系、中国的教育发展蓝图如何构建等问题,都进行了系统而深刻的论述。这就为中国在以后相当长的一段时间内的教育理论思辨与教育实践走向确定了"中西融汇"的基本思维范式与实践基调。这对于中国的近现代教育而言,具有承前启后的重大意义。就张之洞本身的思想与实践而言,以后的教育思想与实践基本上就是这一文本中教育思想的具体化、实在化。

新的教育理论与实践体系建构完成后,张之洞不遗余力地把其理论与实践构想在实践中广泛推行。在这一时期,张之洞的教育实践主要集中在两方面:一是扫除传统教育形式中对国家富强、教育发展有障碍的部分,二是确立新的有利于富国强兵的新的教育形式。前者可以破旧名之,后者可以立新名之。其破旧之举主要集中在以下两方面:

第一,改革与废除科举。在中国历史上,科举制度自产生以来,一直是禁锢思想、文化发展的巨大障碍。在进入近代社会后,科举制更成为束缚中国文化发展、国家富强的桎梏。因此,张之洞很早就力主改革科举积弊。在《劝学篇》中,他就专门撰写《变科举》一章,特别强调:"救时必自变法始,变法必自变科举始。”[①]在其中,他还提出了停罢武科考试,改革文科考试的设想。后来,张之洞又提出了逐渐递减科举中额,“每科分减中额三分之一”,于10年内减尽的设想,得到了朝廷的采纳。不过,由于国际形势的急转直下,废止科举制度的呼声日益强烈,作为对这一呼声的回应,1904年9月,张之洞又与袁世凯、周馥联衔上奏《请立停科举以广学校折》,终于得到朝廷采纳。清廷下令:“自丙午科为始,所有乡、会试一律停止,各省岁科考试亦即停止。”至此,自公元606年(隋大业二年)起推行了1300多年的科举制终于废除了。这为新式教育的发展扫清了一个重要障碍。虽然科举制的废除对教育的发展也产生了一些不良影响,但毕竟对中国教育的近代化起到了重要的推动作用,成为中国新式教育发展的重要转折点。

第二,书院的改制。在《劝学篇》出笼后不久,张之洞便提出了“兹将两湖书院均酌照学堂办法,严立学规,改定课程,一洗帖括词章之习,惟以造真才济时用为要归”[②]的设想,并按照这一设想对两湖书院、经心书院进行了改革。在戊戌变法时期,张之洞更是以学堂作为参照,大力改革书院,正式将书院改为学堂。在张之洞治下,不论是省城的书院,还是府、州、县的书院,都朝“一律改为学堂”的方向发展。但是,由于戊戌变法的昙花一现,两湖地区的改书院为学堂行动中辍了。到了1901年,张之洞再次提出书院改学堂的奏请,朝廷对之做出了这样的批复:

> 除京师已设大学堂,应行切实整顿外,著各省所有书院,于省城均改设大学堂,各府及直隶州均改设中学堂,各州县均改设小学堂,并多设蒙养学堂。[③]

在这道上谕的推动下,全国从省城书院到府、州、县的书院,都被改为学堂。

---

① 苑书义、孙华峰、李秉新主编:《张之洞全集》第十二册,河北人民出版社1998年版,第9738页。
② 苑书义、孙华峰、李秉新主编:《张之洞全集》第二册,河北人民出版社1998年版,第1299页。
③ 〔清〕朱寿朋编:《光绪朝东华录》,中华书局1958年版,第4719页。

其立新之举主要表现在以下方面：

第一，新学制的制定。1902 年，张百熙与荣庆曾共同制定了《钦定学堂章程》（即《壬寅学制》），然而，由于保守势力对之颇多讥评，没有能够推行。1903 年，张之洞被召入京。因其对近代教育的卓识与力行素孚众望，经张百熙、荣庆力荐，张之洞开始参与全国新学制的制定。经过张之洞带领的心腹僚属潜心调研与苦心构思、写作，再加上与各方面要员协调，1904 年 1 月，《奏定学堂章程》终于正式颁布实施，这就是中国教育史上著名的"癸卯学制"。"癸卯学制"包括《学堂纲要》《初等小学堂章程》《师范学堂章程》《中等学堂章程》等内容。作为中国历史上第一个面向全国实施的具有现代特征的学制，它博采各国学制所长，尤其借鉴了日本学制，使新式教育体系化、制度化，为中国普及基础教育和推广专门教育奠定了根基，因而具有里程碑意义。

第二，以西方的教育行政系统为参照，建立了从中央的学部，到省级地方的提学使司以及府、厅、州、县的劝学所这一与西方现代教育行政系统足以接轨的教育行政系统，在教育行政近代化的道路上迈出了重要一步。

除了破旧与立新这些激进的教育兴革举措外，张之洞还推行了一项为众多人诟病的保守之举，即开办与推广存古学堂。虽然存古学堂存在的时间很短，但其作为一种具有代表性的教育机构，是具有独特意味的。尤其是在以洋务派面目出现的张之洞那里，更是意味深长。在笔者看来，它反映了张之洞对中学这一根本之学的固守。当然，这一固守并不排斥其对西学的吸纳。这一点，从张之洞的以下言论中可以看得一清二楚："要之，孔子所言温故而知新一语，实为千古教育之准绳。所谓故者，非陈腐顽固之谓也。盖西学之才智技能日新不已，而中国之文字经史万古不磨，新故相资，方为万全无弊。"[①]这就是说，之所以提倡创办存古学堂，以保留国学之命脉，绝不是为了守旧，而是使国学与西方的新学"新故相资"，保得国家的"万全无弊"。新学与旧学相互补给，正是中西兼顾之义。

当然，张之洞不仅是在创建存古学堂时，坚持了"中体西用"路向，即使在破旧、立新的激进之举中，也打上了深刻的"中体西用"的思想印迹。

---

① 苑书义、孙华峰、李秉新主编：《张之洞全集》第三册，河北人民出版社 1998 年版，第 1764 页。

如在书院改学堂的设想中,由书院改为的学堂的基本定位是:"其教法当以四书五经纲常大义为主,以历代史鉴及中外政治艺学为辅,务使心术纯正,文行交修,博通时务,讲求实学,庶几植基立本,成德达材。"[①]可见,"四书五经纲常大义"是育人的根本,"中外政治艺学"是居于从属地位的。其"中体西用"的痕迹,一目了然。在张之洞主持制定的新学制中,"中体西用"的痕迹也十分清晰。[②]

总之,无论是张之洞在生命的最后一段时间里推行的激进的教育变革之举,还是守旧的教育举措,都是"中体西用"的教育思想在实践领域的投射。这正充分说明,《劝学篇》以后的教育思想与实践的确是这一文本中教育思想的具体化、实在化。

综上所述,通过粗线条地考察张之洞的教育思想与实践历程,可以看到,其教育思想与实践发展具有明晰的演进逻辑。在其生命的最初阶段里,由于家庭教育与受业于众多儒者,奠定了其后来成为儒臣的素质基础。重经世、尚中庸、崇德行等优秀品质,成为其一生教育功业的基础。在其踏入事功之途以后,由于其重视经世致用与崇尚德行修养,所以,以中国教育传统为衡量的标尺,对现实教育生活中与传统背离的现象给予了严厉的抨击,并以自己的兴革努力使之向教育传统逼近、回归。当然,对于经世致用有所助益的西学,也已经进入了其视野,只是其对西学的认识还很褊狭与肤浅罢了。到了其出任山西巡抚、两广总督始,由于传教士李提摩太的影响,加之亲身参与中法战争的巨大刺激,张之洞开始认识到西学对于致用的无可替代的重要意义。受其中庸思维方式的支配,张之洞一面开始对传统教育形式进行坚持与改造,一面开始大力创办西式学堂,表现出中国传统教育与西方教育并重的取向。不过,此时的中国传统教育与西方教育还是处于疏离的状态,没有在理论、实践上形成有机的关联。到了其生命的最后一段时间,由于思想与实践均趋于成熟,其中庸智慧更加炉火纯青,于是,既形成了"中体西用"的教育思想,又将其切实贯彻到教育实践中,使其教育理论建构与实践操作均打上了深刻的中西教育要素融汇的印记。

---

① 〔清〕朱寿朋编:《光绪朝东华录》,中华书局1958年版,第4719页。

② 参见本书第六章中关于癸卯学制与"中体西用"思想关系的分析,此不赘述。

这一教育思想与实践演进的内在逻辑蕴含很多东西，这里撮其要者，归结为以下几点：

第一，教育家的思想与实践的基因，深深埋藏在教育家早期的生命历程中。自从张之洞走上事功之路以后，他的教育思想与实践都与其“儒臣”的基本素质有着密不可分的联系。不论是其从青年时期到生命终点为了挽救国家的危亡而苦思教育之道的爱国情怀，还是从学官、督抚、宰相任上始终坚持的对实学、实用倡导的经世致用之价值取向，思想上平衡中国与西方、实践上介于保守与激进之间的中庸思维，都反映了这一点。而其“儒臣”素质的形成，是其生命早期在接受家庭儒家思想的熏陶与众多儒者的教诲过程中形成的。如要获得对教育家思想与实践的切实而深入的理解，就需要深入其早期的生活经验、受教育历程中，破解其思想、实践的基因密码。否则，对教育家的思想与实践逻辑，就是难以索解的。

第二，教育家的思想与实践是逐渐走向成熟化、系统化的。张之洞从年青时期开始只是单方面关注中国传统教育，到中年时代，方两分式地关注中国传统教育与西方教育。后来，在进入花甲之年，才能够有机综合中国传统教育与西方教育的要素，形成成熟的教育理论系统、完整的教育实践蓝图。这样的思想与实践成长历程说明，任何教育家的思想体系与实践蓝图的形成，都不是一蹴而就的，而是要经历一个漫长、艰苦的锤炼、升华历程。少时即有神童之美誉的张之洞犹然如此，对于天资普通的思者与行者来说，就更是这样了。因此，如果一个人有成为教育家的志愿，就要有长期经受锤炼的准备。

第三，中国教育家对西方教育的认识，有一个深度、广度不断提升的过程。张之洞对西式学堂的创办，经历了从职能、类别较为单一的军事、语言学堂的创办，到职能更多、类型更为繁杂的军事、语言、实业、普通、师范等学堂的密集创设的历程。之所以会出现这一发展态势，是因为身处列强环伺的时代的张之洞深刻地认识到，有刚、柔两个手段是国家生存、发展之必须。刚的手段是高素质的军队、坚船利炮的对抗，柔的手段是通过外交的方式进行深度沟通。刚的手段的实现必须依靠军事教育，柔的手段的实现需要外国语言教育。因此，张之洞在创办西式学堂时将军事、方言学堂作为首选。后来，随着张之洞对西方教育功能的进一步了解，开始认识到实业教育对于富国强兵的重要性，普通教育对于专业教育的奠基作用，师范教育对于所有教育门类具有的基础意义。于是，实业学堂、普通学堂、师范学堂也渐次开办起来。这一发展态势说明，任何一个中国的教育家在开眼看世界的时候，面对异质化的西方教育，总要经历一个由肤浅到深入、由部分及整体、由孤立看待到联系起来认识的过程。

第四，中国教育家对于中西教育关系的认识，是一个逐步深化的过程。中国作为教育现代化道路上的“后发外生”型国家，中西教育的关系是任何一个关心中国教育发展的人都不得不面对的问题。作为对教育发展负有重大责任的教育家，更是如此。张之洞在认识到西方教育的重要性之前，只能选择单方面关注中国传统教育。到了认识到西方教育的重要意义的时候，便不再对西方教育置若罔闻，而是自觉地把其纳入到教育理论建构与实践操作的蓝图中。不过，在其初级阶段，因为对二者的关系不明就里，只能采取二分的关系处理它们。后来，经过艰苦的实践摸索和深入的思虑之后，对于二者的关系有了清醒而准确的考量，于是，他才开始从会通、平衡的角度思考二者的关系，从而在理论建构与实践蓝图中实现二者的有机融合。中国的教育家欲正确认识中西教育的关系、合理处理中西教育的关系问题，必然会经历一个渐进的探索、深化的过程。

第九章　张之洞教育智慧的当代价值

第一节　面对西方教育的姿态与策略

一、审察与吸纳西方文化的经验

对于学习西方文化的重要性，张之洞在早年便有深切的体会。不过，用概括性的话语表述这一点，则始于中法战争之后。对此，他是这样说的："诚以今日有志之士，欲达时务，必悉洋情。"①他的意思是，有志挽救国家危亡的人要通达时务，必须了解、学习西方文化。后来，在《劝学篇》中，他也有类似的、表述更为明确的主张："沧海横流，外侮洊至，不讲新学则势不

① 苑书义、孙华峰、李秉新主编：《张之洞全集》第四册，河北人民出版社 1998 年版，第 3133 页。

行。”[1]这就把列强纷至沓来之际学习西方文化的迫切性讲得很清楚了。进入20世纪后，清廷宣布实行“新政”之时，对危局体会日深的张之洞又进一步强调：“故欲救中国残局，惟有变西法一策。”对于这一点，他在致鹿传麟的电报中说得很清楚：

去腊变法谕旨（指光绪二十六年十二月以慈禧和光绪名义颁布的《变法诏》——引者注），海内欢欣鼓舞，咸谓中国从此有不亡之望矣。人心所以鼓舞者，以谕旨中有采西法补中法及浑化中外之见之语也，并非因整顿除弊居上宽临下简必信必果等语也。嗣闻人言内意不愿多言西法，尊电亦言勿袭西法皮毛，免贻口实等语，不觉废然长叹。若果如此，变法二字尚未对题，仍是无用。[2]

在此，张之洞特别强调，要挽救国家的危亡，必须依赖吸纳西方文化，而不是依靠对中国文化的整顿。否则，所谓变法，就是文不对题的事，对于挽救国家的危亡丝毫不起作用。由此可见，张之洞对学习西方文化的重要意义的体认是相当明确而深刻的。

要学习西方文化，这就不得不面对两个基本问题：一是学习内容的选择问题，二是学习方式的抉择问题。对于这二者，张之洞都作出了明确的回答。

对于学什么的问题，张之洞的回答是：“西政、西艺、西史为新学。”[3]也就是说，要学习西方文化，就要学习“西政、西艺、西史”三大方面。西史自然是指西方史学，这个无需多言。需要了解的是“西政、西艺”的所指。那么，“西政、西艺”涵盖范围究竟有多大呢？他是这样具体阐述的：

学校、地理、度支、赋税、武备、律例、劝工、通商，西政也；算、绘、矿、医、声、光、化、电，西艺也。西政之刑狱，立法最善。西艺之医，最

① 苑书义、孙华峰、李秉新主编：《张之洞全集》第十二册，河北人民出版社1998年版，第9726页。
② 苑书义、孙华峰、李秉新主编：《张之洞全集》第十册，河北人民出版社1998年版，第8506页。
③ 苑书义、孙华峰、李秉新主编：《张之洞全集》第十二册，河北人民出版社1998年版，第9740页。

于兵事有益，习武备者必宜讲求。才识远大而年长者，宜西政，心思精敏而年少者，宜西艺。小学堂先艺后政，大中学堂先政而后艺。西艺必专门，非十年不成；西政可兼通数事，三年可得要领。[①]

不难看出，张之洞“西政”“西艺”的具体内涵已十分广泛，几乎囊括了西方近代文明的绝大部分内容。不过，其所谓“西政”，并不包括设议院和倡民权。[②]

对于学习西方文化的方式问题，张之洞的基本观点是，把西学限定在“为用”的界限内，一定不能让其越过“中学为体”的界限。其所谓“旧学为体，新学为用”的坚定论断，正反映了这一点。不过，“旧学为体，新学为用”一语似乎稍嫌空洞，很难明白其确切内涵。如果拿张之洞在其他地方的言论与这一句话对照，就能够确切把握其内涵了。在论及中学与西学会通问题时，张之洞曾经说：“西政、西学，果其有益于中国，无损于圣教者，虽于古无征，为之固亦不嫌，况揆之经典，灼然可据者哉?”[③]在这里，就可以清晰地看到，所谓不让西学之用越过中学之体的界限，其边界在是否有损于儒家的纲常名教。那么，如何才能实现对西学的学习不触动儒家纲常名教的底线呢？在张之洞看来，只要做到以“中学”为根底而吸纳“西学”就可以了。对此，他是这样说的：“今欲强中学，存中学，则不得不讲西学。然不先以中学固其根柢，端其识趣，则强者为乱首，弱者为人奴，其祸更烈于不通西学者矣。”[④]可见，他是主张在学习“西学”之前要先由对“中学”的学习奠定“根柢”。如何通过“中学”的学习来奠定“根柢”呢？张之洞认为：“今日学者必先通经以明我先圣先师立教之旨；考史以识我国历代之治乱，九洲之风土；涉猎子集以通中国之学术文章。”其意思是，在学习中国传统的“经、史、子、集”的基础上，就可以“择西学之可以补吾阙者用之，西政之可以起吾疾者取之”。[⑤] 此处的选择“西学”中有价值的东西而

---

① 苑书义、孙华峰、李秉新主编：《张之洞全集》第十二册，河北人民出版社1998年版，第9740页。

② 可以参见本书第五章中的最后部分，此不赘述。

③ 苑书义、孙华峰、李秉新主编：《张之洞全集》第十二册，河北人民出版社1998年版，第9766页。

④ 苑书义、孙华峰、李秉新主编：《张之洞全集》第十二册，河北人民出版社1998年版，第9724页。

⑤ 苑书义、孙华峰、李秉新主编：《张之洞全集》第十二册，河北人民出版社1998年版，第9724页。

“取之”“用之”,正是吸纳之为我所用之意。

综上所述,对于如何面对西方文化,张之洞的基本思想主张是这样的:首先,肯定西方文化在当时所具有的应付时变的价值。其次,对西方文化并非全盘肯定,而是采用批判的眼光看待它,只是肯定西方文化中那些能够对中国文化的核心来说没有损害且具有拾遗补缺价值的部分。再次,吸纳西方文化中的那些能够补充中国文化不足的部分,使之成为当时中国文化的有机组成部分,以应对时势的变化。张之洞的这一思想虽然并非特别针对教育领域而阐发,但是,其思想精髓对于我们当代人如何面对西方教育来说,无疑具有深刻的启示意义。下面,就对之作必要的分析。

二、“西化”背后的“殖民化”陷阱

在全球化的浪潮滚滚而来的时候,受西方教育理论与实践强势的影响,在我们当代的教育研究者中,那种自觉或不自觉的“西化”的思维方式与做法是相当突出的。著名学者鲁洁就曾一针见血地指出:“在中国的教育学学术流域,对来自外国的教育学的思潮、理论和各种科学成果,不作具体分析的简单移植,一种新的全盘西化现象也还存在。”[①]具体来说,他们在面对西方的教育成果时,名为研究西方教育,其实只是在移植西方的教育研究成果。与其具有西化倾向的前辈不同的是,他们不再只是从某个单一的国家“进口”教育理论,而是一种全方位的移植。如果说这时的教育理论也存在什么“化”的话,那它既不是日本化、美国化,也不是苏俄化,而是全球化。虽然 20 世纪末中国到底从多少个国家引进了教育理论,又翻译了多少本教育理论著作并没有详尽的统计,但从随手可得的教育译著中就有美国、英国、法国、德国、俄罗斯、日本、加拿大、澳大利亚、瑞士等几十个国家的作品,学科也扩展到教育学、教育社会学、教育经济学、教育管理学、教育哲学、教育人类学、教育科学研究方法等几乎所有的教育研究领域。虽然从形式上看,此阶段的教育理论研究一派繁荣,但我国的教育学却被国外教育学严重“西化”。这主要表现在以下几方面。

其一,从研究成果的内容上来看,我们教育学著作中所用的假设、概

---

① 鲁洁:《试论教育学的本土化》,载《高等教育研究》1993 年第 1 期。

念、框架和方法基本上都来自西方,甚至讨论的热点问题都是西方人提出来的。这意味着,那些教育学著作几乎沦为了概念搬运与逻辑推演,失去了必要的本土现象关怀与经验支持。

其二,从研究成果的形式上来看,教育研究的成果虽用本土文字写成,但语法结构和语言却是西式的。这样的成果是一种典型的外黄内白的“香蕉型”知识文化。可悲的是,部分人竟然以为只有这样的研究成果才是“深刻”的研究成果。

其三,这样的教育研究者形成了一股势力,逐渐构筑了一种“制式”教育理论的判定标准,并以这种标准来审查现有的学术成果,以之来“鞭策”自己的同行。只要是对目前的课题审批、刊物论文审查等的情况有一定程度的了解,都不能不对此有同感。

这样,在西方制式规范和引导下的教育之学的研究,结果就是:“慢慢地,我们从被殖民的处境进入内部殖民,建造了一个文化殖民的铁笼子,将自己禁锢在里头。”①我们的教育研究就走入了一个“殖民化”的死胡同中。这种教育研究的“殖民化”,可能对中国教育研究带来的后果是:使得我们的教育研究者忽视或忘却自己本民族的文化传统与当下的文化境遇,在一种无根的状态下从事教育研究。另外,它还会导致我们的教育研究者犯历史虚无主义的错误,使教育学术研究的民族自信受到极大的打击。这种“殖民化”教育研究所产生的学术成果,如果不说是无用之物的话,充其量也不过是一种不无益处的概念游戏,对于真正地推进中国的教育现代化进程是没有任何价值的。因为这样的教育研究根本上说是脱离中国教育的本土实践的,而脱离实践的理论最多只能“解释世界”,是无法担负起“改造世界”的使命的。显然,这种“西化”的思维方式与做法所带来的“殖民化”的后果是我们不愿意看到的。因此,我们要尽力挣脱这一“殖民化”的羁绊。如何才能挣脱呢?这就需要借鉴张之洞面对西方文化的智慧,让我们的教育理论生产走“化西”之路。

---

① 乔健等主编:《社会科学的应用与中国现代化》,北京大学出版社1999年版,第124页。

三、“化西”:谋求教育学术自主之路

无论如何,在目前的情势下,中国的教育研究较西方的发达国家的教育研究还相对较弱。因此,我们需要向西方学习,而且是大规模地向西方学习。这是我们不得不面对的事实。但是,在向西方学习的同时,我们必须清醒地认识到:任何教育理论都是在一种特殊的境况中产生出来的。欧美国家所谓先进的教育理论也必然如此。因此,从理论上讲,那些理论只是对它们那个产生理论的特定的状况是适用的。一旦离开那一特殊的情境,那一理论适用与否,就要打上一个大大的问号。中国与欧美国家的整体国情与教育状况存在着非常大的差异。在引入西方的教育理论时,就更要对那些理论的适用性有足够的警醒。其合理的思维方式是,将那些理论作为待检验与重构的质料。但“西化”者的思维与做法却犯了一个致命的错误:他们把本该是质料的东西当做了“先见”,甚至是放之四海而皆准的真理。这只能导致在话语、思维、理论框架上被人家所“殖民”。因此,要走出在教育理论研究中的这一陷阱,必须从那一致命的症结入手来转变思路:确立批判性立场,将那些引进的教育理论作为待检验与重构的质料。在明确这一思路的前提下,我们该如何做消化、吸收西方教育研究成果的工作呢?在笔者看来,需要做以下几方面的工作。

第一,扎根本土实践与教育传统。扎根本土实践的经验,我们就会发现我们真正的“理论需要”是什么。这就可以避免在学习西方中的盲目性。另外,梳理我们的教育传统,并对之进行理论提升,就可找到我们的教育理论思维的历史气脉及其发展的种种可能。这样,我们就可寻找到我们吸收西方教育理论的基本理论立足点。

第二,把西方的教育理论作为质料来进行审视。考察那些引进的理论的基本内涵与其产生的社会历史根基,将之与我们的国情与自己的理论立足点相对照,分析它们之间进行理论融合的可能性。

第三,以“重叠共识”为基点,进行理论整合。两种不同的理论体系中的教育理论要想融合是相当困难的。使两者能够有效融合的一个比较可行的办法是在那些理论之间寻找它们所存在的“重叠共识”,将那些“重叠共识”作为二者融合的基础。在此基础上,那些需要且能被我们消化、吸

收的，我们就把它们整合到我们的教育理论体系中。否则，我们便将之弃置一旁。

在此须指出的是，“化西”之说是知易而行难的。其原因有二。一是与“西化”的移植式的做法相比，“化西”的做法是投入多而产出少的工作，无疑需要极大的勇气。二是与“西化”的移植式的做法相比，“化西”的做法是远为复杂而艰难的。要想化合西方的教育理论，既需要对中国当代的教育实践与教育传统有相当程度的认知，又要对西方的教育理论有相当深度的穿透。两者有机结合起来，才能真正实现“化西”的目标。其复杂与艰难是可以想见的。

第二节 面对传统教育的应然选择

一、批判地继承传统文化基因的主张

在西方的坚船利炮打开中国的大门，中国人不得不面对割地赔款的屈辱、亡国灭种的危机之际，很多知识分子对中国传统文化的价值产生了极端的怀疑、贬低心理。对此，张之洞不无悲悯地指出：“大率近日风气，其赞羡西学者，自视中国朝政民风无一是处，殆不足比于人数。自视其高、曾、祖、父亦无不可鄙贱者，甚且归咎于数千年以前历代帝王无一善政，历代将相师儒无一人才。”[①]面对这种情势，只有对中国传统文化的价值作出有理有据的说明，才能对挽救这一颓风起到应有的疗救作用。张之洞便是那一时代作这一努力搏求的代表人物之一。

面对极端的怀疑、贬低传统文化价值的声音，张之洞针锋相对地指出，中国传统文化，特别是儒家文化，无疑是人类文化的精华。其不论是对于修文备武，还是参赞天地、利用万物，都有不可或缺的价值。用张之洞的话来说就是：“孔门之学，博文而约礼，温故而知新，参天而尽物。孔门之政，

① 苑书义、孙华峰、李秉新主编：《张之洞全集》第十二册，河北人民出版社1998年版，第9737页。

尊尊而亲亲，先富而后教，有文而备武，因时而制宜。孔子集千圣，等百王，参天地，赞化育，岂迂陋无用之老儒，如盗跖所讥、墨翟所非者哉？”①在下了这样的论断后，张之洞遂进一步申述这一论断得以成立的理由：从历史发展的眼光来看，“我圣教行于中土数千年而无改者，五帝三王，明道垂法，以君兼师；汉唐及明，宗尚儒术，以教为政。我朝列圣尤尊孔、孟、程、朱，屏黜异端，纂述经义，以躬行实践者教天下，故凡有血气，咸知尊亲。盖政教相维者，古今之常经，中西之通义”②。显而易见，其言下之意是，中国几千年来的发展与繁荣，都是历朝统治者崇尚儒家文化的结果。如果从一般的学理上来看，儒家文化事关国家最为根本的纲纪，而纲纪之说是立国的依据，也是做人的根本。用他的话来说就是：“君为臣纲，父为子纲，夫为妻纲……此其不可得与民变革者也。五伦之要，百行之原……圣人所以为圣人，中国所以为中国，实在于此。”③在此，张之洞对中国传统文化价值的高度肯定，是一目了然的。

不过，对中国传统文化的高度肯定仅仅是张之洞思想的一个侧面，而不是全部。否则，张之洞的文化观就与极端的保守派无异，不可能成为洋务派的代表了。那么，张之洞文化观的另外面相是什么呢？那就是对传统文化不足的明确认识。在中国社会的政治、经济、文化等层面都受到西方文化的猛烈冲击之际，张之洞清醒地认识到：“今日之世变，岂特春秋所未有，抑秦汉以至元明所未有也。”④在这种巨大的情势变化中，中国的传统文化存在着明显的不足。因为“万世之巧，圣人不能尽泄，万世之变，圣人不能豫知”⑤。其意思是，中国传统文化的缔造者不可能为我们当今的人们提供解决现实困境的良方。因此，中国传统文化不可能不面临巨大的困境：“儒术危矣！以言乎迩，我不可不鉴于日本；以言乎远，我不可不鉴于战国。”⑥如果仔细揣摩，我们就会发现，张之洞在此着力强调的是，日本在

① 苑书义、孙华峰、李秉新主编：《张之洞全集》第十二册，河北人民出版社 1998 年版，第 9724—9725 页。
② 苑书义、孙华峰、李秉新主编：《张之洞全集》第十二册，河北人民出版社 1998 年版，第 9708 页。
③ 苑书义、孙华峰、李秉新主编：《张之洞全集》第十二册，河北人民出版社 1998 年版，第 9715 页。
④ 苑书义、孙华峰、李秉新主编：《张之洞全集》第十二册，河北人民出版社 1998 年版，第 9704 页。
⑤ 苑书义、孙华峰、李秉新主编：《张之洞全集》第十二册，河北人民出版社 1998 年版，第 9766 页。
⑥ 苑书义、孙华峰、李秉新主编：《张之洞全集》第十二册，河北人民出版社 1998 年版，第 9725 页。

明治维新时，儒学因为没有适时应变而致失去了正统地位；战国时期，儒家因其学说博而寡要而受到其他各家的诟病。这些现实和历史的例子告诉我们，我们必须直面儒家文化的现实困境并妥善解决，否则，我们就不得不承受儒家文化崩解的后果。有鉴于此，我们决不能抱残守缺，而是要以开放的心态，大胆地接受西方文化，为我所用。

不过，在肯定中国传统文化价值的基础上提出容纳、吸收西方文化的设想，这会带来一个难以回避的难题，那就是：中学已经流传数千年，不仅“今日四部之书，汗牛充栋，老死不能遍观而尽识”①，而且中学典籍的传播还有丰厚的社会文化心理的支撑，要想让当时的学子在有限的时间内很好地吸收中学与西学的精华，实现二者在同一主体身上的和谐共存，那是非常困难的。用张之洞的话来说就是：“不讲新学则势不行，兼讲旧学则力不给。”②为此，张之洞特别提出了一个他称之为“守约”的设想。

所谓“守约”，张之洞曾对之作如下诠释：“今欲存中学，必自守约始，守约必自破除门面始，爰举中学各门求约之法，条列于后。损之又损，义主救世，以致用当务为贵，不以殚见洽闻为贤。”③可见，在张之洞看来，“守约”就是在守住儒学的微言大义的前提下，尽可能简化儒学典籍的修习数量。从这一基点出发，张之洞提出了一个大致的修学方案：

> 求约之法，十五岁以前诵孝经，四书五经正文，随文解义，并读史略、天文、地理、歌括图式诸书，及汉唐宋人明白晓畅文字、有益于今日行文者；自十五岁始以左方之法求之：统经史诸子、理学、小学各门，美质五年可通，中材十年可了。若有学堂专师或依此纂成学堂专书，中材亦五年可了；而以其间兼习西文，过此以往，专力讲求时政，广究西法。其有好古研精不骛功名之士，愿为专门之学者，此五年以后，博观深造，任自为之。然百人入学，必有三五人愿为专门者，是为以约存博。④

① 苑书义、孙华峰、李秉新主编：《张之洞全集》第十二册，河北人民出版社 1998 年版，第 9726 页。
② 苑书义、孙华峰、李秉新主编：《张之洞全集》第十二册，河北人民出版社 1998 年版，第 9726 页。
③ 苑书义、孙华峰、李秉新主编：《张之洞全集》第十二册，河北人民出版社 1998 年版，第 9726 页。
④ 苑书义、孙华峰、李秉新主编：《张之洞全集》第十二册，河北人民出版社 1998 年版，第 9726 页。

从这段话我们可以看到，这里所设计的是一个从小学到大学的修学方案。其中，把中国传统四部之学的主要方面都涉及了。这一方案虽然已经有了一个大的骨架，但具体操作起来还是存在相当困难的。为此，张之洞在“损之又损”之后，详细开列了一个书目。据何启、胡礼垣统计，即使不算诸子百家之书，还有5646卷。若以每天阅读两卷计算，也需七八年才有可能读完。[①] 显然，这一数量还是太多了。考虑到这一点，张之洞又进一步提出：“如资性平弱，并此亦畏难者，则先读《近思录》《东塾读书记》《御批通鉴辑览》《文献通考详节》。果能熟此四书，于中学亦有主宰矣。”[②]到了这一步，这就是一个极其大胆的简化了。著名历史学者罗志田在《原来张之洞》一文中把“守约”一法评价为“相当富于想象力且具颠覆性质的主张”，对把“中学”简化为新四书更是赞誉有加：

> 这可是在废科举之前，读书量“损之又损”到这样的程度，仍算是维持了“中学为体”，宁非石破天惊之论！且此新“四书”中实无一经，中学里最基本的经学已被整体性地束之高阁。只要将张之洞建议清末一般学子所读之书与民初胡适为“出国留学生”所开的近万卷“最低限度国学书目”作一对比，就可知张氏“守约”之法的革命性有多足。[③]

张之洞的这一设想，显然是为了在不损害“中学之本”的前提下，为西学尽可能多地腾挪出足够的存在空间。这一批判地继承中国传统文化的思想倾向，是显而易见的。

当然，张之洞尽可能地压缩中国传统文化的生存空间与增加西方文化的存在空间，并非是要贬低中国传统文化而抬高西方文化。相反，在其心目中，中国传统文化的“体”的地位是始终不可动摇的。对于中西文化的

---

① 郑大华点校本：《新政真诠——何启、胡礼垣集》，辽宁人民出版社1994年版，第206页。

② 苑书义、孙华峰、李秉新主编：《张之洞全集》第十二册，河北人民出版社1998年版，第9732页。

③ 罗厚立：《原来张之洞》，载《南方周末》2004年7月14日。

地位,他的基本观点是:“旧学为体,新学为用。”[1]这就把中国传统文化的本体地位做了非常明确的限定。何况他还说:“今欲强中学,存中学,则不得不讲西学。然不先以中学固其根柢,端其识趣,则强者为乱首,弱者为人奴,其祸更烈于不通西学者矣。”[2]这里就把中西文化的地位说得更清楚了:学习西方文化的目的是为了使中国的传统文化能够得到保存并发扬光大。因为只有把中国传统文化置于根本地位,对西方文化的吸收才不会偏离保国、保种、保教的正确方向。其以中国传统文化为本的倾向,可谓昭然若揭了。

从上述论述中,我们可以看到,对于如何对待中国的传统文化,张之洞的基本主张是:第一,高度肯定中国传统文化的价值。张之洞认为,中国传统文化既是中华民族悠久智慧的结晶,也是其自我认同的内在根据,故必须高度肯定其价值。第二,继承传统文化的基因。在张之洞看来,在国门洞开、列强环伺的时代条件下,对于传统文化,已经不能全盘肯定与传承,只能选择其中的文化基因、核心要素来加以传承。第三,必须把传统文化的基因置于根本、基础的地位来看待。在张之洞看来,中国的传统文化的基因是中国作为一个民族国家建设的根本,不认识清楚这一点并切实实践之,中国将走向国家、种族、文教都难以保全的境地。这些思想虽是百余年前面对特定的时局提出的主张,但是,即使用当代人挑剔的眼光来看,它们都是熠熠生辉的。那么,这些思想在全球化时代的今天对我们具有哪些借鉴意义呢?这是我们下面所要着力探讨的。

二、“对话”需要“特殊的优势”形成

在全球化的时代,中国是处在一个被压缩了的教育空间中的,在资源的获取上也是处于不利地位的,中国欲在教育全球化的时代争取必需的发展空间与资源,一个重要的前提是中国的教育理论研究者能与发达国家的教育理论研究者进行真正的“对话”。只有通过对话,才有可能制订出对我们也有利的“通则”与“规条”,在教育空间中占有我们必须的地位。但

① 苑书义、孙华峰、李秉新主编:《张之洞全集》第十二册,河北人民出版社 1998 年版,第 9740 页。

② 苑书义、孙华峰、李秉新主编:《张之洞全集》第十二册,河北人民出版社 1998 年版,第 9724 页。

是，“对话”发生的重要条件之一就是差异的存在。如果不存在差异，即使你在发声、在说话，也只不过是复述而已；你发出的声音再响亮，姿态再美妙，也不会引起人家的注意。所以，“对话”在一定意义上就意味着中国的教育研究必须有自己独特的理论假设、概念、框架与方法，有自己要说的话，且能引起他者的关注与思考，能给别人以启示。这些独特的东西才是我们的“特殊的优势”。①

反观我们的某些教育研究者，却基本上是在对国外教育思想、制度、课程与方法的借鉴与学习，而忽视了本国的“特殊的优势”的构建，这是万万不可的。我们必须奋发图强，去发现、创造我们的“特殊的优势”。如何创造我们的“特殊的优势”呢？只有依靠面向传统，从传统中引发而成。

为什么只有从传统当中才能引发出“特殊的优势”呢？这是因为，创造“特殊的优势”往往是个体化的劳作，最多不过是少数人的协作，是个体或少数人的智慧。而从古到今的无数人们对教育进行理性思考的结晶构成了教育思维的人类智慧。“个的智慧”与“类的智慧”相比，其深度与向度都是极其有限的。教育思维的“类的智慧”对于“个的智慧”，具有众多开创、启示的意义。

首先，思考、研究教育的“类的智慧”可以为当今的教育理论研究者洞察教育理论的“外部困难”与“内部困难”提供借鉴。任何一个严肃的教育理论工作者都深知，真正意义上的教育理论创新是异常艰难的。其艰难之处在于，旧有的教育理论的结构是非常稳固的，要有所创新，必须从结构上对其进行松动。而从结构上进行松动的前提就是深入洞悉旧的教育理论的“外部困难”（旧的理论与新的经验之间的矛盾）与“内部困难”（理论的内在逻辑矛盾）。② 而要洞悉旧的教育理论的“外部困难”与“内部困难”，只依靠“个的智慧”是不够的。在千百年的教育研究的历程中，每一次的教育理论的突破都是从洞察前人的教育理论的“外部困难”与“内部困难”开始的，因此，前人为我们留下了大量的如何发现旧的教育理论“困难”的思想成果。通过对这些成果的解读，我们自然可以发现前人在寻找“理论

① 国际21世纪教育委员会：《教育——财富蕴藏其中》，教育科学出版社2001年版，第27页。
② 孙正聿：《思想中的时代——当代哲学的理论自觉》，北京师范大学出版社2004年版，第259页。

困难”上的策略、方法。借用这些策略、方法，必然有助于我们今人发现当今教育理论的“困难”，为松动其结构打开缺口。

其次，教育研究的“类智慧”可以使我们看到教育理论创新的种种可能。在一定程度上来说，任何一代的教育研究者的研究成果都是一种未完成的形态。这些未完成的形态如果从片段来看，是难以观察到它的进一步完成的可能的。而通过“历时态”的观察，在一代代人的不断完成或修正中，我们可以较为明显地看到这些未完成的形态在深度与向度上的发展逻辑与方向。找到这些逻辑与方向，将其做引申、发挥，在一定意义上将其完成，就是教育理论的创新。

实际上，任何全球化的东西，在一开始的时候都是地方的、特殊化的东西，而决定其由地方到全球，由特殊到普遍的力量虽然很多，但关键还是它的创新性和有效性。一个地方性的事物，当全世界都承认它是好的，它自然就会变成全球化的。因此，我们要有信心引发、创造我们的必将属于“全球”的“特殊的优势”。那么，如何才能形成自己的“特殊的优势”呢？这就需要我们探讨其策略问题。

三、形成“特殊的优势”的策略

（一）确认中国教育传统基因的价值

“特殊的优势”不可能是从外来移植而形成的，只能从本土的教育传统中“生长”出来。因此，我们第一步需要做的就是对自己的教育传统的根本价值给予高度肯定。如果失却这一基点，“特殊的优势”的形成就是无源之水。需要特别指出的是，这种价值肯定并非指向所有的教育传统遗存，只是对其基因的价值予以确认。因为只有本土教育传统的基因才是本土教育发展的命脉所系，才能成为本土教育与外域教育区隔的根本标识。

（二）还原中国教育传统的基因

所谓还原中国教育传统的基因，是指返回中国教育传统产生的原点，寻找中国教育传统的基因密码，将那些基因密码作为中国化教育理论的逻辑起点。如何才能找到这些基因呢？一是通过解读《论语》《孟子》《老子》《庄子》《墨子》等先秦时的教育经典,寻找其中共性的东西;二是从先秦以来的重要的历史文献入手,考察那些共性的东西在后来对中国教育经验与理论的影响,看其是否是一以贯之地在对中国教育传统发生作用。如此,便可找到在中国教育的发展中一直在起支配作用的那些基因。

(三)参照西方理论

回归中国教育传统的原点不是为了把自己封闭起来,而是为了形成新的理论建构的思路,建立现代性的、具有中国特色的教育理论体系。如果只是追求一种完全来自中国的"特殊优势",那不可能是真正的"特殊优势"。这就必然要求我们将关注的目光投向国外(主要是西方),参照国外的教育传统与智慧。在这里,参照的目的不是为了照搬,而是将国外的教育传统与智慧作为启迪、触发我们理论思维的工具、媒介。这里的参照要把握两个关键点:一是要系统梳理西方教育的传统。这种梳理当然不用像探究中国教育传统那样深入、细致,但是,内在的逻辑、关键的转折点都要清楚。二是在关键点上,"中国眼光"与"外国眼光"要相互注视,考察它们之间的异同。

(四)对话与融合

中国教育传统与国外的教育传统都梳理明晰了,接下来就是中与外的对话。所谓对话,就是中外的教育传统相互沟通、质询。无论巨细的对话是不可能的,这一对话主要是在关键点上"中国眼光"与"外国眼光"的相互交流、问难,以明确其形成异同的深层历史根源以及融合的可能性有多大。

在对话的基础上,对中外教育传统异同的性质、根源都有了清楚的了解。于是,我们就可以把与中国教育传统具有可融合性的外国教育传统的因子纳入到中国教育传统的理论体系中,使二者有机结合。如此,就可形成既有现代色彩,又具中国特色的教育理论体系。

按照上述四步走的策略来形成"特殊的优势",不是靠几人之力可以一蹴而就的。它需要从事教育学原理、中国教育史、外国教育史等学科研究的若干代学者的通力协作,才有可能达到理想的目标。

在此，有的学者也许会感叹，在全球学术交往日益频繁的情况下，我们的思维、概念和视野都不同程度地受到异域文化的影响，我们离开了西方的逻辑还能思维吗？我们失去了西方概念还会说话吗？语言本就是一种文化，当本土语言被侵蚀后，民族精神与文化的载体就丢失了，民族的教育理论的生成还有可能吗？我们还能由本土纯粹生长出"特殊的优势"吗？在这一点上，我们的邻国日本在这方面的探索可以给我们以有益的启示。

日本语言被殖民的倾向要远甚于中国，但在日本仍然有"内源性"教育学的追求。日本的著名教育家大田尧教授，为了能从本土化的角度来研究日本的教育进程，他走到民间与日本的普通大众，如农夫和渔民进行对话，期望通过这种方式能找到一种属于自己的本土化的语言来表达日本本土的教育经验。尽管他的尝试遇到了人们无法想象的困难，但这至少向我们传递了一个信息，即由本土自己创生教育理论是可能的。① 关键是我们对西方的教育学术要保持距离，要敢于质疑西方教育理论，运用中国人特有的理论创新能力，深入教育传统与当代教育的日常生活，创造新的概念与提出新的理论主张。

第三节　中庸的教育智慧考索

一、中庸本义探源

中庸一语，历来是一个含混不清、误解颇多的词汇。因此，要探寻中庸的教育智慧，首先需要做的是对中庸的本义作出明晰、准确的阐释。那么，何谓中庸呢？这需要从"中"的字义开始其寻绎的历程。关于"中"的思想，最早可以追溯到西周时关于刑罚的观念中。在《尚书·吕刑》中，曾经有这样的一些记载："士制百姓于刑之中"，"惟良折狱，罔非在中"，"明启

① 大田尧的教育思想可参见熊淳：《新时代背景下教育的使命与发展方向——日本教育学家大田尧先生访谈》，载《全球教育展望》2009 年第 4 期，第 3—5 页。

刑书相占，咸庶中正”。这里所说的“刑之中”“在中”“中正”，都是指刑罚的执行要符合法律所制定的标准。其引申义为恰到好处地符合一定的标准、没有过与不及。

到了孔子那里，将上述“中”的思想加以发挥，运用到他的伦理思想建构中，发明了儒家的“中庸”之说。对于中庸，孔子的最为经典的表述是：“中庸之为德，其至矣乎！民鲜久矣。”①在此，我们可以清晰地看到，孔子是把“中庸”作为一种难能可贵的至高的伦理准则来看待的。那么，达到何种境界，才能算是实现了中庸呢？那就是在社会实践中对度的适当的把握。对于这一点，从孔子与子贡的一段对话就可看到。子贡问孔子：“师与商也孰贤？”孔子的回答是：“师也过，商也不及。”子贡接着问：“然则师愈与？”孔子的回答是：“过犹不及。”②对于此点，很多人常常错误地把“过犹不及”理解为处于与对立两端等距离的中点上，认为中庸之道即是调和、折中主义。这是对中庸的极大误解。事实上，在孔子看来，所谓中庸，是能够在处理世务上不走极端，适当地把握分寸。而这一分寸的把握，绝对不是机械地限定在某一个点上，而是随着具体情况、条件的变化而变动的。对于这一点，孔子特别指出：“君子中庸，小人反中庸。君子而时中；小人之反中庸也，小人而无忌惮也。”③这里的“时中”，就是根据不同时间、地点情况的变化，随时采取适当的应对措施。在这一点上，孟子继承了孔子的思想取向。因为孔子能够根据不同的时地条件灵活地决定自己的行动策略，即“可以速而速，可以久而久；可以处而处，可以仕而仕”。孟子就对孔子极力称扬，称其为“圣之时者”④。这正反映了其对因时而选择适当言行的思想与实践的高度认可。

根据条件的变化而选择适当的言行，这就涉及一个如何处理不同言行之间的关系问题，毕竟选择是在至少两种、甚至多种思想、行为之间进行的。对此，中庸之道的观点是，要注意处理的各个要素之间的协调，使之处

---

① 《论语·雍也》。
② 《论语·先进》。
③ 《礼记·中庸》。
④ 《孟子·万章》。

于和谐状态。这就是《中庸》中所讲的“致中和,天地位焉,万物育焉”①。

不过,到这里紧接着就会碰到这样一个问题:随着时间、地点的推移,动态地、正确地处理不同言行之间的关系,使自己的言行适宜,是以功利为目标呢,还是有着形而上的不易的追求?这是必须回答的。原始儒家对其作出的回答是:随着条件的变化采取适当的举措不是无原则的,而是要遵循一定的形而上的准则。孔子说:“不得中道而与之,必也狂狷乎。”②讲的就是中庸的应世方法要合于“道”。对于孔子的这一思想,孟子曾经做过这样的发挥:“大匠不为拙工废绳墨,羿不为拙射变其彀率。君子引而不发,跃如也;中道而立,能者从之。”③可见,孟子在这里想要说明的是,孔子所谓的“中道”,就像工匠做工要以绳墨为准,射手调弓要以彀率为准一样,须以“道”为其准则。荀子也继承了孔孟之说,如此申述:“凡事行,有益于理者立之,无益于理者废之,夫是之谓中事。凡知说,有益于理者为之,无益于理者舍之,夫是之谓中说。事行失中谓之奸事,知说失中谓之奸道。”④荀子所说的“中事”“中说”,都是以“理”为准绳而判断的。在这里,他虽然未曾沿用“道”这一说法,但以一定的标准来衡量所言所行的合理性的取向,与孔、孟是一致的。

总之,从早期儒家的代表人物的学说中关于中庸的言论来看,所谓中庸,就是人们以一定的形而上的道义原则为准绳,根据时间、地点的变化,合理调配不同的思想与行为的关系,使主体的思想与行为分寸得宜的一种境界。考之于张之洞的教育思想与实践,我们就会发现,其与儒家的中庸之道颇多若合符契之处。

二、对中庸之道的持守

张之洞在《劝学篇》中就曾说:“凡此所说,窃尝考诸《中庸》而有合焉。”这说明,在张之洞这一思想成熟时期的思想体系的建构中,自觉地贯彻了中庸之道。另外,张之洞自称,其平生办事“不外《中庸》‘勉强而行’

① 《礼记·中庸》。

② 《孟子·尽心》。

③ 《孟子·尽心》。

④ 《荀子·儒效》。

四字”①。这说明,在事功层面,中庸之道也是其实践准则。考之于张之洞的教育思想与实践变迁历程,我们就会发现,他这样的夫子自道,确实不是妄语,而是对自己实践智慧与学术智慧进行深入反思之后的精到概括。

(一)思想层面对中庸之道的持守

在张之洞出任封疆大吏之初及之前,“通经致用”可谓其教育思想的大旨。面对列强环伺与儒学不振的局面,张之洞大声疾呼:“读书期于明理,明理期于致用。”②为什么这样说呢?因为在其看来,致用之道有多种途径,但是,其根柢必须是“通经”。用张之洞的话来说就是:“苟有其本,以为一切学术,沛然谁能御之,要其终也,归于有用。天下人材出于学,学不得不先求诸经……其势然,其序然也。”③既然致用必须通经,那么,如何才能实现通经呢?首先,要破除儒学各派的门户之见。对于儒学内部的门户之见,张之洞如此给予严厉批评:“近代学人大率两途,好读书者宗汉学,讲治心者宗宋学,逐本忘源,遂相诟病,大为恶习。夫圣人之道,读书治心宜无偏废,理取相资。诋諆求胜,未为通儒。”④对于为什么应该破除门户之见,张之洞也做出了说明:“学术有门径,学人无党援。汉学,学也;宋学,亦学也……汉学岂无所失,然宗之则空疏蔑古之弊除矣;宋学非无所病,然宗之则可以寡过矣。至其所短,前人攻之,我心知之,学人贵通,其论事理也,贵心安,争之而于己无益,排之而究不能胜,不如其已也。”⑤可见,在张之洞看来,儒学内部的汉学和宋学各有长短得失,互相攻讦不但没有好处,也不会有什么有价值的结果。对于如何排除门户之见,张之洞进一步指出:“真汉学未尝不穷理,真宋学亦未尝不读书,即使偏胜,要在宗法圣贤,各适其用。”⑥从这里我们可以看到,张之洞的意思是,不要偏执汉学与宋学之一端,而是要从致用的需要出发,使汉学与宋学在不同的地方发

① 苑书义、孙华峰、李秉新主编:《张之洞全集》第十二册,河北人民出版社1998年版,第10632页。
② 苑书义、孙华峰、李秉新主编:《张之洞全集》第十二册,河北人民出版社1998年版,第9797页。
③ 苑书义、孙华峰、李秉新主编:《张之洞全集》第十二册,河北人民出版社1998年版,第10076页。
④ 苑书义、孙华峰、李秉新主编:《张之洞全集》第十二册,河北人民出版社1998年版,第9794页。
⑤ 苑书义、孙华峰、李秉新主编:《张之洞全集》第十二册,河北人民出版社1998年版,第10077页。
⑥ 苑书义、孙华峰、李秉新主编:《张之洞全集》第十二册,河北人民出版社1998年版,第9795页。

挥各自的作用。除了主张破除汉学与宋学的门户之见,对于宋明理学内部的分歧,张之洞也着力加以调和。对此,他说:“王阳明学术宗旨虽与程朱不同,然王出于陆亦宋学也,犹如继别之后更分大宗小宗,不必强立门户,互相訾謷。”①总之,在这一时期,在其“通经致用”的教育思想中,其主张以致用为平衡点,适度调和传统儒学中的汉学与宋学、汉学与宋学内部的分歧,显然是受了中庸思想的影响。

在出任封疆大吏的中期和后期,随着西潮汹涌而来的逼迫与自身思想的逐步成熟,张之洞放弃了自己的“通经致用”的思想,提出了更为系统化、更为切用于时代的“中体西用”思想。之所以会提出这样的思想,那是因为张之洞对于顽固派的固守的德治主义的思想主张不满,认为其是“旧者不知通”。同时,对于维新派与西化派的一味趋新的思想主张也感到忧虑甚至恐惧,认为其是“新者不知本”。既然这两个极端的思想都是不适当的,那么,就需要提出一种能够平衡二者的、解决这两种思想痼弊的新的思想方案,这就是“中体西用”的思想。这一思想不仅解决了顽固派思想不能适应时代潮流的弊病与西化派思想可能失去国家文化、教育之本的危害,还为两种极端思想找到了一个合理的平衡支点:体用地位的限定。这不正是“执两而用中”思想的体现吗?

总之,在张之洞的教育思想上的两个关键节点上,“通经致用”思想将汉学与宋学及其内部各流派置于同等地位上,提出了“各适其用”的平衡它们关系的理想方式。“中体西用”思想将中学与西学置于一主一辅地位,用体用二分的方式使二者得到了合理平衡。就其要者而言,前者是等量齐观的“用中”形式,后者则是一主一辅的“用中”形式。其以中庸思维支配教育思想建构的痕迹,是一目了然的。

(二)实践层面对中庸之道的践行

在张之洞推动教育改革的实践历程中,在重要的关节点上,都闪烁着中庸智慧的光芒。这里,我们只能选择几个主要的关键点,以窥其一斑。

在张之洞的科举改革方案中,保留了传统的乡试、会试、岁考、科考的

① 苑书义、孙华峰、李秉新主编:《张之洞全集》第十二册,河北人民出版社1998年版,第9794页。

形式框架。在这样的形式框架中，注入了西学的内容。这是非常富有智慧的制度设计。因为在当时的情况下，为了实现国家富强的目标，不得不通过科举考试的改革引导广大士子学习西学，故西学的考察是科举改革中必须迈出的一步。但是，在当时特定的社会状况下，又无法取消科举考试这样一种形式。如果取消，由旧的教育培养出来并受传统科举制度规范的广大知识分子就会失去仕进之路，产生巨大的心理失衡。这极易酿成极大的社会动荡。因此，张之洞在经过审慎权衡之后，只能对科举制度“存其大体而斟酌修改之”，在传统的制度框架中适当注入西学的内容。这实际上是一种不得已选择的过渡办法。对于这一点，维新派梁启超说得好：“此数年中借策论科举为引渡，此亦不得已之办法也。”①在这一合理兼容新旧两种要素、在旧制度的框架中注入新内容的平衡策略中，我们不难看到张之洞中庸智慧的闪现。

在《江楚会奏变法三折》的出台中，我们也可以看到中庸智慧的影子。为了能够提出一个各方势力都能够接受的教育改革方案，张之洞首先是打探朝廷的真实意图。不论是通过自己的门人、同僚，还是通过自己的姐夫鹿传霖，都是为了准确探知最高统治者的真实意图。因为在张之洞看来，如果没有最高统治者的认可，一切设想都是虚幻的。当探知朝廷下定决心改革的真实意图后，张之洞又多方咨询有实力的督抚大员的意见。当那些督抚同意联衔会奏后，张之洞的心里就更有底了。于是，以其为主导，在与刘坤一往复磋商的基础上，形成了奏折的初稿。在初稿形成后，还多方征求督抚的意见，最后形成定稿。在这一过程中，我们可以看到，张之洞始终是在最高统治者与地方大员之间、不同的地方大员之间、他与刘坤一之间寻找适当的平衡点。为了找到这一平衡点，他不惜劳心费力，无论多么繁难，他都坚持这样做。这说明，张之洞力图在不同的改革决策者之间寻找到适当的平衡点，让其改革主张尽可能多地获得同盟者。事实上也确实如此，在奏折呈上后没有多长时间，最高统治者便肯定了《江楚会奏变法三折》的价值及其可行性，并按照其推行新政。这可以说是中庸之道在实践中的成功范例。

① 中国史学会主编：《戊戌变法资料丛刊》第二册，神州国光社 1953 年版，第 41—42 页。

此外,张之洞在进入军机处之后,在推行中央教育行政体制改革上,也运用了其中庸智慧。为了使中央教育行政体制改革能够顺利推行,张之洞采取了相当稳健而有效的策略:先是提出设立总理学务大臣的建议,然后才提出设立学部的设想。事实上,在张之洞的头脑中,理想的管理全国教育的行政机构是学部,而不是总理学务大臣。但是,他并不是直接提出建立学部,而是先提出设立总理学务大臣。其深意何在呢?在笔者看来,这又是其睿智、老到之处的显现。张之洞深知,如果贸然提出建立一个新的统筹管理全国教育事务的部门,必然涉及裁撤礼部与翰林院等诸多事宜。这其中复杂的人事矛盾、利益纠葛,很可能使这一倡议流产。可是,假如只是提议专门设立总理学务大臣,就不会产生这样的后果。因为总理学务大臣属于“特设专员”,与其说它是一个制度化的部门,不如说它是钦差大臣更合适。这样的设置,在具体的管理事务运作中引起冲突的可能性就会小很多。其实,在总理学务大臣下面设六处,就已经是在悄悄地安排学部的管理建制了,只是没有公开这样宣称罢了。对于这一点,对张之洞知之甚深的张百熙曾经这样说:“此时照香帅所定学务处章程,分科办理(此即与学部尤异),不立学部之名,而居其实,必于学界有所裨益。”这里应该说得很清楚了:虽然不确立一个学部的名目,但是,采用六处的机构设置,其实发挥的就是学部的职能。后来,当总理学务大臣运作了一段时间之后,设立学部的条件成熟了,张之洞遂力推建立学部一事,使得学部得以顺利设立。在中国这样一个特别重视名实关系的国度,这可以说是一种巧妙的平衡新旧制度要素的做法。

总之,从科举制度变革的设想、新政教育纲领的出台、中央教育行政机构的变革等重大事件上,我们可以看到,中庸智慧是张之洞在教育实践中取得一个又一个成功的法宝。

三、寻觅当代人失却的中庸智慧

从前面的论述可以看到,张之洞在其思想成熟、走上事功之路开始,一直到其生命终结之日,始终坚持将中庸之道贯彻于其思想建构与实践拓展之中。无论是在尖锐对立的思想主张之间,还是在复杂的人事争端之间,他都没有极端地选择赞同一者而反对他者,而是在众多的思想、人事纷争中，绞尽脑汁，费尽口舌，巧妙地寻找相异的思想、人事之间适当的平衡点，终于在思想与实践上争取到了尽可能多的同盟军，使其思想主张广为流播，使其实践举措得到顺利推行。尽管其对中庸之道的奉行不可避免受到了思想、人事上的极端激进与保守人士的诋毁与抵抗，我们还是看到了中庸之道的奉行在其思想建构与实践推行上所发挥的威力。当然，张之洞之所以能够在思想与事功上取得有清一代几乎所有人都难以望其项背的业绩与影响力，不仅在于其思想与实践中得到了中庸之形，更在于其深得中庸之神髓，那就是对中庸之道中“道”的坚守。不论是其在教育思想上倡导“通经致用”中在汉学、宋学及其内部的平衡与倡导“中体西用”中在中学与西学之间的平衡，还是在皇帝与众多臣僚之间、众多督抚大员之间的人事、权力平衡，都不是出于私利的筹谋、算计，而是一本“保国”“保种”“保教”之心。这一大爱无疆、泽被苍生的仁心，正是儒家之一贯倡导之“仁道”。正是张之洞对这一形而上的“道”的坚守，才使其对中庸之道的持守没有流入下品，而是在一定程度上臻于圣域。其为中庸之道注入的这一精神气脉也使得其思想建构与实践选择与更多的仁人志士心意相通、同气相应。这对争取更多的支持者、崇拜者，起到了不期而至的效果。这虽然不是张之洞的自觉追求，但客观上确实是收到了这样的效果。

我们虽然身处一个有着深厚而悠久的中庸之道传统的国度，但是，由于在相当长的一段时间里，我们将中庸之道庸俗化，视之为折中主义、平均主义的代名词。所以，在当代的教育思想讨论与教育实践变革中，真正的中庸智慧被打入冷宫，弃之如敝屣。这带来的直接结果是，教育思想讨论上的极端化、教育实践选择上的两极化。即使是思想与实践上能够避免极端化，力图在不同的教育思想与实践取向之间寻找合适的平衡点，也往往是从功利的立场出发，没有能够为思想与实践的平衡确立形而上的支点或基础。这对于当代教育思想的发展与实践变革的推进，都是极其不利的。因此，我们非常有必要借鉴张之洞的中庸智慧，重新审视我们的教育思想状况与教育实践状况，确定新的行动主张。

由于教育思想讨论与实践兴革特有的广泛性、复杂性，我们在此很难全面地讨论当代中国教育的问题。因此，笔者选择目前人们普遍关注的基础教育领域的课程改革与高等教育领域的扩招两大问题，以它们为例，一窥中国教育的现状。

首先,我们来看基础教育领域的课程改革。在笔者看来,目前所谓的"新课改"最大的问题在于,改革走的是一条以西方为中心的道路。在当今的教育全球化背景下,发展中国家以西方的发达国家为参照系推行教育改革,是有其合理性的。但是,如果此种参照走入"唯西方中心"则是不可取的。以研究比较教育著称于世的萨德勒早就曾经这样谆谆告诫世人:"不能随意地漫步在世界教育制度之林,像小孩逛花园一样,从一堆灌木丛中摘一朵花,再从另一堆中采一些叶子,然后指望将这些采集的东西移植到家里的土壤中便会拥有一颗具有生命的植物。"[①]萨德勒的这段话明确地告诉我们,无论出于何种动机,简单移植他国教育的做法都是不可取的。遗憾的是,我们的所谓"新课改"走的是一条与萨德勒的告诫背道而驰的道路。我们把本来应该具有中国特色的课程改革变成了西方课程理念移植的实验。这主要表现在以下几个方面:

第一,以所谓全球化的趋势来规范中国课程改革的取向。在当今时代,虽然全球化已经成为不可遏制的发展趋势,但是,即便在此种情势下,国与国之间的利益争夺非但没有减少,反而是强化了。面对这一境遇,任何一个国家想要独立于世界之林,很好地生存、发展,其国民必须具有清醒而强烈的民族国家意识。作为身处此世界之中的学者,自然也应该秉持强烈的民族国家意识,站在民族国家的立场上,研判形势,确定改革策略。否则,很可能会制定出有损国家利益的改革方略。众所周知,中国是一个处于发展中的、正在经历现代性历程的国家。其课程改革的定位,应该考虑自己的国家尚处于发展中国家的层次、现代性程度非常有限等基本国情。遗憾的是,我们课程改革的基本出发点不在我们自己的国情上面,而是站在所谓"全球化"的立场上,用"国际人"的眼光,审察我们现在课程中存在的问题,确立改革的取向。这样思考问题并作出相应的实践选择,本意也许是促进国家的繁荣,但最可能的结果反倒是将国家导入不测之地。这是我们必须清醒认识并警心惕神的。

第二,城市化要求遮蔽了农村地区的需要与可能。从课程改革的方案

① 王承绪:《比较教育学史》,人民教育出版社 1999 年版,第 66 页。

来看,基本上是以城市化水平已经达到相当高水准的西方发达国家为参照标准而制订的。所谓顺应知识经济时代的要求、符合信息社会的需要、适应终身学习的潮流等提法,都是其集中反映。我们不能否认,整个世界的发展趋势是工业化、城市化水平的不断提升,适应城市化的要求进行课程改革是未来课程改革的必然选择。但是,我们又须清醒地认识到,我们不是生活在未来的世界里,而是生活在现实世界里。现实的中国尚是一个农村人口仍占绝大多数、地区发展很不平衡的国家。因此,我们目前的课程改革应该正视中国的广大农村依然不发达、农村教育依然落后这一现实,充分考虑课程改革方案实施的可行性。遗憾的是,我们的某些课改方案没有能够做到这一点。在计算机还远没有普及的情况下,我们却要求将信息技术教育作为必修课;在外语师资尚大量缺口的条件下,我们却提出了小学三年级均开设外语课的一刀切式的要求。这显然是以西方的城市化要求遮蔽了中国的现实教育状况。

第三,操作理念及其表达方式的移植。仔细体味对于新课改具有指导意义的《基础教育课程改革纲要(试行)解读》,我们便会发现,其移植西方国家的印迹十分明显。无论从实质性内容还是表述形式上,都可以清晰地看到这一点。从内容上来说,从一开始论述课程改革的背景、目标开始,其着眼点便是发达国家课程改革的趋势与经验。仿佛这次课改的主体不是中国,而是西方的某一国家。当进入有关课程结构、教学方式、教材设计、教学绩效评价、课程管理等具体操作环节时,基本上都是在对欧美国家、日本的课程改革经验进行阐释后得出的。如日本的基础学力课程、校本课程,德国的教材形式、研究性学习,美国的社区服务等元素,都是如此。现实的我国国情、我国历次课程改革与教学改革的成功经验,在相关内容阐述中几乎没有看到其影子。就表述形式而言,其西方化色彩也相当浓重。在阐述课程改革内容时,征引对象不是欧美国家的加德纳、斯腾伯格与日本的天笠茂、安彦忠彦等理论家的著作,便是欧美国家中央教育行政管理机构和日本文部省的文本,80%以上的注释与引文都来自外域。与之形成鲜明对比的是,中国传统的教育实践和理论话语、当代的广大教育工作者的实践经验积淀而成的文本,却基本上不在征引之列。这显然是在告诉我们,即使在课程改革领域,“内隐的东方主义深刻地渗透到了第三世界知识分子的文化无意识之中，成为他们文化无意识的组成部分”①，也是一个不争的事实。对于此点，可能是许多学者、实践者所无法自知的，但其确实存在着，并对中国整个的课程改革的方向、进路产生着深刻影响。

如此罔顾中国教育的现实需求与可能，一厢情愿地以西方国家的要求出发设计的课改方案，只能是空中楼阁，与现实教育生活的改进无关，与中国基础教育质量的提升无涉。而这样的结果，是任何一个对中国教育有责任心的人都不愿意看到的。因此，我们应当从这样的误区中走出来。如何走出这样的误区呢？在笔者看来，要解决这样的问题，其前提是搞清楚为何会走入这样的误区。为什么会走入这样的误区呢？主要是由于课改的主事者缺乏中庸思维，在思考课改问题时只是将着眼点放在了参照西方标准上，而没有考虑西方标准与中国现实的合理调配、平衡。有鉴于此，要解决这一问题，我们就需要找回已经失却的中庸智慧，以之指导我们的课程改革设计。如何在此运用中庸智慧呢？笔者的想法是，我们既不能立足于西方教育的立场上，盲目、颟顸地追随原本不属于本国的所谓国外“先进”课改理念，也不能单方面立足于本国教育，自命不凡地追求所谓纯粹的中国课程的特色化，而是要在中国教育立场与西方教育立场之间形成合理的张力与平衡。要实现这一点，需要做到以下几方面：

第一，确立坚定的课程民族化意识。我们要清醒地认识到，在经济、政治、军事等方面处于强势的西方发达国家一直都存有以文化为手段而控制世界的险恶用心。如果我们把西方国家的课程作为范本来不加批判地接受，甚至顶礼膜拜，那就是自我的课程“殖民化”。因此，在课程改革与建设上，我们必须有坚定的以我为主的意识。同时，我们还要认识到，课程改革上的以我为主，并不是故步自封，拒斥课程改革的国际化、全球化，而是要在充分认识本国课程改革的现状与历史的基础上，确立自身的课程基因，再嫁接国际性、全球化的课程因子，使课程的民族特色加以彰显。

第二，切实加强本土文化在教材编写的比重。我们应该充分挖掘本土传统文化精华中那些潜隐的课程资源，将之组织、整合到教材中去。这样，通过特定的教学活动的传承，中国本土的传统文化精华就能够通过高度自

---

① 项贤明：《比较教育学的文化逻辑》，黑龙江教育出版社2000年版，第163页。

觉的方式或潜移默化的方式，成为中国学生的前理解的有机组成部分。当实现了这一点的时候，学生们就能够以之为基点，与进入自己精神视野的西方文化进行“对视”。这样，学生既不会形成对本土传统文化的自然信从，更不会形成对西方文化的盲目追随，而是使二者之间形成必要的检视和激发。这对本土课程与西方课程之间形成必要的张力与平衡，为中国的课程改革带来源源不断的活力，具有重要意义。

其次，我们再来看高等教育领域的扩招问题。1998 年，我国政府在《面向 21 世纪教育振兴行动计划》中指出：“到 2010 年，高等教育规模有较大扩展，入学率接近 15%（在校生规模达到 1600 万人）。”这是 20 世纪进入尾声时我国预定的高等教育规模扩张的目标。这本来就已经是一个有些冒进的目标了，可是，在 2001 年的《教育事业发展第十个五年计划》中，又把实现预定目标的时间提前了5 年。实际上，2002 年中国高校的在校生规模已经超过了 1600 万人。[①] 这意味着，在实践操作层面，实现预定目标的时间又提前了 4 年。

如此的急速扩招，给中国高校的发展与社会发展带来了一系列几乎是难以收拾的后果：其一，高校发展后继乏力。快速扩大招生规模需要必备的校舍和设备，于是，为了购买土地、建校舍、购置设备，几乎所有的高校都通过各种渠道从银行贷下巨款，有的高校在银行的贷款额甚至达到了十亿之巨。这使许多高校背上了沉重的债务负担。表面上看起来，似乎很多大学已经成为大学中的巨无霸，其实是其发展资源越来越少，发展后劲越来越弱。这对中国高校的可持续发展来说，是致命的伤害。其二，高校毕业生就业成为严重的社会问题。在整个社会的人才需求总量没有逐年稳步增加的条件下，每年的高校毕业生却在以 20% 的速率增加。这二者之间形成的巨大反差使得许多高校毕业生毕业即失业。这一问题，成为各级政府的人事部门头痛的大难题。其三，为社会的不安定埋下了隐患。对于让子女接受高等教育，任何一个家庭都对其拥有巨大的收益期望。很多低收入家庭之所以愿意倾家荡产甚至不惜举债送孩子上大学，原因就在于此。可是，当这种高收益的期望与严酷的就业现实产生极大的反差时，必然会

---

① 王留栓：《中韩高等教育发展战略比较研究》，载《现代教育科学》2003 年第 4 期，第 73 页。

给相当广泛的人群带来巨大的心理落差。

当然,上述后果绝不是高校急速扩招的全部,而只是其令人瞩目的几个主要方面。即使是从那几个方面来看,我们已经足见急速扩招之害了。有鉴于此,我们必须将快速扩招的势头遏制住。不过,要想遏制住其发展势头,必须找到其产生的源头。那么,高校快速扩招的源头在哪里呢?在笔者看来,其根源在于高校扩招的决策者对所谓的世界教育发展潮流的盲目信从。从精英教育向大众教育转变,固然是世界高等教育发展的潮流,也是众多有识之士对世界高等教育发展进行深入而细致的研究后得出的规律。这一点是毋庸置疑的。不过,顺应这一潮流或规律有两个基本的前提条件:一是社会必须能够为高等教育的转型提供足够的社会需求支持;二是在一定时间段内必须有足够数量的高校支撑高等教育的转型。可是,我们国家是在不具备前面两个条件的基础上就提出跨越式发展高等教育的目标。这是典型的盲目迷信西方教育的发展规律,不顾中国具体国情的反中庸思维的体现。因此,我们要想引导中国的高等教育进入良性发展的轨道,就必须回归中庸思维,既要考虑顺应西方精英教育向大众教育发展的规律,同时又要考虑中国的现实条件是否具备,在二者之间,寻找合理的平衡点。具体来说,就是根据社会对人才需求的预测和单位时间内高等教育系统内可能具备的教育资源①,综合确定精英教育向大众教育转变的速率。当然,这种二者之间平衡点的寻找,绝不是一成不变的,而是要随着时间的推移,在不同的时间点上,根据人才需求状况与教育资源的变化,确立适当的增长速率。换句话说,如果能够确立中庸的思维,高校扩招的速率必然是有起伏的。当在特定的时间点上需要扩招的速率增长的时候,就要让其增长。当在特定的时间点上需要的发展的速率下降的时候,就要确定负增长的策略。虽然从总体上来看,高校扩招的趋势是正向增长的,但小范围的负增长是允许存在的,也必然存在。只有这样,高校的扩招才真正

① 国外的大众化教育并不主要由传统大学来承担,而是主要由一系列培养应用型、技术型人才的学校来承担的,如美国的社区学院、英国的多科技术学院等。反观中国,大众化教育的任务主要由一直担负精英教育职能的传统大学来完成,急速的扩招让这些高校在资源、财力等方面捉襟见肘,那是必然的。因此,我们教育资源的改善,既要从现有院校内部的资源扩充,同时更要考虑传统大学之外的应用型大学的数量扩展。

能够与社会发展与高等教育的其他部分的发展形成结构性适应,对高等教育整体的发展与社会发展产生积极促动作用,最大限度地避免其消极效应。

综上所述,仅仅以基础教育领域的课程改革与高等教育领域的大学扩招这两个问题的分析,我们就可看到,在中国当前的教育改革中,我们的改革决策者、设计者普遍缺乏中庸的智慧。正是由于这一智慧的缺失,我们的教育改革总是在过与不及的两个极端之间徘徊,更不要说让改革所涉及的各种思想、实践元素保持动态的平衡了。由于改革所涉及的各种元素的动态失衡,种种教育问题及其连带的社会问题随之产生。如果想要避免种种教育问题及相关的社会问题的发生,我们必须重新认识中庸智慧的精髓及其价值,并把它应用到我们的教育改革设计与实在化当中去。

第四节　政治家型教育家的成长机制寻绎

在中国近代史上,张之洞是一个集政治家、思想家、教育家等角色于一身的伟大人物。对于这样的人物,笔者觉得可以用一个适当的称谓来指称他,那就是政治家型教育家。在笔者看来,作为政治家型教育家,其主要特征是:具有政治家的全局眼光,善于把教育置于整个社会中来思考、实践;具有政治家的高瞻远瞩的气度,能够对教育进行超前思考、长期规划;具有政治家的巨大影响力,能够把自己的教育思想与实践方案变成区域、国家的教育实践。如果说我们这个时代是一个呼唤教育家的时代的话,最为迫切的呼唤应该是对此类教育家的呼唤。因为此类教育家对于整个教育思想"地形图"的变化、教育实践格局的转型,具有全局性影响,是塑造整个时代教育大势的人物。从张之洞的成长历程中,我们可以发现一些这一类型的教育家成长的共同规律。这对于我们当代造就这样的教育家,具有深刻的启迪意义。下面,笔者就对此谈几点不成熟的见解。

一、教育家人格成为政治家型教育家献身教育的不竭动力

张之洞之所以能够成为政治家型教育家,与其诸多人格取向有着密不可分的关系。正是这些人格的萌芽与生长,为张之洞成为教育家提供了源源不断的动力,使之克服种种艰难困苦,力推其教育思想与实践迈上一个又一个新的境界,终至成为大家。就其要者而言,以下几方面的人格是非常重要的:

第一,热爱教育事业。张之洞在进入事功领域后,在浙江乡试副考官任上,以能够"经世致用"为标准选拔人才,为当地营造了士人必为实学的氛围。既赢得了浙江士人的高度赞誉,也对浙江地区实学风气的形成,起到了积极的引导作用。在湖北学政任上,张之洞大力整顿湖北士子的学风,建立经心书院,提拔、奖励有真才实学的士子,颇得众望。张之洞任四川学政时,在成都建立尊经书院,延请名儒,分科讲授,对四川地区的人才辈出起到了重要的支撑作用。为了能够对更大范围的士人发挥影响力,张之洞专门撰写了《辅轩语》一书,对士人应该如何修养德行、如何读书、如何作文等做了详尽的论述。为了把其治学的金针传于四川的广大学子,张之洞还专门撰写了《书目答问》一书。1879 年到 1881 年间,张之洞任国子监司业、詹事府左春坊中允、司经局洗马等职,虽然没有在教育事业上有所投入、建树,但是,其作为"清流党"的主要成员,在直指时政之弊或权臣显要的劣迹时,赢得了朝野广大士人的尊重,也得到了最高统治者的赏识。这对其进一步关注教育、在教育事业上建立功业,是必不可少的一个台阶。1881 年出任山西巡抚后,深感在整顿吏治、清理财政状况、严禁鸦片、编练军队等事业中的人才不足,竭尽心力创办了令德堂书院,使三晋学子受益者良多。接任两广、湖广及暂署两江总督期间,除了兴办各种实业外,其声名卓著、影响巨大者,即是开办新式学堂。在此期间,他创办了军事学堂、实业学堂、方言学堂、普通学堂、师范学堂、警察学堂等种类齐全、数量繁多的新式学堂。与创办新式学堂并行,在这一时期,张之洞对传统教育的改造也是不遗余力。对经心书院、两湖书院做了适应时代要求的改革,使之由传统的旧式书院逐渐向近代化学堂转轨。在致力于国内教育改革的同时,张之洞还十分重视留学教育,积极提倡、推行学生到国外留学。在向欧

美国家派遣留学生的同时，张之洞特别注重派遣学生去日本留学，致使留日中国学生中，湖北籍留学生即达千人之多。除了在教育实践领域进行大刀阔斧的兴革之外，张之洞还对教育理论建构经之营之。其最为显著的成果便是《劝学篇》的诞生。在《劝学篇》中，张之洞面对教育领域如何处理中学与西学的关系这一时代最大的焦点问题，巧妙地借用"中学为体，西学为用"这一渐成气候的思维模式作为思想系统建构的工具，对中学与西学的关系是什么、如何处理它们的关系、中国的教育发展蓝图如何描绘等问题，都进行了系统而深刻的论述。这就为中国在以后相当长的一段时间内的教育理论思辨与教育实践走向，确定了"中西融汇"的基本思维范式与实践基调。这对于中国的近现代教育而言，具有承前启后的重大意义。在政治生涯的最后冲刺阶段，张之洞入主军机，主管教育事务，在全国的教育总体规划，基础教育、高等教育、留学教育等的改革上，耗尽了生命的最后一丝精力。就此而言，我们说张之洞一辈子热爱教育事业，始终对教育事业有着常人难以想象的高度关注、倾力投入，是一点都不过分的。

第二，超越世俗功利的情怀。对于教育事业的倾情投入，可能有两种动机：一是世俗化的个人功利之心驱使，一是超越性情怀的驱动。在这一分际，教育家的高下立判。考之于张之洞，我们就会发现，其之所以以巨大的热情投入到教育事业中，实有一种高尚的情怀推动着，那就是对祖国的生存、发展的高度关切。对此，四川总督赵尔巽在张之洞去世后盛赞张氏："其生平精神所寄，尤在振兴教育，储养人才，以备国家缓急之需，而救当世空疏之习。"[①]可见，赵尔巽在此想要说的是，张之洞之所以将其毕生精力致力于发展教育事业，目的在于为国家储备可用之才。这可以说是知人之言。征之于张之洞在不同时期的言论，我们也可看到这一点。

在1885年上呈的《筹议海防要策折》中，张之洞痛切地指出："宜急筹者三也。"那么，这三条筹策是哪些呢？他的回答是，"储人材""制器械""开地利"（采煤铁）。对于这三个筹策，张之洞指出："斯三者相济为用，有人材而后器械精，有煤铁而后器械足，有煤铁、器械，而后人材得以尽其用。"不过，三者相比较，"当时急务首曰储人材"。可见，他是把人才培养

① 苑书义、孙华峰、李秉新主编：《张之洞全集》第十二册，河北人民出版社1998年版，第10654页。

作为“自强之道”中的首要内容来看待的。1895 年 7 月 19 日，张之洞上呈《吁请修备储才折》。在这份奏折中，其写道：“人皆知外洋各国之强由于兵，而不知外洋之强由于学。夫立国由于人才，人才出于立学，此古今中外不易之理。不蓄而求，岂可幸至？惟敌国愈强，则人才愈不易言。泰西诸大国之用人，皆取之专门学校，故无所用非所习之弊。”[①]在这里，我们可以看到，张之洞是站在立国与立学的关系的高度，对教育的重要作用进行定位的。一句“古今中外不易之理”，将张之洞对教育之于国家富强所起奠基作用的坚定信仰表露无遗。1896 年 2 月 1 日，在张之洞即将卸去两江总督之前，向朝廷上呈《创设储才学堂折》，很快便得到批准，储才学堂因之得以创立。对于创办储才学堂的宗旨，张之洞认为，是为了给国家“规划富强之本源”。为什么这样说呢？因为在张之洞看来，“国势之强由于人，人材之成出于学。方今时局孔亟，事事需材，若不广为培养，材自何来”[②]。显而易见，在此时，张之洞对教育事业之于国家强大的重要意义体认更深切、表述更明确了。

总之，正是由于张之洞深切认识到教育事业之于国家具有非同寻常的意义，他才将毕生精力倾情投入其中。这充分说明，具有超越性的爱国情怀是其热爱教育事业的巨大助力。

第三，对学生的仁爱之心。爱国情怀固然使张之洞不会因为私利而将热情投注于教育事业，给其热爱教育之情赋予了一定超越品格，但其可能有的缺陷是，易于把教育事业与受教育者作为为国家服务的工具来对待。好在张之洞富有对学生发自内心的仁爱之情，正好可以弥补这一可能存在的缺陷，使张之洞对教育事业的热爱具备了内在的、人本的指向。张之洞具有自觉的儒家续统意识，一向以“儒臣”自居。在与友人的通信中，他声称自己是“弟儒家者流”[③]。在其撰写文章时，也这样夫子自道：“余当官为政，一以儒术施之。”[④] 他不仅以儒学作为自己人生践行的指南，而且在训诫后代时，也以儒家伦理作为子孙安身立命的圭臬。这典型地体现在为其

① 苑书义、孙华峰、李秉新主编：《张之洞全集》第二册，河北人民出版社 1998 年版，第 998 页。

② 苑书义、孙华峰、李秉新主编：《张之洞全集》第二册，河北人民出版社 1998 年版，第 1081 页。

③ 苑书义、孙华峰、李秉新主编：《张之洞全集》第十二册，河北人民出版社 1998 年版，第 10268 页。

④ 苑书义、孙华峰、李秉新主编：《张之洞全集》第十二册，河北人民出版社 1998 年版，第 10059 页。

后代确定的子孙辈二十字排行上:"仁厚遵家法,忠良报国恩,通经为世用,明道守儒珍。"[①] 由此可见,张之洞所崇尚的是儒者人格。而在儒者人格中,"仁"是其灵魂与基石。作为儒者人格崇奉者的张之洞,自然有着深沉而博大的仁爱之心。作为一方百姓的父母官,张之洞时时体恤民情。如其僚属赠白瓜三枚,张之洞食后,生发出如此感慨:"仙枣曾传海上瓜,今尝珍颀玉无瑕。清凉已足还思雨,尚有农夫转水车。"[②] 一次,天降大雪,则引发出其对民生疾苦、农事堤工的顾念:"既幸汉口粥场空,复愁南楼灯市少","偏心独忧荆襄堤,誓掸人力侯天道"。[③] 在这些诗句里,自然流溢的是对子民的体恤、仁爱之情。作为时时关心教育事业的教育家、师者,对学生也有着深挚的爱心。张之洞在任四川学政时,如果没有对广大士子的热切关爱之心,不可能在繁忙的政务中,专门抽出余暇撰写《𬨎轩语》一书,对士人应该如何修养德行、如何读书、如何作文等进行详尽的论述。更不会专门撰写《书目答问》一书,把其治学的金针无私地授予广大学子。在成为封疆大吏后,虽然政务繁钜,但是,只要有闲暇,张之洞总会到书院或考核、督促诸生,或为之讲说文章、提点治学之道。甚至在进入廷枢的行列以后,仍然按季调阅诸生卷牍。对此,其在一封信函中称:"鄙人于每年四季亦得时修旧学商量之业,案牍如山,抽空披览,相隔数千里,恍若对面讨论,诚可乐耳。"[④]如果没有对学生的深挚的关爱之心,哪会在如山的案牍中辟出一片空间为学生披览作品,又哪会在披览学生的作品时发自内心地感到愉悦呢?

总之,在张之洞的生命历程中,热爱教育事业的情怀是其将心血倾注于教育事业的直接动力。而超越功利的爱国情怀与对学生的仁爱之心则作为辅翼,使得其对教育事业的热爱变得更加持久化、内在化。就此而言,张之洞能够异乎寻常地将毕生精力投注于教育事业,确实是由来有自。

---

① 吴剑杰编著:《张之洞年谱长编》上卷,上海交通大学出版社 2009 年版,第 23 页。

② 苑书义、孙华峰、李秉新主编:《张之洞全集》第十二册,河北人民出版社 1998 年版,第 10541 页。

③ 苑书义、孙华峰、李秉新主编:《张之洞全集》第十二册,河北人民出版社 1998 年版,第 10544 页。

④ 苑书义、孙华峰、李秉新主编:《张之洞全集》第十二册,河北人民出版社 1998 年版,第 10345 页。

二、权变的智慧为政治家型教育家搭建了长袖善舞的舞台

政治家型教育家的成长不仅需要高尚的人格为其献身教育事业提供内在、持久的精神动力，还需要在教育上建立功业的阔大舞台，毕竟教育家的成就是需要外在的功业证明、证成的。中国近代历史可以说为张之洞献身教育提供了几乎是其他汉人难以企及的阔大舞台。青年时两次任统揽一省教育事务的学政，中老年时几易封疆大吏，生命的最后两年还登上了宰相的宝座。不论是在生命历程中的哪一个阶段，时代都为张之洞提供了足以施展其教育抱负、挥洒其教育热情的巨大舞台。这一个个逐渐升高、增阔的舞台，都不是靠侥幸得来的，而是仰赖于其高超的权变智慧。

对于权变的智慧，素来为张之洞所推崇、倡导。如其在不惑之年就倡导："度德为进退，相时为行藏。"①在渐入老境时，更是如此明确申述："穷则变，变通尽利，变通趣时，损益之道，与时偕行。"②不论是主张随着时势的转移决定行藏，还是突出强调顺应时势变化而采取相应的损益之道，都是孔门"通达权变"之要旨。张之洞不仅是这样大张旗鼓地倡导权变，更在其政治、教育实践中践行权变之道。这一点，我们从其几个重要的人生转折点上的决策就可看到。

张之洞之所以能够成为政治家型教育家，从清流向洋务派人物的转折是第一步。这一步的跨越，正是其审时度势的结果。张之洞从政初期，"皆儒术经常之规，绝不敢为功利操切之计"③，表现出"清流议政"的特点。光绪初年，张之洞以翰林院谏官入党清流，与张佩纶、陈宝琛等清流大员相互援引，奏弹国家大政、立国本末，成为当时清廷的一股重要政治力量。在平反东乡冤狱、改订"中俄条约"、裁抑阉宦权势等重大政治事件上，张之洞"不避嫌怨，不计祸福，竞以直言进"④，发挥了关键性作用，被誉为"清流健将"。然而，时局变化之剧烈，正如张之洞所言："今日之世变，岂特春秋

---

① 苑书义、孙华峰、李秉新主编：《张之洞全集》第十二册，河北人民出版社1998年版，第10527页。
② 苑书义、孙华峰、李秉新主编：《张之洞全集》第十二册，河北人民出版社1998年版，第9794页。
③ 苑书义、孙华峰、李秉新主编：《张之洞全集》第一册，河北人民出版社1998年版，第632页。
④ 苑书义、孙华峰、李秉新主编：《张之洞全集》第一册，河北人民出版社1998年版，第633页。

所未有,抑秦、汉以至元、明所未有也。"[①]对此,张之洞清晰地认识到:"方今环球各国,日新月盛,大者兼擅富强,次者亦不至贫弱,究其政体、学术,大率皆累数百年之研究,经数百年之修改,成效既彰,转相效仿。美洲则采之欧洲,东洋复采之西洋。"[②]其意思是说,西方之所以成为"列强",无非是研究先进国家,相互效仿、调适的结果。由此进行逻辑引申,张之洞满怀信心地得出这样的结论:中国只要能够学习西方,革除积弊,变法图强,也可进入富强的行列。用他的话来说就是:"凡普天臣庶,遭此非常变局,忧愤同心,正可变通陈法,以图久大,不泥古而薄今,力变从前积弊,其兴勃焉。又何难雪此大耻。"[③]因此,张之洞对于反对变法图强的保守者,极其不以为然,力斥之曰:"万世之巧,圣人不能尽泄,万世之变,圣人不能豫知。然则西政西学,果其有益于中国,无损于圣教者,虽于古无征,为之固亦不嫌。"[④]可见,在他看来,圣人虽然至聪至明,却也难以预知后世之变。因此,即使西学非圣人所发明,于史无证,只要其是有益国家富强的,亦可采用。正是因为如此,他才果断地从清流的思想桎梏中解脱出来,踏入了"洋务健将"的行列。

戊戌变法的前夜,张之洞刊出《劝学篇》,又是其人生中的一件大事。正是张之洞在慈禧太后、维新派人士(包括光绪皇帝)等复杂的人事、政治势力格局中,敏锐地洞察到慈禧太后和维新派人士的表面和谐、内里分裂的关系,并预见到维新派人士的步步革新可能触及慈禧太后的政治底线而导致政治上的大变,张之洞才在戊戌变法的前夜果断地刊发《劝学篇》,既向慈禧太后表明自己的政治立场与主张,表示对慈禧太后政治主张的拥戴,同时实现了与维新人士划清界限,洁身以免祸。这一成功的审时度势既使其保住了封疆大吏的高位,又使其赢得了广泛的文化声誉,可谓一石二鸟。

在"新政"时期,张之洞与刘坤一联衔会奏《江楚会奏变法三折》,使其理政方略(包括教育方略)成为新政的纲领,为其入主中枢、位极人臣奠定

---

① 苑书义、孙华峰、李秉新主编:《张之洞全集》第十二册,河北人民出版社 1998 年版,第 9704 页。

② 苑书义、孙华峰、李秉新主编:《张之洞全集》第二册,河北人民出版社 1998 年版,第 1236 页。

③ 孔广德编:《普天忠愤集》,1895 年石印本,第 2 页。

④ 苑书义、孙华峰、李秉新主编:《张之洞全集》第十二册,河北人民出版社 1998 年版,第 9766 页。

了坚实的政治基础。之所以会出现这一结果,也是张之洞审时度势的结果。如果没有张之洞在清廷的最高统治者、督抚大臣之间往复探测他们的真实政治倾向与时政见解,并在他们的政见之间作出合理的损益,断难出现督抚大臣与最高统治者都对《江楚会奏变法三折》心悦诚服,公推其为新政改革纲领的结果出现。

总之,正是因为张之洞在其政治生涯中以权变智慧处理政务,他才能在晚清政治的惊涛骇浪中始终立于不败之地,铸就了一个又一个一展其教育襟抱的舞台。就此而言,权变智慧对于政治家型教育家而言,实在是不可或缺的。这一点,我们也可以从美国学者斯腾伯格的成功智力理论来得到解释。在斯腾伯格看来,一个成功的社会实践家,其获得成功必须具备这些智能特征:良好的分析性智力、非凡的创造性智力和实践性智力。[①] 斯腾伯格之所以强调这三种智能,正是因为它们是社会实践中的权变所必须。审时度势首先需要实践主体分析具体面对的真实情境,其间,分析性智力是必须的。而要根据时势制定合适的行动策略,必须产生创造性的想法并把想法落实到实践中。要完成这两项任务,创造性智力与实践性智力正是必不可少的支撑。这也就是说,权变智慧是分析性智力、创造性智力、实践性智力的综合,为实践主体在社会实践(包括教育实践)中搭建长袖善舞的舞台所必须。

三、良好的知识素养和道德操守为政治家型教育家赢得了同仁高度、广泛的认可

作为一个政治家型教育家,要想在搭建的舞台上长袖善舞,必须获得业内人士的认可。其认可度越高、越广泛,获得的支持力越大、越多。否则,就会遭到业内人士的抵制,其成为政治家型教育家的道路,就会受到阻隔。张之洞从小就接受了严格而系统的儒学教育,对于四部之学都有相当精深的钻研。否则,他不可能在而立之年便撰就《书目答问》那样的综罗百家的经典。至于教育方面的知识,年青时代两度出任乡试考官、二次出任学政,积累了相当丰富的教育知识与经验。后来,在出任封疆后,不论是

---

① 〔美〕R. J. 斯腾伯格:《成功智力》,吴国宏等译,华东师范大学出版社 1999 年版,第86—90 页。

改造旧式书院,还是创办新式学堂,都要和学政、教育机构的掌事者往复商讨。在这一切磋、琢磨中,教育知识与经验自然日长月化。再加上他还不时派出属员出国获取新知,待其归来后招之相与讲习,更是使其教育知识的进益不断获得源头活水。因此,张之洞才会被清廷管学大臣张百熙称为"当今第一通晓学务之人"①。这也充分说明,张之洞对教育知识的通晓是得到同行高度认可的。

除了学术素养与教育知识,人格操守之高洁也是张之洞获得同行高度认可的重要条件。毕竟从事教育事业的人物必须具备良好的道德操守是我国悠久的文化传统。在道德品质上,张之洞堪称士人的楷模。他笃信先儒教诲的"修己以安人"②,认定"官无瑕疵,四民自然畏服,不必专心致志惟务箝民之口"③。故一生从来都是清廉自守,"自居外任,所到各省,从不用门丁,不收门包,不收馈赠礼物"④。辞世之时,"竟至囊橐萧然,无以为子孙后辈计"。就连治丧费用,也出自门人、僚属的资助。对于公私之分,其泾渭分明。因此,他极力主张:"私利不可讲,而公利却不可不讲。"⑤ 在湖广总督任内,张之洞曾选派无数的青年学子到海外留学,却未让其长子张仁权列名其中,而是"自备资斧",送其赴外国考察,让其"开扩胸襟,增益不能"⑥。正是做到了这些,虽然张之洞一生中所树政敌不少,但对其品行,却极少见到指摘之辞。一个如此品行高洁的人物,自然在同行中人人钦仰,"一时称贤"⑦。

总之,正是因为张之洞具有深厚的学术素养与教育专业知识素养以及高洁的品行,他才能够在教育界、政界获得广泛的认可与高度认同,为同行所拥戴。这是其凝聚同行的力量,在自己搭建的政治舞台上长袖善舞、获得举世公认的成就的重要前提。

---

① 许同莘编:《张文襄公年谱》,上海商务印书馆 1947 年版,第 306 页。

② 《论语·宪问》。

③ 苑书义、孙华峰、李秉新主编:《张之洞全集》第四册,河北人民出版社 1998 年版,第 2964 页。

④ 苑书义、孙华峰、李秉新主编:《张之洞全集》第十二册,河北人民出版社 1998 年版,第 10630 页。

⑤ 冯天瑜标点:《辜鸿铭文集》,岳麓书社 1985 年版,第 202 页。

⑥ 苑书义、孙华峰、李秉新主编:《张之洞全集》第十二册,河北人民出版社 1998 年版,第 10226 页。

⑦ 《清史稿》卷四三七,中华书局 1974 年版,第 12382 页。

四、创新性思想指引下的教育实践决定了政治家型教育家的影响力

政治家型教育家之所以能够被判定为是教育家,是有其显著标志的。其主要标志是:形成系统而新颖的教育思想,具有富有成效的教育实践,且这样的思想与实践对当时与后世都产生了巨大影响。而这样的成就的获得,往往遵循着这样一条路径:先形成系统而新颖的教育思想,再以之为指导进行富有成效的教育实践。张之洞便是遵循着这样一条路径将自己熔铸成教育家的。

在青年时期与中年时期改造传统书院、创办新式学堂的实践经验积累的基础上,中国传统教育与西方教育在思想上的融合日渐成为可能。于是,在渐入老境之时,张之洞的教育思想也进入了瓜熟蒂落的综合创新期。其最为显著的标志便是《劝学篇》的诞生。《劝学篇》这一著作虽然篇幅并不大,但其在教育思想上的开创之功,却是无与伦比的。它面对教育领域如何处理中学与西学的关系这一时代最大的问题,巧妙地借用"中学为体,西学为用"这一思维模式作为思想系统建构的工具,对于中学与西学的关系是什么,如何处理它们的关系,中国的教育发展蓝图如何描绘等问题,都进行了系统而深刻的论述。这一著作所确立的"中西融汇"的基本思维范式与操作基调,遂成为张之洞后来教育实践的指南。在《劝学篇》出笼之后,无论是张之洞在生命的最后一段时间推行的激进的教育变革之举,还是守旧的教育举措,都把"中体西用"的思想投射在其中,使《劝学篇》刊出以后的教育实践成为"中体西用"思想的具体化、实在化。[1] 而张之洞之所以能够成为在当时的中国名重一时的教育界的大人物,并对近代中国的教育产生深远的影响,所仰赖的便是《劝学篇》中构建的教育思想所具有的开创性、系统性,《劝学篇》出笼后的教育实践对中国近现代教育产生的塑造作用。[2] 这充分说明,如果离开具有开创性的教育思想指导下的教育实践,是不可能成就一位政治家型教育家的。

---

① 具体内容可参见第八章第三节张之洞教育思想与实践的流变轨迹的最后一部分,此不赘述。

② 具体内容可参见第八章张之洞教育思想与实践的影响与流变部分的论述,此不赘述。

综上所述，从张之洞成长为政治家型教育家的机制问题探讨中，我们可以很明显地看到，如果要造就一个政治家型教育家，需要我们从以下方面努力：第一，塑造教育实践主体的高尚人格。始终站在超越个人功利的立场上热爱教育事业、热爱学生，是成就全身心献身教育事业的教育家的内在驱动力。这是成就教育家的最为内在、原始的动力。因此，我们必须把这些教育家人格的塑造作为铸就教育家的必要前提。另外，在一个有着悠久的注重教育家人格节操传统的国度，教育实践主体的一般人格操守是决定着同行认可、拥戴程度的重要因素，因此，对于教育实践主体一般人格的塑造，也要特别重视。第二，磨砺教育实践主体的分析性智力、创造性智力、实践性智力。之所以提出这样的观点，其理由有二：一是教育实践主体在内在情怀驱动下的教育思想与实践活动是需要施展舞台的。这一舞台的搭建，离不开教育实践主体顺应时势，因势而为。而这种权变性实践，离不开前述几种智力的有力支撑。二是教育实践主体要想成为教育家，必须形成具有创造性的教育思想并将其有效实在化。而这两项任务的完成，都离不开上述三种智力的强力支持。第三，充实教育实践主体的一般学术素养与教育专业知识素养。良好的一般学术素养与教育专业知识素养是教育实践主体获得同行广泛认可的必要条件，因此，欲使众人之志共同成就教育实践主体的伟业，绝不可忽视其良好的一般学术素养与教育专业知识基础的奠定这一问题。

附　录　张之洞生平大事年表

1837 年　（道光十七年）

生于贵州兴义府。一说生于贵筑县（今贵阳市）。

1840 年　（道光二十年）　3 岁

母亲朱氏去世。

1841 年　（道光二十一年）　4 岁

师从何养源。

1848 年　（道光二十八年）　11 岁

师从胡林翼。

1850 年　（道光三十年）　13 岁

应童子试，入县学。

1852 年　（咸丰二年）　15 岁

回原籍直隶应顺天府乡试，中式第一名举人。

1853 年　（咸丰三年）　16 岁

8 月　出京城，抵贵州兴义府。

1854 年　（咸丰四年）　17 岁

在兴义城与父兄一直参加抵御农民军的战斗。娶夫人石氏。

1855 年 （咸丰五年） 18 岁
侍父于贵州军中。秋，父令其北上入京应试。
1856 年 （咸丰六年） 19 岁
4 月 赴礼部试，考取觉罗官学教习。
8 月 其父病逝。
1857 年 （咸丰七年） 20 岁
在籍守制，第二年继续守制。
1859 年 （咸丰九年） 22 岁
3 月 将赴会试，因族兄张之万为同考官，循例回避。在家乡（直隶南皮）办团练。
1860 年 （咸丰十年） 23 岁
7 月 长子张权生。
9 月 英法联军陷北京，咸丰帝逃往热河。张之洞感愤时事，作《海水》诗。秋冬至济南，进入山东巡抚文煜幕府。
1861 年 （咸丰十一年） 24 岁
4 月 回南皮，后赴任丘，为人做家庭教师。
1862 年 （同治元年） 25 岁
2 月 入京城。
4 月 应会试，落榜。遂入毛昶熙幕府。
8 月 入河南巡抚张之万幕府。
1863 年 （同治二年） 26 岁
3 月 入京城。
4 月 会试，中贡生。
5 月 殿试，列一等一名；廷式对策，列一甲第三（探花），赐进士，授职翰林院编修。
1865 年 （同治四年） 28 岁
5 月 散馆考试，列一等第一名。授翰林院编修。
6 月 夫人石氏去世。
1866 年 （同治五年） 29 岁
5 月 翰林大考，列二等第三十二名。

1867 年　（咸丰六年）　30 岁

7 月　充浙江乡试副考官。

8 月　任湖北学政。

1868 年　（同治七年）　31 岁

在湖北学政任内。

1869 年　（同治八年）　32 岁

在武昌创建经心书院。

1870 年　（同治九年）　33 岁

2 月　娶唐氏夫人。编刻《江汉炳灵集》。

11 月　任满交卸入京，在北京与藩祖荫、王懿荣、吴大澂、陈宝箴等清流结交。

1871 年　（同治十年）　34 岁

充翰林院教习庶吉士。

1872 年　（同治十一年）　35 岁

10 月　加侍读衔。

11 月　编纂《平定粤匪方略》《剿平捻匪方略》。

1873 年　（同治十二年）　36 岁

7 月　充四川乡试副考官，遂任四川学政。

1874 年　（同治十三年）　37 岁

整顿四川科场积弊，创建尊经书院。

1875 年　（光绪元年）　38 岁

2 月　著《辅轩语》《书目问答》。

1876 年　（光绪二年）　39 岁

继续整顿四川科场积弊。

12 月　任满交卸返京。充文渊阁校理。娶王氏夫人。

1877 年　（光绪三年）　40 岁

任教习庶吉士。

1878 年　（光绪四年）　41 岁

为清流党人黄体芳代拟疏稿，指陈时政得失。

1879 年 （光绪五年） 42 岁

3 月 王氏夫人死。补国子监司业。

5 月 上疏,议皇统继承。

6 月 奏议四川东乡知县孙定扬“诬民为逆”。

9 月 补授左春坊中允。

10 月 转司经局洗马。

1880 年 （光绪六年） 43 岁

1 月 上疏。言“中俄条约”中“十不可许”,并力主整修武备,与俄另订新约,治出卖主权的崇厚以“应得之罪”。

6 月 转翰林院侍读,旋晋左春坊右庶子。

8 月 充日讲起居注官。继续就“中俄条约”事上奏。

9 月 奏请加强海防,转左春坊左庶子。

1881 年 （光绪七年） 44 岁

1 月 与陈宝琛会奏请裁阉官。

3 月 补翰林院侍读学士。

6 月 充咸安宫总裁。

7 月 擢内阁学士,兼礼部侍郎衔。

12 月 补授山西巡抚。

1882 年 （光绪八年） 45 岁

1 月 赴山西任。禁革山西种种陋规。

5 月 敦请阎敬铭出山任职。荐举中外文武官吏 59 人。奏请遣重臣驻粤,以应付法国在南疆的侵略活动。

7 月 奏明“治晋八事”。设清源局、教案局。

1883 年 （光绪九年） 46 岁

筹办山西练军事宜,调李先义、吴元恺等管带操练。

5 月 设洋务局。

1884 年 （光绪十年） 47 岁

1 月 创办令德堂书院。

5 月 赴京陛见,署理两广总督。

7 月 抵广州,筹办省城防务及琼廉潮州防务。

8 月　法海军挑起马尾战端，张之洞以枪械饷银援助福建水师。二十三日补授两广总督。

9 月　奏请唐景崧率师入越，会同刘永福抗法。

11 月　奏派王孝祺率八营赴琼山。

1885 年　（光绪十一年）　48 岁

4 月　冯子材于镇南关大败法军，中法订停战条约，张之洞上奏反对撤军，上谕令其如期停战撤回边界。

6 月　上谕广西关外大胜，张之洞拨军筹饷有功，著赏花翎。

7 月　募广胜军练习洋操，创设广安水军。

10 月　奏请将全国海军分为北洋、南洋、闽洋、粤洋四大支。

1886 年　（光绪十二年）　49 岁

1 月　调刘永福回粤。

3 月　派使周历南洋各岛，安排华侨事宜。

4 月　设广雅书局。

6 月　试造浅水兵轮，派冯子材赴琼州剿办客家和黎民起事。

10 月　创设枪弹厂。

1887 年　（光绪十三年）　50 岁

6 月　创建广雅书院，设办理洋务处。

8 月　创办广东水陆师学堂。

1888 年　（光绪十四年）　51 岁

5 月　奏请保护旅美华工。

1889 年　（光绪十五年）　52 岁

1 月　请总理衙门阻止法国在越中边境接通电线。

2 月　请缓造津通铁路，改建腹省干线。

4 月　筹设枪炮厂。

5 月　铸钱厂建成。

8 月　调补湖广总督，奏设纺纱厂。

9 月　上谕赞许修筑卢汉铁路计划。

11 月　交卸两广总督篆务。

12 月　抵鄂。

1890 年 （光绪十六年） 53 岁

1 月 派员赴湘鄂各县及川黔陕诸省勘探煤铁矿。与两广总督李翰章议定将炼铁厂、织布厂移设湖北。

2 月 奏请移设枪炮厂于湖北，设矿务局（后改名铁政局）。

4 月 筹建枪炮厂于汉阳，筹建织布局于武昌城外。

5 月 创建两湖书院。

9 月 勘定炼铁厂基于大别山。

11 月 晓谕两湖商民自购机器开采煤矿。

1891 年 （光绪十七年） 54 岁

2 月 织布厂开场兴建。

6 月 创办方言商务学堂。

9 月 炼铁厂开工兴建。

1892 年 （光绪十八年） 55 岁

1 月 选译洋务书籍。

2 月 派工匠赴比利时炼钢厂学习。

5 月 发美国棉籽令民试种。

1893 年 （光绪十九年） 56 岁

1 月 汉阳铁厂若干厂房筑就。

5 月 大理寺卿徐致祥参劾张之洞"辜恩负职"，经李瀚章等确查具奏，将徐奏驳回。

10 月 炼铁厂工程竣工。

11 月 创办自强学堂。

1894 年 （光绪二十年） 57 岁

2 月 炼钢厂开炉。

8 月 清政府对日宣战，奏派兵赴天津听候调遣。

11 月 刘坤一北调主持军务，两江总督由张之洞署理。

1895 年 （光绪二十一年） 58 岁

3 月 电奏割弃台湾之害。

4 月 密筹台湾饷械。

6 月 筹练自强军，扩充湖北枪炮厂。

8 月　议设商务局。
12 月　奏明创练自强军,奏陈筹办江浙铁路。
1896 年　(光绪二十二年)　59 岁
2 月　创办储才学堂。
4 月　铁厂招商承办。
5 月　设官钱局。
8 月　创设武备学堂。
1897 年　(光绪二十三岁)　60 岁
7 月　纺纱局成。
8 月　选防军绿营兵勇练习洋操。
10 月　筹设农务学堂。
1898 年　(光绪二十四年)　61 岁
1 月　奏请设立粤汉铁路总公司。
4 月　创设汉口商务公所、制麻局,刊刻《劝学篇》。
6 月　光绪帝下"明定国是"诏,宣布变法。
7 月　奏请《妥议科举新章》。
9 月　慈禧发动政变,戊戌变法失败。
10 月　派学生游学日本。
1899 年　(光绪二十五年)　62 岁
2 月　修武昌南北江堤。
4 月　创办《商务报》。
12 月　设农务局。
1900 年　(光绪二十六年)　63 岁
6 月　电致总理衙门"调兵速剿"义和团,令江汉关道照会各国驻汉口领事"力任保护",会同刘坤一与驻沪各领事议订"东南互保"。
1901 年　(光绪二十七年)　64 岁
2 月　电奏与俄定东三省条约之害。
4 月　清廷设立主持"新政"的督办政务处,张之洞遥为参预督办政务大臣。
7 月　与刘坤一会奏《江楚会奏变法三折》。设学务处综理湖北全省学堂事务。

11 月　因“东南互保”有功而得赏太子少保衔。慈禧、光绪还京。

1902 年　(光绪二十八年)　65 岁

5 月　将两湖书院改为两湖大学堂,自强学堂为文普通学堂,武备学堂为武高等学堂,设武普通学堂,创建湖北师范学堂。

7 月　兼充督办商务大臣。

9 月　设铜币局。

10 月　刘坤一去世,张之洞署理两江总督。

11 月　抵江宁接两江篆务。

1903 年　(光绪二十九年)　66 岁

2 月　奏设三江师范学堂。

3 月　张之洞得返湖广本任。

7 月　与管学大臣张百熙、荣庆会商学务。

1904 年　(光绪三十年)　67 岁

1 月　厘定《奏定学堂章程》。

7 月　筹备粤汉鄂省铁路赎款,建两湖劝业场。

9 月　改枪炮厂为湖北兵工厂。

1905 年　(光绪三十一年)　68 岁

7 月　奉旨督办粤汉铁路。

9 月　与袁世凯会奏立停科举、推广学校。

11 月　设川汉铁路于武昌。

12 月　奏陈改变湖北常备军。

1906 年　(光绪三十二年)　69 岁

6 月　开办湖北印刷局。

7 月　批准汉口商办水电公司。

1907 年　(光绪三十三年)　70 岁

1 月　设宪兵。

6 月　任协办大学士。

7 月　授大学士,仍留湖广总督任上。充体仁阁大学士,奏请化除满汉畛域。补授军机大臣。

9 月 入京,奉旨管理学部事务。

1908 年 (光绪三十四年) 71 岁

7 月 兼充督办铁路大臣。

12 月 溥仪登基,载沣为摄政王,张之洞赏加太子太保衔。

1909 年 (光绪三十五年) 72 岁

1 月 载沣等拟杀袁世凯,张之洞力阻。

3 月 任德宗实录修纂部裁官。

7 月 因病请假。

9 月 奏请续假。

10 月 4 日病逝,6 日追谥文襄,晋赠太保。

参考文献

一、著作类

[1]《南皮张氏东门家谱》,永思堂藏版,道光己亥春日刊。

[2] 殷树森董修,汪宝树纂修:《南皮县志》卷十四,光绪十四年刊本。

[3] 李慈铭:《越缦堂日记》,商务印书馆 1920 年版。

[4] 梁漱溟:《东西文化及其哲学》,商务印书馆 1923 年版。

[5] 故宫博物院文献馆编:《清光绪朝中日交涉史料》,故宫博物院文献馆 1932 年印。

[6] 叶德辉:《郎园全书》,中国古书刊印社 1935 年版。

[7] 陈东原:《中国教育史》,商务印书馆 1936 年版。

[8] 邓嗣禹:《中国考试制度史》,南京考选委员会 1936 年印。

[9] 许同莘编:《张文襄公年谱》,商务印书馆 1947 年版。

[10] 张继熙:《张文襄公治鄂记》,湖北通志馆 1947 年版。

[11] 中国史学会主编:《戊戌变法资料丛刊》,神州国光社 1953 年版。

[12] 中国史学会主编:《戊戌变法》,上海人民出版社 1957 年版。

［13］国家档案局明清档案馆编:《戊戌变法档案史料》,中华书局 1958 年版。
［14］康有为:《孔子改制考》,中华书局 1958 年版。
［15］〔清〕朱寿朋编:《光绪朝东华录》,中华书局 1958 年版。
［16］刘禺生:《世载堂杂忆》,中华书局 1960 年版。
［17］张枬、王忍之编:《辛亥革命前十年间时论选集》,生活·读书·新知三联书店 1960 年版。
［18］舒新城:《中国近代教育史资料》,人民教育出版社 1961 年版。
［19］胡钧:《张文襄公年谱》,台湾文海出版社 1967 年版。
［20］〔清〕赵尔巽:《清史稿》,中华书局 1974 年版。
［21］苏云峰:《张之洞与湖北教育改革》,台北近代史研究所 1976 年版。
［22］陈景磐:《中国近代教育史》,人民教育出版社 1979 年版。
［23］故宫博物院明清档案部:《清末筹备立宪档案史料》下册,中华书局 1979 年版。
［24］周阳山、杨肃献编:《近代中国思想人物论——晚清思想》,台湾联经出版事业公司 1980 年版。
［25］周邦道:《近代教育先进传略》(初集),台湾文化大学出版部 1981 年版。
［26］夏东元编:《郑观应集》,上海人民出版社 1982 年版。
［27］陈学恂主编:《中国近代教育文选》,人民教育出版社 1983 年版。
［28］顾炎武:《顾亭林诗文集》,中华书局 1983 年版。
［29］〔日〕实藤惠秀:《中国人留学日本史》,谭汝谦等译,生活·读书·新知三联书店 1983 年版。
［30］周汉光:《张之洞与广雅书院》,台湾文化大学出版部 1983 年版。
［31］徐一士:《一士谈荟》,书目文献出版社 1983 年版。
［32］政协天津市委员会文史资料研究委员会编:《天津文史资料选辑》第二十五辑,天津人民出版社 1983 年版。
［33］徐珂编撰:《清稗类钞》第三册,中华书局 1984 年版。
［34］《文史资料选辑》第九十九辑,文史资料出版社 1984 年版。
［35］陈夔龙:《梦蕉亭杂记》,北京古籍出版社 1985 年版。

［36］商务印书馆编:《张元济诗文》,商务印书馆 1986 年版。
［37］王先谦:《葵园四种》,岳麓书社 1986 年版。
［38］谢兴尧整理点校注释:《荣庆日记》,西北大学出版社 1986 年版。
［39］王栻主编:《严复集》,中华书局 1986 年版。
［40］萧一山:《清代通史》,中华书局 1986 年版。
［41］廖一中等编:《袁世凯奏议》,天津古籍出版社 1987 年版。
［42］王尔敏、陈善伟编:《近代名人手札真迹——盛宣怀珍藏书牍初编》(第 6 册),香港中文大学出版社 1987 年版。
［43］《清实录·德宗实录》,中华书局 1987 年版。
［44］朱有瓛主编:《中国近代学制史料》第二辑,华东师范大学出版社 1987 年版。
［45］忻剑飞等编:《中国现代哲学原著选》,复旦大学出版社 1989 年版。
［46］梁启超:《饮冰室合集》,中华书局 1989 年版。
［47］陈山榜:《张之洞劝学篇评注》,大连出版社 1990 年版。
［48］刘大鹏:《退想斋日记》,山西人民出版社 1990 年版。
［49］吴汝纶:《吴汝纶尺牍》,黄山书社 1990 年版。
［50］严修自订,高凌雯补:《严修先生年谱》,齐鲁书社 1990 年版。
［51］冯天瑜、何晓明:《张之洞评传》,南京大学出版社 1991 年版。
［52］璩鑫圭、唐良炎:《中国近代教育史资料汇编·学制演变》,上海教育出版社 1991 年版。
［53］〔美〕费正清编:《剑桥中国晚清史》下,中国社会科学出版社 1993 年版。
［54］黄克剑、钟小霖编:《唐君毅集》,群言出版社 1993 年版。
［55］蔡振生:《张之洞教育思想研究》,辽宁教育出版社 1994 年版。
［56］李国钧、王炳照、李才栋主编:《中国书院史》,湖南教育出版社 1994 年版。
［57］郑大华点校:《新政真诠——何启、胡礼垣集》,辽宁人民出版社 1994 年版。
［58］白新良:《中国古代书院发展史》,天津大学出版社 1995 年版。
［59］丁伟志、陈崧:《中西体用之间》,中国社会科学出版社 1995 年版。

[60]〔美〕吉尔伯特·罗茨曼主编:《中国的现代化》,国家社科基金"比较现代化"课题组译,江苏人民出版社1995年版。
[61] 刘海峰:《科举考试的教育视角》,湖北教育出版社1995年版。
[62] 熊月之:《西学东渐与晚清社会》,上海人民出版社1995年版。
[63] 第一历史档案馆编:《光绪宣统两朝上谕档》,广西师范大学出版社1996年版。
[64] 黄兴涛等译:《辜鸿铭文集》,海南出版社1996年版。
[65] 陈谷嘉、邓洪波主编:《中国书院史资料》,浙江教育出版社1998年版。
[66] 李天纲编校:《万国公报文选》,生活·读书·新知三联书店1998年版。
[67] 孟森:《清代野史》第三卷,巴蜀书社1998年版。
[68] 王韬:《弢园文录外编》,陈恒、方银儿评注,中州古籍出版社1998年版。
[69] 苑书义、孙华峰、李秉新主编:《张之洞全集》,河北人民出版社1998年版。
[70] 王承绪:《比较教育学史》,人民教育出版社1999年版。
[71]〔美〕R. J. 斯腾伯格:《成功智力》,吴国宏等译,华东师范大学出版社1999年版。
[72] 乔健等主编:《社会科学的应用与中国现代化》,北京大学出版社1999年版。
[73] 李三谋:《论"中学为体,西学为用"》,香港新闻出版社2000年版。
[74] 国际21世纪教育委员会:《教育——财富蕴藏其中》,教育科学出版社2001年版。
[75] 朱一新:《无邪堂答问》,中华书局2002年版。
[76] 陈锋、张笃勤主编:《张之洞与武汉早期现代化》,中国社会科学出版社2003年版。
[77] 陈晓律:《发展与争霸——现代资本主义与世界霸权》,江苏人民出版社2003年版。
[78] 梁启超:《中国近三百年学术史》,山西古籍出版社2003年版。

[79] 李细珠:《张之洞与清末新政研究》,上海书店出版社2003年版。
[80] 邓洪波:《中国书院史》,东方出版社2004年版。
[81] 孙正聿:《思想中的时代——当代哲学的理论自觉》,北京师范大学出版社2004年版。
[82] 王尔敏著:《晚清政治思想史论》,广西师范大学出版社2005年版。
[83] 茅海建:《戊戌变法史事考》,生活·读书·新知三联书店2005年版。
[84] 徐世昌等编:《清儒学案》,中华书局2008年版。
[85] 吴剑杰编著:《张之洞年谱长编》,上海交通大学出版社2009年版。
[86] 茅海建:《戊戌变法的另面:"张之洞档案"阅读笔记》,上海古籍出版社2014年版。
[87] 〔德〕马丁·海德格尔:《存在与时间》,陈嘉映、王庆节合译,生活·读书·新知三联书店2012年版。
[88] William Ayers. *Chang Chih – tung and Ducation Reform in China*. Harvard University Press, 1971.

二、报刊文章类

[1]《学部奏调干员》,载《大公报》1907年2月16日。
[2]《议定强迫教育办法十款》,载《中国日报》1907年4月3日。
[3]《学生无实官希望》,载《总商会报》1907年7月20日。
[4]《议裁学堂奖励办法》,载《大公报》1907年8月18日
[5]《变通学堂奖励新章将次出奏》,载《申报》1907年8月28日。
[6]《变通学堂奖励办法》,载《盛京时报》1907年8月28日。
[7]《颁给学堂功过表》《订定学堂请假章程》,载《大公报》1907年8月30日。
[8]《学部司员之恐慌》,载《盛京时报》1907年9月28日。
[9]《学生奖励缓裁》,载《盛京时报》1907年9月29日。
[10]《张中堂将考学部司员》,载《大公报》1907年10月3日。
[11]《张中堂面奏广设华侨学堂》,载《大公报》1907年10月17日。
[12]《张相国之论学务》,载《大公报》1907年10月22日。
[13]《张中堂整顿学务之计划》,载《申报》1907年12月17日。

[14]《议设尊孔学堂后闻》,载《盛京时报》1908 年 1 月 11 日。
[15]《学部议复闽督松寿奏筹备实业学堂折》,载《学部官报》1908 年 4 月第 50 期。
[16]《会议整顿学务办法》,载《大公报》1908 年 5 月 17 日。
[17]《议开经科大学》,载《盛京时报》1908 年 5 月 29 日。
[18]《学部奏准自费游学生考入官立高等以上实业学堂补给官费办法折》,载《学部官报》1909 年 2 月第 77 期。
[19]《论我国学校不发达之原因》,载《申报》1909 年 5 月 24 日。
[20]《学部通咨各省变通学制实施办法文》,载《学部官报》1909 年 7 月第 93 期。
[21]《筹议学堂奖励改章》,载《盛京时报》1909 年 9 月 11 日
[22]《实行强迫教育之从缓》,载《大公报》1909 年 9 月 20 日。
[23]《博学鸿词行将罢议》,载《大公报》1909 年 10 月 11 日。
[24]《学部有不设管部大臣之耗》,载《大公报》1909 年 10 月 13 日。
[25]《张相薨逝之影响于学务》,载《申报》1909 年 10 月 14 日。
[26]《某相请保存张相学制》,载《大公报》1909 年 10 月 14 日。
[27]《张文襄死后之学务》,载《大公报》1909 年 11 月 3 日。
[28]《保存分科大学制度》,载《大公报》1909 年 11 月 14 日。
[29]《李学士奏请变通学堂奖励》,载《申报》1909 年 11 月 30 日。
[30]《荣相自悔兴学宗旨之过新》,载《申报》1910 年 3 月 16 日。
[31]《度支部主事邓孝可为时局危迫泣恳都察院代奏呈》,载《申报》1910 年 9 月 17 日。
[32]《资政院废止学堂奖励之意见》,载《申报》1911 年 1 月 16 日。
[33] 庄俞:《论各省可不设存古学堂》,载《教育杂志》第三年第五期,1911 年 5 月。
[34]《学部会奏酌拟停止各学堂实官奖励并定毕业名称折》,载《内阁官报》(第 20 号),1911 年 9 月。
[35] 陈旭麓:《论“中体西用”》,载《历史研究》1982 年第 5 期。
[36] 朱志经:《张之洞和两湖书院》,载《湖北师院学报》1987 年第 2 期。
[37] 方克立:《评“中体西用”和“西体中用”》,载《哲学研究》1987 年第

9 期。
[38] 王记录:《清代西北边疆史地研究论述》,载《兰州学刊》1989 年第 6 期。
[39] 黎仁凯:《论张之洞与维新派之关系》,载《文史哲》1991 年第 4 期。
[40] 鲁洁:《试论教育学的本土化》,载《高等教育研究》1993 年第 1 期。
[41] 戚其章:《从"中本西末"到"中体西用"》,载《中国社会科学》1995 年第 1 期。
[42] 周积明:《中国早期现代化运动中传统资源的转换》,载《华中师范大学学报》1996 年第 3 期。
[43] 萧功秦:《从科举制度的废除看近代以来的文化断裂》,载《战略与管理》1996 年第 4 期。
[44] 何怀宏:《1905 年废除科举的社会涵义》,载《东方》1996 年第 5 期。
[45] 应星:《废科举、兴学堂与中国近代社会的转型》,载《战略与管理》1997 年第 2 期。
[46] 罗志田:《近代中国社会权势的转移:知识分子的边缘化与边缘知识分子的兴起》,载《开放时代》1999 年第 4 期。
[47] 喻大华:《张之洞在晚清儒学没落过程中的卫道活动》,载《南开学报》2000 年第 1 期。
[48] 关晓红《张之洞与晚清学部》,载《历史研究》2000 年第 4 期。
[49] 王先明:《张之洞与晚清"新学"》,载《社会科学研究》2000 年第 4 期。
[50] 葛兆光:《1895 年的中国:思想史上的象征意义》,载《开放时代》2001 年第 1 期。
[51] 罗志田:《〈山海经〉与近代中国史学》,载《中国社会科学》2001 年第 1 期。
[52] 杨齐福、吴敏霞:《近代新教育在废科举后发展取向的偏差》,载《福建师范大学学报(哲社版)》2001 年第 2 期。
[53] 王日根:《论"书院改为学堂"——析从传统"大学"向近代"高等教育"转变的若干机枢》,载《高等教育研究》2001 年第 3 期。
[54] 石中英:《本土知识与教育改革》,载《教育研究》2001 年第 8 期。

［55］把增强:《近五年来张之洞研究的新进展》,载《历史教学》2003 年第 7 期
［56］罗厚立:《原来张之洞》,载《南方周末》2004 年 7 月 14 日。
［57］夏勇:《民本与民权——中国权利话语的历史基础》,载《中国社会科学》2004 年第 5 期。
［58］金燕:《从〈劝学篇〉看张之洞的教育思想》,载《广西社会科学》2005 年第 3 期。
［59］王姗萍、黎仁凯:《张之洞聘任洋员探析》,载《安徽史学》2005 年第 4 期。
［60］黎仁凯、王向英:《曾国藩与张之洞幕府之比较》,载《河北学刊》2006 年第 3 期。
［61］陈国平:《张之洞实业教育思想与实践述评》,载《教育与职业》2007 年第 3 期。
［62］江琳:《晚清教育改革中的张百熙和张之洞》,载《兰州学刊》2007 年第 6 期。
［63］桑兵:《盖棺论定“论”难定:张之洞之死的舆论反应》,载《学术月刊》2007 年第 8 期。
［64］牛白琳:《浅析蔡元培与张之洞教育思想之异同》,载《教育理论与实践》2007 年第 10 期。
［65］王维江:《清流”张之洞”》,载《社会科学》2008 年第 1 期。
［66］石文玉:《张之洞政治思想初探——以〈劝学篇〉为中心》,载《史学集刊》2008 年第 2 期。
［67］王广军:《张之洞与中国近代留学教育思想》,载《理论界》2008 年第 5 期。
［68］彭卫民:《清季张之洞“君子儒”探赜》,载《南京理工大学学报社会科学版》2008 年第 6 期。
［69］刘虹:《吴汝纶与张之洞课程观之刍议》,载《湖南大学学报》(社会科学版)2009 年第 1 期。
［70］武晓华:《张之洞兴学育才思想探源》,载《山西大学学报》(哲学社会科学版)2009 年第 3 期。

[71] 张玉山:《张之洞与中国近代职业教育的萌芽》,载《求索》2009 年第 7 期。
[72] 王维江:《张之洞与德国人》,载《华东师范大学学报》(哲学社会科学版)2010 年第 3 期。
[73] 孔祥吉:《再释张之洞帝王之梦——兼答李细珠先生》,载《近代史研究》2010 年第 5 期。
[74] 宋德华:《重评张之洞的中西文化观——以〈劝学篇〉为中心》,载《学术研究》2011 年第 2 期。

三、未刊原始档案

[1] 中国社会科学院近代史研究所图书馆收藏未刊张之洞档案,甲 182 部分。
[2] 中国社会科学院近代史研究所图书馆收藏未刊张之洞档案,甲 622 部分。

后 记

待写完书稿的最后一行字的时候，我长出了一口气，轻轻地对自己说：这段不算很短的沉思、写作的旅途终于到达终点了，可以停下来，享受一下劳作之后的休憩。此时，四周一片寂静，家人都已进入沉沉梦乡，正是反躬自问的好时候。刹那间，我的脑海里跳出了这样一个问题：你究竟收获了什么？

原以为研究张之洞的成果很多，把它们搜集、综罗，然后站在它们的"肩膀上""眺望"，不难写出一部特色鲜明、创获颇丰的著作。但真正进入研究状态，才发现原来的设想是那么的浪漫。近两年来，在繁忙的家事操劳和工作的夹缝中，一点点酝酿、思索、写作，可谓费尽移山心力。最后撰就的书稿，虽然在有些方面做出了堪称迈越前人的成果，但是，细思之下，总觉得自己拙劣的笔触，没有把张之洞这一大教育家动人心魄的智慧充分呈现出来，使其闪闪发光。不过，让自己感到欣慰的是，在经过坚持不懈的劳作后，终于勾画出一幅属于自己的、完整的张之洞"教育肖像"。这一微不足道的成绩的取得，固然离不开自己的努力，更是许多人关心、支持的结果。所以，在这里，我要对他们表示诚挚的谢意。

感谢宋恩荣先生与李剑萍教授！如果没有他们的信任与支持，我是不可能获得这么一个与张之洞长时间"神交"的机会并对其教育智慧心领神会的。感谢河北大学教育学院的田宏海、何振海、卜然然等几位老师！正是他们对我研究工作的鼎力支持，才使我不致因为授课任务太多分心，把尽可能多的时间投入到张之洞研究的探索、写作中去。感谢中国社会科学院近代史所图书馆的诸位工作人员，特别是茹静老师！在调阅该所图书馆所藏张之洞裔孙张遵骝先生捐赠的档案时，她们的热情、细致、严谨，深深地感动着我。感谢张之洞的故乡南皮县档案馆的鄢华东馆员！如果没有他的热心、无私的帮助，《南皮张氏东门家谱》与《南皮县志》中那些泛黄的书页将是我遥不可及的。感谢本书的责编邱明老师！如果没有她的辛勤劳作，书中的很多讹误不可能消逝于无形。当然，需要感谢的人还有很多，可是我实在无法一一列举他们的名字，只能在此大声地对他们说：我深深地感谢你们，那些一直温暖着、扶助着我的家人和朋友们！

张之洞研究虽然告一段落了，但我深深地知道，张之洞研究只是我漫长的学术生涯中的一个驿站。在这一工作完成之后，稍事调整，我将要踏上的是一条更为艰辛，同时也充满探索乐趣的道路。我虽然不知道自己是否能够实现早已设定的那个遥遥的目标，但是，我确切地知道，我正在一步步努力靠近它……

王喜旺

2015 年 4 月 10 日